HIPPOS
THE HORSE IN ANCIENT ATHENS

ΙΠΠΟΣ
ΤΟ ΑΛΟΓΟ ΣΤΗΝ ΑΡΧΑΙΑ ΑΘΗΝΑ

ISBN: 978-960-99945-6-9
© 2022, American School of Classical Studies at Athens
Souidias 54, 106 76 Athens, www.ascsa.gr

All rights reserved. No part of this publication may be reproduced or republished, wholly or in part, or in summary, paraphrase or adaptation, by mechanical or electronic means, by photocopying or recording, or by any other method, without the prior written permission of the editor, according to Law 2121/1993 and the regulations of International Law applicable in Greece.

The rights of the depicted monuments from Ephorates of Antiquities and the Athens National Archaeological Museum belong to the Hellenic Ministry of Culture and Sports
©Hellenic Ministry of Culture and Sports/Hellenic Organization of Cultural Resources Development .

ISBN: 978-960-99945-6-9
© 2022, Αμερικανική Σχολή Κλασικών Σπουδών στην Αθήνα
Σουηδίας 54, 106 76 Αθήνα, www.ascsa.gr

Απαγορεύεται η αναδημοσίευση, η αναπαραγωγή, ολική, μερική ή περιληπτική, καθώς και η απόδοση κατά παράφραση ή διασκευή του περιεχομένου του βιβλίου με οποιονδήποτε τρόπο, χωρίς την προηγούμενη έγγραφη άδεια του εκδότη σύμφωνα με τον νόμο 2121/1993 και τους κανόνες του διεθνούς δικαίου που ισχύουν στην Ελλάδα.

Τα δικαιώματα των εικονιζόμενων μνημείων από Εφορείες Αρχαιοτήτων και το Εθνικό Αρχαιολογικό Μουσείο ανήκουν στο Υπουργείο Πολιτισμού και Αθλητισμού.
©Υπουργείο Πολιτισμού και Αθλητισμού - Οργανισμός Διαχείρισης και Ανάπτυξης Πολιτιστικών Πόρων

HIPPOS
THE HORSE IN ANCIENT ATHENS

EDITED BY JENIFER NEILS AND SHANNON M. DUNN

TRANSLATIONS: MARIA MICHALAROU, IOANNA DAMANAKI

ΙΠΠΟΣ
ΤΟ ΑΛΟΓΟ ΣΤΗΝ ΑΡΧΑΙΑ ΑΘΗΝΑ

ΕΠΙΜΕΛΕΙΑ: JENIFER NEILS ΚΑΙ SHANNON M. DUNN

ΜΕΤΑΦΡΑΣΕΙΣ: ΜΑΡΙΑ ΜΙΧΑΛΑΡΟΥ, ΙΩΑΝΝΑ ΔΑΜΑΝΑΚΗ

ΑΜΕΡΙΚΑΝΙΚΗ ΣΧΟΛΗ ΚΛΑΣΙΚΩΝ ΣΠΟΥΔΩΝ ΣΤΗΝ ΑΘΗΝΑ
AMERICAN SCHOOL OF CLASSICAL STUDIES AT ATHENS

Middle to Late Protoattic amphora with horse heads facing in, ca. 650-625 BC (Agora P 22551), Watercolor by Piet de Jong. American School of Classical Studies at Athens, Agora Excavations
Αμφορέας με εραλδικές προτομές αλόγων, Μέση με Ύστερη Πρωτοαττική περίοδος, περ. 650 - 625 π.Χ. (Αγορά P 22551). Υδατογραφία του Piet de Jong. Αμερικανική Σχολή Κλασικών Σπουδών στην Αθήνα. Ανασκαφές Αγοράς.

A Gift from Helen and Alexander Philon
in Memory of Costa Carras

Δωρεά Ελένης και Αλέξανδρου Φίλωνος
εις μνήμην Κώστα Καρρά.

Lekythos with rider and two horses. Attic red-figure, attributed to the Syracuse Painter ca. 460 BC. From a grave in Eretria. Athens National Archaeological Museum A1306

Αττική ερυθρόμορφη λήκυθος με έφιππο νέο και δύο άλογα. Του Ζωγράφου των Συρακουσών, περ. 460 π.Χ. Βρέθηκε σε τάφο στην Ερέτρια. Εθνικό Αρχαιολογικό Μουσείο Α 1306

Table of Contents

FOREWORD & Acknowledgements 13

CREDITS 18

INTRODUCTION TO HIPPOS 20

PART 1 – HORSE SKELETONS
Where did Greek horses come from? 29
About Horses at the Phaleron Delta 33
What does science tell us about the Phaleron horses? 50

PART 2 – HIPPOTROPHIA
Introduction 58
What is the first horse in Athenian art? 61
Why do horses serve as handles on Geometric pyxides? 65
What was the meaning of Horse-Head amphoras? 69
Who was the first Greek to write a book about horses? 75
What does Xenophon tell us about horses? 81
Tack, or what you need to ride a horse 87
How were the Athenian youth involved in hippic culture? 93
What were common horse names? 99
What humans had names with Hippo-/-ippos in them and what does this mean? 105
Why do early Attic coins have equine imagery? 113
A Warrior's departure 121

PART 3 – RACE HORSE
Introduction 128
What constitutes an ancient chariot and how was it used? 131
Who were the Athenian victors in competitive horse racing? 137
Some unusual hippic events at the Panathenaia 146
What was the apobates race? 151
After the race: an historic chariot 156
A victorious horse 161

PART 4 – WAR HORSE

Introduction	169
Horses and Athenian Archaeology	173
What do Attic cavalry inscriptions tell us?	179
What do we know about Athenian archers on horseback?	185
Why do Athenian horsemen wear Thracian dress?	190
What was the role of the squire?	194
The cavalry inspection	198
Cavalry battles beyond Dexileos	203
A cavalryman as hero	208
Bronze equestrian statues and the Medici-Riccardi horse head	213

PART 5 – RELIGION

Introduction	222
Who was Athena Hippia?	225
Who was Poseidon Hippios?	231
Who was Hippothoon?	239
What was the role of the Dioscuri in Athens?	245
Did horses perform in Athenian theater?	252
Why are horse heads featured on hero reliefs?	257
Were horses sacrificed in ancient Greece?	261
Why do so many horses decorate the Parthenon?	267
Monkey business	272

GLOSSARY	278
BIBLIOGRAPHY	280
CONTRIBUTORS	281

Περιεχόμενα

ΠΡΟΛΟΓΟΣ & ΕΥΧΑΡΙΣΤΙΕΣ   15

CREDITS   19

ΕΙΣΑΓΩΓΗ ΣΤΟ ΙΠΠΟΣ   22

ΜΕΡΟΣ 1 – ΣΚΕΛΕΤΟΙ ΑΛΟΓΩΝ
Περί ίππων στο Δέλτα Φαλήρου   30
Τι μας λέει η επιστήμη για τα άλογα του Φαλήρου;   41
Από πού προήλθαν τα ελληνικά άλογα;   53

ΜΕΡΟΣ 2 – ΙΠΠΟΤΡΟΦΙΑ
Εισαγωγή   59
Ποιό είναι το πρώτο άλογο στην αθηναϊκή τέχνη;   63
Γιατί τα άλογα χρησίμευαν ως λαβές σε γεωμετρικές πυξίδες;   67
Ποια ήταν η σημασία των αμφορέων προτομής αλόγου;   72
Ποιος ήταν ο πρώτος που έγραψε βιβλίο για τα άλογα στα ελληνικά;   78
Τι μας λέει ο Ξενοφών για τα άλογα;   84
Ιπποσκευή ή τι χρειάζεται ένας αναβάτης για να ελέγξει το άλογό του   89
Πώς σχετίζονταν οι νεαροί Αθηναίοι με την «ιππική κουλτούρα»;   95
Ποια ήταν κοινά ονόματα αλόγων;   101
Ποιοι είχαν ονόματα με τα συνθετικά Ίππος-/-ιππος και τι σημαίνει αυτό;   109
Γιατί τα πρώιμα αττικά νομίσματα απεικονίζουν άλογα;   116
Αναχώρηση πολεμιστή   123

ΜΕΡΟΣ 3 – ΙΠΠΟΣ & ΑΓΩΝΕΣ
Εισαγωγή   129
Από τι αποτελούνταν ένα αρχαίο άρμα και πώς χρησιμοποιούνταν;   133
Ποιοι ήταν οι Αθηναίοι νικητές ιππικών αγώνων;   141
Μερικά ασυνήθιστα ιππικά αγωνίσματα των Παναθηναίων   148
Τι ήταν ο αποβάτης δρόμος;   153
Μετά τον αγώνα: ένα ιστορικό αντικείμενο   158
Ένα νικηφόρο άλογο   163

ΜΕΡΟΣ 4 – ΙΠΠΟΣ ΚΑΙ ΠΟΛΕΜΟΣ

Εισαγωγή	170
Άλογα και αρχαιολογία της Αθήνας	175
Τι μας λένε οι αττικές επιγραφές που αναφέρονται στο ιππικό;	181
Τι γνωρίζουμε για τους Αθηναίους έφιππους τοξότες;	187
Γιατί Αθηναίοι ιππείς φορούν θρακική ενδυμασία;	192
Ποιος ήταν ο ρόλος του ιπποκόμου;	196
Η επιθεώρηση του ιππικού	200
Ιππομαχίες μετά τον Δεξίλεω	205
Ο Νεκρός ως Ήρως	210
Χάλκινα ιππικά αγάλματα και η χάλκινη προτομή αλόγου Medici-Riccardi	217

ΜΕΡΟΣ 5 – ΙΠΠΟΣ ΚΑΙ ΘΡΗΣΚΕΙΑ

Εισαγωγή	223
Ποια ήταν η Αθηνά Ιππία;	227
Ποιος ήταν ο Ίππιος Ποσειδώνας;	235
Ποιος ήταν ο Ιπποθόων;	242
Ποιος ήταν ο ρόλος των Διόσκουρων στην Αθήνα;	249
Εμφανίζονταν άλογα στο αθηναϊκό θέατρο;	254
Γιατί απεικονίζονται κεφαλές αλόγων σε ηρωικά ανάγλυφα;	259
Θυσίαζαν άλογα στην αρχαία Ελλάδα;	264
Γιατί τόσα πολλά άλογα διακοσμούν τον Παρθενώνα;	269
Σκανταλιάρικη μαϊμού	275
ΓΛΩΣΣΑΡΙ	279
ΒΙΒΛΙΟΓΡΑΦΙΑ	280
ΣΥΝΤΕΛΕΣΤΕΣ	284

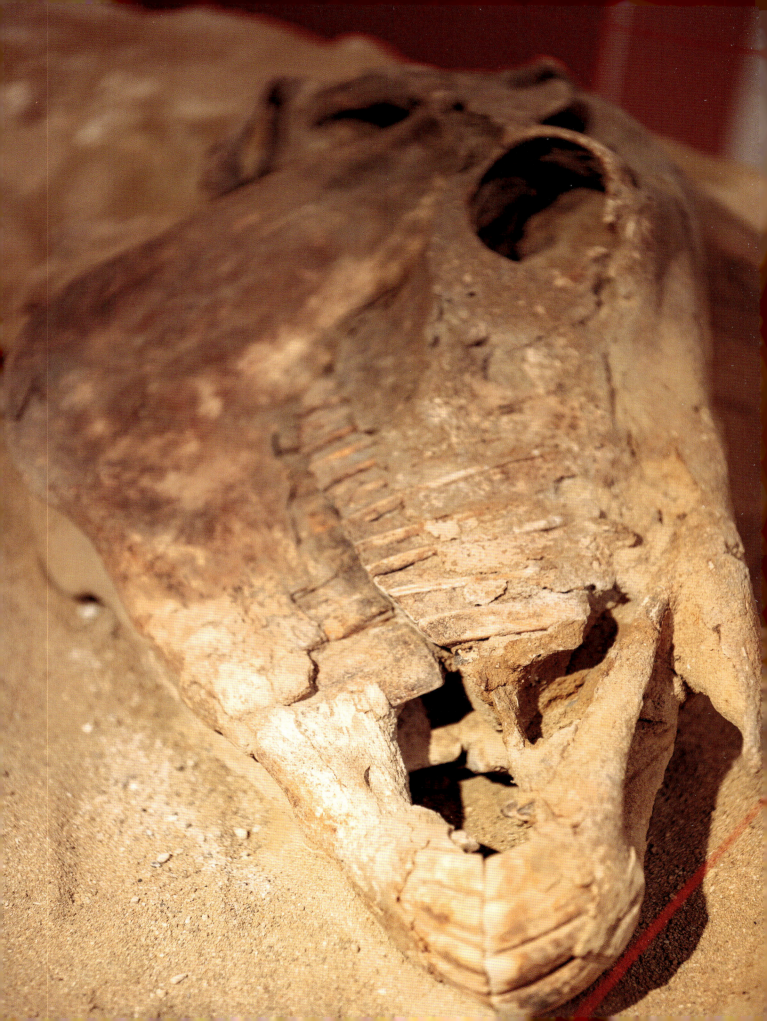

Foreword

For the first time, the American School of Classical Studies at Athens has organized an ambitious exhibition which seeks to present to the public its work in archaeology, art history, science, and classics. The impetus for the project was the discovery of the remarkable horse burials at the Phaleron cemetery, excavated by Dr. Stella Chryssoulaki, the Ephor of Piraeus and the Islands, and studied by zooarchaeologist Dr. Flint Dibble at the School's Malcolm H. Wiener Laboratory for Archaeological Sciences. A reconstructed horse burial forms the centerpiece of the exhibit, accompanied by finds from Phaleron which turned up in the children's pot burials—miniature vases with equestrian scenes and small horse-and-rider terracotta figurines.

The audience for this exhibition includes both adults and children. In addition to important artifacts illustrating the roles horses played in the Athenian cavalry, in sporting events and in religion, there are objects specifically chosen to interest young visitors. These have special labels written by School member Rebecca Levitan, which are incorporated into educational tours for school groups and families given by Eleni Gizas, our Steinmetz Family Foundation Museum Fellow. A unique visitor to the School gardens has been Stella, the last carriage horse in Athens, who arrives on weekends along with her owner Georgios Stavrides.

We are especially fortunate to have secured two important foreign loans for HIPPOS. One is a magnificent Attic black-figure amphora of the mid-6th century BC lent by the Badisches Landesmuseum in Karlsruhe. It shows a noble Greek warrior departing on a chariot, but what makes this scene unique is the presence of many family members, including four little boys, all waving farewell. We are grateful to the museum's director, Eckart Köhne, and curator, Katarina Horst, for enabling this precious object to come to Greece for the first time. Also on display in Athens for the first time was the over life-size bronze horse head from the National Archaeological Museum in Florence. Known as the Medici-Riccardi Bronze because it was once owned by Lorenzo the Magnificent, this priceless Hellenistic sculpture made a spectacular impression as displayed in the Stathatos Room, a small wood-paneled period room in the style of northern Greece. The exceptional generosity of Dr. Mario Iozzo, Director of the National Archaeological Museum in Florence, made this amazing loan possible.

There have been two recent art exhibitions devoted to the horse in antiquity: one held at the Boboli Gardens in Florence in 2018 entitled "A Cavallo del Tempo", and another in the Virginia Museum of Fine Arts in 2017 called "The Horse in Ancient Greek Art". Our exhibit in the Makriyannis Wing of the American School is different as it focuses on the roles of equids in the lives of ancient Athenians who could be accused of *hippomania*. From the first horse ever drawn on a humble earthenware vase to expensive marble cavalry monuments, the objects on display inform the viewer about the importance of horses for Athenian society. Quotes from Athenians about horses and horsemanship line the walls of the gallery, among which the advice of the Attic historian and cavalry commander Xenophon is prominent. The actual archives of the Athenian cavalry, excavated from wells in the Agora and published by American archaeologists, are shown in the section on the cavalry. In another section on competition there are scenes of racing chariots, horse races, and other hippic events staged at the Panathenaia, the quadrennial festival of Athena. A cast of a block from the west frieze of the Parthenon stands in for the 257 horses carved in marble which decorated the pediments, metopes, and frieze of the temple of Athena on the Acropolis.

All objects on display have a known archaeological context, and many bear the names of real ancient Athenians: Philon on his funerary monument, Stesagoras on a small pyxis, Krates on a base for his victory stele, and Hippokrates and Xanthippos on ostraca from the Agora. The earliest silver drachmae of Athens carried images of horses, and we are grateful to Alpha Bank for their willingness to lend these rare coins. As noted, many of the objects were excavated by the American School in the ancient Agora, and in 1998 its director Prof. John Camp wrote an informative picture book entitled "Horses and Horsemanship in the Athenian Agora" about this material. Several important objects shown for the first time are the result of rescue excavations which have taken place in recent years throughout Athens and Attica. We thank the Hellenic Ministry of Culture and Sports and all the local museums for loaning us their works of art and archaeological artifacts which have contributed so much to the educational objectives of this exhibit.

Throughout this book you will find photos taken in the Makriyannis Wing by our media manager Konstantinos Tzortzinis. He has captured the stunning installation which was the creation of our inspired and inspiring design team: Andreas Georgiadis and Vivi Gerolymatou. The exhibit is also hosting a microsite at **hippos.gr** where you can find further information about the show. This book consists of short essays about various aspects of equestrianism, from fodder to sacrifice. Our graduate fellows researched and wrote many of them, and each includes some suggestions for further reading. We hope that many of you had the opportunity to view HIPPOS in person, but if not, you can learn much about horses and horsemanship in this volume, which was underwritten by our good friend and loyal supporter Phokion Potamianos.

Abbreviations
BAPD: Beazley Archive Pottery Database (www.beazley.ox.ac.uk/pottery)
IG: Inscriptiones Graecae. 1895–present. Berlin.
SEG: Supplementum Epigraphicum Graecum. 1923–present. Leiden.

Πρόλογος

Για πρώτη φορά η Αμερικανική Σχολή Κλασικών Σπουδών στην Αθήνα έχει οργανώσει μία φιλόδοξη έκθεση που επιδιώκει να παρουσιάσει στο κοινό το έργο της στην αρχαιολογία, την ιστορία της τέχνης, την επιστήμη και τις κλασικές σπουδές. Το κίνητρο για αυτό το εγχείρημα αποτέλεσε η ανακάλυψη των εκπληκτικών ταφών αλόγων του νεκροταφείου του Φαλήρου, που ανασκάφηκαν από τη Δρ. Στέλλα Χρυσουλάκη, προϊσταμένη της Εφορείας Αρχαιοτήτων Πειραιώς και Νήσων, και μελετώνται από το ζωοαρχαιολόγο Δρ. Flint Dibble στο Malcolm H. Wiener Εργαστήριο Αρχαιολογικών Επιστημών της Σχολής. Η αναπαράσταση μίας ταφής αλόγου αποτελεί το κεντρικό έκθεμα της έκθεσης και συνοδεύεται από αντικείμενα από το Φάληρο τα οποία βρέθηκαν μέσα σε παιδικές ταφές σε αγγεία (εγχυτρισμούς), όπως μικρογραφικά αγγεία με ιππικές παραστάσεις και μικρά πήλινα ειδώλια αλόγων με αναβάτη.

Η έκθεση απευθύνεται τόσο σε ενήλικες όσο και σε παιδιά. Εκτός από σημαντικά αντικείμενα που απεικονίζουν τους ρόλους που έπαιζαν τα άλογα στο Αθηναϊκό ιππικό σώμα, σε αθλητικές διοργανώσεις και στη θρησκεία, η έκθεση περιλαμβάνει και αντικείμενα που επιλέχθηκαν ειδικά για να εγείρουν το ενδιαφέρον των νεαρών επισκεπτών. Τα εκθέματα αυτά συνοδεύονται από ειδικές λεζάντες τις οποίες έγραψε η Rebecca Levitan, μέλος της Αμερικανικής Σχολής και οι οποίες ενσωματώνονται στις ξεναγήσεις που πραγματοποιεί ειδικά για οικογένειες και σχολικές ομάδες η Ελένη Γκίζα, Steinmetz Family Foundation Museum Fellow της Σχολής. Ένας ξεχωριστός επισκέπτης της έκθεσης ήταν η Στέλλα, το άλογο της τελευταίας άμαξας της Αθήνας, που έρχεται τα σαββατοκύριακα στον κήπο της Σχολής μαζί με τον ιδιοκτήτη της, κο. Γιώργο Σταυρίδη.

Είχαμε την τύχη να φιλοξενήσουμε στην έκθεση δύο πολύ σημαντικά αντικείμενα από το εξωτερικό. Το ένα είναι ένας εξαιρετικός αττικός μελανόμορφος αμφορέας των μέσων του 6ου αιώνα π.Χ.που δανειστήκαμε από το Badisches Landesmuseum της Καρλσρούης. Απεικονίζει έναν ευγενή Έλληνα πολεμιστή που αναχωρεί πάνω σε ένα άρμα. Αυτό όμως που κάνει αυτήν την παράσταση μοναδική είναι η παρουσία των μελών της οικογένειας του πολεμιστή, συμπεριλαμβανομένων και τεσσάρων παιδιών, που τον αποχαιρετούν. Είμαστε ιδιαίτερα ευγνώμονες στο διευθυντή του Μουσείου, Eckart Köhne, και στην επιμελήτρια, Katarina Horst, που έδωσαν τη δυνατότητα σε αυτό το πολύτιμο αντικείμενο να ταξιδέψει για πρώτη φορά στην Ελλάδα. Για πρώτη φορά στην Αθήνα εκτέθηκε και η χάλκινη προτομή αλόγου από το Εθνικό Αρχαιολογικό Μουσείο της Φλωρεντίας. Αυτό το ανεκτίμητο γλυπτό της Ελληνιστικής εποχής, γνωστό ως χάλκινη προτομή Medici-Riccardi, καθώς ανήκε κάποτε στον Λαυρέντιο τον Μεγαλοπρεπή των Μεδίκων, εκτέθηκε στην Αίθουσα Σταθάτου, ένα μακεδονικό δωμάτιο με ξυλόγλυπτα, και προκάλεσε ιδιαίτερες εντυπώσεις. Ο δανεισμός αυτού του γλυπτού πραγματοποιήθηκε χάρη στην εξαιρετική γενναιοδωρία του Δρ. Mario Iozzo, Διευθυντή του Εθνικού Αρχαιολογικού Μουσείου Φλωρεντίας.

Πρόσφατα πραγματοποιήθηκαν άλλες δύο εκθέσεις τέχνης αφιερωμένες στο άλογο στην αρχαιότητα: η μία με τίτλο "A Cavallo del Tempo" έλαβε χώρα στους Κήπους Boboli στη Φλωρεντία το 2018 και η άλλη το 2017 στο Virginia Museum of Fine Arts με τίτλο "The Horse in Ancient Greek Art". Η έκθεσή μας στην Πτέρυγα

Ιωάννης Μακρυγιάννης είναι διαφορετική καθώς επικεντρώνεται στους ρόλους των ιπποειδών στη ζωή των αρχαίων Αθηναίων, οι οποίοι μπορούν να «κατηγορηθούν» για ιππομανία. Από την πρώτη ζωγραφική αναπαράσταση αλόγου σε ένα ταπεινό κεραμικό αγγείο έως τα πολύτιμα μαρμάρινα ιππικά μνημεία, τα εκθέματα πληροφορούν τον επισκέπτη για τη σημασία των αλόγων στην αθηναϊκή κοινωνία. Αποσπάσματα από το συγγραφικό έργο Αθηναίων σχετικά με τα άλογα και την ιππική τέχνη κοσμούν τους τοίχους της αίθουσας. Ανάμεσα σε αυτά εξέχουσα θέση καταλαμβάνουν οι συμβουλές του Αθηναίου ιστορικού και στρατηγού Ξενοφώντα. Το αρχείο του αθηναϊκού ιππικού σώματος που ανασκάφηκε σε πηγάδια στην Αρχαία Αγορά και δημοσιεύθηκε από αμερικανούς αρχαιολόγους, εκτίθεται στην ενότητα για το ιππικό σώμα. Σε άλλη θεματική ενότητα περιλαμβάνονται σκηνές από αρματοδρομίες, ιπποδρομίες και άλλα ιππικά αγωνίσματα που λάμβαναν χώρα στα Παναθήναια, τη γιορτή προς τιμή της Αθηνάς που πραγματοποιούνταν κάθε τέσσερα χρόνια. Το εκμαγείο ενός λίθου της δυτικής ζωφόρου του Παρθενώνα αντιπροσωπεύει τα 257 άλογα που είναι χαραγμένα σε μάρμαρο και διακοσμούσαν τα αετώματα, τις μετόπες και τη ζωφόρο του ναού της Αθηνάς στην Ακρόπολη.

Όλα τα εκθέματα προέρχονται από γνωστά αρχαιολογικά σύνολα και πολλά από αυτά αναφέρουν ονόματα υπαρκτών αρχαίων Αθηναίων – του Φίλωνα πάνω στο ταφικό του μνημείο, του Στησαγόρα σε μία μικρή πυξίδα, του Κράτη πάνω στη βάση τιμητικής στήλης, του Ιπποκράτη και του Ξάνθιππου σε όστρακα από την Αγορά. Τα πρωιμότερα ασημένια αθηναϊκά νομίσματα φέρουν αναπαραστάσεις αλόγων και είμαστε ευγνώμονες στην Νομισματική Συλλογή της Alpha Bank για την προθυμία της να μας δανείσει τα σπάνια αυτά νομίσματα. Όπως αναφέρθηκε προηγουμένως, πολλά από τα αντικείμενα της έκθεσης προέρχονται από τις ανασκαφές της Αμερικανικής Σχολής στην Αρχαία Αγορά. Το 1998, ο Διευθυντής των ανασκαφών, καθηγητής John Camp, δημοσίευσε ένα εικονογραφημένο βιβλίο με τίτλο "Horses and Horsemanship in the Athenian Agora" σχετικά με το υλικό αυτό . Αρκετά σημαντικά

αντικείμενα της έκθεσης προέρχονται από σωστικές ανασκαφές που έχουν πραγματοποιηθεί τα τελευταία χρόνια στην Αθήνα και την Αττική. Ευχαριστούμε το Υπουργείο Πολιτισμού και Αθλητισμού και τα κατά τόπους μουσεία για το δανεισμό των έργων τέχνης και των αρχαιολογικών ευρημάτων που συνέβαλαν ουσιαστικά στην εκπαιδευτική αποστολή αυτής της έκθεσης.

Στο βιβλίο αυτό θα βρείτε φωτογραφίες που λήφθηκαν στην Πτέρυγα Ιωάννης Μακρυγιάννης από τον media manager της Σχολής, Κωνσταντίνο Τζωρτζίνη. Έχει απαθανατίσει την εκπληκτική εγκατάσταση που δημιούργησε η εμπνευσμένη ομάδα που ανέλαβε το σχεδιασμό της έκθεσης: του Ανδρέα Γεωργιάδη και της Βιβής Γερολυμάτου. Η έκθεση φιλοξενεί και έναν μικρότοπο (hippos.gr) όπου μπορείτε να βρείτε περισσότερες πληροφορίες. Το βιβλίο αυτό περιλαβάνει σύντομα δοκίμια σχετικά με τις διάφορες πτυχές της ιππασίας, από τη διατροφή έως τις θυσίες. Αρκετά από τα δοκίμια αυτά έχουν γραφτεί από μεταπτυχιακούς υποτρόφους της Σχολής έπειτα από έρευνα που πραγματοποίησαν, ενώ το καθένα περιλαμβάνει μερικές προτάσεις για περαιτέρω ανάγνωση. Ελπίζουμε ότι πολλοί από εσάς είχατε την ευκαιρία να επισκεφθείτε προσωπικά την έκθεση ΙΠΠΟΣ, αλλά εάν όχι, μπορείτε να μάθετε πολλά για τα άλογα και την ιππική τέχνη από αυτό το βιβλίο, το οποίο χρηματοδότησε ο καλός μας φίλος και πιστός υποστηρικτής, Φωκίων Ποταμιάνος.

Συντομογραφίες
BAPD: Beazley Archive Pottery Database (www.beazley.ox.ac.uk/pottery)
IG: Inscriptiones Graecae. 1895–σήμερα. Berlin.
SEG: Supplementum Epigraphicum Graecum. 1923–σήμερα. Leiden.

Exhibition credits

ORGANIZATION
American School of Classical Studies at Athens
Wiener Laboratory for Archaeological Science

CURATOR
Jenifer Neils

SCIENTIFIC CONSULTANTS
Stella Chryssoulaki
Flint Dibble
Jane Buikstra

REGISTRAR - COORDINATION
Ioanna Damanaki

DIGITAL SUPPORT
Konstantinos Tzortzinis

EDUCATIONAL PROGRAMS
Eleni Gizas

EXHIBITION DESIGN
Vivi Gerolymatou, Andreas Georgiadis

INSTALLATION
Stavros Ragias
Dardan Osmai

TECHNICAL SUPPORT
Dimitris Grammatikis
Christos Konstantis

COMMUNICATION
Mikri Arktos, Maria Tsolaki

INSURANCE
Anastasia Koutrakou, DAES
Kuhn & Bülow, Berlin

TRANSPORTATION
Orphee Beinoglou
Hasenkamp
Liguigli&International Firenze s.r.l.

WITH SPECIAL THANKS TO
Alexandra Athanassiades
Robin Waterfield
Rebecca Levitan
Shannon M. Dunn
Ephorate of Antiquities of the Argolid

LENDERS:
Hellenic Ministry of Culture and Sports
National Archaeological Museum
Acropolis Museum
Ephorate of Antiquities of the City of Athens
Ephorate of Antiquities of East Attica
Ephorate of Antiquities of Piraeus and Islands
Alpha Bank Numismatic Collection
Badisches Landesmuseum, Karlsruhe
National Archaeological Museum, Florence

WITH THE SUPPORT OF
Sam Stathis
Anne McCabe
Phokion Potamianos
Anonymous
Charles Yoder
Nicholas Pisaris

Συντελεστές έκθεσης

ΟΡΓΑΝΩΣΗ
Αμερικανική Σχολή Κλασικών Σπουδών στην Αθήνα
Malcolm H. Wiener Εργαστήριο Αρχαιολογικών Επιστημών

ΕΠΙΜΕΛΕΙΑ
Jenifer Neils

ΕΠΙΣΤΗΜΟΝΙΚΟΙ ΣΥΜΒΟΥΛΟΙ
Στέλλα Χρυσουλάκη
Flint Dibble
Jane Buikstra

ΥΠΕΥΘΥΝΗ ΤΕΚΜΗΡΙΩΝ – ΣΥΝΤΟΝΙΣΜΟΣ
Ιωάννα Δαμανάκη

ΕΚΠΑΙΔΕΥΤΙΚΑ ΠΡΟΓΡΑΜΜΑΤΑ
Ελένη Γκίζα

ΨΗΦΙΑΚΗ ΥΠΟΣΤΗΡΙΞΗ
Κωνσταντίνος Τζωρτζίνης

ΣΧΕΔΙΑΣΜΟΣ ΕΚΘΕΣΗΣ
Βιβή Γερολυμάτου, Ανδρέας Γεωργιάδης

ΑΝΑΡΤΗΣΕΙΣ
Σταύρος Ράγιας, Νταρντάν Οσμάι

ΤΕΧΝΙΚΗ ΥΠΟΣΤΗΡΙΞΗ
Δημήτρης Γραμματικής, Χρήστος Κωνστάντης

ΕΠΙΚΟΙΝΩΝΙΑ
Μικρή Άρκτος, Μαρία Τσολάκη

ΑΣΦΑΛΕΙΑ ΕΡΓΩΝ
Daes
Kuhn & Bülow, Berlin

ΜΕΤΑΦΟΡΕΣ
Orphee Beinoglou
Hasenkamp
Liguigli&International Firenze s.r.l.

ΕΙΔΙΚΕΣ ΕΥΧΑΡΙΣΤΙΕΣ
Αλεξάνδρα Αθανασιάδη
Robin Waterfield
Rebecca Levitan
Shannon M. Dunn
Εφορεία Αρχαιοτήτων Αργολίδας

ΔΑΝΕΙΣΤΕΣ
Υπουργείο Πολιτισμού και Αθλητισμού
Εθνικό Αρχαιολογικό Μουσείο
Μουσείο Ακρόπολης
Εφορεία Αρχαιοτήτων Πόλης Αθηνών
Εφορεία Αρχαιοτήτων Ανατολικής Αττικής
Εφορεία Αρχαιοτήτων Πειραιώς και Νήσων
Alpha Bank, Νομισματική Συλλογή
Κρατικό Μουσείο Βάδης
Εθνικό Αρχαιολογικό Μουσείο Φλωρεντίας

ΜΕ ΤΗΝ ΥΠΟΣΤΗΡΙΞΗ ΤΩΝ
Sam Stathis
Anne McCabe
Φωκίων Ποταμιάνος
Ανώνυμος
Charles Yoder
Nicholas Pisaris

Introduction

A horse is a thing of beauty....no one will tire of looking at him
As long as he displays himself to the spectator in all his splendor.
                                                                Xenophon

Imagine yourself in the center of ancient Athens, the Agora. Here you can admire the cavalry parading proudly along the streets, or watch with wonder as chariots race down the Panathenaic Way during the festival of the goddess Athena. If you walk up to the Acropolis, you are struck by the beauty of the 257 horses carved in marble on the Parthenon. If you walk out to the Kerameikos, you can see ceramic artists painting scenes with horses on clay pots of all shapes and sizes. Or if a funeral is in progress, mourning family members might be erecting monuments commemorating the deceased's association with horses, or even laying a beloved horse to rest.

Horses were the most admired and prized animals in ancient Greece. They were also very expensive to buy and to care for, so they were owned and trained by the wealthy class. They played an important role in the life of ancient Athenians, especially in racing, warfare, and religion. Horses were depicted on many forms of art throughout all periods of ancient Greek history but may appear first in Athens. They were illustrated on clay vases, marble sculptures, silver coins, and bronze statues. The ancient Greeks adored horses so much, that they even gave their children names containing the word "*hippos*", such as Philippos which means horse-lover.

Much information about the different roles that horses played in ancient Athens comes from ancient literature. In his book *On Horsemanship*, the ancient Greek historian Xenophon wrote about the proper ways to care for and train a horse. More evidence comes from dedicatory inscriptions on stone, victor lists from the ancient

athletic games, and records of the Athenian cavalry. The exhibition HIPPOS highlights the love and admiration that ancient Athenians had for their horses and also illustrates the important part that horses played in many aspects of Athenian life.

The imagery of horses dominates Attic art in the Geometric period (900-700 BC), and chariot scenes are especially popular on black-figure vases of the Archaic period (700–480 BC) when equestrian statues in marble were dedicated on the Acropolis. In the Classical era (480–330 BC) larger monuments celebrating horsemanship were erected and horses were carved in marble on temples and votive reliefs. By the Hellenistic period artisans were regularly casting realistic life-size horses in bronze, although these rarely survive. Throughout all these periods, small handmade terracotta figurines of horses were frequently dedicated in sanctuaries and placed in graves, especially those of children.

The recent discovery in the ancient cemetery at Phaleron of the well-preserved skeletons of eighteen horses has provided new information and raised new questions about their role in Athens. The pot burials of young children contained miniature vases with amusing scenes of horsemanship gone awry: a figure falling off his horse or another desperately reining it in. Other objects in the exhibit illustrate the close connection between young boys and horses, the race cars of antiquity.

Εισαγωγή

> Το άλογο είναι τόσο πολύ ωραίο...κανείς δεν κουράζεται να το κοιτάζει
> Όσο επιδεικνύεται με τέτοια λαμπρότητα
> Ξενοφών

Φαντάσου ότι βρίσκεσαι στο κέντρο της αρχαίας Αθήνας, στην Αγορά. Εδώ μπορείς να θαυμάσεις τους ιππείς να παρελαύνουν στους δρόμους υπερήφανα ή να παρακολουθήσεις με θαυμασμό τα άρματα να αγωνίζονται στην οδό των Παναθηναίων κατά τη διάρκεια της γιορτής της θεάς Αθηνάς. Εάν ανέβεις στην Ακρόπολη, εντυπωσιάζεσαι από την ομορφιά των 257 αλόγων που είναι σκαλισμένα σε μάρμαρο πάνω στον Παρθενώνα. Εάν φθάσεις στον Κεραμεικό, μπορείς να δεις τους κεραμείς να ζωγραφίζουν σκηνές με άλογα πάνω σε αγγεία διαφόρων σχημάτων και μεγεθών. Ή, εάν βρεθείς σε μια κηδεία, μπορείς να δεις τους συγγενείς του νεκρού που θρηνούν να στήνουν μνημεία που τιμούν τη σχέση του νεκρού με τα άλογα ή ακόμα και να θάβουν ένα αγαπημένο άλογο.

Τα άλογα ήταν τα πιο θαυμαστά και πολύτιμα ζώα στην αρχαία Ελλάδα. Η αγορά και η συντήρηση των αλόγων ήταν ιδιαίτερα δαπανηρή, και για το λόγο αυτό μόνο η εύπορη αριστοκρατική τάξη μπορούσε να τα αποκτήσει και να αναλάβει την εκπαίδευσή τους. Τα άλογα έπαιζαν σημαντικό ρόλο στη ζωή των αρχαίων Αθηναίων, κυρίως στις ιπποδρομίες, τον πόλεμο και τη θρησκεία. Τα άλογα απεικονίζονται σε διάφορες μορφές της τέχνης σε όλες τις περιόδους της αρχαίας ελληνικής ιστορίας. Αναπαρίστανται σε κεραμικά αγγεία, σε μαρμάρινα γλυπτά, σε ασημένια νομίσματα και σε χάλκινα αγάλματα. Οι αρχαίοι Έλληνες λάτρευαν τόσο πολύ τα άλογα, που έδιναν ακόμα και στα παιδιά τους ονόματα που περιείχαν τη λέξη «ίππος», όπως Φίλιππος, που σημαίνει αυτός που αγαπάει τα άλογα.

Η αρχαία ελληνική γραμματεία μας παρέχει πολλές πληροφορίες σχετικά με τους

διαφορετικούς ρόλους που έπαιζαν τα άλογα στην αρχαία Αθήνα. Στο βιβλίο του *Περί Ιππικής*, ο αρχαίος Έλληνας ιστορικός Ξενοφών γράφει για τους σωστούς τρόπους φροντίδας και εκπαίδευσης των αλόγων. Σημαντικές πληροφορίες αντλούμε επίσης από αναθηματικές επιγραφές, από λίστες νικητών των αθλητικών αγώνων και από τα αρχεία του αθηναϊκού ιππικού σώματος. Η έκθεση ΙΠΠΟΣ δίνει έμφαση στην αγάπη και το θαυμασμό των αρχαίων Αθηναίων για τα άλογα και απεικονίζει τη σημαντική θέση που είχαν αυτά στις διάφορες πτυχές της ζωής τους.

Η εικόνα των αλόγων κυριαρχεί στην αττική τέχνη κατά τη Γεωμετρική περίοδο (900-700 π.Χ.), και οι σκηνές αρμάτων είναι ιδιαίτερα δημοφιλείς σε μελανόμορφα αγγεία της Αρχαϊκής περιόδου (700-480 π.Χ.), όταν έφιππα μαρμάρινα αγάλματα αφιερώνονταν στην Ακρόπολη. Στην Κλασική εποχή (480-330 π.Χ.) χτίστηκαν μεγαλύτερα μνημεία που γιόρταζαν την ιππική τέχνη και άλογα λαξεύτηκαν σε μάρμαρο σε ναούς και αναθηματικά ανάγλυφα. Την Ελληνιστική περίοδο, οι τεχνίτες συχνά χύτευαν σε χαλκό ρεαλιστικά άλογα σε φυσικό μέγεθος, αν και αυτά σπάνια σώζονται. Σε όλες αυτές τις περιόδους, μικρά χειροποίητα πήλινα ειδώλια αλόγων αφιερώνονταν συχνά σε ιερά και τοποθετούνταν σε τάφους, ειδικά παιδικούς.

Η πρόσφατη ανακάλυψη δεκαοκτώ πολύ καλά διατηρημένων σκελετών αλόγων στο νεκροταφείο του Φαλήρου μας προσφέρει νέες πληροφορίες και δημιουργεί νέα ερωτήματα σχετικά με τους ρόλους των αλόγων στην Αθήνα. Οι εγχυτρισμοί μικρών παιδιών περιείχαν μικρογραφικά αγγεία με διασκεδαστικές σκηνές ιππασίας: ένας άνθρωπος που πέφτει από το άλογό του ή ένα άλλος που προσπαθεί απεγνωσμένα να σταματήσει το άλογό του τραβώντας τα χαλινάρια. Άλλα αντικείμενα της έκθεσης απεικονίζουν τη στενή σχέση ανάμεσα στα νεαρά αγόρια και τα άλογα, που ήταν τα αγωνιστικά αυτοκίνητα της αρχαιότητας.

Proto-geometric
1000-900BC

Geometric
900-700BC

Πρωτο-γεωμετρική
1000-900 π.Χ.

Γεωμετρική
900-700 π.Χ.

| Archaic | Classical | Hellenistic |
| 700-480BC | 480-330BC | 330-30BC |

| Αρχαϊκή | Κλασική | Ελληνιστική |
| 700-480 π.Χ. | 480-330 π.Χ. | 330-30 π.Χ. |

Palaeolithic cave painting of horses. Chauvet, France, ca. 30,000 (?) BP.
Photo of facsimile: R. Bridges.

Παλαιολιθική σπηλαιογραφία αλόγων. Chauvet, Γαλλία, περ. 30.000 (;) πριν από σήμερα.
Φωτογραφία αντιγράφου: R. Bridges.

Where did Greek horses come from?
Jenifer Neils

Although various types of horses (Equus genus) have been around for over four million years, when and where they were first domesticated has long been debated. Paleolithic cave paintings in northern Europe as well as butchered equid bones from archaeological sites indicate that they were originally hunted as a source of food, like other mammals. Recent scientific studies using DNA and carbon 14 dating have demonstrated that only one of the original equine types (*Equus caballus*) became domesticated while all others, like those that once roamed the plains of America, became extinct. This particular species is the source of our horses, donkeys, and zebras.

Today the only surviving wild horse is the Przewalski's horse which has been brought back from extinction in Mongolia. Because the bones of wild animals differ from those of domesticated ones it is possible to determine when domestication took place, and that was relatively recently, ca. 4200 BC. Scientific evidence now suggests that these ancestors of today's horses thrived on the steppes in the region of the Volga and Don rivers in modern-day Russia. DNA studies show that these horses survived in part because of their genomes that resulted in stronger backs and increased stress resistance, which facilitated taming.

By around 2200–2000 BC these domesticated horses began to thrive outside western Asia, appearing first in Anatolia and then spreading across Eurasia. It appears that humans rode horses with the aid of bridles before the invention of the spoked wheel and the chariot which is generally dated to ca. 2000-1800 BC. Thus it would seem that chariots did not play a role in Bronze Age migrations from the western Eurasian steppes into Europe during the third millennium or in the spread of Indo-European languages, as previously thought.

Horses were prevalent in Greece during the Late Bronze Age, as we know from faunal remains including burials in the dromoi of tholos tombs, visual media, and the palace archives written in Linear B. Especially numerous are the so-called 'chariot kraters' produced in Late Helladic III Greece and exported to Cyprus and the Levant. There is some scholarly debate about whether Mycenaean warriors actually fought with spears from racing chariots, but processions and hunting with chariots were common.

For recent research on the origins of domesticated horses, see Pablo Librado et al., "The origin and spread of domestic horses from the western Eurasian steppes," *Nature* 598 (2021) pp. 634–640.
For an overview of prehistoric horses, see Carolyn Willekes, *The Horse in the Ancient World* (London 2016) pp. 56-92.
For chariot depictions in Bronze Age Greece, see Laerke Recht and Christine Morris, "Chariot Kraters and Horse-Human Relations in Late Bronze Age Greece and Cyprus," *Annual of the British School at Athens* 116 (2021) pp. 95-132.

Από πού προήλθαν τα ελληνικά άλογα;

Jenifer Neils

Παρόλο που διάφορα είδη αλόγων (γένος Equus) ζουν στη γη εδώ και πάνω από 4 εκατομμύρια χρόνια, ο τόπος και ο χρόνος της πρώτης εξημέρωσής τους αποτελεί ακόμα θέμα συζήτησης. Παλαιολιθικές τοιχογραφίες σε σπήλαια της βόρειας Ευρώπης, αλλά και οστά σφαγιασμένων αλόγων που ανακαλύφθηκαν σε αρχαιολογικούς χώρους, καταδεικνύουν ότι αρχικά τα κυνηγούσαν για τροφή, όπως και άλλα θηλαστικά. Πρόσφατες επιστημονικές έρευνες με τη χρήση DNA και ραδιοχρονολόγηση με άνθρακα 14 έδειξαν ότι μόνο ένα από τα αρχικά είδη ιπποειδών (Equus caballus) εξημερώθηκε, ενώ όλα τα υπόλοιπα, όπως εκείνα που κάποτε περιπλανιόνταν στις πεδιάδες της Αμερικής, εξαφανίστηκαν. Το συγκεκριμένο αυτό είδος που επιβίωσε είναι πρόγονος των σημερινών αλόγων, όνων και ζεβρών.

Στις μέρες μας, το μόνο άγριο άλογο που σώζεται είναι το άλογο Πρζεβάλσκι, ένα εξαφανισμένο είδος το οποίο αναβίωσε στη Μογγολία. Επειδή τα οστά των άγριων ζώων διαφέρουν από εκείνα των εξημερωμένων, είναι δυνατό να προσδιορίσουμε πότε έλαβε χώρα η εξημέρωσή τους, και αυτό έγινε σχετικά πρόσφατα, γύρω στο 4200 π.Χ. Σύμφωνα με τα επιστημονικά δεδομένα, οι πρόγονοι των σημερινών αλόγων ευημερούσαν στις στέπες των ποταμών Βόλγα και Ντον της σημερινής Ρωσίας, ενώ μελέτες DNA έδειξαν ότι τα άλογα αυτά επιβίωσαν, εν μέρει, λόγω των γενομάτων τους, χάρη στα οποία είχαν πιο ανθεκτικές ράχες και μεγαλύτερη αντοχή στην πίεση, γεγονός που διευκόλυνε την εξημέρωσή τους.

Γύρω στο 2200-2000 π.Χ., τα εξημερωμένα αυτά άλογα άρχισαν να εξαπλώνονται και εκτός της δυτικής Ασίας, κάνοντας πρώτα την εμφάνισή τους στην Ανατολία και στη συνέχεια σε ολόκληρη την Ευρασία. Φαίνεται ότι οι άνθρωποι ίππευαν άλογα με τη βοήθεια χαλινού πριν την εφεύρεση του ακτινωτού τροχού και του άρματος που ανάγεται μεταξύ 2000 και 1800 π.Χ. Επομένως, φαίνεται πως τα άρματα δεν διαδραμάτισαν ρόλο στις μεταναστεύσεις της Εποχής του Χαλκού από τις στέπες της δυτικής Ευρασίας στην Ευρώπη κατά την 3η χιλιετία π.Χ. ή στη διάδοση των ινδοευρωπαϊκών γλωσσών προηγουμένως.

Τα άλογα ήταν διαδεδομένα στην Ελλάδα κατά την Ύστερη Εποχή του Χαλκού, όπως γνωρίζουμε από ζωικά κατάλοιπα, συμπεριλαμβανομένων και ταφών σε δρόμους θολωτών τάφων, από απεικονίσεις και από τα ανακτορικά αρχεία γραμμένα στη Γραμμική Β'. Ιδιαίτερα πολυάριθμοι είναι οι ονομαζόμενοι «κρατήρες με παραστάσεις αρμάτων», οι οποίοι παρήχθησαν στον ελλαδικό χώρο κατά την Ύστερη Ελλαδική III περίοδο και εξήχθησαν στην Κύπρο και στην Εγγύς Ανατολή. Το αν οι Μυκηναίοι πολεμιστές πολεμούσαν με δόρατα πάνω σε άρματα εν κινήσει αποτελεί ακόμα αντικείμενο επιστημονικής συζήτησης. Ωστόσο, είναι σίγουρο ότι οι πομπές και το κυνήγι με τη χρήση άρματος ήταν διαδεδομένα.

Terracotta chariot krater, probably from Maroni, between Larnaca and Limasol, Cyprus. Late Helladic IIIA:1, ca. 1375–1350 B.C. The Cesnola Collection, Purchased by subscription, 1874–76. Accession Number: 74.51.964 . The Metropolitan Museum of Art.

Κεραμικός κρατήρας με παράσταση αρμάτων, πιθανότατα από το Μαρώνι, μεταξύ Λάρνακας και Λεμεσού, Κύπρος. Υστεροελλαδική ΙΙΙΑ:1, περ. 1375-1350 π.Χ. The Cesnola Collection, Αριθ. Κατ.: 74.51.964 . The Metropolitan Museum of Art.

Για πρόσφατες έρευνες σχετικά με την προέλευση των εξημερωμένων αλόγων, βλ. Pablo Librado et al., "The origin and spread of domestic horses from the western Eurasian steppes," *Nature* 598 (2021) σελ. 634-640.

Για επισκόπηση σχετικά με τα προϊστορικά αλόγα, βλ. Carolyn Willekes, *The Horse in the Ancient World* (Λονδίνο 2016) σελ. 56-92.

Για απεικονίσεις αρμάτων στην Ελλάδα της Εποχής του Χαλκού, βλ. Laerke Recht and Christine Morris, "Chariot Kraters and Horse-Human Relations in Late Bronze Age Greece and Cyprus," *Annual of the British School at Athens* 116 (2021) σελ. 95-132.

Composite horse skeleton from Burials 1488, 1124 and 84, Phaleron Excavations.
Ephorate of Antiquities of the Piraeus and Islands.
Σκελετός αλόγου, σύνθεση από τις Ταφές 1488, 1124 και 84,
Ανασκαφές Φαλήρου. Εφορεία Αρχαιοτήτων Πειραιώς και Νήσων.

About horses at the Phaleron Delta

Stella Chrysoulaki, Ioannis Pappas

The cemetery of the Phaleron Delta is located in the middle of the old Phaleron bay at a distance of about four kilometers south of Athens' modern city center. The history of its excavations begins as early as the middle of the 19th century, while at the beginning of the 20th two small scale excavations are already under way (Kourouniotes 1911, 246-50; Pelekides 1916, 45-64; Keramopoulos 1923). The construction of the racecourse and its long term use up until 2004 protected the burials under a solid floor that was paved in 2.80m thick embankments. This picture changed during the recent construction of the Stavros Niarchos Cultural Center (SNFCC) at the place of the old racecourse, where the Ephorate of Antiquities of Piraeus and the Islands conducted rescue excavations (2012-2020) revealing a spatially and chronologically extensive coastal cemetery (end of 8th – 4th century BC) (Chryssoulaki 2018; 2020, 132-141; 2019; Chryssoulaki et al. (forthcoming)).

The cemetery was uncovered in two different areas, the first, stretching 9.3 stemmata (9,300m²), was in the center of the old racecourse and the other of 1.65 stremmata (1,650m²) at the northwest corner of the field. The area in between (57,800m²) was not excavated, which minimizes the estimated extent of the cemetery by 60%. The uncovered part of the cemetery has been divided into four large sectors: a) the Central Sector, b) the Esplanade Sector, c) the SE Sector and d) the NW Sector. The burials in the first three sectors are laid out along the ancient coastline.

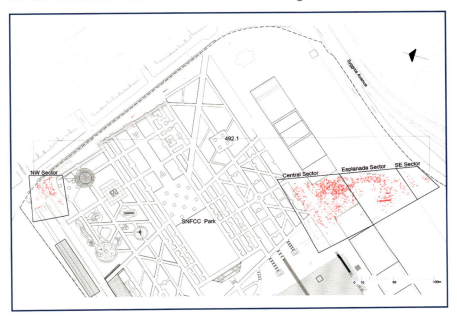

Fig.1: The area of the cemetery and the four main sectors.

The entire excavated part of the cemetery is located in the same geological layer, in the area of the ancient sandy coast. The NW Sector is an exception, where the ancient horizon coincides with the red sandy clay soils of small torrents.

The ancient horizon was found undisturbed, although in some areas there were some disturbances that occurred in antiquity and are owed to overlapping burials. Finally, the abandonment of the area from 2004 until the beginning of the SNFCC construction in 2012 caused new disturbances from excavations for the dumping of rubble and garbage/waste.

The excavations brought to light 1961 burials (2116 in total, if combined with earlier excavations). Simple pit graves are the most common, with bodies found in a wide variety of positions. The vast majority of the graves included adult burials usually with no grave goods, but burials of children and couples were also found. The second most frequent group is the burial of infants and small children in clay pots (pot burials). The number of funeral pyres is also significant and these are conventionally distinguished in three categories: 1) pyres formed in sandy trenches, 2) pyres in sandy trenches that have previously been lined with a layer of clay or stones and 3) built pyres, usually of rectangular shape, made of large clay bricks. Cist graves made of local limestone are less frequent. Clay larnakes, tile roofs graves, and secondary burials are also rare.

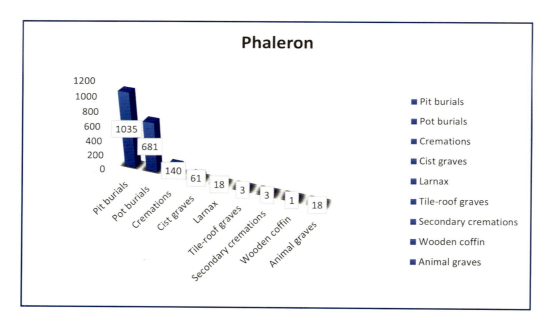

Fig. 2: Quantitative representation of graves at the Phaleron Delta.

Horses from the Phaleron cemetery: The excavation data.

A significant number of animal burials, mainly of equine, has also been uncovered at the cemetery. The horse burials at Phaleron belong to the long tradition of the relationship of Athenians with this specific species, both on a real and a symbolic level. Fifteen horse burials have so far been identified. All have been located in the sandy coastal layer. No common orientation has been observed and no grave goods have been found, which makes dating the burials extremely difficult. All horse burials have been located in the three sectors of the cemetery (Central, Esplanade, SE Sector), but not in the NW Sector. This is probably related to the choice of the coast as a burial site as it would facilitate the digging of large trenches.

The most important element of the horse burials is the variety in the positioning of the horses. There are cases with very bent legs (TΦ2, TΦ1488), some with slightly bent legs (TΦ239), some with bent and intertwined legs (TΦ713), others with bent front legs and extended back legs (TΦ1125, TΦ1039), while in others it is difficult to understand the position of the horse because not enough of its bones survive (TΦ84, TΦ1124).

Figs. 3-4: Burials TΦ1488 and TΦ713.

Figs. 5-6: Burials TΦ1125 and TΦ1124.

People and horses

How and to what extent are horse burials related to human burials at the Phaleron cemetery? The examination of specific burials does not leave much room for correlation between the two. Burial TΦ627 was the first case of a possible horse-human relation, because a horse skull was found near the human's legs (fig. 7). The contracted position of the body and the presence of the horse skull could be interpreted as either that the horse head was placed in the burial as a grave good or that the trench for the human burial was opened at the same spot where the horse burial already existed. A sherd found with the horse skull of burial TΦ713 belonged to a destroyed pot burial (TΦ714) that was deposited at the same spot at a higher level. Therefore, the pot burial is later than the horse burial. An interesting case would be the horse of burial TΦ239, next to which a pit grave TΦ158 was found (fig. 8). They had the same orientation, a small difference of 0.20m of their base depth, which could be due to the large size of the animal that would require a deeper trench in the sandy coastal environment.

Figs. 7-8: Burials TΦ 627 and TΦ239 and TΦ158 during excavations.

Burial TΦ1039 could be a similar case. It was found at a small distance from pit grave TΦ1047 that did not contain any grave goods. The difference of their base depth was less than 0.20m, while the distance between them was 0.15m (figs. 9-10).

 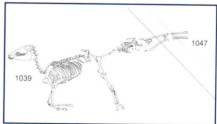

Figs.9-10: Photograph and drawing of burials TΦ1039, TΦ1047.

Horse burial TΦ1125, with the horse in a possible leaping position, was located close to a child's grave that did not contain any grave goods (TΦ1108). The child was placed at a distance of 0.50m from the horse, with the same orientation, but the difference in the depth of their base was 0.70m. While the trench of Burial TΦ1125 was distinguishable during excavation, this was not the case for the child's burial TΦ1108; it is therefore not possible to ascertain whether they formed one single grave (figs. 11-13).

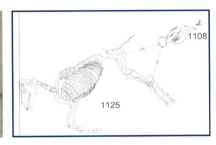

Figs. 11-13: Photographs and drawing of burials TΦ1125, TΦ1108.

Horse burials in Archaic cemeteries are not unique in Greece. On the contrary, more examples have come to light in recent years. At the coastal cemetery of Akanthos six horse burials and four dog burials were uncovered (Trakosopoulou-Salakidou 1996, 297), while even more recently, three more horse burials and three more dog burials were found in the same cemetery (Papastathis and Nasioka 2019, 201-202). According to publications, the positioning of the animals varies. In Akanthos, as in Phaleron, it is difficult to correlate horses with the nearby human burials, while the absence of grave goods prevents their secure dating.

A similar case is the cemetery excavated at the Industrial Area of Thessaloniki in Sindos, where equine burials were found in a variety of positions (Keramaris 2019, 78-79). In some of these burials, pot sherds were found around the horses and were associated with ritual practices (Keramaris et al. 2002, 237), while most horses had died in old age (Antikas and Wynn-Antikas 2004, 96-97). A burial of a horse with a human was recently published from the same cemetery, for which the excavator saw a special positioning of the dead bodies that gave the impression that *"the horse precedes galloping and the person follows running"* (Keramaris 2019, 78, fig. 27). This is not easy to discern, at least from the published photograph of the excavation. This burial could not be dated as it did not contain any grave goods.

Equine burials amongst human graves are also reported from the cemetery of Abdera (Skarlatidou 2010, 228, fig. 8) and one more horse burial was found in the town of Chios (Lemani et al. 2019, 305). On the contrary, single equine burials have not been found in Athens and its surroundings, with the exception of isolated bones in wells and in human graves (Ruscillo 2017, 561-574; Liston et al. 2018, 53-64). Therefore, the excavation of equine burials at Phaleron is in accordance with a common practice found in coastal cemeteries during the Archaic period.

Phaleron Delta: Honorary horse burials?

The variety of positions and the special care given to the presentation of the horses during their burial at the Phaleron cemetery must not go unnoticed. The limbs and the body of the horse have not been compressed in any of the burials (as, for example, the horse from Chios) in order to fit in a smaller pit. On the contrary, the pit had been calculated according to the dimensions of the animal and the position in which it would be buried. This effort is dictated by the image that the owner of the horse wanted to give to the dead animal, proving the value it had in life.

It is almost impossible to imagine that the burial of an animal, no matter how beloved it had been, enjoyed part of the burial practices that accompanied dead people in their journey to the underworld. Therefore, it could not be argued that horses participated in eschatological conceptions for the Hereafter, since animals did not have a soul that would live there forever. The burial data, however, of these animal burials, indicate that their burial was done neither casually nor with haste and certainly not without an audience watching it. Two elements support the fact that this is a canonical burial and not a simple deposition of a dead and useless animal: the first is indicated by the position of the body which imitates either galloping or jumping over an obstacle or a proud trot. These positions are depicted in ancient Greek iconography to present and honor the exceptional horses and their riders or to narrate their achievements. The second element comes from the actual taphonomy of the graves, i.e. the carefully opened large trench, at the same level with and among human burials. In any other case, the horses would have been casually deposited in a restricted area, possibly at the edge of the cemetery, which due to the large width of the sandy coast, would have been difficult to locate.

We can therefore argue that the horses that were excavated at the Phaleron cemetery had earned their burial either because they had honored their species with their beauty and exceptional performance or because they died early, before they were able to perform new feats. The untimely death of these horses refuted the expectations of their owners and also cancelled the capital investment before their amortization.

Fig. 14: Phaleron Delta, oinochoe (ΜΠ22513ζ) found in child's pot burial. Scene with horse and rider controlling the galloping horse by holding the reins (early 7th century BC).

Fig. 15: Phaleron Delta, gamikos lebes (ΜΠ 18786α) from child's pit grave. Scene with rider falling of a galloping horse (second quarter of 6th century BC – Alexandropoulou 2019, 276)

Finally, the very process of burying the horses and presenting them before covering them with the sand of the coastal cemetery, aimed at enobling the family of their owners and indicating their financial well-being, social status, and ability to choose and train them. An important number of vases from the same cemetery depict the importance of the horse as an indicator of the deceased person's social status. The frequent presence of the horse as a theme on vases from children's burials at Phaleron (figs. 14-15), recognizes the role of this exceptional animal on a symbolic level. From this we presume that the horse occupies the place of the central hero in the upbringing of wealthy Athenians, from their childhood, accompanying them with narratives and accomplishments.

Περί ίππων στο Δέλτα Φαλήρου

Στέλλα Χρυσουλάκη και Ιωάννης Παππάς

Το νεκροταφείο του Δέλτα Φαλήρου βρίσκεται στο μέσο του παλαιού φαληρικού κόλπου σε μία απόσταση περίπου τεσσάρων χιλιομέτρων νοτίως του σύγχρονου κέντρου των Αθηνών. Η ιστορία των ανασκαφών του ξεκινάει ήδη από τα μέσα του 19^{ου} αιώνα, ενώ στις αρχές του 20^{ου} πραγματοποιούνται δύο -μικρής έκτασης- ανασκαφικές έρευνες.[1] Η κατασκευή του ιπποδρόμου το 1925 και η μακροχρόνια χρήση του έως και το 2004 προστάτευσαν τις ταφές κάτω από συμπαγές δάπεδο που στρώθηκε σε επιχώσεις πάχους 2,80μ. Η εικόνα άλλαξε κατά τη διάρκεια της πρόσφατης κατασκευής του Κέντρου Πολιτισμού Ίδρυμα Σταύρος Νιάρχος (ΚΠΙΣΝ) στη θέση του παλαιού ιπποδρόμου όπου η Εφορεία Αρχαιοτήτων Πειραιώς και Νήσων (ΕΑΠΝ) πραγματοποίησε σωστικές ανασκαφές (2012-2020) αποκαλύπτοντας ένα εκτεταμένο χωρικά και χρονικά παράλιο νεκροταφείο (τέλος 8ου - 4ος αι. π.Χ.).[2]

Το νεκροταφείο αποκαλύφθηκε σε δύο διαφορετικές περιοχές, η πρώτη στο κέντρο του χώρου του παλαιού ιπποδρόμου σε μια έκταση 9,3 στρεμμάτων και η δεύτερη στο ΒΔ άκρο του γηπέδου, έκτασης 1,65 στρέμματος. Η ενδιάμεση αυτών περιοχή (έκτασης 57,8 στρεμμάτων) δεν διερευνήθηκε ανασκαφικά, πράγμα που μειώνει κατά 60% την εκτιμώμενη έκταση της νεκρόπολης. Το αποκαλυφθέν τμήμα του νεκροταφείου έχει συμβατικά χωριστεί σε τέσσερεις μεγάλους τομείς: α) τον Κεντρικό Τομέα, β) τον Τομέα της Εσπλανάδας γ) τον ΝΑ Τομέα και δ) τον ΒΔ Τομέα. Οι ταφές στους τρεις πρώτοι τομείς αναπτύσσονται κατά μήκος της αρχαίας ακτογραμμής.

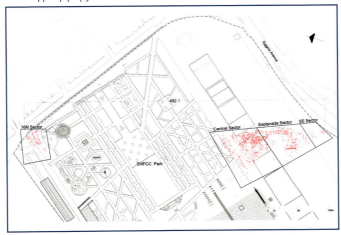

Εικ.1: Η χωρική έκταση του νεκροταφείου και οι τέσσερεις κύριοι τομείς.

---

1 Κουρουνιώτης 1911, 246-50· Πελεκίδης 1916, 45-64· Κεραμόπουλλος 1923.
2 Χρυσουλάκη 2018, 89-92· 2020, 132-141· Chryssoulaki 2019, 103-114· Χρυσουλάκη κ.ά. (υπό έκδοση).

Ολόκληρο το ανασκαμμένο τμήμα του νεκροταφείου εντοπίζεται στο ίδιο γεωλογικό στρώμα, σε μία περιοχή όπου εμφανίζεται η αρχαία αμμώδης ακτή με αμμοθίνες. Εξαίρεση αποτελεί ο τομέας στο βορειοδυτικό άκρο (NW Sector) όπου ο αρχαιοφόρος ορίζοντας συμπίπτει με τα ερυθρά αργιλοαμμώδη εδάφη μικρών χειμάρρων.

Ο αρχαιοφόρος ορίζοντας βρέθηκε εν πολλοίς αδιατάρακτος, παρότι σε σημεία παρατηρήθηκαν διαταράξεις που συνέβησαν κατά την αρχαιότητα και οφείλονται σε αλληλεπικαλύψεις ταφών. Τέλος η εγκατάλειψη της περιοχής από το 2004 ως την έναρξη των εργασιών για το νέο Κέντρο Πολιτισμού το 2012, επέφερε νέες διαταράξεις από εκσκαφές για την ρίψη μπάζων και σκουπιδιών.

Από τις ανασκαφικές εργασίες ήλθαν στο φως 1961 ταφές.[3] Οι απλοί ενταφιασμοί σε λάκκο αποτελούν τον κύριο τρόπο ταφής, με μεγάλη ποικιλία στην στάση των νεκρών. Η συντριπτική πλειονότητά τους αποτελείται από ενήλικα άτομα, είναι συνήθως ακτέριστες, ενώ δεν εκλείπουν οι ταφές μικρών παιδιών και ζευγαριών. Η δεύτερη συχνότερη κατηγορία ταφών είναι η εναπόθεση νηπίων και μικρών παιδιών εντός πήλινων αγγείων (εγχυτρισμοί). Σημαντικός είναι ο αριθμός των ταφικών πυρών που συμβατικά χωρίζονται σε τρεις κατηγορίες: 1) πυρές που διαμορφώνονται σε αμμώδη ορύγματα, 2) πυρές σε αμμώδη ορύγματα που έχουν προηγουμένως επενδυθεί με στρώμα πηλού ή και λίθων και 3) οι χτιστές πυρές, συνήθως ορθογώνιου σχήματος που αποτελούνταν από μεγάλες πλίνθους. Λιγότερο συχνή είναι η παρουσία των κιβωτιόσχημων ταφών, οι οποίες κατασκευάζονται από τον τοπικό ασβεστόλιθο. Ελάχιστες είναι οι πήλινες λάρνακες, οι κεραμοσκεπείς και οι δευτερογενείς αποθέσεις οστών.

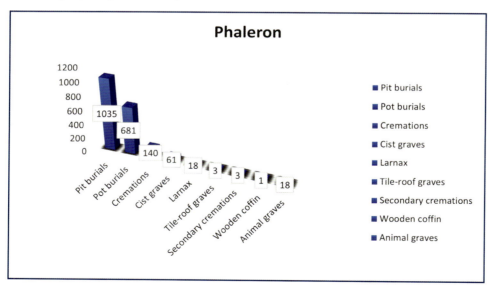

Εικ.2: Η ποσοτική εκπροσώπηση των ταφών στο Δέλτα Φαλήρου.

---

3 Εάν συνυπολογιστούν και οι δημοσιευμένες ανασκαφικές εργασίες των περιόδων 1911 και 1915, τότε ο συνολικός αριθμός ταφών ανέρχεται σε 2116.

Οι ίπποι του φαληρικού νεκροταφείου.
Τα ανασκαφικά δεδομένα.

Στο νεκροταφείο έχει αποκαλυφθεί και ένας αξιοσημείωτος αριθμός ταφών ζώων, κυρίως ιππιδών. Οι ταφές των φαληρικών ίππων εγγράφονται στη μακρά παράδοση των σχέσεων των Αθηναίων με το συγκεκριμένο είδος, τόσο στο πραγματικό όσο και στο συμβολικό επίπεδο. Έως σήμερα έχουν ξεχωρίσει 15 ταφές ιππιδών. Όλες έχουν εντοπιστεί μέσα στο αμμώδες παράκτιο στρώμα. Δεν παρατηρήθηκε κοινός προσανατολισμός, ενώ σε καμία ζωική ταφή δεν βρέθηκε συνοδευτικό αντικείμενο (κτέρισμα), γεγονός που καθιστά δύσκολο τον ακριβή χρονικό προσδιορισμό της τέλεσης της ταφής. Όλες οι ταφές ιππιδών έχουν εντοπιστεί στους τρεις τομείς της νεκρόπολης (Κεντρικός, Εσπλανάδα, ΝΑ Τομέας) αλλά όχι στον ΒΔ Τομέα, φαινόμενο που ίσως σχετίζεται με την επιλογή της ακτής ως χώρου ταφής εφόσον θα διευκόλυνε την διάνοιξη ορύγματος μεγάλων διαστάσεων.

Το πλέον ενδιαφέρον στοιχείο στις ταφές των ιππιδών είναι η μεγάλη ποικιλία στην στάση απόθεσής τους. Ξεχωρίζουν περιπτώσεις ιππιδών με έντονα λυγισμένα τα κάτω άκρα (ΤΦ2, ΤΦ1488), κάποιες με ελαφρώς λυγισμένα τα κάτω άκρα (ΤΦ239), κάποιες με λυγισμένα και συμπλεκόμενα κάτω άκρα (ΤΦ713), άλλες με λυγισμένα τα μπροστινά και τεντωμένα τα πίσω άκρα (ΤΦ1125, ΤΦ1039), ενώ δεν εκλείπουν και οι περιπτώσεις από τις οποίες δεν σώζονται αρκετά από τα οστά τους, ώστε να καταστεί εμφανής η στάση του ενταφιασμού (ΤΦ84, ΤΦ1124).

Εικ.3-4: ΤΦ1488 και ΤΦ713.
Εικ.5-6: ΤΦ1125 και ΤΦ1124.

Άνθρωποι και ίπποι

Πόσο και πώς σχετίζονται οι ταφές των ίππων και των ανθρώπων στο φαληρικό νεκροταφείο; Η εξέταση συγκεκριμένων δεν αφήνει δυστυχώς μεγάλα περιθώρια συσχετισμού μεταξύ τους. Η ΤΦ627 αποτέλεσε την πρώτη περίπτωση πιθανής σχέσης ανθρώπου και ίππου αφού στην περιοχή των κάτω άκρων του ανθρώπου βρέθηκε ένα κρανίο αλόγου (Εικ.7). Η συνεσταλμένη στάση απόθεσης του νεκρού σώματος και η παρουσία του κρανίου ίππου μπορεί να ερμηνευθεί είτε ότι το κεφάλι αλόγου δόθηκε ως κτέρισμα στην λακκοειδή ταφή είτε το όρυγμα του ενταφιασμού του ανθρώπου διανοίχθηκε σε σημείο όπου προϋπήρχε θαμμένο το άλογο. Στο κρανίο του αλόγου της ΤΦ713 (Εικ.4), βρέθηκε θραύσμα αγγείου, το οποίο αποτελούσε τμήμα του κατεστραμμένου εγχυτρισμού (ΤΦ714) που εναποτέθηκε λίγο ψηλότερα στο ίδιο σημείο. Συνεπώς, η τοποθέτηση του εγχυτρισμού έπεται της ταφής του αλόγου. Μία ενδιαφέρουσα περίπτωση θα ήταν το άλογο της ΤΦ239, δίπλα στο οποίο βρέθηκε η λακκοειδής ΤΦ158 (Εικ.8). Είχαν κοινό προσανατολισμό, μία μικρή διαφορά 0,20μ. στο βάθος έδρασής τους, η οποία θα μπορούσε να οφείλεται στο μεγάλο μέγεθος του ζώου που θα απαιτούσε βαθύτερο όρυγμα στο αμμώδες παράκτιο περιβάλλον.

Εικ.7-8: Η ΤΦ627 και οι ΤΦ239 και ΤΦ158 κατά την αποκάλυψή τους.

Αντίστοιχη περίπτωση θα μπορούσε να θεωρηθεί η ΤΦ1039. Είχε βρεθεί σε μικρή απόσταση από την ακτέριστη λακκοειδή ταφή ΤΦ1047. Η διαφορά στο βάθος έδρασης των δύο ταφών ήταν μικρότερη των 0,20μ., ενώ η μεταξύ τους απόσταση ήταν 0,15μ. (Εικ.9-10).

 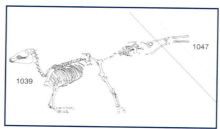

Εικ.9-10: ΤΦ1039, ΤΦ1047 και απόσπασμα της σχεδιαστικής αποτύπωσής τους.

Η ταφή αλόγου ΤΦ1125 σε πιθανή στάση άλματος, γειτνίαζε με ακτέριστη παιδική λακκοειδή ταφή (ΤΦ1108). Το παιδί είχε τοποθετηθεί σε απόσταση 0,50μ., από το άλογο, με κοινό προσανατολισμό, εντούτοις η διαφορά του βάθους έδρασης των ταφών ήταν 0,70μ. Ενώ το όρυγμα της ΤΦ1125 ήταν διακριτό κατά την ανασκαφή, δεν συνέβη το ίδιο με την παιδική ταφή ΤΦ1108, ώστε να βεβαιωθεί ότι πρόκειται για ενιαίο τάφο (Εικ.11-13).

  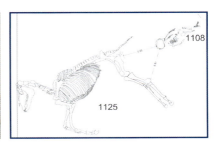

Εικ.11-13: ΤΦ1125, ΤΦ1108 και απόσπασμα της σχεδιαστικής αποτύπωσης τους.

Ο ενταφιασμός ιππιδών σε αρχαϊκά νεκροταφεία δεν είναι ένα πρωτοφανής στον ελλαδικό χώρο. Αντιθέτως, ολοένα και περισσότερα παραδείγματα έρχονται στο φως τα τελευταία χρόνια. Στο παράκτιο νεκροταφείο της Ακάνθου είχαν αποκαλυφθεί έξι ταφές ιππιδών και τέσσερις ταφές σκύλων,[4] ενώ ακόμη πιο πρόσφατα, στο νότιο τμήμα της εν λόγω νεκρόπολης βρέθηκαν άλλες τρεις ταφές ιππιδών και τρεις ταφές σκύλων.[5] Σύμφωνα με τις δημοσιεύσεις η στάσεις των εν λόγω ζώων ποικίλει. Στην Άκανθο ήταν, όπως και στο Φάληρο, δύσκολη η συσχέτιση των ίππων με τις παρακείμενες ταφές των ανθρώπων, ενώ η απουσία κτερισμάτων απέκλειε την ασφαλή χρονολόγηση τους.

Αντίστοιχη περίπτωση θεωρείται και το νεκροταφείο στην περιοχή Βιομηχανική Περιοχή της Θεσσαλονίκης, στην Σίνδο, στο οποίο βρέθηκαν ταφές ιππιδών σε ποικιλία στάσεων.[6] Σε κάποιες εξ αυτών βρέθηκαν όστρεα περιμετρικά των ίππων που συνδέθηκαν με τελετουργικές πρακτικές,[7] ενώ οι περισσότεροι ίπποι είχαν πεθάνει σε μεγάλη ηλικία.[8] Στο ίδιο νεκροταφείο έχει πρόσφατα δημοσιευθεί και μία ταφή ίππου μαζί με άνθρωπο, για την οποία ο ανασκαφέας διέκρινε μία ιδιαίτερη εναπόθεση των νεκρών σωμάτων που έδιδε την εντύπωση της κίνησης όπου «... *προηγείται το άλογο σε καλπασμό και ο άνθρωπος ακολουθεί τροχάδην*»,[9] πράγμα που δεν είναι εύκολο να πιστοποιηθεί τουλάχιστον από τη δημοσιευμένη φωτογραφία της ανασκαφής. Η συγκεκριμένη δεν συνοδευόταν από κτερίσματα ώστε να χρονολογηθεί.

Αναφορά εύρεσης ταφών ιππιδών ανάμεσα σε ταφές ανθρώπων γίνεται τόσο

---

4   Τρακοσοπούλου-Σαλακίδου 1996, 297.

5   Παπαστάθης και Νασιώκα 2019, 201-202.

6   Κεραμάρης 2019, 78-79.

7   Κεραμάρης κ.ά. 2002, 237.

8   Αντικας και Wynn-Αντικας 2004, 96-97.

9   Κεραμάρης 2019, 78, εικ. 27.

στο νεκροταφείο των Αβδήρων,[10] όσο και για μία ταφή αλόγου στην πόλη της Χίου.[11] Αντιθέτως, στην Αθήνα και τα περίχωρα της εκτός από μεμονωμένα οστά σε πηγάδια και ταφές ανθρώπων,[12] δεν έχουν βρεθεί ατομικές ταφές ιππιδών. Συνεπώς, η ανασκαφή ταφών ιππιδών στο Φάληρο έρχεται να συμπληρώσει την εικόνα μίας συνήθους πρακτικής σε παράκτια νεκροταφεία της αρχαϊκής περιόδου.

Δέλτα Φαλήρου: Τιμητικές ταφές αλόγων;

Η ποικιλία των στάσεων αλλά και η ιδιαίτερη φροντίδα με σκοπό την παρουσίαση των αλόγων κατά την ταφή τους, δεν θα πρέπει να περάσει απαρατήρητη στην περίπτωση του φαληρικού νεκροταφείου. Σε καμία περίπτωση ταφής δεν έχει γίνει σύμπτυξη των μελών και του σώματος του ζώου, (όπως π.χ., στο άλογο από την Χίο) για να χωρέσει σε μικρότερο όρυγμα. Αντίθετα, το όρυγμα έχει υπολογιστεί σύμφωνα με τις διαστάσεις του ζώου και τη στάση που αυτό θα λάμβανε κατά την ταφή. Η προσπάθεια αυτή υπαγορεύεται από την εικόνα που ο ιδιοκτήτης του θέλησε να αποδώσει στο νεκρό ζώο αποδεικνύοντας την αξία που είχε εν ζωή.

Είναι σχεδόν απίθανο να φανταστεί κανείς ότι η ταφή ενός ζώου, όσο προσφιλές και αν ήταν, απολάμβανε μέρος των ταφικών πρακτικών προορισμένων να συνοδεύσουν τους νεκρούς ανθρώπους στο ταξίδι τους στον Κάτω Κόσμο. Κατά συνέπεια δεν θα μπορούσε να υποστηριχθεί ότι τα άλογα μετείχαν των εσχατολογικών αντιλήψεων για το Επέκεινα εφόσον τα ζώα δεν διέθεταν ψυχή που θα κατοικούσε εκεί στο διηνεκές. Όμως τα ταφονομικά δεδομένα των ζωικών αυτών ταφών υποδηλώνουν ότι ο ενταφιασμός τους δεν έγινε ούτε πρόχειρα ούτε εν σπουδή και μετά βεβαιότητος ούτε χωρίς κοινό να την παρακολουθεί. Ως προς αυτό, ότι δηλαδή πρόκειται για κανονική ταφή και όχι απλή απόθεση του νεκρού και άχρηστου πλέον ζώου, δύο είναι τα στοιχεία που συνηγορούν: Το πρώτο

---

10 Σκαρλατίδου 2010, 228, εικ.8.

11 Λεμάνη κ.ά. 2019, 305.

12 Ruscillo 2017, 561-574· Liston et al. 2018, 53-64.

Εικ.14: Δέλτα Φαλήρου, Οινοχόη (ΜΠ22513ζ) κτέρισμα παιδικού εγχυτρισμού, Παράσταση ίππου με αναβάτη που ελέγχει το καλπάζον άλογο κρατώντας του από τα χαλινάρια (αρχές 7ου αι. π.Χ.).

Εικ.15: Δέλτα Φαλήρου, Γαμικός λέβης (ΜΠ 18786α) κτέρισμα παιδικού λακκοειδούς τάφου, Παράσταση πτώσης ανθρώπου από άλογο που καλπάζει (β΄ τέταρτο 6ου π.Χ. – Alexandropoulou 2019, 276).

υποδεικνύεται από την στάση ενταφιασμού που παραπέμπει είτε σε καλπασμό είτε σε υπερπήδηση εμποδίων είτε σε περήφανο τροχισμό. Οι στάσεις αυτές συναντώνται στην αρχαία ελληνική εικονογραφία για να παρουσιάσουν τιμητικά τα εξαιρετικά άλογα και τους ιππείς τους ή για να αφηγηθούν τα κατορθώματα τους. Το δεύτερο στοιχείο προέρχεται από την ίδια την ταφονομία τους, δηλαδή το προσεκτικά ανοιγμένο μεγάλων διαστάσεων όρυγμα, στην ίδια στάθμη με τις ταφές των ανθρώπων και ανάμεσα τους. Σε άλλη περίπτωση τα άλογα θα είχαν αποτεθεί προχείρως σε μια περιορισμένη περιοχή, πιθανώς στα όρια της νεκρόπολης που εξαιτίας του μεγάλου εύρους της αμμώδους ακτής δεν θα ήταν δύσκολο να βρεθεί.

Συμπερασματικά θα λέγαμε ότι τα άλογα που ανασκάφηκαν στη φαληρική νεκρόπολη είχαν κερδίσει την ταφή τους επάξια είτε διότι τίμησαν το είδος τους με την ομορφιά και τις εξαιρετικές τους επιδόσεις, είτε γιατί πέθαναν νωρίς, προτού μπορέσουν να κατακτήσουν νέους άθλους. Ο αδόκητος θάνατος των νεαρών αυτών ίππων διέψευσε τις προσδοκίες των ιδιοκτητών τους για αυτά αλλά και ακύρωσε την επένδυση κεφαλαίου πριν την απόσβεση τους.

Τέλος, η ίδια η διαδικασία της ταφής τους και η παρουσίαση τους πριν να σκεπαστούν με την άμμο του παράλιου νεκροταφείου σκοπό είχε να λαμπρύνει την οικογένεια του ιδιοκτήτη τους υποδεικνύοντας την οικονομική του ευμάρεια, την κοινωνική του θέση και τις ικανότητες του να τα επιλέξει και να τα εκπαιδεύσει. Από το ίδιο νεκροταφείο προέρχεται ένας σημαντικός αριθμός αγγείων που εικονογραφούν την εξάρχουσα σημασία του αλόγου ως δείκτη της κοινωνικής θέσης τους θανόντος ανθρώπου. Άλλωστε, η συχνή παρουσία του αλόγου ως θέμα στην αγγειογραφία των κτερισμάτων που συνοδεύουν παιδικές ταφές στο Φάληρο (εικ. 14, 15), αναγνωρίζει τον ρόλο του εξαιρετικού αυτού ζώου σε συμβολικό επίπεδο. Από αυτό τεκμαίρεται ότι την ανατροφή των εύπορων Αθηναίων, από την παιδική τους ηλικία, το άλογο κατέχει θέση κεντρικού ήρωα συνοδεύοντας τα με αφηγήσεις και κατορθώματα.

Βιβλιογραφία

Αντίκας, Θ. Γ., και L. Wynn-Αντίκας, 2004. "Παθολογικά ευρήματα σε σκελετούς ανθρώπων και ίππων από πρόσφατες ανασκαφές στη Σίνδο και το Πολύκαστρο." *ΑΕΜΘ* 18, 95-103.

Κεραμάρης, Α. 2019. "Νεκροταφείο στη ΒΙ.ΠΕ.Θ. Σίνδου. Ανασκαφικές περίοδοι 2006-2007." Στο *Σωστικές ανασκαφές της Αρχαιολογικής Υπηρεσίας. Ι. Τα νεκροταφεία. Χωροταξική οργάνωση - ταφικά έθιμα - τελετουργίες*, επιμ. Έ. Κουντούρη και Α. Γκαδόλου, 63-84 3. Αθήνα: Ταμείο Αρχαιολογικών Πόρων και Απαλλοτριώσεων.

Κεραμάρης, Α., Σ. Πρωτοψάλτης, και Σ. Τσολάκης. 2002. "Ανασκαφική έρευνα στη ΒΙ.ΠΕ.Θ. Σίνδου." *ΑΕΜΘ* 16, 233-240

Κεραμόπουλλος, Α.Δ. 1923. *Ο Αποτυμπανισμός. Συμβολή αρχαιολογική εις την ιστορίαν του ποινικού δικαίου και την λαογραφία*. Βιβλιοθήκη της εν Αθήναις Αρχαιολογικής Εταιρείας 22. Αθήνα: ΕΣΤΙΑ.

Κουρουνιώτης, Κ. 1911. "Εξ Αττικής. Ανασκαφαί Παλαιού Φαλήρου." *Αρχαιολογική Εφημερίς* 50: 246-51.

Λεμάνη, Σ., Β. Μπούρα, Δ. Τσαρδακά, και Μ. Φινφίνη. 2019. "Οι νεκροπόλεις της αρχαίας πόλεως Χίου. Έθιμα ταφής και πρακτικές ενταφιασμού από τον 7ο έως τον 4ο αι. π.Χ." Στο *Σωστικές ανασκαφές της Αρχαιολογικής Υπηρεσίας. Ι. Τα νεκροταφεία. Χωροταξική οργάνωση - ταφικά έθιμα - τελετουργίες*, επιμ. Έ. Κουντούρη και Α. Γκαδόλου, 281-312 3. Αθήνα: Ταμείο Αρχαιολογικών Πόρων και Απαλλοτριώσεων.

Παπαστάθης, Κ. και Ο. Νασιώκα. 2019. "Νεκρόπολη Ακάνθου. Στιγμιότυπα από τον 6ο έως τον 4ο αι. π.Χ." Στο *Σωστικές ανασκαφές της Αρχαιολογικής Υπηρεσίας. Ι. Τα νεκροταφεία. Χωροταξική οργάνωση - ταφικά έθιμα - τελετουργίες*, επιμ. Έ. Κουντούρη και Α. Γκαδόλου, 185-210 3. Αθήνα: Ταμείο Αρχαιολογικών Πόρων και Απαλλοτριώσεων.

Πελεκίδης, Ε. 1916. "Ανασκαφή Φαλήρου." *Αρχαιολογικό Δελτίο* 2: 13–64.

Σκαρλατίδου, Ε.Κ. 2010. *Το αρχαϊκό νεκροταφείο των Αβδήρων. Συμβολή στην έρευνα της αποικίας των Κλαζομενιών στα Άβδηρα*. Δημοσιεύματα / Αρχαιολογικό Ινστιτούτο Μακεδονικών και Θρακικών Σπουδών 9. Θεσσαλονίκη: Υπουργείο Πολιτισμού και Τουρισμού Αρχαιολογικό Ινστιτούτο Μακεδονικών και Θρακικών Σπουδών.

Τρακοσοπούλου-Σαλακίδου, Ε. 1996. "Αρχαία Άκανθος 1986-1996." *ΑΕΜΘ* 10Α, 297-312.

Χρυσουλάκη, Σ. 2018. "Δέλτα Φαλήρου. Νεκρόπολη Φαλήρου." *Αρχαιολογικό Δελτίο* 68 (2013)(Β1): 89-92.

Χρυσουλάκη, Σ. 2020. "Ομαδικό πορτρέτο με ένα νεκρό." *The Art of Crime* 8: 132-41.

Χρυσουλάκη, Σ., Ι. Παππάς, Α. Συρογιάννη και F. Dibble (υπό έκδοση). "Ταφικές πρακτικές στο Δέλτα του Φαλήρου. Το παράδειγμα του νοτιοανατολικού τομέα του νεκροταφείου." *Δωδώνη* ΜΖ-ΜΗ.

Alexandropoulou, A. 2019. «Die kindergrabäber in Phaleron». Στο *Griechische Nekropolen. Neue forschungen und funde. Beiträge zur Archäologie Griechelands 5*, επιμ. H. Frielinghaus, J. Stroszeck και P. Valavanis, 261–86. Möhnesee: Bibliopolis.

Chryssoulaki, S. 2019. "The excavations at Phaleron cemetery 2012-2017: An introduction." In *Rethinking Athens before the Persian wars. Proceedings of the international workshop at the Ludwig-Maximilians-Universität München (Munich, 23rd-24th February 2017)*, 103-14. Münchner Studien zur Alten Welt Band 17. München.

Liston, Maria A., Susan I. Rotroff, Lynn M. Snyder, and Andrew Stewart, 2018. "The Agora Bone Well." *Hesperia Supplement* 50 Princeton.

Ruscillo, D. 2017. "Faunal remains." In *The early Iron Age. The cemeteries / by John K. Papadopoulos and Evelyn Lord Smithson* 561-74. The Athenian Agora volume XXXVI. Princeton.

What does science tell us about the Phaleron horses?

Flint Dibble

The analysis of equid remains from 14 burials in the Phaleron cemetery was conducted under the direction of Dr. Flint Dibble at the Malcolm H. Wiener Laboratory for Archaeological Science of the American School of Classical Studies at Athens. The number and condition of these horses represent the most extensive and detailed scientific presentation of horses from first millennium BC Greece. The results of the on-going study in the Wiener Laboratory are therefore very significant.

The equid remains were brought to the Wiener Lab in varying conditions and states of preservation. Considerable effort has been expended to carefully remove sand concretions from these specimens, or in some cases to excavate them from the blocks in which they were transported from the excavation. Care was taken to not damage the fragile remains any further than they were from the soil conditions, and lab assistants used only wooden souvlaki sticks while cleaning them. While not all the skeletal material was preserved in the archaeological site, we were able to conserve many of the skulls, access the teeth, and reconstruct most of the long bones for measurements.

It is difficult to distinguish different equid species – horse (*Equus caballus*) from donkey (*Equus asinus*) and mule (half horse/half donkey) – in the archaeological record. The designations of the individuals from Phaleron were made based on the morphology of their mandibular and maxillary cheek teeth. In some cases, the morphology of these teeth was strongly pronounced as horse, and in other cases the morphology presented a range of characteristics with most as horse. It is therefore very likely that all the individuals were indeed horses. Age-at-death determinations were made on the basis of tooth eruption, wear of the incisor teeth, and skeletal fusion. Male or female sex was estimated based on the presence of robust canines. This is the typical method to determine the sex of an equid. On average, male horses have canines and females lack them or have smaller canines.

The Phaleron horses were not as tall as modern horses, but they are not ponies. Withers heights (at the shoulder) were calculated using the following leg bones: humerus, radius, metacarpus, femur, tibia, and metatarsus. The withers heights of the Phaleron horses ranged from 1.27m (12.5 hands) to 1.4m (14 hands).

Most of the horses found in the cemetery were adult, with all skeletal elements fused and all adult teeth erupted. However, the light wear on their incisors suggests they were young, and most were around 5-6 years of age. However, one individual was even younger; its third and fourth premolars and its third incisor had not fully erupted. This horse was therefore not yet an adult. Additionally, both the proximal humerus and proximal femur still show fusion lines. This combination of evidence suggests an age of around 3.5 years old at the time of death.

The bones of one of the horses buried at Phaleron showed visible cutmarks. Simply slaughtering a horse will not necessarily leave a cutmark on the bones (potentially on

Horse skull from Burial 231, Phaleron Excavations. Ephorate of Antiquities of Piraeus and Islands.

Κρανίο αλόγου από την Ταφή 231, Ανασκαφές Φαλήρου. Εφορεία Αρχαιοτήτων Πειραιώς και Νήσων.

the vertebra or skull, but unlikely anywhere else). However, there are deep cutmarks on both the right scapula and the left femur. Given that excavation photographs confirm that this horse was buried as a complete individual, these cutmarks likely reveal activities conducted at and around the time of burial. Our hypothesis is that these cutmarks were made to maneuver the stiffened corpse into its burial position.

The majority of the Phaleron horses were young and were completely healthy at the time of their death; they do not show evidence of, for example, injuries indicative of death in battle or broken bones from racing, common types of equine injury that would explain so early a death for a healthy animal. Most of the skeletons were intentionally and conspicuously posed in their graves which could lead to the conclusion that they were sacrificed.

While literary sources describe elite individuals buried with their beloved horses (e.g., the Athenian Kimon Koalemos buried with his Olympic prize-winning horses as recorded by Herodotus 6.103.3), the young age of the Phaleron horses suggests that they had not been ridden or otherwise worked for very long. For the most part, they had only just reached adulthood and were at the start of their useful lives for warfare or for racing or as beasts of burden. The deposition of young, male horses implies a sacrifice of a valuable resource: not a horse at the end of its working life but one near the beginning, and one that had been fed and reared through its childhood at a considerable expense. As such, the sacrifice of these horses should be seen as an act of conspicuous consumption, akin to burying valuable grave goods.

The nature of these burials, as a funerary sacrifice, is heightened by the way these horses were positioned in their graves. Most of them were positioned with back legs extended and front legs contracted. The cutmarks on one suggest intentional manipulation of a stiff corpse into this pose. The extended tail of another implies careful attention to details in positioning this horse in an impressive manner, as if in motion. These poses perhaps heighten the nature of these horse sacrifices as a spectacle held as part of funerary ritual.

Interestingly, very few of these horses are clearly associated with human burials and instead received their own individual burial. While this pattern makes it difficult to determine which human each horse might be associated with, it does not disprove the hypothesis that these horses were buried as a form of funerary sacrificial ritual. Most horses found in ancient Greek funerary contexts were buried in an area spatially set apart from humans, whether in a different tumulus or in a separate area of a burial. So, while these horses were buried apart from humans, it still seems likely that their sacrifice was part of some human funerary ritual.

The quantity and quality of equid remains from Phaleron make these finds significant to the fields of Classical archaeology and zooarchaeology. The assemblage of at least 14 individual burials of equids is one of the largest in the ancient Greek world and certainly the largest group of equids from the period contemporary with the Phaleron cemetery (Archaic through Hellenistic periods). While precise dates are still needed for these horses, it is clear that their study will provide an important new understanding of horses in Athens and Attica and the ancient Greek world at-large.

For the measurement of horse bones, see Cluny Jane Johnstone, *A Biometric Study of Equids in the Roman World*. Ph.D. thesis, University of York, 2004; Angela von den Driesch, *A Guide to the Measurement of Animal Bones from Archaeological Sites* (Cambridge, MA 1976).
For the aging of horse teeth and bones, see Marsha A. Levine, "The Use of Crown Height Measurements and Eruption-Wear Sequences to Age Horse Teeth," in *Ageing and Sexing Animal Bones from Archaeological Sites*, edited by B. Wilson, C. Grigson, and S. Payne (London 1982) pp. 223-250; Ian Silver, "The Aging of Domestic Animals," in *Science in Archaeology*, edited by D. Brothwell and E.S. Higgs (London 1969) pp. 283-302.

Τι μας λέει η επιστήμη για τα άλογα του Φαλήρου;
Flint Dibble

Η ανάλυση των καταλοίπων ιπποειδών από 14 ταφές που ήρθαν στο φως στο νεκροταφείο του Φαλήρου, πραγματοποιήθηκε υπό τη διεύθυνση του Δρος Flint Dibble στο Εργαστήριο Malcolm H. Wiener Laboratory for Archaeological Science της Αμερικανικής Σχολής Κλασικών Σπουδών στην Ελλάδα. Ο αριθμός και η κατάσταση διατήρησης των αλόγων αυτών αντιπροσωπεύει την πιο εκτεταμένη και λεπτομερή επιστημονική παρουσίαση αλόγων από την 1η χιλιετία π.Χ. στην Ελλάδα. Επομένως, τα αποτελέσματα της εν εξελίξει μελέτης στο Εργαστήριο Wiener είναι πολύ σημαντικά.

Τα εν λόγω κατάλοιπα μεταφέρθηκαν στο Εργαστήριο Wiener σε διάφορες καταστάσεις διατήρησης. Μεγάλη προσπάθεια σημειώθηκε για την προσεκτική αφαίρεση τμημάτων στερεοποιημένης άμμου από τα δείγματα ή -σε ορισμένες περιπτώσεις- για την ανασκαφή τους από τα μπλοκ στα οποία είχαν μεταφερθεί από το σημείο εύρεσής τους. Δόθηκε μεγάλη προσοχή ώστε να μην καταπονηθούν τα εύθραυστα κατάλοιπα πέρα από τη φθορά που είχαν ήδη υποστεί μέσα στο χώμα, ενώ στο εργαστήριο χρησιμοποιήθηκαν μόνο ξύλινα καλαμάκια από σουβλάκι για τον καθαρισμό τους. Παρόλο που δεν είχε διατηρηθεί όλο το σκελετικό υλικό στον αρχαιολογικό χώρο, καταφέραμε να συντηρήσουμε πολλά από τα κρανία, να εξετάσουμε τα δόντια και να συγκολλήσουμε τα περισσότερα από τα μακριά οστά για τις απαραίτητες μετρήσεις.

Η διάκριση μεταξύ των διαφορετικών ιπποειδών –του αλόγου (*Equus caballus*) από το γάιδαρο (*Equus asinus*) και το μουλάρι (μισό άλογο/μισός γάιδαρος)– στις αρχαιολογικές μαρτυρίες είναι δύσκολη. Ο προσδιορισμός του είδους των καταλοίπων στο Φάληρο έγινε με βάση τη μορφολογία των πλαϊνών δοντιών της άνω και της κάτω γνάθου. Σε ορισμένες περιπτώσεις, η μορφολογία των δοντιών αυτών παραπέμπει σαφώς σε άλογα και σε άλλες παρουσιάζει εύρος χαρακτηριστικών, τα περισσότερα από τα οποία παραπέμπουν σε άλογο. Επομένως, είναι πολύ πιθανό όλα τα ευρήματα να ανήκαν όντως σε άλογα. Η ηλικία θανάτου υπολογίστηκε με βάση την ανατολή των δοντιών, τη φθορά των κοπτήρων και τη σκελετική σύντηξη, ενώ το φύλο προσδιορίστηκε με βάση την παρουσία γερών κυνοδόντων. Πρόκειται για τυπική μέθοδο προσδιορισμού του φύλου σε ιπποειδή· κατά βάση, τα αρσενικά έχουν κυνόδοντες, σε αντίθεση με τα θηλυκά που είτε δεν έχουν, είτε έχουν μικρότερους.

Τα άλογα του Φαλήρου δεν ήταν τόσο ψηλά όσο τα σύγχρονα άλογα, αλλά δεν ήταν πόνυ. Το ύψος των ακρωμίων τους υπολογίστηκε με τη χρήση των ακόλουθων οστών των ποδιών: βραχιόνιο, κερκίδα, μετακάρπιο, μηριαίο, κνήμη και μετατάρσιο και ποικίλει από 1,27 μ. (12 χέρια) έως 1,4 μ. (14 χέρια).

Τα περισσότερα άλογα που ανακαλύφθηκαν στο νεκροταφείο ήταν ενήλικα, με όλα τα σημεία του σκελετού σε σύντηξη και όλα τα μόνιμα δόντια εμφανή. Ωστόσο, η μικρή φθορά στους κοπτήρες υποδηλώνει ότι ήταν νεαρά, τα περισσότερα περίπου 5-6 χρονών. Υπάρχει όμως κι ένα ακόμα νεότερο του οποίου οι τρίτοι και τέταρτοι προγόμφιοι και ο τρίτος κοπτήρας δεν είχαν ανατείλει εντελώς, επομένως, δεν ήταν ενήλικο. Επιπλέον, τόσο το εγγύς βραχιόνιο οστό όσο και το εγγύς μηριαίο οστό παρουσιάζουν ίχνη σύντηξης. Ο συνδυασμός των ενδείξεων υποδηλώνει ότι η ηλικία θανάτου του αλόγου αυτού ήταν περίπου 3,5 χρόνια.

Τα οστά ενός από τα άλογα που ήταν θαμμένα στο Φάληρο παρουσιάζουν σημάδια κοπής. Η σφαγή ενός αλόγου δεν θα άφηνε, απαραίτητα, ίχνη κοψίματος στα οστά (ενδεχομένως σε σπόνδυλο ή στο κρανίο, αλλά όχι οπουδήποτε αλλού). Ωστόσο, διακρίνονται βαθιά σημάδια κοπής στη δεξιά ωμοπλάτη και στο αριστερό μηριαίο οστό. Δεδομένου ότι οι φωτογραφίες της ανασκαφής επιβεβαιώνουν ότι το άλογο είχε ταφεί ολόκληρο, τα ίχνη κοπής, πιθανόν, αποκαλύπτουν κάτι που συνέβη κατά την ταφή ή λίγο πριν. Υποθέτουμε ότι τα σημάδια αυτά έγιναν στην προσπάθεια να δοθεί στο άκαμπτο νεκρό σώμα του ζώου η στάση ταφής του.

Η πλειονότητα των αλόγων του Φαλήρου ήταν νεαρά και απολύτως υγιή την ώρα του θανάτου τους. Δεν παρουσιάζουν ίχνη θανάσιμων τραυμάτων από μάχη ή σπασμένα οστά από αγώνες, όπως είναι οι συνηθισμένοι τύποι τραυματισμού ιπποειδών που θα εξηγούσαν τον θάνατο υγιών ζώων σε τόσο νεαρή ηλικία. Οι περισσότεροι σκελετοί είχαν τοποθετηθεί σκόπιμα με εντυπωσιακό τρόπο, γεγονός που πιθανόν οδηγεί στο συμπέρασμα ότι θυσιάστηκαν.

Ενώ οι λογοτεχνικές πηγές αναφέρουν πρόσωπα που ανήκαν στην ελίτ και θάφτηκαν μαζί με τα αγαπημένα τους άλογα (π.χ. ο Αθηναίος Κίμωνας Κοάλεμος που θάφτηκε με τα άλογά του που είχαν κερδίσει στους Ολυμπιακούς Αγώνες, όπως καταγράφει ο Ηρόδοτος 6.103.3), το νεαρό της ηλικίας των αλόγων του Φαλήρου υποδηλώνει ότι δεν τα είχαν ιππεύσει ή χρησιμοποιήσει αλλιώς για μεγάλη χρονική περίοδο. Τα περισσότερα είχαν μόλις ενηλικιωθεί και ήταν στην αρχή της περιόδου που θα χρησιμοποιούνταν σε πόλεμο, αγώνες ή ως υποζύγια. Η απόθεση νεαρών αρσενικών αλόγων υποδηλώνει θυσία μιας πολύτιμης πηγής: ενός αλόγου όχι στο τέλος της χρήσιμης ζωής τους, αλλά στην αρχή, το οποίο είχε τραφεί και συντηρηθεί σε όλη την παιδική του ηλικία με διόλου ευκαταφρόνητα έξοδα. Έτσι, η θυσία των αλόγων αυτών θα έπρεπε να θεωρηθεί πράξη επίδειξης, παρόμοια με την ταφή πολύτιμων κτερισμάτων.

Η φύση των ταφών αυτών, ως νεκρικές θυσίες, ενισχύεται από τον τρόπο με τον οποίο τα άλογα ήταν τοποθετημένα στους τάφους: τα περισσότερα ήταν με τα πίσω πόδια σε έκταση και τα μπροστινά σε συνεσταλμένη στάση. Τα ίχνη κοπής σε ένα από αυτά υποδηλώνουν σκόπιμη προσπάθεια τοποθέτησης του άκαμπτου νεκρού σώματος στη στάση αυτή. Η τεντωμένη ουρά ενός άλλου υποδηλώνει προσοχή στη λεπτομέρεια κατά την τοποθέτηση του, με εντυπωσιακό τρόπο, σαν να είναι σε κίνηση. Αυτές οι στάσεις ίσως υπογραμμίζουν τον χαρακτήρα αυτών των θυσιών αλόγων ως θέαμα στο πλαίσιο ταφικού τελετουργικού.

Ενδιαφέρον παρουσιάζει το γεγονός ότι πολύ λίγα από τα άλογα αυτά συνδέονται με ανθρώπινες ταφές και αντ' αυτού είχαν ταφεί ξεχωριστά. Παρόλο που έτσι είναι δύσκολο να εντοπίσουμε ποιος άνθρωπος συνδέεται με ποιο άλογο, δεν αναιρείται η υπόθεση ότι τα άλογα αυτά είχαν θαφτεί ως μια μορφή νεκρικού τελετουργικού θυσίας. Τα περισσότερα άλογα που έχουν αποκαλυφθεί σε αρχαία ελληνικά ταφικά περιβάλλοντα ήταν θαμμένα ξεχωριστά από τους ανθρώπους, είτε σε διαφορετικό τύμβο, είτε σε χωριστό σημείο της ταφής. Επομένως, ενώ τα άλογα του

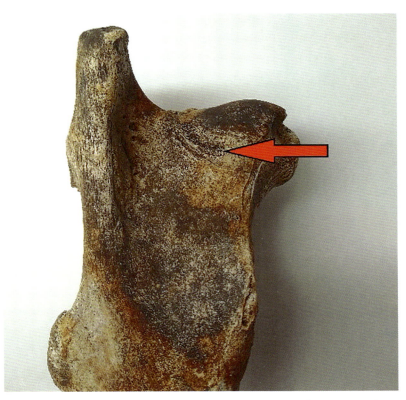

Cut scapula from Burial 1039, Phaleron Excavation. Ephorate of Antiquities of Piraeus and Islands
Οστό ωμοπλάτης με ίχνος κοπής από την Ταφή 1039, Ανασκαφή Φαλήρου. Εφορεία Αρχαιοτήτων Πειραιώς και Νήσων.

Φαλήρου ήταν θαμμένα ξεχωριστά από τους ανθρώπους, φαίνεται πιθανό η θυσία τους να αποτελούσε τμήμα τελετουργικού ανθρώπινης ταφής.

Η ποσότητα και η ποιότητα των καταλοίπων ιπποειδών από το Φάληρο καθιστά τα ευρήματα αυτά σημαντικά για τα πεδία της κλασικής αρχαιολογίας και της ζωοαρχαιολογίας. Το σύνολο των 14 τουλάχιστον ταφών ιπποειδών είναι ένα από τα μεγαλύτερα στον αρχαίο ελληνικό κόσμο και σίγουρα η μεγαλύτερη ομάδα ιπποειδών από την περίοδο που χρονολογείται το νεκροταφείο του Φαλήρου (αρχαϊκή-ελληνιστική περίοδος). Παρόλο που χρειάζεται ακόμα ακριβέστερη χρονολόγηση για τα άλογα αυτά, είναι σαφές ότι η μελέτη τους θα συμβάλλει στην καλύτερη κατανόηση των αλόγων στην Αθήνα και στην Αττική, αλλά και στον αρχαίο ελληνικό κόσμο, συνολικά.

Για τη μέτρηση των οστών αλόγων, βλ. Cluny Jane Johnstone, *A Biometric Study of Equids in the Roman World*. Διδακτορική διατριβή, University of York, 2004· Angela von den Driesch, *A Guide to the Measurement of Animal Bones from Archaeological Sites* (Cambridge, MA 1976). Για τη γήρανση των δοντιών και των οστών αλόγων, βλ. Marsha A. Levine, "The Use of Crown Height Measurements and Eruption-Wear Sequences to Age Horse Teeth," στο *Ageing and Sexing Animal Bones from Archaeological Sites*, επιμ. B. Wilson, C. Grigson και S. Payne (London 1982) σελ. 223-250· Ian Silver, "The Aging of Domestic Animals," στο *Science in Archaeology*, επιμ. D. Brothwell και E.S. Higgs (London 1969) σελ. 283-302.

HIPPOTROPHIA
ΙΠΠΟΤΡΟΦΙΑ

2

Introduction

> *Stranger, in this land of fine horses you have come to earth's fairest home...*
> Sophocles, *Oedipus at Colonus* 668-9

Wealthy aristocratic Athenians known as *hippotrophoi* bred, raised, and trained horses to compete in prestigious equestrian competitions, to participate in the hunt, and to serve in the cavalry. Greek art provides the best evidence for the appearance of ancient horses. From the earliest depictions they are tall and elegant with a slender head, an arched neck, muscular hindquarters, lean body, and long legs. The manes are often given special attention; Homer (*Iliad* 23.283) describes how the manes of Achilles' immortal horses were anointed with olive oil.

Greek horses were of medium build, 13-14 hands or 130-140 cm tall, and came in a range of colors: red (πυρρός), white (λευκός), chestnut (ξανθός), black (μέλας) or dappled (βαλιός). They could live up to 25 years but after 20 were no longer useful for racing or battle, although Bucephalus, the most famous Greek horse in antiquity, lived to be 30. Unlike donkeys and mules, horses were rarely depicted as work animals. Horses' fodder consisted of fresh grass, barley, oats, spelt, hay, and water, and Homer even mentions wine. Xenophon speaks of 'breakfast' and 'dinner' so it appears that horses, like humans, were fed twice a day

The Athenian general and historian Xenophon (430-355 BC) wrote an informative treatise on how to train and groom horses which is still consulted today. He specifically advised using a trainer knowledgeable in the arts of horsemanship and one who is gentle rather than harsh. At the beginning of his book *On Horsemanship*, Xenophon praises the Athenian author Simon who according to Pliny was the first to write about the art of riding, but his text does not survive.

The ubiquity of horses on Attic ceramics beginning in the Geometric period indicates that they were highly prized and served as status symbols for their owners. Potters produced special vases, such as the horse-handled pyxides or the horse-head amphoras, which are unique to Athens. Vase painters provided illustrations of horses being groomed, trained, and exercised. In Athenian black-figure of the 6th century BC there are over a thousand extant vases bearing images of horses. One of the most outstanding and complex is the amphora in the Badisches Landesmuseum in Karlsruhe which is featured in the exhibition.

Εισαγωγή

*Σε χώρα ήλθες, ξένε, με όμορφα άλογα,
στο ωραιότερο μέρος της γης...*
Σοφοκλής, Οιδίπους επί Κολωνώ, 668-9

Εύποροι Αθηναίοι αριστοκράτες γνωστοί ως ιππότροφοι αναλάμβαναν την εκτροφή και εκπαίδευση των αλόγων για να διαγωνίζονται σε ιππικούς αγώνες, να συμμετέχουν στο κυνήγι και να υπηρετούν στο ιππικό σώμα. Η αρχαία ελληνική τέχνη μας παρέχει τις καλύτερες πληροφορίες για τη μορφή των αρχαίων αλόγων. Ήδη από τις πρωιμότερες αναπαραστάσεις τα άλογα απεικονίζονται ψηλά και κομψά με λεπτό κεφάλι, τοξωτό λαιμό, μυώδη καπούλια, λιγνό σώμα και μακριά πόδια. Ιδιαίτερη προσοχή δίνεται συχνά στη χαίτη των αλόγων: ο Όμηρος (Ιλιάδα 23.283) περιγράφει πώς οι χαίτες των αλόγων του Αχιλλέα ήταν αλειμμένες με ελαιόλαδο.

Τα αρχαία ελληνικά άλογα ήταν μεσαίου μεγέθους, με ύψος 13-14 χέρια ή 1,30-1,40μ. και τρίχωμα διαφόρων χρωμάτων: ξανθοκόκκινο (πυρρός), λευκό, καφετί (ξανθός), μαύρο (μέλας) ή πιτσιλωτό (βαλιός). Ζούσαν μέχρι και 25 χρόνια, όμως ήδη μετά τα 20 δε χρησίμευαν πλέον για αγώνες ή για τη μάχη. Ο Βουκεφάλας όμως, το πιο γνωστό άλογο της ελληνικής αρχαιότητας, έζησε 30 χρόνια. Σε αντίθεση με τα γαϊδούρια και τα μουλάρια, τα άλογα σπάνια απεικονίζονται να κάνουν εργασίες. Τα άλογα τρέφονταν με φρέσκο χορτάρι, κριθάρι, βρώμη, όλυρα και νερό, ενώ ο Όμηρος αναφέρει ακόμα και κρασί. Ο Ξενοφών αναφέρει πρωινό και βραδινό γεύμα, επομένως τα άλογα, όπως και οι άνθρωποι, έτρωγαν δύο φορές την ημέρα.

Ο Αθηναίος στρατηγός και ιστορικός Ξενοφών (430-355 π.Χ.) έγραψε μία πραγματεία με πολλές πληροφορίες για την εκπαίδευση και την περιποίηση των αλόγων, η οποία χρησιμοποιείται ακόμα και σήμερα. Συγκεκριμένα, συμβουλεύει να χρησιμοποιείται ένας εκπαιδευτής που να γνωρίζει καλά την ιππική τέχνη και να είναι ευγενικός, και όχι σκληρός, με τα άλογα. Στην αρχή του βιβλίου του Περί Ιππικής, ο Ξενοφών εγκωμιάζει τον Αθηναίο συγγραφέα Σίμωνα, ο οποίος, σύμφωνα με τον Πλίνιο, ήταν ο πρώτος που έγραψε για την τέχνη της ιππασίας, όμως το κείμενό του δε σώζεται σήμερα.

Η πανταχού παρουσία των αλόγων στην αττική κεραμική, ξεκινώντας ήδη από τη Γεωμετρική περίοδο, καταδεικνύει ότι αυτά ήταν πολύτιμα και αποτελούσαν σύμβολα κύρους για τους ιδιοκτήτες τους. Οι κεραμείς κατασκεύαζαν ειδικά αγγεία, όπως τις πυξίδες με λαβές με τη μορφή αλόγων ή τους αμφορείς προτομής αλόγου, τα οποία είναι μοναδικά στην Αθήνα. Οι αγγειογράφοι ζωγράφιζαν παραστάσεις με την περιποίηση, την εκπαίδευση και την εξάσκηση των αλόγων. Σήμερα σώζονται πάνω από χίλια αγγεία της αθηναϊκής μελανόμορφης κεραμικής του 6ου π.Χ. αιώνα που φέρουν παραστάσεις αλόγων. Ένα από τα πιο ξεχωριστά και σύνθετα αγγεία είναι ο αμφορέας από το Badisches Landesmuseum της Καλρσρούης που παρουσιάζεται σε αυτήν την έκθεση.

What is the first horse in Athenian art?
Jenifer Neils

When an image of a horse first appears in Athenian painting ca. 950 BC, it is barely visible, placed off center under a set of wavy lines. The form of the horse is simple: rounded muzzle, high-arching neck with a mane indicated by sharp strokes, thin body, long tubular legs, and tail reaching to the ground. The amphora on which the horse makes his appearance was excavated in the main cemetery of Athens, the Kerameikos (inv. 560). There it served as a cinerary urn for the cremated remains of a mature adult, possibly a woman given the handles at the belly of the vase. Because this may be the first horse depicted in all of Greek art in all media following the Bronze Age, it is important to consider why it appeared first in this context.

As to why a horse was first added to a funerary vessel, there are several possible answers. One scholar has argued that it is the potter's logo or insignia which like other potters' marks is placed under or near the handle of the vase. Others believe that the horse has chthonic connotations and so is appropriate to the vessel's funerary function. Poseidon, the sire of the first horse, was known as the Earthshaker for his association with earthquakes and fissures in the earth leading to the underworld. However, because depictions of horses on vases appear in domestic and religious contexts, it seems most likely that they reference the socio-economic status of the deceased, male or female. In any case, the figure of the horse has been called an indigenous Attic theme, since it first appears in the ceramic art of Athens.

Two hundred years later in the Ripe Geometric period (ca. 750 BC), horses are ubiquitous in Athenian vase painting. They appear in panels tethered to tripods, in horizontal rows grazing, in pairs with their trainers, in twosomes pulling chariots with warriors aboard, or at the head of a cart bearing the deceased to the cemetery in a scene known as the *ekphora*. Small terracotta figurines of horses are popular grave goods and they also appear as handles on Geometric pyxides. It is clear that in this formative period, as the polis or city state of Athens was coming into being, horses played a major role in civic and religious life.

For early imagery of the horse in the Geometric period, see J. L. Benson, *Horse, Bird and Man: The Origins of Greek Painting* (Amherst 1970).
For Geometric amphoras from the Kerameikos, see Simona Dalsoglio, *The Amphorae of the Kerameikos Cemetery from the Submycenaean to the Protogeometric Period* (Oxford 2020).
For Geometric vases from the Athenian Agora, see Eva Brann, *Late Geometric and Protoattic Pottery,* Agora 8 (Princeton 1964).
For the earliest depictions of single horses as insignias, see John Papadopoulos, "Early Iron Age Potter's Marks in the Aegean," *Hesperia* 63 (1994) pp. 437-507.

Middle Protogeometric amphora, ca. 10th century BC. Kerameikos Museum 560. Ephorate of Antiquities of the City of Athens.
Αμφορέας. Μέση Πρωτογεωμετρική Περίοδος, περ. 10ος αιώνας π.Χ. Μουσείο Κεραμεικού 560. Εφορεία Αρχαιοτήτων Πόλης Αθηνών.

Terracotta horse figurine on wheels. From a child's grave, Protogeometric, ca. 900 BC
Kerameikos Museum T828. Ephorate of Antiquities of the City of Athens.
Πρωτογεωμετρικό πήλινο τροχήλατο αλογάκι. Από παιδική ταφή, περ. 900 π.Χ. Μουσείο Κεραμεικού Τ828. Εφορεία Αρχαιοτήτων Πόλης Αθηνών.

Ποιό είναι το πρώτο άλογο στην αθηναϊκή τέχνη;

Jenifer Neils

Στην πρώτη απεικόνιση αλόγου στην αθηναϊκή ζωγραφική, γύρω στο 950 π.Χ., το άλογο μόλις που διακρίνεται, τοποθετημένο έκκεντρα κάτω από κυματιστές γραμμές. Η μορφή του είναι απλή: στρογγυλή μουσούδα, ψηλός τοξωτός λαιμός με χαίτη που υποδηλώνεται από κοφτές πινελιές, λεπτό σώμα, μακριά σωληνοειδή πόδια και ουρά που φτάνει στο έδαφος. Ο αμφορέας στον οποίο εικονίζεται το άλογο αυτό ανακαλύφθηκε στο κύριο νεκροταφείο της Αθήνας, τον Κεραμεικό (αρ. ευρ. 560). Εκεί χρησίμευε ως τεφροδόχος για τη στάχτη ενός ενήλικα, πιθανόν γυναίκας, δεδομένων των λαβών στην κοιλιά του αγγείου. Επειδή ίσως να πρόκειται για την πρώτη αναπαράσταση αλόγου σε ολόκληρη την ελληνική τέχνη κάθε μορφής μετά την Εποχή του Χαλκού, είναι σημαντικό να εξετάσουμε γιατί πρωτοεμφανίστηκε σε τέτοιο περιβάλλον.

Σχετικά με το ερώτημα γιατί ένα άλογο προστέθηκε σε ταφικό αγγείο, υπάρχουν αρκετές πιθανές απαντήσεις. Σύμφωνα με έναν μελετητή, πρόκειται για το σημάδι ή το έμβλημα του κεραμέα, το οποίο, ως είθισται, τοποθετούνταν κάτω ή κοντά στη λαβή του αγγείου. Άλλοι πιστεύουν ότι το άλογο έχει χθόνιους συσχετισμούς και έτσι αρμόζει στην ταφική λειτουργία του αγγείου. Ο Ποσειδώνας, γεννήτορας του πρώτου αλόγου, ήταν γνωστός ως «Κοσμοσείστης» για τη σχέση του με τους σεισμούς και τα ρήγματα στη γη που οδηγούσαν στον Κάτω Κόσμο. Ωστόσο, επειδή τα άλογα εικονίζονται σε οικιακά και θρησκευτικά περιβάλλοντα, φαίνεται πιο πιθανό να παραπέμπουν στην κοινωνικο-οικονομική θέση του νεκρού, άντρα ή γυναίκας. Σε κάθε περίπτωση, η μορφή του αλόγου ονομάστηκε εγχώριο αττικό θέμα, επειδή πρωτοεμφανίστηκε στην κεραμική τέχνη της Αθήνας.

Διακόσια χρόνια αργότερα, κατά την Ώριμη Γεωμετρική περίοδο (περ. 750 π.Χ.), τα άλογα ήταν πανταχού παρόντα στην αθηναϊκή αγγειογραφία. Εμφανίζονται σε πλαίσια δεμένα σε τρίποδα, σε οριζόντιες σειρές να βόσκουν, σε ζεύγη μαζί με τους εκπαιδευτές τους, δύο μαζί να τραβούν άρματα με πολεμιστές ή να τραβούν άμαξα που μεταφέρει τον νεκρό στο νεκροταφείο, μία σκηνή που είναι γνωστή ως εκφορά. Μικρά πήλινα ειδώλια αλόγων υπήρξαν δημοφιλή ταφικά κτερίσματα, ενώ εμφανίζονταν και ως λαβές σε γεωμετρικές πυξίδες. Είναι σαφές ότι σε αυτήν τη διαμορφωτική περίοδο κατά την οποία άρχισε να δημιουργείται η πόλη-κράτος της Αθήνας, τα άλογα διαδραμάτισαν σπουδαίο ρόλο στην πολιτική και θρησκευτική ζωή.

Για πρώιμη εικονογραφία αλόγου τη γεωμετρική περίοδο, βλ. J. L. Benson, *Horse, Bird and Man: The Origins of Greek Painting (Amherst 1970)*.
Για γεωμετρικούς αμφορείς από τον Κεραμεικό, βλ. Simona Dalsoglio, *The Amphorae of the Kerameikos Cemetery from the Submycenaean to the Protogeometric Period (Oxford 2020)*.
Για γεωμετρικά αγγεία από την Αρχαία Αγορά της Αθήνας, βλ. Eva Brann, *Late Geometric and Protoattic Pottery, Agora 8 (Princeton 1964)*.
Για τις πρωιμότερες απεικονίσεις αλόγων ως εμβλήματα, βλ. John Papadopoulos, "Early Iron Age Potter's Marks in the Aegean," *Hesperia* 63 (1994) σελ. 437-507.

Horse pyxis. Attic Late Geometric, ca. 730 BC. From Attica.
Athens National Archaeological Museum A 17972
Γεωμετρική πυξίδα με τέσσερα άλογα. Ύστερη Γεωμετρική περίοδος, περ. 730 π.Χ.
Από την Αττική / Εθνικό Αρχαιολογικό Μουσείο A 17972

Why do horses serve as handles on Geometric pyxides?

Rebecca A. Salem

During the Geometric period (c. 900–700 BC) depictions of horses on Greek vessels became three-dimensional representations in the form of figured handles on *pyxides*. Pyxides (singular *pyxis*), round cylindrical boxes with lids, were used for the storage of cosmetics, jewelry, perishable goods, or other small objects. Produced almost exclusively in Attica, the earliest horse-handled pyxides appeared in the early 8th century BC and had one or two horses adorning the lid. These early horses have short necks and legs with proportionally larger heads and articulated knees. Later, towards the middle of the 8th century BC, they appear in groups of three or four larger horses with a freer and more relaxed emphasis on anatomical details. This trend continued to the end of the 8th century BC, when horse handled pyxides ceased being produced.

Horses appear in various artistic media across the Greek mainland during the Geometric period. At the panhellenic sanctuaries of Olympia and Delphi, horses became the most prominent figural attachment of the bronze tripod cauldron, an extremely expensive dedicatory object. Smaller, free standing horse figures are also found in bronze or terracotta for use as votive offerings. At the same time in Attica, we see an increase in horses painted on pottery, and the appearance of small terracotta figurines and horse pyxides.

Unlike the dedications made at Olympia and Delphi, the horse pyxides from Attica were not used as votives. While some were likely used for day-to-day activities as indicated by signs of repair, most are found in a funerary context. Horse pyxides are primarily found in the graves of women, and multiple horse pyxides are frequently placed together – as many as eight have been found in a single grave. It is thought that the pyxides might have held perishable goods that were deemed essential for the deceased to have with them after their death. It has also been suggested that the placement of horse pyxides within graves relates them closely to the underworld, giving them a chthonic character.

Produced from terracotta, Attic horse pyxides were made in the potters' workshop near the main cemetery of Athens, the Kerameikos. It is thought that perhaps four workshops produced these pyxides for consumption by the local population. The pot itself and lid are wheel thrown, whereas the horses are shaped by hand from clay. While other pyxides have knob handles on their lids, the arch of the horse's body, shaped by the legs and back, forms a natural handle for gripping. The bodies of the horses are decorated with painted stripes, zigzags, and other geometric shapes, following the decorative scheme of the pyxis itself and common decorative patterns of the period. These decorative elements are likely purely ornamental, but the painting of bridles and harnesses is evidence that the horses are not just isolated animals but are meant to represent a team for chariot races. While we have little evidence for chariot races during the Geometric period, their popularity and prestige in later times suggests that they also occurred earlier. This racing connection and the use of pyxides in daily life may speak *against* a particularly chthonic association for horse pyxides.

While little is known about the class structure during this period, it is thought that horse pyxides were symbols of the wealth of their possessors in life and in death. As with the tomb of the Rich Athenian Woman found in the Athenian Agora, where ceramic granaries are thought to represent the woman's family's ownership of a substantial amount of property and thus represent their elite position, it is possible that the presence of teams of horses on pyxides designated their owner as a member of a knightly class.

Late Geometric pyxis with three horse figurines on the lid. 725 - 700 BC. Agora P 4784. Ephorate of Antiquities of the City of Athens.

Ύστερη γεωμετρική πυξίδα με τρία ομοιώματα αλόγων στο πώμα 725 – 700 π.Χ. Αγορά P 4784. Εφορεία Αρχαιοτήτων Πόλης Αθηνών.

For an overview of early painting of Greek pottery, see John Boardman, *Early Greek Vase Painting: 11th-6th Centuries BC* (London 1998).
For an in-depth study of pyxides, see Barbara Bohen, *Die geometrischen Pyxiden* (Berlin 1988).
For information on Greek Geometric pottery, see John N. Coldstream, *Greek Geometric Pottery: A Survey of Ten Local Styles and Their Chronology* (London 1968).
For early representations of horses in Greek Art, see Sean Hemingway, "Noble Steeds: The Origins of the Horse in Greek Art," in *The Horse in Ancient Greek Art,* edited by P. Schertz and N. Stribling (Middleburg, VA 2017) pp. 11–23.
For pyxides in burials, see Donna C. Kurtz and John Boardman, *Greek Burial Customs* (Ithaca 1971).

Γιατί τα άλογα χρησίμευαν ως λαβές σε γεωμετρικές πυξίδες;

Rebecca A. Salem

Κατά τη Γεωμετρική περίοδο (περ. 900-700 π.Χ.), οι απεικονίσεις αλόγων στα ελληνικά αγγεία μετατράπηκαν σε τρισδιάστατες αναπαραστάσεις ως λαβές πυξίδων με τη μορφή αλόγων. Οι πυξίδες (ενικός: πυξίς), στρογγυλά, κυλινδρικά αγγεία με πώμα, χρησιμοποιούνταν για την αποθήκευση καλλυντικών, κοσμημάτων, ευπαθών αγαθών ή άλλων μικρών αντικειμένων. Κατασκευασμένες σχεδόν αποκλειστικά στην Αττική, οι πρωιμότερες πυξίδες με λαβές με τη μορφή αλόγων εμφανίστηκαν στις αρχές του 8ου αιώνα π.Χ., με ένα ή δύο άλογα να κοσμούν το πώμα. Αυτά τα πρώιμα άλογα έχουν κοντό λαιμό και πόδια και, αναλογικά, μεγαλύτερα κεφάλια και αρθρωτά γόνατα. Αργότερα, προς τα μέσα του 8ου αιώνα π.Χ., εμφανίζονται ομάδες τριών ή τεσσάρων μεγαλύτερων αλόγων με μία πιο ελεύθερη και χαλαρή απόδοση των ανατομικών λεπτομερειών τους. Η τάση αυτή συνεχίστηκε έως το τέλος του 8ου αιώνα π.Χ., όταν πλέον σταμάτησαν να παράγονται πυξίδες με λαβές σε σχήμα αλόγων.

Κατά τη διάρκεια της Γεωμετρικής περιόδου τα άλογα εμφανίζονται σε διάφορα είδη τέχνης σε ολόκληρη την ηπειρωτική Ελλάδα. Στα Πανελλήνια ιερά της Ολυμπίας και των Δελφών έγιναν το κυρίαρχο πλαστικό προσάρτημα των χάλκινων τριποδικών λεβήτων, οι οποίοι αποτελούσαν εξαιρετικά ακριβό αφιέρωμα. Μικρότερα, ελεύθερα ιστάμενα άλογα από χαλκό ή πηλό χρησιμοποιήθηκαν ως αναθήματα. Την ίδιο περίοδο στην Αττική, διακρίνουμε μια αύξηση των αλόγων στην αγγειογραφία και την εμφάνιση μικρών πήλινων ειδωλίων και πυξίδων με άλογα.

Σε αντίθεση με τα αφιερώματα στην Ολυμπία και στους Δελφούς, οι πυξίδες με άλογα από την Αττική δεν χρησιμοποιούνταν ως αναθήματα. Ενώ ορισμένες, πιθανόν, να χρησίμευαν σε καθημερινές δραστηριότητες, όπως υποδηλώνουν τα ίχνη επιδιόρθωσης, οι περισσότερες από αυτές βρέθηκαν σε ταφικά περιβάλλοντα. Ανακαλύφθηκαν κυρίως σε τάφους γυναικών και, συχνά, τοποθετούνταν αρκετές μαζί: έχουν βρεθεί μέχρι και οκτώ σε έναν τάφο. Πιστεύεται ότι οι πυξίδες ίσως να περιείχαν ευπαθή αγαθά που θεωρούνταν αναγκαία για να τα έχει ο νεκρός μετά θάνατον. Επιπλέον, έχει προταθεί ότι η τοποθέτηση πυξίδων με άλογα μέσα σε τάφους τις συνδέει στενά με τον κάτω κόσμο, προσδίδοντάς τους χθόνιο χαρακτήρα.

Οι αττικές πυξίδες με άλογα κατασκευάζονταν από πηλό, στο εργαστήριο αγγειοπλαστικής που βρισκόταν κοντά στο βασικό νεκροταφείο της Αθήνας, τον Κεραμεικό. Θεωρείται ότι πιθανόν τέσσερα εργαστήρια παρήγαγαν τις πυξίδες αυτές για κατανάλωση από τον εγχώριο πληθυσμό. Το αγγείο και το πώμα είναι τροχήλατα, ενώ τα άλογα πλάθονταν στο χέρι με πηλό. Ενώ άλλες πυξίδες έχουν κομβία ως λαβές στο πώμα τους, το τόξο που διαμορφώνεται από τα πόδια και το σώμα του αλόγου, σχηματίζει μια φυσική, εύχρηστη, λαβή. Τα σώματα των αλόγων είναι διακοσμημένα με γραπτές ταινίες, ζιγκ-ζαγκ και άλλα γεωμετρικά σχήματα, ακολουθώντας το διακοσμητικό σχέδιο της ίδιας της πυξίδας και άλλα κοινά διακοσμητικά μοτίβα της περιόδου. Ενώ τα διακοσμητικά αυτά στοιχεία είναι πιθανότατα καθαρά καλλωπιστικά, η γραπτή απόδοση του χαλινού και της σαγής αποδεικνύει ότι τα άλογα δεν ήταν απλά μεμονωμένα ζώα, αλλά αντιπροσώπευαν ομάδα αρματοδρομίας. Ενώ υπάρχουν λίγα στοιχεία για τις αρματοδρομίες κατά τη Γεωμετρική περίοδο, η μεταγενέστερη δημοτικότητα και η αίγλη τους υποδηλώνει ότι λάμβαναν χώρα και νωρίτερα. Ωστόσο, η σύνδεση των συγκεκριμένων πυξίδων με τις αρματοδρομίες, καθώς και η χρήση τους στην καθημερινή ζωή, δε συνάδουν με χθόνιους συσχετισμούς.

Παρότι λίγα είναι γνωστά για τη διάρθρωση των κοινωνικών τάξεων κατά την εν λόγω περίοδο, πιστεύεται ότι οι πυξίδες με άλογα ήταν σύμβολα πλούτου για τους ιδιοκτήτες τους, στη ζωή και στον θάνατο. Όπως συνέβη με τον τάφο της εύπορης Αθηναίας που αποκαλύφθηκε στην Αρχαία Αγορά της Αθήνας, όπου κεραμικά ομοιώματα σιταποθηκών θεωρούνται ότι αντιπροσώπευαν την τεράστια περιουσία της οικογένειάς της κι έτσι τη θέση της στην ελίτ, είναι πιθανό ότι η ύπαρξη ομάδων αλόγων σε πυξίδες να καταδείκνυε ότι ο ιδιοκτήτης τους ανήκε στην τάξη των ιππέων.

Για επισκόπηση της πρώιμης ελληνικής αγγειογραφίας, βλ. John Boardman, *Early Greek Vase Painting: 11th-6th Centuries BC* (Λονδίνο, 1998).
Για διεξοδική μελέτη των πυξίδων, βλ. Barbara Bohen, *Die geometrischen Pyxiden* (Βερολίνο, 1988).
Για πληροφορίες σχετικά με την ελληνική γεωμετρική κεραμική, βλ. John N. Coldstream, *Greek Geometric Pottery: A Survey of Ten Local Styles and Their Chronology* (Λονδίνο, 1968).
Για πρώιμες αναπαραστάσεις αλόγων στην ελληνική τέχνη, βλ. Sean Hemingway, "Noble Steeds: The Origins of the Horse in Greek Art," στο *The Horse in Ancient Greek Art,* επιμ. Peter Schertz και Nicole Stribling, (Middleburg, VA 2017) σελ. 11–23.
Για πυξίδες σε ταφές, βλ. Donna C. Kurtz and John Boardman. *Greek Burial Customs* (Ithaca, 1971).

What was the meaning of Horse-Head amphoras?

Will Austin and Peter Thompson

An amphora in the National Archaeological Museum (Athens, NAM 1003) is representative of an unusual phenomenon in Athenian vase-painting, namely a group of vessels commonly referred to as horse-head amphoras. This type, which is known in over 100 examples dating to the first half of the 6th century, is defined by shape and decoration: a belly amphora (type B) most often 30–40cm in height, covered with black gloss save for reserved panels between the handles on front and back, both of which bear a horse head in profile to the right. The horses are closely duplicated on both sides, and from amphora to amphora they exhibit striking consistency. All depict a long mane rendered in thick, pointed locks and a simple halter. The horses' large eyes, the style of their manes, and their prominent chins recall earlier depictions on 7th-century Protoattic pottery, but the painting technique is fully fledged black-figure, with fine incision and added purple. This places the invention of the type at the end of the 7th century. Several painters decorated horse-head amphoras, and it is unknown which artisan invented the type, with both the Nettos and Gorgon Painters having been suggested as potential candidates. Other heads, such as that of a woman or man, occasionally take the place of one of the horses, but such instances are extremely rare. Some examples of similar horse protomes decorating other vessel shapes are attested but distinctly uncommon. Although rare, such imitations suggest that the type was highly recognizable and popular. The production of the horse-head amphoras continued for some fifty years, before coming to a halt around the middle of the 6th century, and their design persists virtually unchanged throughout this period.

Most horse-head amphoras with recorded contexts were excavated from graves in Attica, including Athens 1003, which was found with the name-vase of the Nettos Painter, a pioneer of Attic black-figure active in the last quarter of the 7th century. Smaller amphoras of 20–30cm in height, primarily exported to Italy, are also assumed to have come from funerary contexts, although most often the exported examples lack a precise archaeological findspot. So were horse-head amphoras made specifically for the grave? Scholars arguing for this function have attempted to associate the equine imagery with chthonic resonances, citing the popularity of horses on funerary vases dating back to the Geometric period, the possible sacrifice of horses at funerals, and the association of horses with Poseidon. More generally, it has been noted that the horse-head amphoras could have functioned as suitable grave goods and status symbols for the *Hippeis*, referring to the wealth of the deceased through their equine imagery.

However, there is ample evidence for horse-head amphoras having had longer lives than their final resting spot in the grave might initially suggest. Many examples retain traces of repairs from antiquity, including Athens 1003, which has lead clamps on one side and holes for more repairs on the other. Other amphoras have been found in burials dated to the final decades of the 6th century, at least a generation later than the end of the production of the type, suggesting a use context preceding their deposition in the grave.

It is possible that the manufacture and significance of horse-head amphoras arose within a specific social context such as the symposium, a practice deeply rooted in the cultivation and maintenance of elite male interpersonal relations. However, if this was the case, it is striking that no other clearly identifiable type of vessel with such a strictly repetitive decorative formula developed in connection with sympotic use, and it is unclear why, beyond general elite connotations, horse imagery in particular would have been especially suitable for a sympotic context. Indeed, the near-identical reproduction of the horse protomes in panels lacking ornamentation across over one hundred examples stands at odds with the variety and experimentation of compositions on much 6th-century painted pottery, and the narrowly restricted repetition of the type speaks against a general function of the amphoras as vague symbols of otherwise unspecified "high status." In short, horse-head amphoras stood out among black-figure vessels, forming a distinct type which is not only a product of modern typologies but was recognizable as such to the ancient viewer and user through the use of repetitive shape and imagery.

Given this unusual homogeneity, we should not seek the origin and popularity of the design of horse-head amphoras in the sphere of an individual vase-painter but rather in an external, civic authority. As a highly recognizable type, it is likely that the amphoras served a specific function with a limited range of meaning, perhaps in a particular organized procedure or event, recalling that event and signaling the participation of the amphora's owner. The other ceramic type reproduced with such consistency during the 6th century is the series of Panathenaic prize amphoras, and it is no surprise that horse-head amphoras have also been interpreted as prizes for games at Athens prior to reorganization of the Panathenaia in 566 BC. Other scholars have made similar suggestions that the amphoras were rewards for different achievements in the communal civic sphere, such as the completion of cavalry training. However, lacking a detailed understanding of the chronology of the amphoras and external evidence attesting to specific Archaic institutions, the question of their relationship with the Panathenaia and other Athenian civic events must remain open.

Although we may not be able to recover the details of such an event given the state of our evidence for the early 6th century, some connection with cavalry training, athletics, or equine processions seems likely. The long, sleek manes of the horses and their lack of a bridle indicate that the depicted horses were not meant to immediately recall active riding or driving but more leisurely activities, such as parades and displays. In modern horse showmanship events, judges give scores for the handler's ability to display the animal, rather than for its individual physical qualities. By way of a gentle analogy with this scenario we are reminded that the meaning of these amphoras, however characterized, was concentrated not simply on the vessels and their imagery but on the people by whom they were owned and used.

For catalogues and stylistic groupings of horse-head amphoras, see Anne Birchall, "Attic Horse-Head Amphorae," *Journal of Hellenic Studies* 92 (1972) pp. 46-63; and Maria G. Picozzi, "Anfore attiche a protome equina," *Studi Miscellanei* 18 (1971) pp. 5-64.
For an overview of types in Athenian vase-painting, including horse-head amphoras, see Anne Steiner, *Reading Greek Vases* (Cambridge 2007) pp. 40-51.

For contextual analysis of horse-head amphoras, including their connection with funerary rituals, see Bettina Kreuzer, "Untersuchungen zu den attischen Pferdekopfamphoren," *BABESCH* 73 (1998) pp. 94–114.

For the interpretation of horse-head amphoras as prize vessels, see John Boardman, *Athenian Black Figure Vases* (London, 1974), pp. 17–18; and Ingeborg Scheibler, "Bild und Gefäß: Zur ikonographischen und funktionalen Bedeutung der attischen Bildfeldamphoren," *Jahrbuch des Deutschen Archäologischen Instituts* 102 (1987) pp. 57–118.

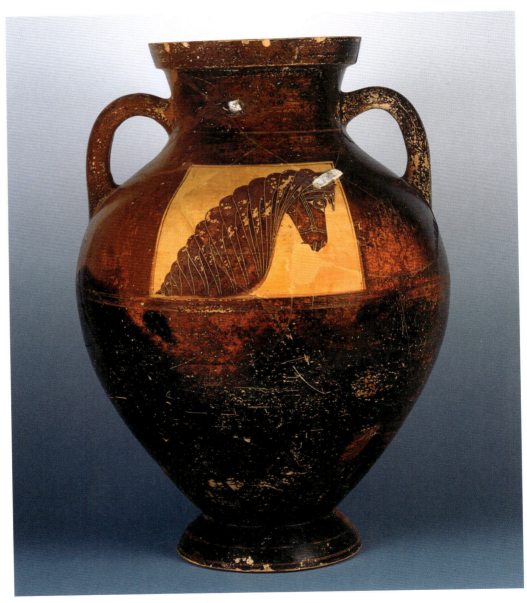

Horse-head Amphora. Attic black-figure, ca. 560 BC. Athens National Archaeological Museum A1003

Αττικός μελανόμορφος αμφορέας προτομής αλόγου, περ. 560 π.Χ. Εθνικό Αρχαιολογικό Μουσείο Α 1003.

Ποια ήταν η σημασία των αμφορέων προτομής αλόγου;

Will Austin και Peter Thompson

Ένας αμφορέας που βρίσκεται στο Εθνικό Αρχαιολογικό Μουσείο της Αθήνας (ΕΑΜ 1003) αντιπροσωπεύει έναν ασυνήθιστο τύπο της Αθηναϊκής αγγειογραφίας και, συγκεκριμένα, τα αγγεία που ονομάζονται αμφορείς προτομής αλόγου. Ο τύπος αυτός, ο οποίος είναι γνωστός χάρη σε περισσότερα από 100 παραδείγματα που χρονολογούνται στο α' μισό του 6ου αιώνα π.Χ., χαρακτηρίζεται από ίδιο σχήμα και διακόσμηση: πλατύσωμος αμφορέας (τύπου Β), ύψους, συνήθως, 30-40 εκ., καλυμμένος με μαύρη βαφή εκτός από τα άβαφα πλαίσια ανάμεσα στις λαβές, στην μπροστινή και πίσω όψη μέσα στα οποία εικονίζεται κεφάλι αλόγου στραμμένη προς τα δεξιά. Τα άλογα στα δύο πλαίσια είναι σχεδόν όμοια, με κοινά χαρακτηριστικά από αμφορέα σε αμφορέα: όλα απεικονίζουν μακριά χαίτη που αποδίδεται με παχείς, μυτερούς βοστρύχους και απλό καπίστρι. Τα μεγάλα μάτια του αλόγου, η τεχνοτροπία της χαίτης και η προτεταμένη γνάθος παραπέμπουν σε πρωιμότερες απεικονίσεις Πρωτοαττικής κεραμικής του 7ου αιώνα π.Χ., αλλά η τεχνική της γραπτής διακόσμησης είναι εξολοκλήρου μελανόμορφη, με λεπτή εγχάραξη και επίθετο μωβ χρώμα, γεγονός που τοποθετεί την αρχή του τύπου αυτού στον ύστερο 7ο αιώνα π.Χ. Αρκετοί αγγειογράφοι διακόσμησαν αμφορείς προτομής αλόγου, χωρίς να είναι γνωστό ποιος εφηύρε τον συγκεκριμένο τύπο, με τον Ζωγράφο του Νέσσου και του Γοργονείου να θεωρούνται υποψήφιοι. Άλλες προτομές, γυναικείες ή ανδρικές, περιστασιακά παίρνουν τη θέση του ενός από το δύο άλογα, αλλά αυτό συμβαίνει εξαιρετικά σπάνια. Παραδείγματα παρόμοιων προτομών αλόγων σε άλλους τύπους αγγείων είναι γνωστά, αλλά επίσης, σπάνια. Ωστόσο, τέτοιες μιμήσεις υποδηλώνουν ότι ο εν λόγω τύπος ήταν αναγνωρίσιμος και δημοφιλής. Η παραγωγή αμφορέων προτομής αλόγου συνεχίστηκε για 50 χρόνια περίπου και σταμάτησε στα μέσα του 6ου αιώνα π.Χ., ενώ το σχέδιό τους παρέμεινε ουσιαστικά απαράλλαχτο κατά την περίοδο αυτή.

Οι περισσότεροι αμφορείς προτομής αλόγου με καταγεγραμμένα πλαίσια ανακαλύφθηκαν σε τάφους της Αττικής, συμπεριλαμβανομένου εκείνου που βρίσκεται στο Εθνικό Αρχαιολογικό Μουσείο της Αθήνας (ΕΑΜ 1003). Ο αμφορέας αυτός ήρθε στο φως μαζί με το ομώνυμο αγγείο του Ζωγράφου του Νέσσου, ενός πρωτοπόρου της Αττικής μελανόμορφης αγγειογραφίας που υπήρξε ενεργός το τελευταίο τέταρτο του 7ου αιώνα π.Χ. Μικρότεροι αμφορείς, ύψους 20-30 εκ., που κατά βάση εξήχθησαν στην Ιταλία, πιθανότατα προέρχονται από ταφικά περιβάλλοντα -παρόλο που σχεδόν ποτέ δεν είναι γνωστό το σημείο όπου ανακαλύπτονται τα αγγεία που έχουν εξαχθεί. Επομένως, οι αμφορείς προτομής αλόγου κατασκευάστηκαν συγκεκριμένα για να τοποθετηθούν σε τάφους; Οι μελετητές που είναι υπέρ αυτής της άποψης έχουν προσπαθήσει να συνδέσουν τις αναπαραστάσεις αλόγων με χθόνιους συμβολισμούς, επισημαίνοντας τη συχνή απεικόνιση αλόγων σε ταφικά αγγεία ήδη από τη Γεωμετρική εποχή, την πιθανή θυσία αλόγων σε κηδείες και τη σύνδεση των αλόγων με τον Ποσειδώνα. Γενικότερα, οι μελετητές σημειώνουν ότι οι αμφορείς προτομής αλόγου ενδεχομένως να αποτελούσαν ταιριαστά κτερίσματα και σύμβολα κοινωνικής τάξης για τους ιππείς, παραπέμποντας στον πλούτο του εκλιπόντα, μέσω εικόνων αλόγων.

Ωστόσο, υπάρχουν πολλά στοιχεία που συγκλίνουν στο ότι οι αμφορείς προτομής αλόγου είχαν μεγαλύτερη διάρκεια ζωής από ότι υποδηλώνει, αρχικά, η εύρεσή τους σε τάφους. Πολλά τέτοια ευρήματα διατηρούν ίχνη επιδιορθώσεων από την αρχαιότητα, όπως και ο αμφορέας ΕΑΜ 1003, ο οποίος φέρει μολύβδινους συνδέσμους στη μια πλευρά και οπές από περισσότερες επιδιορθώσεις στην άλλη. Άλλοι αμφορείς έχουν ανακαλυφθεί σε ταφές που χρονολογούνται στις τελευταίες δεκαετίες του 6ου αιώνα π.Χ., δηλαδή, τουλάχιστον μια γενιά μετά το τέλος της παραγωγής του εν λόγω τύπου, υποδηλώνοντας χρήση τους σε άλλο περιβάλλον πριν την απόθεσή τους σε τάφο.

Η κατασκευή και η σημασία των αμφορέων προτομής αλόγου, πιθανόν, να προέκυψαν μέσα σε συγκεκριμένο κοινωνικό περιβάλλον, όπως το συμπόσιο, μια πρακτική με βαθιές ρίζες στην καλλιέργεια και διατήρηση διαπροσωπικών σχέσεων μεταξύ ανδρών της ελίτ. Ωστόσο, εάν αυτό ισχύει, προκαλεί εντύπωση το γεγονός ότι κανένας άλλος σαφώς αναγνωρίσιμος τύπος αγγείου με τέτοια επαναληψιμότητα στη διακόσμηση δεν αναπτύχθηκε σε σχέση με τα συμπόσια, ενώ δεν είναι σαφές γιατί -πέρα από τον συσχετισμό με την ελίτ- οι απεικονίσεις αλόγων θα ήταν κατάλληλες σε περιβάλλον συμποσίου. Πράγματι, η αναπαραγωγή σχεδόν πανομοιότυπων προτομών αλόγων σε πλαίσια, χωρίς διακόσμηση σε παραπάνω από εκατό παραδείγματα δεν συνάδει με την ποικιλομορφία και τον πειραματισμό στις συνθέσεις πολλών κεραμικών αγγείων με γραπτή διακόσμηση του 6ου αιώνα π.Χ., ενώ η αυστηρή επαναληψιμότητα του τύπου αντιτίθεται στη γενική λειτουργία των αμφορέων, ως αόριστων συμβόλων ενός κατά τα άλλα απροσδιόριστου "υψηλού κύρους". Κοντολογίς, οι αμφορείς προτομής αλόγου ξεχώριζαν ανάμεσα στα μελανόμορφα αγγεία, συνιστώντας έναν διακριτό τύπο, ο οποίος δεν είναι μόνο προϊόν σύγχρονης τυπολογίας, αλλά ήταν και αναγνωρίσιμος ως τέτοιος στον αρχαίο θεατή και χρήστη, μέσω της χρήσης επαναλαμβανόμενου σχήματος και εικονογραφίας.

Δεδομένης αυτής της ασυνήθιστης ομοιογένειας, δεν πρέπει να αναζητήσουμε την προέλευση και δημοτικότητα του σχεδίου των αμφορέων προτομής αλόγου σε έναν αγγειογράφο, αλλά σε μια εξωτερική, δημόσια αρχή. Ως ένας ιδιαίτερα αναγνωρίσιμος τύπος, ενδεχομένως, να είχε συγκεκριμένη λειτουργία με συγκεκριμένο νόημα, ίσως σε μια οργανωμένη διαδικασία ή γεγονός, ανακαλώντας το γεγονός αυτό και καταδεικνύοντας τη συμμετοχή του ιδιοκτήτη του σε αυτό. Ο άλλος τύπος κεραμικού αγγείου που αναπαράχθηκε με τόση ομοιογένεια κατά τον 6ο αιώνα π.Χ. ήταν οι παναθηναϊκοί αμφορείς και δεν προκαλεί έκπληξη ότι οι αμφορείς προτομής αλόγου έχουν επίσης ερμηνευθεί ως έπαθλα για αθηναϊκούς αγώνες, πριν την επαναδιοργάνωση των Παναθηναίων το 566 π.Χ. Ομοίως, άλλοι μελετητές έχουν προτείνει την ερμηνεία των αμφορέων αυτών ως βραβεία για διάφορα κατορθώματα δημόσιου χαρακτήρα, όπως η ολοκλήρωση της εκπαίδευσης του ιππικού σώματος. Ωστόσο, εφόσον δεν γνωρίζουμε με ακρίβεια τη χρονολόγηση των αμφορέων και δεν έχουμε στοιχεία που να αποδεικνύουν την ύπαρξη συγκεκριμένων αρχαϊκών θεσμών, το ζήτημα της σχέσης των εν λόγω αμφορέων με τα Παναθήναια και άλλες αθηναϊκές δημόσιες εκδηλώσεις παραμένει ανοικτό.

Παρόλο που ίσως δεν καταφέρουμε να μάθουμε τις λεπτομέρειες τέτοιων εκδη-

Horse-head miniature oenochoe ca. 600-575 BC. From child's pot burial at Phaleron Delta, ΜΠ 13578β. Photo: Ephorate of the Piraeus and Islands.
Μικρογραφική οινοχόη προτομής αλόγου, περ. 600-575 π.Χ. Από παιδική ταφή στο Δέλτα Φαλήρου, ΜΠ 13578β.
Φωτογραφία: Εφορεία Αρχαιοτήτων Πειραιώς και Νήσων

λώσεων, δεδομένης της κατάστασης διατήρησης των ευρημάτων και των στοιχείων που έχουμε από τον πρώιμο 6ο αιώνα π.Χ., φαίνεται πιθανή μια σύνδεση με την εκπαίδευση του ιππικού, με αθλητικούς αγώνες ή ιππικές παρελάσεις. Οι μακριές, λείες χαίτες των αλόγων και η έλλειψη χαλινού υποδηλώνουν ότι οι απεικονίσεις των αλόγων δεν σκόπευαν να παραπέμψουν σε ίππευση, αλλά περισσότερο σε δραστηριότητες, όπως παρελάσεις και επιδείξεις. Σήμερα, σε τέτοιου είδους εκδηλώσεις, οι κριτές βαθμολογούν την ικανότητα του εκπαιδευτή να παρουσιάσει το ζώο, αντί για τις σωματικές δυνατότητες του ίδιου του ζώου. Κατ'αναλογία, το νόημα των αμφορέων αυτών, όπως κι αν χαρακτηρίζονται, δεν επικεντρωνόταν στα ίδια τα αγγεία και στην εικονογραφία τους, αλλά στους ανθρώπους στους οποίους ανήκαν και από τους οποίους χρησιμοποιούνταν.

Για καταλόγους και τεχνοτροπικές ομαδοποιήσεις των αμφορέων προτομής αλόγου, βλ. Anne Birchall, "Attic Horse-Head Amphorae," *Journal of Hellenic Studies* 92 (1972) σελ. 46-63, Maria G. Picozzi, "Anfore attiche a protome equina," *Studi Miscellanei* 18 (1971) σελ. 5-64.
Για επισκόπηση των τύπων της αθηναϊκής αγγειογραφίας, συμπεριλαμβανομένων των αμφορέων προτομής αλόγου, βλ. Anne Steiner, *Reading Greek Vases* (Cambridge 2007) σελ. 40-51.
Για συγκειμενική ανάλυση των αμφορέων προτομής αλόγου και της σύνδεσής τους με ταφικά τελετουργικά, βλ. Bettina Kreuzer, "Untersuchungen zu den attischen Pferdekopfamphoren," *BABESCH* 73 (1998) σελ. 94-114.
Για την ερμηνεία των αμφορέων προτομής αλόγου ως έπαθλα, βλ. John Boardman, *Athenian Black Figure Vases* (Λονδίνο, 1974), σελ. 17-18 και Ingeborg Scheibler, "Bild und Gefäß: Zur ikonographischen und funktionalen Bedeutung der attischen Bildfeldamphoren," *Jahrbuch des Deutschen Archäologischen Instituts* 102 (1987) σελ. 57-118.

Who was the first to write a book about horses in Greek?

Anne McCabe

Horses figure prominently in early Greek writing—Linear B administrative tablets, the Homeric epics, lyric poetry—but the first prose work devoted specifically to horses and horsemanship was written by an Athenian called Simon in the 5th century BC. Simon seems to have been a recognized authority and a bit of a celebrity. Aristophanes uses his name for a leader of the chorus of "knights" in the play named after them, performed in 424 BC (*Knights* 242). To Xenophon, writing in the 4th century BC, Simon's treatise was already a classic (*On Horsemanship*, I.1).

Only fragments of Simon's text survive. The longest consists of advice about choosing a horse, plus the beginning of another chapter on the development and training of the colt. The fragment is preserved in two copies hand-written on parchment around the 13th century AD (one in the British Library, the other at Emmanuel College, Cambridge), appearing as a chapter in the *Hippiatrica,* a compilation on the care and medical treatment of horses. Shorter quotations appear in Xenophon's *On the Art of Horsemanship* and in the *Onomasticon* of Pollux.

Simon writes elegantly, despite the technical nature of the subject, and astutely observes both the conformation and character of the horse. The first thing to consider, says Simon, is where the horse comes from, the best place in Greece being Thessaly. Next, he says, whether it is large or small or of good size, "well-proportioned", so to speak. For good proportion (συμμετρία) is best in all animals. *Symmetria* is a word with particular resonance: it was used by Simon's contemporary, the sculptor Polykleitos, in his treatise *Canon*, on the proportions of the human body (quoted by Galen, *On the doctrines of Hippocrates and Plato* 5), to which we shall return.

Coat color doesn't matter, according to Simon, but the mane should be of uniform color and flowing. The horse ought to be "short on top, long on bottom", meaning a short back and plenty of distance between fore- and hind legs. Simon's discussion of anatomy sensibly begins with the foot—as we still say, "no foot, no horse". In describing the sound of a good hoof striking the ground, he uses the verb κυμβαλίζει, "it rings like a cymbal". Simon continues from hollow hoof and supple pastern up the sinewy lower leg and muscular forearm to medium chest and broad shoulder, neck arched and narrow at the throat with high crest, distinguished head with small ears, gleaming prominent eyes and large nostrils, from large withers back to supple loins and massive haunches, to trim hind legs and high-set tail. The colt should be taken from the breeding-herd at two, when his permanent teeth start to appear; at six he reaches the prime of swiftness and eagerness to work (*Hippiatrica* II, pp. 228-31). During training, he must gradually be accustomed to varying terrain (Pollux *Onomasticon*, I.204). A horse does not perform well under coercion, as a dancer would not if whipped and spurred (Xenophon, *On Horsemanship* XI.6).

Simon was said by various authors to have criticized the eminent artist Mikon (whose paintings decorated the Stoa Poikile) for depicting eyelashes on a horse's lower eyelid. And Simon was not just a critic of artworks but also a patron: he dedicated a bronze statue of a horse in Athens at the City Eleusinion, a shrine located on the north slope of the Acropolis, where horsemen would pass by on the Panathenaic Way. On the base of the statue were scenes of Simon's deeds—the phrase ἐξετύπωσεν τὰ ἔργα αὐτοῦ seems to refer to sculpture in relief (Xenophon, *On Horsemanship*, I.1). Given Simon's preoccupation with *symmetria* and conformation, it is not far-fetched to suppose (as Ernst Curtius did in *Die Stadtgeschichte von Athen*) that the statue represented a horse of perfect proportions, analogous to the famous *Canon* of Polykleitos, a statue that embodied precepts outlined in the treatise on proportions of the human body.

Pliny the Elder may allude to the bronze horse when he says that a statue of "Simon the horseman, who first wrote on horsemanship", was sculpted by Demetrius (*Natural History* 34.76). Since the early 4th century sculptor Demetrius supposedly hailed from the Athenian deme of Alopeke, it has been proposed that a Hymettian marble statue base found in the Agora Excavations near the City Eleusinion (I 5902), with a fragmentary signature of someone from Alopeke, may have belonged to Simon's dedication. Demetrius' apparently realistic style might have appealed to Simon, who disliked inaccuracy in the depiction of horses. One wonders whether (given Simon's authority and its prominent location) the lost statue influenced other representations of the horse in Athenian art. In any case, standards of good healthy conformation have not changed much, and Simon's careful observations of the horse still hold true today.

Catherine Keesling. "Athenian Sculpture in Transition: Two Statue Bases signed by Demetrios of Alopeke (*IG*, II², 4895 and SEG 12, 61", in G. Reger, F. X. Ryan, and T. F. Winters (eds.), *Studies in Greek Epigraphy and History in honor of Stephen V. Tracy*, Ausonius éditions Études, 26 (Bordeaux, 2010), pp. 193-205, esp. 201-205.
Anne McCabe. *A Byzantine Encyclopaedia of Horse Medicine: The Sources, Compilation, and Transmission of the* Hippiatrica. Oxford, 2007.
Eugen Oder and Karl Hoppe (eds.). *Corpus Hippiatricorum Graecorum* I-II. Leipzig, 1924-27.
Klaus Widdra. *Xenophontis De re equestri*. Leipzig, 1964.

Manuscript page 328 of the *Hippiatrica*, with a discussion of "symmetria". 13th century AD. Emmanuel College, Cambridge. By permission of The Master and fellows of Emmanuel College, Cambridge.
Σελίδα 328 χειρόγραφου της *Ιππιατρικής* που περιέχει μία συζήτηση για τη «συμμετρία». 13ος αιώνας μ. Χ. Emmanuel College, Cambridge. Με την άδεια του Διευθυντή και των υποτρόφων του Emmanuel College, Cambridge.

Ποιος ήταν ο πρώτος που έγραψε βιβλίο για τα άλογα στα ελληνικά;
Anne McCabe

Τα άλογα έχουν εμφανή θέση στις πρώιμες ελληνικές γραπτές πηγές -διοικητικές πινακίδες στη Γραμμική Β', ομηρικά έπη, λυρική ποίηση-, ωστόσο, το πρώτο πεζό κείμενο αφιερωμένο συγκεκριμένα στα άλογα και στην ιππική τέχνη γράφτηκε τον 5ο αιώνα π.Χ. από έναν Αθηναίο που ονομαζόταν Σίμωνας. Ο Σίμωνας φαίνεται να ήταν αναγνωρισμένη προσωπικότητα και σχεδόν μια διασημότητα στην εποχή του. Ο Αριστοφάνης χρησιμοποιεί το όνομά του για τον κορυφαίο του χορού των Ιππέων στο ομώνυμο έργο του, το οποίο παρουσιάστηκε το 424 π.Χ. (*Ιππείς* 242). Για τον Ξενοφώντα που συνέγραψε τον 4ο αιώνα π.Χ., η πραγματεία του Σίμωνα ήταν ήδη ένα κλασικό έργο (*Περί Ιππικής* 1.1).

Μόνο αποσπάσματα του κειμένου του Σίμωνα σώζονται σήμερα. Το μεγαλύτερο περιλαμβάνει συμβουλές για την επιλογή αλόγου και την αρχή ενός άλλου κεφαλαίου για την ανάπτυξη και εκπαίδευση των πουλαριών. Το απόσπασμα αυτό διατηρείται σε δύο χειρόγραφα, γραμμένα σε περγαμηνή και χαρτί, του 13ου αιώνα μ.Χ. περίπου (το ένα αντίγραφο βρίσκεται στη Βρετανική Βιβλιοθήκη και το άλλο στο Emmanuel College στο Cambridge) και εμφανίζεται ως κεφάλαιο στα *Ιππιατρικά*, μια συλλογή για τη φροντίδα και περίθαλψη των αλόγων. Μικρότερα αποσπάσματα περιλαμβάνονται στο *Περί Ιππικής* του Ξενοφώντα και στο *Ονομαστικόν* του Ιουλίου Πολυδεύκη (Pollux).

Ο Σίμωνας γράφει εύγλωττα, παρά την τεχνική φύση του θέματος, και κάνει εύστοχες παρατηρήσεις τόσο για τη διάπλαση, όσο και για τον χαρακτήρα του αλόγου. Το πρώτο πράγμα που πρέπει να λάβουμε υπόψη μας, λέει ο Σίμωνας, είναι η προέλευση του αλόγου, και η καλύτερη περιοχή της Ελλάδας στην εκτροφή αλόγων είναι η Θεσσαλία. Έπειτα, το μέγεθός του: αν είναι μεγάλο ή μικρό ή αν είναι «συμμετρικό». Διότι η συμμετρία είναι καλύτερη για όλα τα ζώα. Η «συμμετρία» είναι μια λέξη με ιδιαίτερη σημασία και χρησιμοποιήθηκε από τον σύγχρονο του Σίμωνα γλύπτη Πολύκλειτο στην πραγματεία του *Κανών* (γνωσή από αναφορά σε κείμενο του Γαληνού, *Περί των Ιπποκράτους και Πλάτωνος δογμάτων* 5), αναφορικά με τις διαστάσεις του ανθρώπινου σώματος, στην οποία θα αναφερθούμε παρακάτω.

Σύμφωνα με τον Σίμωνα, το χρώμα του τριχώματος του αλόγου δεν έχει σημασία, ωστόσο, η χαίτη πρέπει να είναι πλούσια με ομοιόμορφο χρώμα. Το άλογο πρέπει να είναι «κοντό πάνω και μακρύ κάτω», δηλαδή να έχει κοντή ράχη και μεγάλη απόσταση μεταξύ μπροστινών και πίσω ποδιών. Η ανάλυση του Σίμωνα περί ανατομίας του αλόγου ξεκινάει από το κατώτερο μέρος των ποδιών. Περιγράφοντας τον ήχο μιας καλής οπλής να χτυπάει στο έδαφος, χρησιμοποιεί το ρήμα «κυμβαλίζει», ηχεί σαν κύμβαλο. Ο Σίμωνας συνεχίζει από την κοίλη οπλή και το ευλύγιστο μεσοκύνιο έως την λιγνή κνήμη και το μυώδες αντιβράχιο, στο μεσαίο στήθος και το φαρδύ ώμο, τον τοξωτό αυχένα που είναι στενός στο λαιμό με ψηλή κορυφή, το κεφάλι που ξεχωρίζει με τα μικρά αυτιά, τα λαμπερά έντονα μάτια και τα μεγάλα ρουθούνια, καθώς και από το ψηλό ακρώμιο πίσω στα ευλύγιστα λαγόνια και τους ογκώδεις γοφούς, έως τα λεπτά πίσω πόδια και την ψηλή ουρά. Το πουλάρι πρέπει να απομακρύνεται από το κοπάδι του στην ηλικία των δύο ετών, όταν εμφανίζονται τα μόνιμα δόντια του. Στα έξι του φτάνει το απόγειο της σβελτάδας και της προθυμίας για δουλειά (*Ιππιατρικά* ΙΙ, σελ. 228-31). Σταδιακά, κατά τη διάρκεια της εκπαίδευσής του, πρέπει να συνηθίσει διάφορα εδάφη (Πολυδεύκης, *Ονομαστικόν* Ι.204). Ένα άλογο δεν αποδίδει καλά όταν εξαναγκάζεται, όπως κι ένας χορευτής εάν τον μαστίγωναν και τον σπιρούνιζαν (Ξενοφών, *Περί Ιππικής* 11.6).

Σύμφωνα με διάφορους συγγραφείς, ο Σίμωνας είχε κατακρίνει τον διαπρεπή καλλιτέχνη Μίκωνα -του οποίου έργα κοσμούσαν τη Ποικίλη Στοά- γιατί είχε ζωγραφίσει βλεφαρίδες στο κάτω βλέφαρο ενός αλόγου. Αλλά ο Σίμωνας δεν ήταν απλώς κριτικός τέχνης, ήταν και πάτρωνας: είχε αφιερώσει ένα χάλκινο άγαλμα αλόγου στο Ελευσίνιο της Αθήνας, το ιερό που βρισκόταν στη βόρεια κλιτύ της Ακρόπολης από όπου περνούσαν οι έφιπποι άνδρες στην Οδό των Παναθηναίων. Στη βάση του αγάλματος απεικονίζονταν σκηνές από έργα του ίδιου του Σίμωνα -η φράση **ἐξετύπωσεν τὰ ἔργα αὐτοῦ** φαίνεται να αναφέρεται σε ανάγλυφο (Ξενοφών, *Περί Ιππικής* 1.1). Δεδομένης της εμμονής του Σίμωνα με τη συμμετρία και τη διάπλαση, δεν είναι υπερβολικό να υποθέσουμε (όπως ο Ernst Curtius στο *Die Stadtgeschichte von Athen*) ότι το συγκεκριμένο άγαλμα αναπαραστούσε ένα άλογο με τέλειες αναλογίες, αντίστοιχο του περίφημου *Κανόνα* του Πολύκλειτου, ενός αγάλματος που ενσάρκωνε τις αρχές που παρουσιάζονται στην πραγματεία του σχετικά με τις αναλογίες του ανθρώπινου σώματος.

Ο Πλίνιος ο Πρεσβύτερος ίσως να αναφερόταν σε αυτό το χάλκινο άγαλμα όταν έγραφε ότι ένα άγαλμα του «Σίμωνα του ιππέα, ο οποίος έγραψε πρώτος για την ιππική τέχνη», φιλοτεχνήθηκε από τον Δημήτριο (*Φυσική Ιστορία* 34.76). Εφόσον ο γλύπτης του πρώιμου 4ου αιώνα π.Χ. Δημήτριος υποτίθεται ότι καταγόταν από τον αθηναϊκό δήμο της Αλωπεκής, μελετητές έχουν εκφράσει την άποψη ότι η βάση αγάλματος από υμήττιο μάρμαρο που αποκαλύφθηκε στην Αρχαία Αγορά της Αθήνας, κοντά στο Ελευσίνιο (Ι 5902), με αποσπασματικά σωζόμενη υπογραφή κάποιου από την Αλωπεκή, ίσως να ανήκε στο αφιέρωμα του Σίμωνα. Από ό,τι φαίνεται, η ρεαλιστική τεχνοτροπία του Δημήτριου θα είχε απήχηση στον Σίμωνα, ο οποίος απεχθανόταν την ανακρίβεια στην απεικόνιση αλόγων. Αναρωτιέται κανείς εάν -δεδομένης της αυθεντίας του Σίμωνα και της προεξέχουσας θέσης του αγάλματος- το χαμένο, σήμερα, άγαλμα επηρέασε άλλες αναπαραστάσεις αλόγων στην αθηναϊκή τέχνη. Σε κάθε περίπτωση, τα πρότυπα της υγιούς διάπλασης δεν έχουν αλλάξει και πολύ, ενώ οι προσεκτικές παρατηρήσεις του Σίμωνα σχετικά με τα άλογα ισχύουν ακόμα στις μέρες μας.

Σχετικά με την ιατρική αλόγων, βλ. Anne McCabe, *A Byzantine Encyclopaedia of Horse Medicine: The Sources, Compilation, and Transmission of the Hippiatrica* (Oxford 2007).
Για τον γλύπτη Δημήτριο, βλ. Catherine Keesling, "Athenian Sculpture in Transition: Two Statue Bases signed by Demetrios of Alopeke (*IG*, II2, 4895 και SEG 12, 61" στο G. Reger, F. X. Ryan, T. F. Winters (επιμ.), *Studies in Greek Epigraphy and History in honor of Stephen V. Tracy*, Ausonius éditions Études 26 (Bordeaux 2010) σελ. 193-205, ιδ. 201-205.
Για τα *Ιππιατρικά*, μια βυζαντινή συλλογή αρχαίων πηγών κτηνιατρικής, βλ. Eugenius Oder and Carl Hoppe (επιμ.), *Corpus Hippiatricorum Graecorum* I-II (Leipzig 1924-27).

Manuscript page 327 of the *Hippiatrica*, mentioning Simon's name in red. 13th century AD. Emmanuel College, Cambridge. By permission of The Master and fellows of Emmanuel College, Cambridge.

Σελίδα 327 χειρογράφου της *Ιππιατρικής*, όπου αναφέρεται το όνομα του Σίμωνα με κόκκινο χρώμα. 13ος αιώνας μ.Χ. Emmanuel College, Cambridge. Με την άδεια του Διευθυντή και των υποτρόφων του Emmanuel College, Cambridge.

ὁ κατὰ μῦς ἐασίαν, ἀλλ' αἱ ὁρ<unclear>ιολεπτ</unclear>ίαι ἰδ-
τω δίψα ται καὶ ὁ δῆ<unclear>ξ</unclear> εἴη, θεραπ<unclear>α</unclear>κτω ἁ-
λί μ<unclear>η</unclear> ἀπὸ τοῦ <unclear>ν</unclear>ε ζί ὁ κατὰ χεὶρ ὑπ βε ρ<unclear>γ</unclear>ίου ὅπ<unclear>ω</unclear>σ·
ὦ<unclear>σ</unclear>αὔτως μὴ ἀπὸ τοῦ ἅλατος. πε<unclear>ρ</unclear>ιλύει τ<unclear>ι</unclear>
ρος παλαιοῦ μὴ ὠ στέ ατος βοη τικ<unclear>οῦ</unclear>·

Π λαι ερη, τοὺς βη τας, αἱ γέλαι ο ἵπποιο·

τ<unclear>ε</unclear>λι
<unclear>νι</unclear>ς Μάρκω, χαιρ<unclear>ε</unclear>ῃ, ἱππο τροφο<unclear>ω</unclear> πασε βουλο<unclear>μ</unclear>
και εἰδύ ναι, ὅτι τοὺς βη τας αἱ πέλαι ο ἵπ<unclear>π</unclear>οι οὐ κ
θαι σ ευται, θεραπος ο σ με ν ου τω σ. οὐ λίου ἀ-
κίου εἰς αν. μό ψαντο δὲ λε παι, ἡ ζώη ἐ
μη λίω. ἀ χει σ ο<unclear>υ</unclear>ξηα ὑβρητοι. εἶτα, δι' οτι
πε τω ὀχλο ὠδες. σμίρνη κε κομμ<unclear>ε</unclear> τὸ ἰό<unclear>ς</unclear>
θαλ μίξ αν του β δαμι κ<unclear>π</unclear> τοῦ τῶν ἐμπα<unclear>σ</unclear>·
τα σ ὑπὸ πο<unclear>ν</unclear>οιο ἀ λόαμη<unclear>ν</unclear>. κα<unclear>δα</unclear>ρ θη σε ται
γὰρ διὰ τοῦ τοῦ· ὅτι π<unclear>α</unclear>λ<unclear>ομ</unclear>βι ἵπ<unclear>π</unclear>· μι ψω<unclear>μ</unclear>η
τὸ ἄ χαριν τοῦ πα<unclear>ρα</unclear>ν η μ αι το ζω ὀντι ω χα<unclear>ω</unclear>δ
ο μ λαβειν. κ α λλιον τοῦ α λοσ ἐμπ η ύ δη, πι
πε α πτ η μι ν αι. ὑβρη τα λο δε η κ α δ α ρ ο σ ο υ κ μη
γ<unclear>ι</unclear> ο υ πωι υε<unclear>ι</unclear>ω π· η ροβ υ ε ι ω α πο τη σ π ε ρ τα γ κα
δε κατη σ. π β ρ η ι ε β ρ α η <unclear>ε</unclear>· τ ο υ τ ο τ ρ ι ο υ λ α χ ε ι
τα σ μο νοι ει ω ι α σ· τ ο υ τ ο υ δ ε ηρ ο λε δ, ο υ ο χι βα
ν ε ι ασ φερε<unclear>ι</unclear>ασ· κα ι τα λοι πα τω γαρ ρωση μα τα κ
φασι κ··   ο σπε ραλη να ι π κ ε υδοκεπκ
ο κει μι ο σ πρι ε α σ· ι π π ι κ ο υ β ο σ θ υ ν αλ· τω ι δη μα. τω ἱπ πη σ·
τ ρ ο ν ε ι δυ ρ αι, καλ λ ιο ν τ ο τ ο δ υ α λιμα·

What does Xenophon tell us about horses?

Carol C. Mattusch

In Athens, horse owners or cavalrymen (ἱππεῖς) were in the second of four property-owning classes established by Solon's reforms of ca. 592–591 BC, required to own a horse and to produce 300 measures of wheat, implying also ownership of the property on which to grow the wheat. In the 5th century BC, 100 mounted cavalrymen served from each of the ten Attic tribes. They scouted out the enemy, skirmished, harassed, and pursued them, while shielding their own infantry; they also presented magnificent displays during the Panathenaic Festival. Strepsiades, a character in Aristophanes' play *Clouds*, complains that his son has long hair, rides horses, and dreams about horses, while he—the father—has to pay not only the stable fees but even owes a man twelve minae (1200 drachmas) for a horse branded with a 'koppa.'

Xenophon (ca. 430–354 BC), an Athenian, served as a mercenary under Cyrus the Younger of Persia and later under the Spartans, and he was also a prolific writer, philosopher, historian, hunter, and a gentleman-farmer. He begins *On Horsemanship* (*Περί Ιππικής*) by stating that, as an experienced cavalryman, he is the right person to write about horsemanship. He recalls the treatise by Simon (fl. 425/4 BC), with whom he agrees on various points but will also cover what Simon omitted; he does not mention him again. One can summarize his advice as follows:

> *In buying an unbroken colt, look for the following: strong hooves with thick walls and hollow soles; wide nostrils for good breathing in battle; high withers and a double ridge of muscle along the back for a firm comfortable seat. A broad chest and well-separated thighs on a horse provide a firm base; broad short loins make it easier for a horse to lift his forehand and get his hindquarters under him; wide muscular hindquarters give agility and speed.*
>
> *An older horse is expected to behave well and obey his rider in battle. Will he accept the bit and the bridle readily, and is he easy to mount? Is he reluctant to leave the other horses? Does he go equally well in both directions? Can he run, stop, and turn quickly, jump ditches and walls, run up a bank and jump off it, and ride well on a slope? Can you use your crop? He should not be overly sensitive. In battle, a shy horse may throw his rider and leave him in a very difficult situation. Avoid the shy ones, the lazy ones, vicious ones, and those with hard mouths.*
>
> *Your groom should gentle the young horse and make him easy to handle, lead him through crowds, and accustom him to all kinds of sights and sounds. If the colt shies, patiently show him not to be afraid: hitting him will make it worse. The groom should check that the horse does not spill his feed, and make sure that the halter is knotted where the horse, when tied, will not rub the knot and give himself a sore. When grooming, he*

should wash the horse's head, and leave the forelock to protect the eyes, but he should not clean the legs or the belly too thoroughly, because it irritates them. The stall floor should not be wet or slippery; it should have a slope to drain off the damp, be cleaned every day, and be paved with round stones to toughen the hoof and the frog (the soft part on the sole of the hoof). The paddock should also be spread with round stones to accustom the horse to walking on a paved road.

In training, do not approach your horse from directly in front or from directly behind. Lead him from the side, and always put a muzzle on him when leading him without a bridle so that he will not bite you. Bridle him from the near (left) side. First put the reins over his head. Then, with the crownpiece in your right hand, hold the bit in your left hand and put it in his mouth while inserting your left thumb between the bars of his mouth. Finally, put the crownpiece in place.

It is nice if a horse will kneel for you to mount, but you still need to know how to mount. Mount on the near side, the lead rope attached to the headstall or to the chinstrap, so as not to jerk on the bit. Either grab the mane behind the ears or use your spear to vault on. Do not knee the horse in the back but bring your leg all the way over; your groom should know how to give you a leg up.

Train the horse in a rough bit so that he will not take hold of it. Later, you may use a smooth snaffle bit. Encourage him to carry his head high on a loose rein. Pull on the horse's mouth just enough that he raises his neck, and immediately release the pressure as a reward. Avoid spur and whip: they are confusing and may make him dangerous.

After mounting, sit still, and make your horse stand until you ask him to walk. Do not do anything suddenly; increase the speed slowly. Working in a figure-eight pattern helps the horse become accustomed to turning in both directions. After turning, speed up, because "in battle, one turns either to pursue or to retreat." Be sure that he can stop, turn, and run, for "sometimes there will be a need for these maneuvers." Reward your horse by letting him relax. He will be easier to handle if he expects good consequences for doing what he is told.

Smack your lips to calm the horse and excite him by clicking your tongue. The trumpet or the call to battle should not alarm him. Lean forward when the horse starts forward; lean backwards when he stops short. On a steep downhill slope, lean backwards and check the horse with the bit. When jumping a ditch or riding on a steep slope, take hold of the mane so as not to pull on the bit. Do not let him gallop at full speed; and do not let him gallop beside another horse, because a spirited horse wants to win.

Xenophon cautions more than once that "a disobedient horse is not only useless; he can also be a traitor" to an unsuspecting Athenian cavalryman.

Amphora showing a warrior mounting his horse. Attic black-figure, name-vase of the Hypobibazon Class, ca. 510 BC. Kerameikos Museum 48. Ephorate of Antiquities of the City of Athens.

Αττικός μελανόμορφος αμφορέας με παράσταση πολεμιστή που ανεβαίνει σε άλογο. Κατηγορία του Υποβιβάζοντος, περ. 510 π.Χ. Μουσείο Κεραμεικού 48. Εφορεία Αρχαιοτήτων Πόλης Αθηνών.

For translations of Xenophon, see Denison B. Hull (trans. and illus.), *About Horsemanship, by Xenophon the Athenian* (1956); Morris H. Morgan (trans.), The *Art of Horsemanship, by Xenophon* (London 1962, 1894).
For Xenophon, see John K. Anderson, *Xenophon* (New York 1974).
See also Carol Mattusch, "Περι Ιππικης: On Ancient Greek Horsemanship," in The *Horse in Ancient Greek Art*, edited by P. Schertz and N. Stribling (Middleburg, VA 2017) pp. 53–63; and Yun Lee Too," Xenophon on Equine Culture," in *Xenophon's Other Voice: Irony as Social Criticism in the 4th Century BC* (London, NY, Oxford, 2021) pp. 93–104.

Τί μας λέει ο Ξενοφών για τα άλογα;
Carol C. Mattusch

Στην Αθήνα, οι ιδιοκτήτες αλόγων ή *ιππείς* αποτελούσαν τη δεύτερη από τις τέσσερις κοινωνικές τάξεις με περιουσία, οι οποίες καθιερώθηκαν με τις μεταρρυθμίσεις του Σόλωνα γύρω στο 592-591 π.Χ., και ήταν υποχρεωμένοι να έχουν ένα άλογο και να παράγουν 300 μεδίμνους σιτάρι, υποδηλώνοντας ότι κατείχαν και τη γη στην οποία το καλλιεργούσαν. Τον 5ο αιώνα π.Χ., 100 ιππείς από κάθε μία από τις δέκα Αττικές φυλές υπηρετούσαν στο στρατό. Εντόπιζαν τον εχθρό, έρχονταν σε συμπλοκή μαζί του, τον παρενοχλούσαν και τον καταδίωκαν, ενώ ταυτόχρονα προστάτευαν το δικό τους πεζικό. Επιπλέον, έκαναν εξαιρετικές παρουσιάσεις στα Παναθήναια. Ο Στρεψιάδης, ένας χαρακτήρας του Αριστοφάνη στο έργο του *Νεφέλες*, παραπονιέται ότι ο γιος του έχει μακριά μαλλιά, ιππεύει και ονειρεύεται άλογα, ενώ εκείνος -ο πατέρας- όχι μόνο πρέπει να πληρώνει τα έξοδα του στάβλου, αλλά χρωστάει και σε κάποιον 12 μνες (1200 δραχμές) για ένα άλογο που έχει μαρκαριστεί με το γράμμα κόππα.

Ο Αθηναίος Ξενοφών (περ. 430-354 π.Χ.) υπηρέτησε ως μισθοφόρος υπό τον Κύρο τον νεότερο της Περσίας και στη συνέχεια υπό τους Σπαρτιάτες, ενώ υπήρξε και πολυγραφότατος συγγραφέας, φιλόσοφος, ιστορικός, κυνηγός και γαιοκτήμονας. Ξεκινά το έργο του *Περί ιππικής* αναφέροντας ότι, ως έμπειρος ιππέας, είναι κατάλληλος να γράψει σχετικά με την ιππική τέχνη. Αναφέρει την πραγματεία του Σίμωνα (περ. 425/4 π.Χ.), με τον οποίο συμφωνεί σε διάφορα σημεία, καλύπτει ό,τι αυτός παρέλειψε και στη συνέχεια δεν τον αναφέρει ξανά. Κάποιος θα μπορούσε να συνοψίσει τις συμβουλές του ως εξής:

> Όταν αγοράζεις ένα ανεκπαίδευτο πουλάρι φρόντισε να έχει τα εξής: δυνατές οπλές με παχιά τοιχία και κούφια πέλματα, πλατιά ρουθούνια για σωστή αναπνοή στη μάχη, ψηλά ακρώμια και διπλή σειρά μυών στην πλάτη για να κάθεσαι άνετα πάνω του. Το ευρύ στήθος και οι καλά χωρισμένοι μηροί σε ένα άλογο δημιουργούν σταθερή βάση, ενώ οι φαρδιές και κοντές λαγόνες το διευκολύνουν να σηκώνει το μπροστινό του πόδι και να βάζει τα οπίσθιά του από κάτω. Τέλος, τα πλατιά, μυώδη καπούλια προσφέρουν ευκινησία και σβελτάδα.
>
> Ένα μεγαλύτερο άλογο περιμένει κανείς να συμπεριφέρεται σωστά και να υπακούει τον αναβάτη του στη μάχη. Θα δεχτεί τη στομίδα και το χαλινάρι εύκολα; *Είναι εύκολο να ανέβεις πάνω του;* Είναι απρόθυμο να αφήσει τα άλλα άλογα; Πηγαίνει εξίσου καλά προς τις δύο κατευθύνσεις; Μπορεί να τρέξει, να σταματήσει και να στρίψει γρήγορα, να πηδήξει χαντάκια και τοίχους, να ανέβει γρήγορα σε μια όχθη και να πηδήξει από αυτή, αλλά και να κινηθεί σωστά σε μια πλαγιά; Μπορείς να χρησιμοποιήσεις το μαστίγιό σου; Δεν πρέπει να είναι πολύ ευαίσθητο. Στη μάχη, ένα ντροπαλό άλογο μπορεί να ρίξει τον αναβάτη του και να

τον αφήσει σε πολύ δύσκολη θέση. Απόφυγε τα ντροπαλά άλογα, τα τεμπέλικα, τα άγρια κι εκείνα που έχουν σκληρό στόμα.

Ο ιπποκόμος σου πρέπει να ηρεμεί το νεαρό άλογο και να το μαθαίνει να είναι βολικό, να το οδηγεί μέσα σε πλήθος και να το συνηθίσει σε όλων των ειδών τους ήχους και τις εικόνες. Αν το πουλάρι φέρεται ντροπαλά, δείξε του υπομονετικά να μην φοβάται: το να το χτυπάς χειροτερεύει την κατάσταση. Ο ιπποκόμος πρέπει να ελέγχει το άλογο να μην χύνει την τροφή του και να βεβαιώνεται ότι το καπίστρι είναι δεμένο έτσι ώστε το ζώο να μην τρίβεται στον κόμπο και πληγιάσει. Όταν το περιποιείται ο ιπποκόμος πρέπει να του πλένει το κεφάλι αφήνοντας το μπροστινό μέρος της χαίτης για να προστατεύονται τα μάτια του, ενώ δεν πρέπει να καθαρίζει τα πόδια ή την κοιλιά του πολύ εξονυχιστικά γιατί ερεθίζονται. Το δάπεδο του στάβλου δεν πρέπει να είναι υγρό ή γλιστερό. Πρέπει να έχει ένα ανηφορικό σημείο για να στραγγίζουν τα νερά, να καθαρίζεται κάθε μέρα και να είναι στρωμένο με στρογγυλές πέτρες ώστε να σκληραίνουν οι οπλές και η χελιδόνα (το μαλακό τμήμα του πέλματος της οπλής). Στον περιφραγμένο χώρο για τα άλογα πρέπει επίσης να βρίσκονται διάσπαρτες στρογγυλές πέτρες για να συνηθίζει το άλογο να περπατάει πάνω σε πλακόστρωτο δρόμο.

Κατά την εκπαίδευση, μην πλησιάζεις το άλογό σου ακριβώς από μπροστά ή από πίσω. Οδήγησέ το από το πλάι και όταν δεν έχει χαλινάρι να του φοράς πάντα φίμωτρο για να μην σε δαγκώσει. Βάλε του χαλινάρι ενώ είσαι δίπλα του (αριστερά). Πρώτα πέρασε τα ηνία πάνω από το κεφάλι του. Έπειτα, με το άνω τμήμα της κεφαλαριάς στο δεξί σου χέρι, κράτα τη στομίδα με το αριστερό και βάλε την στο στόμα του ενώ βάζεις τον αριστερό σου αντίχειρα στο κενό ανάμεσα στα δόντια του. Τέλος, πέρασέ του το άνω τμήμα της κεφαλαριάς.

Καλό είναι να γονατίζει ένα άλογο για να ανέβεις, αλλά και πάλι πρέπει να ξέρεις πώς να καβαλάς άλογα. Ανέβα από δίπλα του, με το σκοινί οδηγό δεμένο στην κεφαλαριά ή στο υποσιαγώνιο λουράκι, ώστε να μην τραβηχτεί απότομα η στομίδα. Είτε κράτα τη χαίτη πίσω από τα αυτιά, είτε χρησιμοποίησε το δόρυ σου για να πηδήξεις πάνω του. Μην βάζεις το γόνατό σου στην πλάτη του αλόγου, αλλά πέρνα το πόδι σου από πάνω του. Ο ιπποκόμος σου θα ξέρει πώς να σε βοηθήσει.

Εκπαίδευσε το άλογο με σκληρή στομίδα ώστε να μην παίρνει τον έλεγχο. Έπειτα, μπορείς να χρησιμοποιήσεις μια λεία σπαστή στομίδα. Ενθάρρυνέ το να κρατάει το κεφάλι του ψηλά με τα ηνία χαλαρά. Τράβα το στόμα του όσο χρειάζεται για να σηκώσει τον λαιμό του και αμέσως σταμάτα να ασκείς πίεση, ως ανταμοιβή. Απόφυγε τα σπιρούνια και το μαστίγιο: προκαλούν σύγχυση και μπορεί να κάνουν το άλογο επικίνδυνο.

Αφού ανέβεις στο άλογο, μείνε ακίνητος και κράτα κι εκείνο ακίνητο μέχρι να του πεις να ξεκινήσει. Μην κάνεις τίποτα ξαφνικά, αύξησε την ταχύτητα σιγά-σιγά. Το να προπονείται κάνοντας «οχτάρια» το βοηθά να συνηθίσει να στρίβει και προς τις δύο πλευρές. Όταν στρίψει, αύξησε ταχύτητα γιατί «στη μάχη κάποιος στρίβει είτε για να κυνηγήσει, είτε για να υποχωρήσει». Βεβαιώσου ότι μπορεί να σταματήσει, να στρίψει και να τρέξει, γιατί «μερικές φορές υπάρχει ανάγκη για αυτές τις μανούβρες». Επιβράβευσε το άλογό σου αφήνοντάς το να χαλαρώνει. Θα είναι πιο εύκολο να το χειριστείς αν περιμένει κάτι καλό γιατί έκανε αυτό που του είπαν.

Χτυπώντας τα χείλια σου μπορείς να ηρεμήσεις το άλογο και χτυπώντας τη γλώσσα σου μπορείς να το εξιτάρεις. Η τρομπέτα ή το κάλεσμα για τη μάχη δεν πρέπει να το αναστατώνει. Γύρε μπροστά όταν ξεκινά και πίσω όταν σταματάει απότομα. Σε μια πολύ κατηφορική πλαγιά γύρε προς τα πίσω και έλεγξέ το με τη στομίδα. Όταν πηδάει ένα χαντάκι ή καλπάζει σε απόκρημνη πλαγιά, κράτα τη χαίτη ώστε να μην τραβάς τη στομίδα. Μην το αφήνεις να καλπάζει με μεγάλη ταχύτητα και όχι δίπλα σε άλλο άλογο, γιατί ένα ζωηρό άλογο θέλει πάντα να κερδίζει.

Ο Ξενοφών προειδοποιεί παραπάνω από μια φορά τον ανυποψίαστο Αθηναίο ιππέα ότι «ένα ανυπάκουο άλογο δεν είναι μόνο άχρηστο, αλλά μπορεί και να προδώσει».

Για μεταφράσεις του Ξενοφώντα, βλ. Denison B. Hull (μτφρ. και εικονογρ.), *About Horsemanship, by Xenophon the Athenian*, (1956), Morris H. Morgan (μτφρ.), *The Art of Horsemanship, by Xenophon* (Λονδίνο 1962, 1894).
Για τον Ξενοφώντα, βλ. John K. Anderson, *Xenophon* (Νέα Υόρκη 1974).
Βλ. και Carol Mattusch, "Περί Ιππικής: On Ancient Greek Horsemanship," στο *The Horse in Ancient Greek Art*, επιμ. P. Schertz και N. Stribling (Middleburg, VA 2017) σελ. 53-63· και Yun Lee Too," Xenophon on Equine Culture," στο *Xenophon's Other Voice: Irony as Social Criticism in the 4th Century BC* (London, NY, Oxford, 2021) σελ. 93–104.

Tack, or What you Need to Ride a Horse

Jenifer Neils

Saddles and stirrups did not exist in antiquity, which meant that men mostly rode their horses bareback. Occasionally horses, usually Persian, in ancient art are depicted with a blanket or animal pelt to cushion the ride, and one such cloth may be mentioned in the auction of Alcibiades' household property (*IG* I² 330, line 19). Without the benefit of a saddle to grab onto and stirrups to step into it would have been much more difficult and uncomfortable for a horseman to mount his horse. Xenophon (*On Horsemanship* 7.1-4) makes reference to different methods of mounting, and one, vaulting on with the use of a spear, is illustrated on an Attic vase from the Kerameikos.

The rider's 'tack' or equipment consisted merely of a bridle to which the leather reins were attached, a goad or whip (*kentron*), and metal spurs tied to his ankles. The goad and spurs acted like an accelerator, while the bridle was both the brakes and a steering mechanism. Horse shoes were not invented before the Middle Ages so special care had to be taken when riding on stony ground. Thucydides (7.27.5) comments that the Athenian horses riding on excursions to the occupied border fort at Decelea went lame after being ridden on rough, stony ground day in and day out on patrol.

The most important feature of the bridle was its metal bit or bar which was used to control the horse by exerting pressure on the sensitive areas inside its mouth. It fit in the gap between the front teeth (six incisors, and 2 canines if the horse is male) and the molars in the back of the horse's mouth. By pulling on the reins which are attached to either end of the bit the rider can stop the horse, and by pulling on one rein or the other he can turn his mount. In his manual *On Horsemanship* (10.9), Xenophon states that "mild bits are more suitable than harsh ones" like those with twisted or spiked mouthpieces. Gentler is the common snaffle bit with a single joint in the center, still in use today. In Greek mythology Athena is credited with the invention of the bridle with which the hero Bellerophon was able to tame the winged horse Pegasos (Pindar 13.15-70).

Spurs are depicted in Greek painting as early as the 5th century BC, on an Attic red-figure cup fragment in Heidelberg University (B57). A youth with spur straps wrapped around his foot is urging his race horse to such an extent that the animal's flank is flecked with blood in added red. Bronze spurs of the simple prick type with a short, sharp point are found in graves. They were a distinguishing sign of a horseman even without his horse. Among his character sketches the philosopher Theophrastus describes the "Man of Petty Ambitions" as one who continues to wear his spurs while striding around the Agora after he has removed all his other equestrian gear.

The halter (*phorbeia* – the same term for the leather lip strap used by *aulos* players) was the means for leading or tying up a horse when it was not being ridden. The horses featured on Attic black-figure horse-head amphoras all wear halters which indicates that they are either in the stable or paddock.

A basic source for tack is John Anderson, *Ancient Greek Horsemanship* (Berkeley 1961) pp. 40-88.

For the use of saddle-cloths, see George Szeliga, "A Representation of an Archaic Greek Saddle-cloth from Sicily," *American Journal of Archaeology* 87 (1983) pp. 545-547; Elfiriede Knauer, *Studi Irancia* 15 (1986) 265-266, and *Coats, Queens, and Cormorants* (Kilchberg 2009), pp. 163-164; and Benjamin Meritt, "The Saddle-cloths of Alcibiades," in *MNEMAI Classical Studies in Memory of Karl. K. Hulle,* edited by H. D. Evjen (Chico 1984) pp. 93-96.

For dedications of weaponry in Greek sanctuaries, see Holger Baintinger, *Waffenweihungen in griechischen Heiligtümern (*Mainz 2011).

For ancient Greek bridles, see Helga Donder, *Zaumzeug im Griechenland und Cypern* (Munich 1980).

For goads and whips, see Elsbeth Maul-Mandelartz, *Griechische Reiterdarstellungen in agonistischem Zusammenhang* (Frankfurt 1990) pp. 129-131.

Bronze bit, possibly Persian. From the Acropolis, Archaic debris pit, ca. 480 BC. Athens National Archaeological Museum X 7180. Bronze spurs. From a grave in ancient Trichonio, Aetoloakarnania, 4th-3rd centuries BC. Athens National Archaeological Museum X 13162.

Χάλκινος χαλινός, πιθανόν περσικός. Από την Ακρόπολη, λάκκος αρχαϊκών απορριμάτων, περ. 480 π.Χ.. Εθνικό Αρχαιολογικό Μουσείο Χ 7180. Χάλκινοι πτερνιστήρες. Βρέθηκαν σε ταφή στο αρχαίο Τριχώνιο, Αιτωλοακαρνανία, 4ος – 3ος αιώνας π.Χ. Εθνικό Αρχαιολογικό Μουσείο Χ 13162.

Ιπποσκευή ή τι χρειάζεται ένας αναβάτης για να ελέγξει το άλογό του

Jenifer Neils

Σέλες και αναβολείς δεν υπήρχαν στην αρχαιότητα, επομένως, οι άνδρες ίππευαν το άλογά τους, κατά βάση, ασέλωτα. Ορισμένες φορές, τα άλογα, συνήθως τα περσικά, απεικονίζονται στην αρχαία τέχνη με μία κουβέρτα ή δορά ζώου που κάνει την ίππευση πιο άνετη. Ένα τέτοιου είδους ύφασμα πιθανότατα αναφέρεται στη δημοπρασία της περιουσίας του Αλκιβιάδη (*IG* I² 330, γραμμή 19). Χωρίς τη διευκόλυνση της σέλας από την οποία μπορεί ένας αναβάτης να κρατηθεί και των αναβολέων ώστε να πατήσει το πόδι του, θα ήταν πολύ δύσκολο να ανέβει στο άλογό του. Ο Ξενοφών (*Περὶ Ἱππικῆς* 7.1-4) αναφέρει διάφορες μεθόδους ανάβασης, ανάμεσα στις οποίες και το άλμα με τη χρήση δόρατος, το οποίο απεικονίζεται σε αττικό αγγείο που ανακαλύφθηκε στον Κεραμεικό.

Ο εξοπλισμός του αναβάτη αποτελούνταν, απλώς, από χαλινό, στον οποίο ήταν στερεωμένα τα δερμάτινα ηνία, μια βουκέντρα ή μαστίγιο (*κέντρον*) και μεταλλικά σπιρούνια, δεμένα στους αστραγάλους του. Η βουκέντρα και τα σπιρούνια χρησίμευαν ως επιταχυντές, ενώ ο χαλινός αποτελούσε τόσο τα φρένα όσο και τον μηχανισμό αλλαγής κατεύθυνσης. Τα πέταλα δεν είχαν εφευρεθεί πριν τον Μεσαίωνα, επομένως η ιππασία σε πετρώδες έδαφος χρειαζόταν μεγάλη προσοχή. Σύμφωνα με τον Θουκυδίδη (7.27.5), τα πόδια των αλόγων των Αθηναίων που έκαναν εξορμήσεις στο κατεχόμενο συνοριακό φρούριο της Δεκέλειας τραυματίστηκαν πολύ σοβαρά, αφού οι αναβάτες τους ίππευαν σε τραχύ, πετρώδες έδαφος κάνοντας καθημερινές περιπολίες.

Το πιο σημαντικό χαρακτηριστικό του χαλινού ήταν η μεταλλική στομίδα ή ράβδος που χρησιμοποιούνταν για να ελέγχεται το άλογο, με άσκηση πίεσης σε ευαίσθητα σημεία στο εσωτερικό του στόματός του. Προσαρμοζόταν στο κενό ανάμεσα στα μπροστινά δόντια (έξι κοπτήρες και δύο κυνόδοντες αν το άλογο ήταν αρσενικό) και στους γομφίους στο πίσω μέρος του στόματος. Τραβώντας τα ηνία που ενώνονται με τα δύο άκρα της στομίδας, ο αναβάτης μπορεί να σταματήσει το άλογο, ενώ τραβώντας το ένα ή το άλλο ηνίο να το κάνει να στρίψει. Στο εγχειρίδιο *Περὶ Ἱππικῆς* (10.9), ο Ξενοφών αναφέρει ότι οι μαλακές στομίδες είναι πιο κατάλληλες από τις σκληρές, όπως εκείνες με στρεβλωμένο ή ακιδωτό τμήμα. Πιο μαλακή είναι η απλή σπαστή στομίδα με έναν μόνο σύνδεσμο στο κέντρο, η οποία χρησιμοποιείται ακόμη σήμερα. Στην ελληνική μυθολογία, η εφεύρεση του χαλινού, χάρη στον οποίο ο ήρωας Βελλερεφόντης κατάφερε να τιθασεύσει το φτερωτό άλογο Πήγασο, (Πίνδαρος 13.15-70), αποδίδεται στη θεά Αθηνά.

Η πρωιμότερη απεικόνιση σπιρουνιών στην ελληνική ζωγραφική ανάγεται στον 5ο αιώνα π.Χ., σε θραύσμα αττικού ερυθρόμορφου κυπέλλου που βρίσκεται στο Πανεπιστήμιο της Χαϊδελβέργης (Β57). Ένας νέος με σπιρούνια σε λουριά τυλιγμένα γύρω από τα πόδια του παροτρύνει το άλογό του να τρέξει σε τέτοιο βαθμό που το πλευρό του ζώου έχει γεμίσει με αίμα, το οποίο αποδίδεται με πρόσθετο κόκκινο χρώμα. Χάλκινα σπιρούνια απλού τύπου με κοντή, μυτερή απόληξη έχουν βρεθεί σε

Bridled horse head. Attic red-figure pyxis lid, from Pnyx, late 5th century BC. Agora P 92. American School of Classical Studies at Athens. Agora Excavations.

Unusual scene of a rider with spurs kicking a horse causing it to bleed. Attic red-figure cup fragment by Onesimos, ca. 490 BC. Heidelberg University E180

Κεφαλή αλόγου με χαλινάρι. Αττική ερυθρόμορφη πυξίδα από την Πνύκα, ύστερος 5ος αιώνας π.Χ. Αγορά P 92. Αμερικανική Σχολή Κλασικών Σπουδών. Ανασκαφές Αγοράς.

Ασυνήθιστη παράσταση με ιππέα που φοράει σπιρούνια (πτερνιστήρες) και κλωτσάει το άλογο που έχει ματώσει. Θραύσμα αττικού ερυθρόμορφου κύπελλου του Ονήσιμου, περ. 490 π.Χ. Πανεπιστήμιο Χαιδελβέργης B57

τάφους και αποτελούσαν σήμα κατατεθέν των ιππέων, ακόμα και χωρίς το άλογό τους. Ανάμεσα στους χαρακτήρες που σκιαγράφησε ο φιλόσοφος Θεόφραστος, περιγράφει τον «Κενόδοξο Άνδρα» ως εκείνον που εξακολουθεί να φοράει τα σπιρούνια του ενώ τριγυρίζει στην Αγορά, αφού έχει αφαιρέσει όλο τον υπόλοιπο ιππικό εξοπλισμό του.

Το καπίστρι (η *φορβειά* –ο ίδιος όρος χρησιμοποιείται για τον δερμάτινο ιμάντα που προσαρμοζόταν στο στόμα των αυλητών) ήταν το μέσο καθοδήγησης ή δεσίματος ενός αλόγου που δεν ιππευόταν. Όλα τα άλογα που απεικονίζονται στους αττικούς μελανόμορφους αμφορείς τύπου προτομής αλόγου φορούν καπίστρι, γεγονός που υποδηλώνει ότι βρίσκονται είτε σε στάβλο, είτε σε ειδικό περίφρακτο χώρο.

Βασική πηγή για τον εξοπλισμό του αναβάτη είναι ο John Anderson, *Ancient Greek Horsemanship* (Berkeley 1961) σελ. 40-88.
Για τη χρήση υφασμάτινης σέλας βλ. George Szeliga, "A Representation of an Archaic Greek Saddle-cloth from Sicily," *American Journal of Archaeology* 87 (1983) σελ. 545-547, Elfriede Knauer, *Studi Irancia* 15 (1986) 265-266 και *Coats, Queens, and Cormorants* (Kilchberg 2009), σελ. 163-164 και Benjamin Meritt, "The Saddle-cloths of Alcibiades," στο *MNEMAI Classical Studies in Memory of Karl. K. Hulle*, επιμ. H. D. Evjen (Chico 1984) σελ. 93-96.
Για αφιερώσεις οπλισμού σε αρχαία ιερά στην Ελλάδα, βλ. Holger Baintinger, *Waffenweihungen in griechischen Heiligtümern* (Mainz 2011).
Για αρχαίους χαλινούς, βλ. Helga Donder, *Zaumzeug im Griechenland und Cypern* (Munich 1980).
Για βουκέντρες και μαστίγια, βλ. Elsbeth Maul-Mandelartz, *Griechische Reiterdarstellungen in agonistischem Zusammenhang* (Frankfurt 1990) σελ. 129-131.

Amphora with rider and two horses. Attic black-figure attributed to the painter Lydos, ca. 550 BC. Found in a grave at Glyphada. Piraeus Museum ΜΠ 14265. Ephorate of Antiquities of Piraeus and the Islands.
Αττικός μελανόμορφος αμφορέας με έφιππο νέο και δύο άλογα. Του Ζωγράφου Λυδού, περ. 550 π.Χ. Βρέθηκε σε τάφο στη Γλυφάδα. Αρχαιολογικό Μουσείο Πειραιά ΜΠ 14265. Εφορεία Αρχαιοτήτων Πειραιώς και Νήσων.

Chous, or wine jug with a boy and his horse. Attic red-figure, ca. 400 BC. Agora Excavations P 23850. Ephorate of Antiquities of the City of Athens.

Αττική ερυθρόμορφη χους (μικρή κανάτα) με αγόρι και άλογο, περ. 400 π.Χ. Ανασκαφές Αγοράς P 23850. Εφορεία Αρχαιοτήτων της Πόλης των Αθηνών.

How were Athenian youth involved in hippic culture?

Kevin S. Lee

"Hippic culture" describes the concert of human actions, beliefs, and values around horses in a given society. Wealthy Athenians of the Archaic and Classical periods (roughly 600–400 BC) developed a thriving culture of horse rearing, racing, combat, and display. The continuation of this culture depended upon successful enculturation of younger generations. This essay explores various ways Attic boys and youths were enculturated, treating two broad social groups: citizens and "subordinates." Citizens are the free-born sons of wealthy Athenian parents who will join the citizen body, serve the *polis*, and celebrate their social standing through hippic pursuits such as hunting, chariot racing, and equestrian competitions. Subordinates comprise both enslaved and hired youths, who served as grooms, jockeys, charioteers, and trainers. The primary objects of analysis are Attic vases and reliefs, many displayed at the HIPPOS Exhibition, with occasional references to literary sources. By examining scenes of young citizens and subordinates we can extrapolate paths of enculturation into hippic pursuits. Here we focus on scenes of riding, competition, horse training, and care.

We begin with two groups of boys, each on vastly different but interlocking life paths. Both groups are illustrated on a mid-6th century Attic black-figure amphora now in Karlsruhe (Badisches Landesmuseum 61.89 = BAPD 351011). On the obverse, the artist has depicted a household attending the departure of a chariot-mounting warrior. We see six nude boys, four borne on their relatives' shoulders, a fifth servicing the second chariot horse in the team, and a sixth motioning to a hoplite. All these boys are nearly identical in appearance and size. However, 6th-century Athenian sons of cavalry fathers—and their counterparts in horse-loving Etruria where this amphora was interred—would readily see themselves in the shoulder-borne, distinguished by their elevated position and close association with richly-dressed figures. These sons would grow up to emulate the chariot-riding warrior, while their hired or enslaved servants would recognize their own work and humble positions in the boys tending the horses. The citizens-to-be will serve the city-state with the horse as their trademark, and the subordinates will serve the citizens. Interaction with such imagery is one avenue of enculturation into these mutual facets of hippic life.

The shoulder-riding boys would grow into the youths depicted on the 6th-century black-figure amphora attributed to Lydos from an Attic burial at Glyfada (Piraeus Museum MΠ 14265) and the 5th-century red-figure *lekythos* from Eretria (Athens, National Archaeological Museum 1306 = BAPD 205859). Spears in hand, these boys ride one horse and lead a second. They can be identified as squires tending the horses of older relatives. This on-the-job training would eventually lead to cavalry service abroad, and at home cavalry competition and display. An example of competition is the late 5th-century relief commemorating a victory of the Athenian citizen tribe Leontis (Agora I 7167); the finest example of display is the preparation and long cavalcade depicted on the Parthenon frieze.

In the Classical period young Athenians from wealthy—or simply aspirational—families could go horse-crazy. They might over-invest in racehorses, as does Pheidippides at his mother's urging in Aristophanes' *Clouds* (lines 12-79), or grow their hair fashionably long, as in Aristophanes' *Knights* (line 580). Family encouragement, emulation of fellow decadent urbane youths, and riding in the festivals and wars of the *polis* are three avenues of hippic enculturation for the citizen.

It is the servants and hired hands that made this possible. Hired professionals usually drove racing chariots, risking life and limb for their employers' glory while receiving little recognition in return. After such races household servants unhitched the chariot and led the horses to stable. Young boys jockeyed the horses in the *keles* races of the Panathenaic and Olympic Games (Athens, National Archaeological Museum 1594 = BAPD 2087). Xenophon in several chapters of *On Horsemanship* assigns grooms the tasks of accustoming horses to humans, feeding them, mucking out their stalls, and proper harnessing and bridling. Work itself was the avenue of hippic inculturation for subordinates, be they enslaved persons or hired hands.

The recursive relationship between citizen and subordinate is repeated in image and text. In the 6th-century black-figure Attic *pyxis* from the deme Myrrhinous, Stesagoras, son of the Athenian aristocrat Kimon, directs six servants who lead away his father's chariot and prize-winning mares (Brauron Museum 1591 = BAPD 275633). On the Parthenon frieze three servants—distinguished by their shorter statures, poses, and in two cases nakedness—assist their youthful masters, holding the reins (West III and XII) or belting a garment (North XLVII). Xenophon (*On Horsemanship* 8) advises citizens to train their horses in war-time maneuvers, building on their grooms' work. The hippotrophic citizen's life was unthinkable without subordinate labor, and this relationship had to be perpetuated for hippic culture to continue in its customary form. The repetition of citizen and subordinate roles *vis-à-vis* horses across literature, art, and lived experience most strongly ensured the formation of Attic youths, regardless of social status, in Athenian hippic culture.

For enculturation, a foundational text is Melville J. Herskovits, *Man and His Works: The Science of Cultural Anthropology* (New York 1948).
Scenes of youths training and caring for horses are studied by Mary B. Moore, "Horse Care as Depicted on Greek Vases before 400 B.C," *Metropolitan Museum Journal* (2009) pp. 35-67.
Much art historical study of Greek slavery proceeds from Nikolaus Himmelmann, *Archäologisches zum Problem der griechischen Sklaverei* (Mainz 1971).
Nigel James Nicholson, *Aristocracy and Athletics in Archaic and Classical Greece* (Cambridge 2005) examines elite attitudes towards charioteers and jockeys.

Πώς σχετίζονταν οι νεαροί Αθηναίοι με την «ιππική κουλτούρα»;
Kevin S. Lee

Ο όρος «ιππική κουλτούρα» περιγράφει το σύνολο των ανθρώπινων πράξεων, πεποιθήσεων και αξιών σε σχέση με τα άλογα σε μια δεδομένη κοινωνία. Οι εύποροι Αθηναίοι της Αρχαϊκής και της Κλασικής περιόδου (περ. 600–400 π.Χ.) ανέπτυξαν μια ακμάζουσα κουλτούρα εκτροφής αλόγων, ιππικών αγώνων, μαχών και επιδείξεων, η συνέχιση της οποίας βασιζόταν στον επιτυχημένο προσπολιτισμό των νεότερων γενεών. Το παρόν δοκίμιο διερευνά διάφορους τρόπους με τους οποίους τα αγόρια και οι νέοι της Αττικής αφομοίωναν την κουλτούρα αυτή, εξετάζοντας δύο ευρείες κοινωνικές ομάδες: τους πολίτες και τους "κατώτερους". Πολίτες ήταν οι γιοι των εύπορων Αθηναίων, οι οποίοι γεννιούνταν ελεύθεροι, θα γίνονταν μέλη του σώματος των πολιτών, θα υπηρετούσαν την πόλη-κράτος και θα τιμούσαν την κοινωνική τους τάξη με ιππικές δραστηριότητες, όπως κυνήγι, αρματοδρομίες και ιππικούς αγώνες. Η δεύτερη ομάδα περιλάμβανε σκλάβους και μισθωμένο προσωπικό, οι οποίοι εργάζονταν ως ιπποκόμοι, αναβάτες, ηνίοχοι και εκπαιδευτές. Η ανάλυση βασίζεται σε αττικά αγγεία και ανάγλυφα -πολλά από τα οποία εκτίθενται στην έκθεση «ΙΠΠΟΣ»-, ενώ περιστασιακά γίνεται αναφορά και σε λογοτεχνικές πηγές. Εξετάζοντας σκηνές με παραστάσεις νεαρών πολιτών και υφιστάμενων (κυρίως σκηνές ιππασίας, αγώνων, εκπαίδευσης και φροντίδας των αλόγων) μπορούμε να συμπεράνουμε τρόπους πολιτισμικής αφομοίωσης μέσα από ιππικές δραστηριότητες. Εδώ θα επικεντρωθούμε σε παραστάσεις ιππασίας, αγωνισμάτων, εκπαίδευσης και φροντίδας αλόγων.

Αρχικά, θα εξετάσουμε δύο ομάδες αγοριών, των οποίων οι ζωές ακολουθούσαν πολύ διαφορετικές πορείες που όμως διασταυρώνονταν. Και οι δύο ομάδες απεικονίζονται σε έναν αττικό μελανόμορφο αμφορέα των μέσων του 6ου αιώνα π.Χ. που βρίσκεται στην Καρλσρούη (Badisches Landesmuseum 61.89 = BAPD 351011). Στην πρόσθια όψη, ο καλλιτέχνης έχει φιλοτεχνήσει τα μέλη μιας οικογένειας που παρακολουθούν την αναχώρηση ενός πολεμιστή, ο οποίος ανεβαίνει σε άρμα. Βλέπουμε έξι γυμνά αγόρια, τα τέσσερα από τα οποία κάθονται στους ώμους συγγενών τους, το πέμπτο φροντίζει το δεύτερο άλογο του άρματος και το έκτο κινείται προς έναν οπλίτη. Όλα τα αγόρια είναι όμοια σε ύψος και εμφάνιση. Ωστόσο, οι γιοι των Αθηναίων ιππέων του 6ου αιώνα π.Χ. (και οι αντίστοιχοι γιοι στην Ετρουρία όπου επίσης αγαπούσαν τα άλογα και όπου ήταν θαμμένος ο εν λόγω αμφορέας) εύκολα θα ταυτίζονταν με τα αγόρια που βρίσκονται στους ώμους, τα οποία ξεχωρίζουν χάρη στην ανυψωμένη τους θέση και τη στενή τους σύνδεση με τις πλούσια ντυμένες μορφές. Οι γιοι αυτοί μεγαλώνοντας θα μιμούνταν τον πολεμιστή πάνω στο άρμα, ενώ οι μισθωμένοι υπηρέτες ή σκλάβοι θα αναγνώριζαν τη δική τους δουλειά και την ταπεινή τους θέση στα αγόρια που φροντίζουν τα άλογα. Οι μελλοντικοί πολίτες θα υπηρετούσαν την πόλη-κράτος τους με σήμα κατατεθέν τους το άλογο, ενώ οι κατώτεροι θα υπηρετούσαν τους πολίτες. Η αλληλεπίδραση με τέτοια εικονογραφία αποτελεί έναν τρόπο πολιτισμικής αφομοίωσης μέσα σε αυτές τις αλληλένδετες πτυχές της ιππικής ζωής.

Τα αγόρια που βρίσκονται στους ώμους θα μεγαλώσουν και θα γίνουν οι νέοι που απεικονίζονται στον μελανόμορφο αμφορέα του 6ου αιώνα π.Χ. που αποδίδεται στον Λυδό και βρέθηκε σε μια αττική ταφή στη Γλυφάδα (Αρχαιολογικό Μουσείο Πειραιά ΜΠ 14265), καθώς και στην ερυθρόμορφη λήκυθο του 5ου αιώνα π.Χ. από την Ερέτρια (Εθνικό Αρχαιολογικό Μουσείο 1306 = BAPD 205859). Κρατούν δόρατα και ιππεύουν ένα άλογο, ενώ οδηγούν ένα άλλο. Πιθανότατα ταυτίζονται με ιπποκόμους που φροντίζουν τα άλογα μεγαλύτερων συγγενών. Αυτή η πρακτική εξάσκηση θα οδηγούσε τελικά στην υπηρεσία του ιππικού στο εξωτερικό, αλλά και σε εγχώριους ιππικούς αγώνες και επιδείξεις. Ένα παράδειγμα ιππικών αγώνων εικονίζεται στο ανάγλυφο του ύστερου 5ου αιώνα π.Χ. προς τιμήν της νίκης της Λεοντίδας φυλής (Αγορά Ι 7167) της Αθήνας, ενώ το καλύτερο παράδειγμα ιππικής επίδειξης είναι η προετοιμασία και μεγάλη πομπή ιππέων στη ζωφόρο του Παρθενώνα.

Κατά την Κλασική περίοδο, οι νεαροί Αθηναίοι, γόνοι πλούσιων ή απλώς φιλόδοξων οικογενειών, τρελαίνονταν για τα άλογα. Είτε υπερ-επένδυαν σε ιππικούς αγώνες, όπως ο Φειδιππίδης που ακολούθησε την προτροπή της μητέρας του στις *Νεφέλες* του Αριστοφάνη (στ. 12-79), είτε άφηναν τα μαλλιά τους μακριά, όπως στους *Ιππείς* του Αριστοφάνη (στ. 580). Οικογενειακή ενθάρρυνση, μίμηση άλλων παρακμιακών νεαρών αστών και ίππευση στις εορτές και τους πολέμους της πόλης-κράτους συνιστούν τρεις τρόπους αφομοίωσης από τους πολίτες της ιππικής κουλτούρας.

Οι υπηρέτες και οι μισθωμένοι εργάτες έκαναν εφικτά όλα τα παραπάνω. Οι επαγγελματίες που προσλαμβάνονταν οδηγούσαν συνήθως τα άρματα στις αρματοδρομίες, διακινδυνεύοντας τη ζωή τους ή τη σωματική τους ακεραιότητα για τη δόξα του εργοδότη τους, ενώ λάμβαναν μικρή αναγνώριση για αντάλλαγμα. Μετά από τις αρματοδρομίες, οι υπηρέτες του σπιτιού έλυναν τα άλογα από το άρμα και τα οδηγούσαν στον στάβλο. Αγόρια ίππευαν άλογα στους αγώνες κελήτων, στο πλαίσιο των Παναθηναίων και των Ολυμπιακών Αγώνων (Εθνικό Αρχαιολογικό Μουσείο 1594 = BAPD 2087). Ο Ξενοφών, σε αρκετά κεφάλαια του *Περί Ιππικής*, αναθέτει στους ιπποκόμους να βοηθούν τα άλογα να συνηθίσουν τους ανθρώπους, να τα ταΐζουν, να καθαρίζουν τους στάβλους, να τους φορούν την ιπποσκευή και τον χαλινό. Η ίδια η εργασία ήταν ο τρόπος για την πολιτισμική αφομοίωση των κατώτερων στρωμάτων στην ιππική κουλτούρα, είτε ήταν σκλάβοι, είτε μισθωμένοι εργάτες.

Η διαχρονική σχέση μεταξύ πολιτών και κατώτερων επαναλαμβάνεται στην εικονογραφία και στις γραπτές πηγές. Στην αττική μελανόμορφη πυξίδα του 6ου αιώνα π.Χ. από το δήμο Μυρρινούντος, ο Στησαγόρας, γιος του Αθηναίου αριστοκράτη Κίμωνα, κατευθύνει έξι υπηρέτες που φεύγουν με το άρμα του πατέρα του και τις φοράδες που νίκησαν το έπαθλο (Αρχαιολογικό Μουσείο Βραυρώνας Mer.1591). Στη ζωφόρο του Παρθενώνα, τρεις υπηρέτες, οι οποίοι ξεχωρίζουν από το πιο κοντό ανάστημα, τη στάση του σώματος και -οι δύο- από την απουσία ενδύματος, βοηθούν τους νεαρούς κυρίους τους κρατώντας τα ηνία (Δυτική ΙΙΙ και ΧΙΙ) ή δένοντας ένα ρούχο (Βόρεια XLVII). Ο Ξενοφών (*Περί Ιππικής*, 8) συμβουλεύει τους πολίτες να εκπαιδεύουν τα άλογά τους σε στρατιωτικούς ελιγμούς, βασιζόμενοι στη δουλειά των ιπποκόμων τους. Η ζωή του πολίτη-*ιππότροφου* ήταν αδιανόητη χωρίς την εργασία αυτών που ανήκαν στις κατώτερες τάξεις και η σχέση αυτή έπρεπε να διαιωνιστεί, προκειμένου να συνεχιστεί η ιππική κουλτούρα στη συνηθισμένη μορφή της. Η

Pyxis with horse race. Attic red-figure, ca. 430-420 BC. Athens National Archaeological Museum A 1594
Αττική ερυθρόμορφη πυξίδα με ιπποδρομία. περ. 430-420 π.Χ. Εθνικό Αρχαιολογικό Μουσείο Α 1594.

επανάληψη των ρόλων των πολιτών και των κατώτερών τους σε σχέση με τα άλογα όπως εμφανίζεται στη λογοτεχνία, στην τέχνη και στη βιωματική εμπειρία, σαφώς, διασφάλιζε την διαμόρφωση των νέων της Αττικής στην αθηναϊκή ιππική κουλτούρα, ανεξάρτητα από την κοινωνική τους θέση.

Για την πολιτισμική αφομοίωση, θεμελιώδες κείμενο είναι του Melville J. Herskovits, *Man and His Works: The Science of Cultural Anthropology* (New York 1948).
Σκηνές νέων που εκπαιδεύουν και φροντίζουν άλογα έχουν μελετηθεί από τη Mary B. Moore, "Horse Care as Depicted on Greek Vases before 400 B.C," *Metropolitan Museum Journal* (2009) σελ. 35-67.
Μεγάλο μέρος μελέτης της δουλείας στην Ελλάδα από πλευράς ιστορίας της τέχνης προέρχεται από τον Nikolaus Himmelmann, *Archäologisches zum Problem der griechischen Sklaverei* (Mainz 1971).
O Nigel James Nicholson, *Aristocracy and Athletics in Archaic and Classical Greece* (Cambridge 2005) εξετάζει τη στάση της ελίτ απέναντι στους ηνιόχους και τους αναβάτες.

Achilles bridling his horses named Chaitos and Euthoias. Attic black-figure kantharos from the Acropolis, signed by Nearchos, ca. 560 BC. Athens National Museum 1.611. Drawing by B. Graef and E. Langlotz, Die antiken Vasen von der Akropolis zu Athen, vol. 1 (Berlin 1923) pl. 36.

Ο Αχιλλέας φοράει χαλινάρι στα άλογά του Χαιτός και Ευθοίας. Αττικός μελανόμορφος κάνθαρος από την Ακρόπολη, με την υπογραφή του Νέαρχου, περ. 560 π.Χ. Εθνικό Αρχαιολογικό Μουσείο 1.611. Σχέδιο από B. Graef and E. Langlotz, Die antiken Vasen von der Akropolis zu Athen, vol. 1 (Berlin 1923) pl. 36.

What were common horse names?

Joe Miller

The Greeks of the Archaic and Classical periods were obsessed with horses. Images of horses are found in extraordinary abundance as dedicatory offerings in bronze or ceramic, painted decorations on vases, coins, and in sculpted reliefs on buildings and free-standing statues. In Athens, many important leaders and aristocrats had names incorporating forms of *hippos* ('horse'); for example, Hipparchos, Hippias, Xanthippos, etc., and one of the property classes of the city was known as the *hippeis* ('horsemen'). Both of these examples demonstrate the ideological dominance and significance of the horse. It should therefore come as no surprise that some of the names of horses actual or imagined were passed down from antiquity. From literature we learn of a few famous horses like *Balios* ('Dapple') and *Xanthos* ('yellow/brown/auburn') that drove the chariot of Achilles (*Iliad* 19.400), or Alexander the Great's famous charger *Boukephalas* ('Oxhead'; Strabo 15.1.29). But in fact, some of the earliest and most abundant instances of horse names are found in visual art, on Athenian, Corinthian, and Chalcidian black-figure vases of the 6th century BC.

Horse names were inscribed on vases for both mounts and chariot horses, though more frequently for the latter, and usually in these scenes more than one chariot horse is named. The earliest names on Attic vessels appear in the harnessing scene found on a fragmentary kantharos signed by the painter Nearchos from ca. 560 BC (Athens NAM 1.611 = BAPD 300767). Achilles himself is depicted hitching up two horses labeled Chaitos 'mane' and Euthoias (related to *thoos*, or 'fast'). These particular names are at variance with the literary tradition where Achilles' horses are named Balios and Xanthos, and could represent the painter's use of names of famous contemporary race horses.

Some horse names are attested more than once, but only the frequent Xanthos can in some cases be called stereotyped. The color *xanthos* 'yellow/brown/auburn' was obviously popular. Since the name is well known from epic poetry, where it occurs on vases in Trojan scenes, it can sometimes be considered an epic borrowing. For example, Xanthos occurs on a Corinthian krater depicting the marriage of Paris and Helen together with the unusual and elaborate horse name *Polypentha* 'Much-mourning', which perhaps alludes to the grief that the marriage would eventually cause for the Trojans and the Greeks. We may also recall that both Hector and Patroklos (if the latter didn't in fact borrow it from Achilles) had horses named Xanthos (see *Iliad* 8.185 and 19.408-17). Often, however, Xanthos occurs as a name for a horse in non-heroic or non-epic scenes together with human names that can neither be linked to myth nor taken as the names of historical persons. We can think of these instances of Xanthos as 'throwaway' labels attached to generic scenes. At the same time, Xanthos may have been a relatively common name for horses, perhaps made popular precisely because of its associations with the world of epic heroes and myth.

Most ancient Greek horse names describe the color or attributes of the animals and are therefore "speaking names," or names chosen for their referential meaning: from vase-inscriptions we have, for example, *Podargos* 'Swift-foot', *Aethon* 'Flash', *Phaethon* 'Bright-coat', *Thrasos* 'Courage', etc. A curious group of such names derives from the names of other animals, such as *Korax* ("raven"), *Kyllaros* ("hermit crab"), *Lykos* ("wolf"), *Boukephalas* ("ox-head"). These names probably also suggested the color or attitudes of the animals. A horse named *Kyllaros* ("hermit crab") might be bow-legged, shy, or given to sideways motion (cf. Pevnick 2021, p. 646, n. 18). In a similar way the horse name *Melanthis* 'Black Flower' inscribed on an early red-figure cup (BAPD 275053) amidst a *dokimasia* or cavalry inspection scene could very well be an allusion to the animal's color.

The fact that the horse loomed so large in the Greek imaginary meant that even common horse names might allude to the world of epic and myth. Meanwhile, almost all of the horse names we have from antiquity were based on specific character traits and therefore on the observation and appreciation of the animal. The Greeks were not just interested in perpetuating the names of famous idealized horses of the past. They also sometimes invoked and took care to record in black-figure and in the literary tradition those horses that served in their cavalry and prevailed in their athletic games.

For horse names on black-figure vases, see Mary B. Moore, *Horses on Black-figured Greek Vases of the Archaic Period, ca. 620–480 B.C.* PhD Diss. (New York University 1971) pp. 382–387.

For the recent suggestion that Lykos whose name appears on a number of red-figure vases is a famous race horse, rather than a man, see Seth D. Pevnick, "Lykos Kalos: Beyond Youthful Beauty," *Hesperia* 90 (2021) pp. 641–683.

For horse names on non-Attic vases, see Rudolf Wachter, *Non-Attic Greek Vase Inscriptions* (Oxford 2001) pp. 261–262.

Ποιά ονόματα αλόγων ήταν κοινά;

Joe Miller

Οι Έλληνες της Αρχαϊκής και της Κλασικής περιόδου είχαν εμμονή με τα άλογα. Εικόνες αλόγων βρίσκονται εξαιρετικά συχνά σε χάλκινα ή κεραμικά αναθήματα, στην αγγειογραφία, σε νομίσματα, σε ανάγλυφα πάνω σε κτίρια και ελεύθερα ιστάμενα αγάλματα. Στην Αθήνα, πολλοί σημαντικοί ηγέτες και αριστοκράτες είχαν ονόματα με το συνθετικό *ίππος*, όπως για παράδειγμα Ίππαρχος, Ιππίας, Ξάνθιππος κλπ., και μια από τις κοινωνικές τάξεις με ακίνητη περιουσία ήταν οι *ιππείς*. Και τα δυο αυτά παραδείγματα καταδεικνύουν την ιδεολογική κυριαρχία και σημασία του αλόγου. Δεν αποτελεί, λοιπόν, έκπληξη το γεγονός ότι ορισμένα ονόματα αλόγων -πραγματικών ή φανταστικών- διατηρήθηκαν από την αρχαιότητα. Από τη λογοτεχνία γνωρίζουμε μερικά διάσημα άλογα, όπως ο *Βαλίος* (παρδαλός, πιτσιλωτός) και ο *Ξάνθος* (ξανθός) που έσερναν το άρμα του Αχιλλέα (*Ιλιάδα* 19.400) ή το διάσημο άλογο του Μεγάλου Αλεξάνδρου, ο *Βουκεφάλας* (κεφαλή βοδιού, Στράβωνας 15.1.29). Ωστόσο, στην πραγματικότητα, τα πρωιμότερα και περισσότερα ονόματα αλόγων αναγράφονται στη γραπτή διακόσμηση μελανόμορφων αγγείων του 6^{ου} αιώνα π.Χ. από την Αθήνα, την Κόρινθο και τη Χαλκίδα.

Ονόματα αλόγων ιππασίας και αρμάτων -τα τελευταία συχνότερα- ήταν γραμμένα πάνω σε αγγεία και σε αυτές τις παραστάσεις ονομάζονται συνήθως περισσότερα από ένα άλογα του άρματος. Τα πρωιμότερα ονόματα σε αττικά αγγεία εμφανίζονται στη σκηνή ζεύξης αλόγων σε άρμα που απεικονίζεται σε θραύσμα κάνθαρου με την υπογραφή του ζωγράφου Νέαρχου, από το περ. 560 π.Χ. (Αθήνα 1611=BAPD 300767). Ο ίδιος ο Αχιλλέας εικονίζεται να ζεύει δυο άλογα με τα ονόματα «Χαίτος» (χαίτη) και «Ευθοίας» (από το *θόος* = γοργός). Τα ονόματα αυτά έρχονται σε αντίθεση με τη λογοτεχνική παράδοση, σύμφωνα με την οποία τα άλογα του Αχιλλέα ονομάζονται Βαλίος και Ξάνθος, και ίσως να αντιπροσωπεύουν την επιλογή του ζωγράφου να χρησιμοποιήσει ονόματα διάσημων αγωνιστικών αλόγων της εποχής του.

Ορισμένα ονόματα αλόγων συναντώνται περισσότερες από μια φορές, αλλά μόνο το -συχνό- Ξάνθος χρησιμοποιούνταν γενικευμένα. Το ξανθό χρώμα ήταν προφανώς διαδεδομένο και εφόσον το όνομα Ξάνθος ήταν γνωστό από την επική ποίηση και εμφανίζεται σε αγγεία με σκηνές από τον Τρωικό πόλεμο, μπορεί να θεωρηθεί επικός δανεισμός. Για παράδειγμα, εμφανίζεται σε κορινθιακό κρατήρα που απεικονίζει τον γάμο του Πάρη με την Ωραία Ελένη, μαζί με το ασυνήθιστο και σύνθετο όνομα του αλόγου Πολυπενθα (που πενθεί πολύ), το οποίο ίσως παραπέμπει στη θλίψη που θα προκαλούσε ο γάμος αυτός στους Τρώες και στους Έλληνες. Επίσης, ας θυμηθούμε ότι και ο Έκτορας και ο Πάτροκλος (αν ο τελευταίος δεν το είχε πράγματι δανειστεί από τον Αχιλλέα) είχαν άλογα με το όνομα Ξάνθος (βλ. *Ιλιάδα* 8.185 και 19.408–17). Συχνά, ωστόσο, το όνομα αυτό ανήκει και σε άλογα που απεικονίζονται σε μη ηρωικές ή μη-επικές σκηνές, μαζί με ανθρώπινα ονόματα που δεν συνδέονται ούτε

με μύθους, ούτε με ιστορικά πρόσωπα. Σε αυτές τις περιπτώσεις, το όνομα Ξάνθος μπορεί να θεωρηθεί ως απλή ετικέτα που περιλαμβάνεται σε μια γενική σκηνή. Επιπλέον, το συγκεκριμένο όνομα μπορεί να υπήρξε πολύ συνηθισμένο για άλογα, ακριβώς ίσως λόγω του συσχετισμού του με τον κόσμο των επικών ηρώων και μύθων.

Τα περισσότερα αρχαιοελληνικά ονόματα αλόγων περιγράφουν το χρώμα ή άλλα χαρακτηριστικά του ζώου και επιλέγονταν για το νόημά τους. Από επιγραφές σε αγγεία έχουμε, μεταξύ άλλων, τα εξής ονόματα: *Πόδαργος* (γοργά πόδια), *Αίθων* (Λάμψη), *Φαέθων* (Λαμπερό τρίχωμα), *Θράσος* (Κουράγιο) κλπ. Μια ιδιόμορφη ομάδα ονομάτων προκύπτει από άλλα ζώα, όπως *Κόραξ* (κοράκι), *Κύλλαρος* (πάγουρος, καβούρι), *Λύκος*, *Βουκεφάλας* (κεφαλή βοδιού). Τα ονόματα αυτά, πιθανότατα, παρέπεμπαν στο χρώμα, στο χαρακτήρα ή σε άλλα χαρακτηριστικά των ζώων, π.χ. ένα άλογο με το όνομα *Κύλλαρος* (πάγουρος) πιθανόν να είχε στραβά πόδια ή να ήταν ντροπαλό ή να κινούνταν πλάγια (πρβλ. Pevnick 2021, σελ. 646, No. 18). Ομοίως, το όνομα *Μελανθής* (μαύρο άνθος) που αναγράφεται σε πρώιμο ερυθρόμορφο κύπελο (BAPD 275053), σε σκηνή *δοκιμασίας* ή επιθεώρησης του ιππικού θα μπορούσε να αναφέρεται στο χρώμα του ζώου.

Το γεγονός ότι τα άλογα κυριαρχούσαν στο ελληνικό φαντασιακό σήμαινε ότι ακόμα και τα απλά ιππικά ονόματα παρέπεμπαν σε έναν κόσμο έπους και μύθου. Ταυτόχρονα, σχεδόν όλα τα ονόματα αλόγων από την αρχαιότητα βασίζονται σε συγκεκριμένα γνωρίσματα του χαρακτήρα τους και επομένως στην παρατήρηση και την εκτίμησή τους. Οι Έλληνες δεν ενδιαφέρονταν μόνο για τη διατήρηση των ονομάτων διάσημων και εξιδανικευμένων αλόγων του παρελθόντος, αλλά αρκετές φορές φρόντιζαν να καταγράφουν στη μελανόμορφη αγγειογραφία και στις γραπτές παραδόσεις τα άλογα που υπηρετούσαν στο ιππικό τους και επικρατούσαν στους αθλητικούς αγώνες.

Για ονόματα αλόγων σε μελανόμορφα αγγεία, βλ. B. Moore, *Horses on Black-figured Greek Vases of the Archaic Period, ca. 620-480 B.C.* Διδακτορική διατριβή (New York University 1971), σελ. 382–387.

Για την πρόσφατη άποψη ότι ο Λύκος, του οποίου το όνομα εμφανίζεται σε διάφορα ερυθρόμορφα αγγεία, είναι διάσημο άλογο αγώνων και όχι άνθρωπος, βλ. Seth D. Pevnick, "Lykos Kalos: Beyond Youthful Beauty," *Hesperia* 90 (2021) σελ. 641–683.

Για ονόματα αλόγων σε μη-αττικά αγγεία, βλ. Rudolf Wachter, *Non-Attic Greek Vase Inscriptions* (Oxford, 2001) σελ. 261–262.

Ostraka from the Athenian Agora with the names of Hippokrates (P 6036 and P 15593, ca. 490-480 BC) and Xanthippos (P 32560 and P 32559, 484 BC). Ephorate of Antiquities of the City of Athens

Όστρακα από την Αγορά της Αθήνας με τα ονόματα του Ιπποκράτη (P 6036 and P 15593, περ. 490-480 π.Χ.) και του Ξάνθιππου (P 32560 and P 32559, 484 π.Χ.). Εφορεία Αρχαιοτήτων Πόλης Αθηνών.

What humans had names with Hipp-/-ippos in them and what does this mean?

Paul G. Johnston

Most ancient Greek names were formed as compounds of two distinct elements, following predictable patterns that are closely paralleled in other Indo-European languages. One of the most common elements to appear in names is the root from the word for horse, *hippos*. Both men and women could have these "hippic" names and there are hundreds of different names recorded from ancient Greece that begin with *Hipp-* or end with *-ippos* and its feminine equivalent *-ippe* (as well as variants like *-ippides*). From the second half of the 5th century BC into the 4th century, it is the second most attested name component in the Greek world (after *Kle(o)-/-kles*).

Although the precursor *i-qo* of the first-millennium form *hippos* is well-documented in Linear B, we do not have any evidence for its use in forming names in the Bronze Age. Instead, hippic names seem to have first become common in the early Iron Age and their rise is probably associated with changes in social structure, possibly an increase in horse ownership. Hippic names appear in Homer, where, interestingly, they are used for the names of Trojan soldiers, as well as servant women, rather than for Greek heroes.

There are many other mythological figures with hippic names. Perhaps the most famous of these is Hippolytos, the son of the Athenian hero and king Theseus. Hippothoon was another notable figure within Attica, as the eponymous hero of one of the ten Athenian tribes established in the democratic reforms of Kleisthenes. According to legend, he was suckled by a mare. Hippothoon was associated with the deme of Eleusis in western Attica, where he received cult, and he may have had some connection with the famous Eleusinian Mysteries. It is probably significant that both Hippolytos and Hippothoon are supposed to have descended from Poseidon, the god most closely associated with horses and horsemanship (in Athens, he was worshipped as Poseidon Hippios ("of horses") in the deme of Kolonos). Other hippic heroes honored in Attica include Melanippos and Zeuxippos.

As names for real people, hippic appellations begin to be attested in earnest beginning in the Archaic period, and their use must be connected with the prestige associated with horse ownership. Early usage of hippic names seems to have been largely concentrated among aristocratic families. At Athens this included members of the politically prominent Peisistratid and Alkmaionid families. The name Hippokrates, for example, is best known today because of the 5th-century physician from the island of Kos from whom the Hippocratic Oath derives its name, but it was already borne almost two centuries earlier by the father of the Athenian tyrant Peisistratos, who also gave appropriately hippic names to his children and successors, Hipparchos and Hippias. Hippokrates became a common name across the Greek world beginning in the 5th century BC, and other notable individuals with this name include a Sicilian tyrant, a mathematician from Chios, and an Athenian general who was killed at the Battle of Delium in 424 during the Peloponnesian War.

Most early hippic names combine *Hipp-/-ippos* with a verbal root associated with skills appropriate to breeding, training, and using horses. Hippokrates is a perfect example: it contains a root associated with the verb *kratein* "to control/master," and was probably originally intended to suggest that its bearer would possess the abilities needed for successful horsemanship: "he who masters horses." Other names combined *Hipp-/-ippos* with adjectival roots and had somewhat different implications as a result. Xanthippos, for example, a name held by the father and son of the famous 5th-century politician (and member of the Alkmaionid family) Perikles, contains a root from the adjective *xanthos* "fair/blond," and was probably originally supposed to serve a totemic function, implying a parental hope that their child would become prominent in society in a manner akin to a horse, rather than holding a more prosaic possessive meaning ("he who owns a fair horse").

Eventually, towards the middle of the 5th century, the elite associations of hippic names led to widespread use among families who could never hope to actually own horses. In Aristophanes' *Clouds*, a play first staged in 423 (although the version we have includes revisions made by the author a few years later), the old man Strepsiades recounts a dispute he had with his wife over what to name their son (60-72). While Strepsiades had wanted to name the child Pheidonides after his grandfather (65; standard practice for the first-born son in ancient Greece), his wife wanted "to add *-ippos* onto the name" (63). The couple's onomastic preferences map onto their aspirations for their son: where Strepsiades envisages him growing up to be a humble goatherd like his father (71-2), the wife imagines him achieving wealth and glory, joining the Panathenaic procession in pride of place on a chariot (69-70). The politics of naming are inseparable from those of class: hippic names carried aristocratic associations, no doubt aided by the designation of the second-highest citizen wealth class at Athens (and many other *poleis*) as the *hippeis* or "horsemen."

By the time of Aristophanes' play, these names were probably starting to become characteristic of ambitious lower-class families as much as they were of the noble lineages where they first began to be used. The spread of hippic names across the class divide undoubtedly began to erode the elite associations that they originally possessed. Eventually, the semantic force of the horse root in nominal formations seems to have weakened, and *-ippos* began to be appended as a generic suffix to existing names, seemingly without carrying any particular meaning in relation to the other elements of the name. So, for example, from the common name Euxenos ("he who is kind to strangers") comes Euxenippos, a form whose meaning cannot be easily analysed.

Although hippic names seem to have gradually lost their direct associations with horse ownership, they never fell out of use, and many examples are still attested in Attica and throughout the Greek world well into the Roman period. At least one example remains in common usage even into the present day: Philip, and its various equivalents in other languages, descends from the ancient Greek Philippos, which includes a root from the verb *philein* "to love", and ultimately means something like "he who loves horses."

Ostraka: HIPPOKRATES ALKMEONIDOU. From the Athenian Agora, ca. 490-480 BC. Agora Excavations P 6036 and P 15593. Ephorate of Antiquities of the City of Athens.

Όστρακα: ΙΠΠΟΚΡΑΤΗΣ ΑΛΚΜΕΩΝΙΔΟΥ. Από την Αγορά, περ. 490-480 π.Χ. Ανασκαφές Αγοράς P 6036 και P 15593. Εφορεία Αρχαιοήτων Πόλης Αθηνών.

In general on the meanings and distribution of hippic names, see Laurent Dubois, "Hippolytos and Lysippos: Remarks on some Compounds in Ἱππο-, -ιππος," in *Greek Personal Names: Their Value as Evidence*, edited by S. Hornblower and E. Matthews (Oxford 2000) pp. 41-52; and Anne Nagarkar, "Greek personal names from the word for 'horse' Ἱππ(ο)-/-ιππος in the archaic and classical periods," in *Actes du VIIe congrès international d'épigraphie grecque et latine: Constantza, 9-15 septembre 1977*, edited by Dionisie M. Pippidi (Bucharest 1979) pp. 422-423.

For discussion of Pheidippides' name in Aristophanes' *Clouds* and its relationship to real-life naming practices, see Nikoletta Kanavou, *Aristophanes' Comedy of Names: A Study of Speaking Names in Aristophanes* (Berlin 2011) pp. 67-74; and Oswald Panagl, "*Pheidippides*. Etymologische Überlegungen zu einem aristophanischen Personnamen," in *Festschrift für Robert Muth*, edited by P. Handel and W. Meid (Innsbruck 1983) pp. 297-306.

On the *hipp-/-ippos* root in Linear B, see Alberto Bernabé, "The Noun for 'Horse' in Mycenaean and Some Related Terms," in *Synchrony and Diachrony of Ancient Greek: Language, Linguistics and Philology*, edited by Georgios K. Giannakis, et al., (Berlin 2021) pp. 115-124.

The most important resource for the study of ancient Greek names is the *Lexicon of Greek Personal Names* (1987-), a project based at Oxford University which aims to catalog all attested Greek names from the 8th century BC until the late Roman empire. Information about the *LGPN*, its results and its publications is available digitally at http://www.lgpn.ox.ac.uk

Ostraka: XANTHIPPOS ARRIPHRONOS. From the Athenian Agora, 484 BC. Agora Excavations P 32560 and P 32559. Ephorate of Antiquities of the City of Athens.

Όστρακα: ΞΑΝΘΙΠΠΟΣ ΑΡΡΙΦΡΟΝΟΣ. Από την Αγορά, 484 π.Χ. Ανασκαφές Αγοράς P 32560 και P 32559. Εφορεία Αρχαιοτήτων Πόλης Αθηνών.

Ποιοί είχαν ονόματα με τα συνθετικά Ίππος-/-ίππος και τι σημαίνει αυτό;

Paul G. Johnston

Τα περισσότερα αρχαία ελληνικά ονόματα αποτελούν σύνθετες λέξεις που έχουν δύο διακριτά στοιχεία και ακολουθούν προβλέψιμα μοτίβα, με κοντινά παράλληλα σε άλλες ινδοευρωπαϊκές γλώσσες. Ένα από τα συνηθέστερα συνθετικά που εμφανίζεται σε ονόματα είναι η ρίζα της λέξης *ίππος*. Τόσο οι άνδρες όσο και οι γυναίκες είχαν «ιππικά» ονόματα, ενώ υπάρχουν εκατοντάδες διαφορετικά καταγεγραμμένα ονόματα από την αρχαία Ελλάδα, τα οποία ξεκινούν με το *Ιππ-* ή καταλήγουν σε *-ίππος* και το αντίστοιχο θηλυκό *-ίππη* (καθώς και παραλλαγές όπως *-ιππίδες*). Από το β΄ μισό του 5ου αιώνα έως τον 4° αιώνα π.Χ., αυτό ήταν το δεύτερο, κατά σειρά, συνθετικό που απαντάται συχνότερα στον ελλαδικό κόσμο (μετά το *Κλε(ο)-/-κλης*).

Παρόλο που ο πρόδρομος *i-qo* της λέξης *ίππος* της πρώτης χιλιετίας τεκμηριώνεται στη Γραμμική Β΄, δεν έχουμε στοιχεία για τη χρήση του στον σχηματισμό ονομάτων κατά την Εποχή του Χαλκού. Αντίθετα, τα ιππικά ονόματα φαίνεται να διαδόθηκαν κατά την πρώιμη Εποχή του Σιδήρου, ενώ η άνθησή τους πιθανότατα συνδέεται με αλλαγές στην κοινωνική οργάνωση -ίσως από την αύξηση στην ιδιοκτησία αλόγων. Ιππικά ονόματα αναφέρονται στον Όμηρο, ωστόσο, ενδιαφέρον παρουσιάζει το γεγονός ότι χρησιμοποιούνται για Τρώες στρατιώτες και υπηρέτριες, αλλά όχι για Έλληνες ήρωες.

Υπάρχουν πολλές άλλες μυθολογικές μορφές με ιππικά ονόματα, με διασημότερο, ίσως, τον Ιππόλυτο, γιο του πιο σημαντικού Αθηναίου ήρωα και βασιλιά, του Θησέα. Ο Ιπποθόων ήταν άλλη μια αξιοσημείωτη μορφή της Αττικής, ως ο Επώνυμος Ήρωας μιας από τις δέκα αθηναϊκές φυλές που καθιερώθηκαν με τις δημοκρατικές μεταρρυθμίσεις του Κλεισθένη, τον οποίο, σύμφωνα με τον θρύλο, θήλασε μια φοράδα. Συνδέεται με τον δήμο της Ελευσίνας στη δυτική Αττική, όπου λατρευόταν, και ίσως να σχετίζεται με τα περίφημα Ελευσίνια Μυστήρια. Τόσο ο Ιππόλυτος, όσο και ο Ιπποθόων θεωρούνται απόγονοι του Ποσειδώνα, του θεού που συνδέεται στενότερα με τα άλογα και την ιππική τέχνη (στην Αθήνα λατρευόταν ως Ίππιος Ποσειδώνας στον δήμο του Κολωνού). Άλλα ιππικά ονόματα ηρώων που τιμούνται στην Αττική περιλαμβάνουν το Μελάνιππος και το Ζεύξιππος.

Τα ιππικά ονόματα απλών ανθρώπων συναντώνται, ουσιαστικά, στις αρχές της Αρχαϊκής περιόδου και η χρήση τους, πιθανότατα, συνδέεται με την αίγλη που συνόδευε την ιδιοκτησία αλόγων. Η πρώιμη χρήση ιππικών ονομάτων φαίνεται να ανήκει στις οικογένειες των αριστοκρατών. Στην Αθήνα, αυτό σήμαινε μέλη των πολιτικά επιφανών οικογενειών των Πεισιστρατιδών και των Αλκμεωνιδών. Το όνομα Ιπποκράτης, για παράδειγμα, είναι γνωστό σήμερα λόγω του ιατρού του 5ου αιώνα π.Χ. από την Κω, από τον οποίο πήρε το όνομά του και ο ομώνυμος Όρκος, αλλά υπήρχε ήδη περίπου δύο αιώνες νωρίτερα: έτσι ονομαζόταν ο πατέρας του Αθηναίου τυράννου Πεισίστρατου, ο οποίος είχε δώσει ιππικά ονόματα στους γιους και διαδόχους του, Ίππαρχο και Ιππία. Το όνομα Ιπποκράτης διαδόθηκε σε ολόκληρο τον ελλαδικό κόσμο στις αρχές του 5ου αιώνα π.Χ. Άλλα αξιοσημείωτα πρόσωπα με το όνομα αυτό ήταν ένας Σικελός τύραννος, ένας μαθηματικός από τη Χίο και ένας Αθηναίος στρατηγός που σκοτώθηκε στη μάχη του Δηλίου, το 424 π.Χ., κατά τη διάρκεια του Πελοποννησιακού πολέμου.

Τα περισσότερα πρώιμα ιππικά ονόματα συνδυάζουν τα συνθετικά *Ιππος-/-ιππος* με μια ρίζα ρήματος που συνδέεται με δεξιότητες στην εκτροφή, εκπαίδευση και χρήση των αλόγων. Το όνομα Ιπποκράτης αποτελεί τέλειο παράδειγμα: περιλαμβάνει τη ρίζα του «κρατείν» (ελέγχω/τιθασεύω) και πιθανότατα, αρχικά, υποδήλωνε ότι εκείνος που το έφερε είχε και τις απαραίτητες ικανότητες στην ιππική τέχνη: «εκείνος που τιθασεύει τα άλογα». Άλλα ονόματα συνδύαζαν τα συνθετικά *Ιππο-/-ιππος* με ρίζες επιθέτων και ως αποτέλεσμα είχαν διαφορετική έννοια. Ο Ξάνθιππος, για παράδειγμα, το όνομα του πατέρα και του γιου του διάσημου πολιτικού του 5ου αιώνα π.Χ. -και μέλους της οικογένειας των Αλκμεωνιδών- Περικλή, περιέχει τη ρίζα του επιθέτου «ξανθός». Αρχικά, πιθανότατα είχε συμβολική έννοια, υπονοώντας την ελπίδα των γονιών ότι το παιδί τους θα διακρινόταν στην κοινωνία με τρόπο που σχετίζεται με τα άλογα και όχι την κυριολεκτική έννοια «εκείνου που έχει ξανθό άλογο».

Τελικά, προς τα μέσα του 5ου αιώνα π.Χ., ο συσχετισμός των ιππικών ονομάτων με την ελίτ οδήγησε σε διαδεδομένη χρήση από οικογένειες που δεν ήλπιζαν ποτέ ότι θα γίνονταν ιδιοκτήτες αλόγων. Στις «Νεφέλες» του Αριστοφάνη, ένα θεατρικό έργο που ανέβηκε για πρώτη φορά το 423 π.Χ. (παρόλο που η εκδοχή που έχουμε περιλαμβάνει αναθεωρήσεις του συγγραφέα, λίγα χρόνια αργότερα), ο γέρο-Στρεψιάδης αφηγείται έναν καυγά που είχε με τη γυναίκα του για το όνομα που θα έδιναν στον γιο τους (60-72). Ενώ εκείνος ήθελε να τον ονομάσει Φειδωνίδη από τον παππού του (65, συνήθης πρακτική για τον πρωτότοκο γιο στην αρχαία Ελλάδα), η γυναίκα του ήθελε «να προσθέσει το συνθετικό *-ιππος* στο όνομα» (63). Οι προτιμήσεις του ζευγαριού αντανακλούν τις φιλοδοξίες που έχουν για τον γιο τους: ενώ ο Στρεψιάδης τον οραματίζεται να μεγαλώνει και να γίνεται ένας ταπεινός γιδοβοσκός, όπως ο πατέρας του (71-2), η γυναίκα του τον φαντάζεται να αποκτά πλούτο και δόξα, συμμετέχοντας στην πομπή των Παναθηναίων, περήφανος, πάνω σε άρμα (69-70). Η νοοτροπία που συνόδευε την ονοματοδοσία είναι άρρηκτα συνδεδεμένη με εκείνη των κοινωνικών τάξεων: τα ιππικά ονόματα έφεραν αριστοκρατικούς συσχετισμούς, αναμφισβήτητα επηρεασμένους από την ονομασία της δεύτερης, κατά σειρά, τάξης πολιτών με βάση τον πλούτο στην Αθήνα (και σε αρκετές άλλες πόλεις-κράτη): των Ιππέων.

Την εποχή που γράφτηκε το θεατρικό έργο του Αριστοφάνη, τα ονόματα αυτά είχαν πιθανότατα αρχίσει να χαρακτηρίζουν τις φιλόδοξες οικογένειες των κατώτερων τάξεων, όπως χαρακτήριζαν τους γόνους αριστοκρατικών οικογενειών όπου ξεκίνησαν να χρησιμοποιούνται. Η διάδοση των ιππικών ονομάτων σε διάφορες τάξεις, αναμφίβολα άρχισε να διαβρώνει τον αρχικό συσχετισμό με την ελίτ. Τελικά, η σημειολογική δύναμη της ρίζας του αλόγου σε ονόματα φαίνεται να μειώθηκε και το συνθετικό *-ιππος* άρχισε να προστίθεται ως γενική κατάληξη σε υπάρχοντα ονόματα που, από ότι φαίνεται, δεν είχαν ιδιαίτερο νόημα σε σχέση με τα άλλα στοιχεία του ονόματος. Για παράδειγμα, από το κοινό όνομα Εύξενος («καλός προς τους ξένους») προήλθε το Ευξένιππος, ένα όνομα του οποίου το νόημα δεν αναλύεται εύκολα.

Παρόλο που τα ιππικά ονόματα φαίνεται να έχασαν, σταδιακά, τον άμεσο συσχετισμό τους με την ιδιοκτησία αλόγου, δεν σταμάτησαν ποτέ να χρησιμοποιούνται. Πολλά σχετικά παραδείγματα καταγράφονται στην Αττική και σε όλο τον ελλαδικό κόσμο μέχρι και τη ρωμαϊκή περίοδο. Τουλάχιστον ένα παράδειγμα χρησιμοποιείται ευρέως ακόμα και σήμερα: το όνομα Φίλιππος, και οι διάφορες εκδοχές του σε άλλες γλώσσες, προέρχεται από το αρχαίο ελληνικό όνομα που περιλαμβάνει τη ρίζα του ρήματος *φιλείν* (αγαπώ) και σημαίνει «εκείνος που αγαπά τα άλογα».

Γενικά για τη σημασία και την κατανομή των ιππικών ονομάτων, βλ. Laurent Dubois, "Hippolytos and Lysippos: Remarks on some Compounds in Ἱππο-, -ιππος," στο *Greek Personal Names: Their Value as Evidence*, επιμ. Simon Hornblower και Elaine Matthews (Oxford, 2000) σελ. 41-52· Anne Nagarkar, "Greek personal names from the word for 'horse' Ἱππ(ο)-/-ιππος in the archaic and classical periods," στο *Actes du VIIe congrès international d'épigraphie grecque et latine: Constantza, 9-15 septembre 1977*, επιμ. Dionisie M. Pippidi (Bucharest, 1979) σελ. 422-3.
Για συζήτηση σχετικά με το όνομα του Φειδιππίδη στις «Νεφέλες» του Αριστοφάνη και τη σχέση του με πρακτικές ονοματοδοσίας στην πραγματική ζωή, βλ. Nikoletta Kanavou, *Aristophanes' Comedy of Names: A Study of Speaking Names in Aristophanes* (Berlin, 2011), σελ. 67-74· Oswald Panagl, "*Pheidippides*. Etymologische Überlegungen zu einem aristophanischen Personnamen," in *Festschrift für Robert Muth*, επιμ. Paul Handel και Wolfgang Meid (Innsbruck, 1983) σελ. 297-306.
Σχετικά με τη ρίζα ιππ-/-ιππος στη *Γραμμική Β'*, βλ. Alberto Bernabé, "The Noun for 'Horse' in Mycenaean and Some Related Terms," στο *Synchrony and Diachrony of Ancient Greek: Language, Linguistics and Philology*, επιμ. Georgios K. Giannakis et al., (Berlin, 2021) σελ. 115-24.
Η πιο σημαντική πηγή για τη μελέτη των αρχαίων ελληνικών ονομάτων είναι το *Lexicon of Greek Personal Names* (1987-), ένα πρόγραμμα του Πανεπιστημίου της Οξφόρδης με στόχο την καταλογογράφηση όλων τα καταγεγραμμένων ελληνικών ονομάτων από τον 8ο αιώνα π.Χ. έως την ύστερη Ρωμαϊκή αυτοκρατορία. Πληροφορίες σχετικά με το *Lexicon of Greek Personal Names*, τα αποτελέσματα και τις δημοσιεύσεις του είναι διαθέσιμες στο: http://www.lgpn.ox.ac.uk.

Why do early Attic coins have equine imagery?

Sarah M. Norvell

Before the famous tetradrachm "owls," which became one of the most widely recognized and longest-lived coin types in the ancient world, Athens minted a series of small, silver coins bearing a variety of images on the *obverse* and an incuse-square punch on the *reverse*. Dated to the second half of the 6th century BC and typically associated with the period of Peisistratid tyranny (ca. 546–510 BC), this early Attic coinage is termed *Wappenmünzen* (from the German for "heraldic coins") after an initial interpretation of their multiple obverse *types* as the personal emblems of the individuals responsible for their issue. At least fourteen Wappenmünzen types are extant today. Their obverses depict a range of images, including an amphora, an astragalos, a wheel, a triskeles, a scarab, a bull, a bull's head, a gorgoneion, and an owl. Four additional Wappenmünzen types depict the full body of a horse, the forequarters of a horse moving to the left, the forequarters of a horse moving to the right, and the hindquarters of a horse.

Individual Wappenmünzen coins were known from the mid 18th century, when they began to appear in the numismatic collections of European nobility following French excavations in Athens. Despite its differing obverse types, the coinage was posited to represent a unified series after scholars in the mid-19th century noted the consistency of the coins' workmanship, style, and metal quality. Based on the known Attic provenances of individual specimens and their adherence to the Attic weight standard (1 drachm=4.32g; 1 obol=0.72g), Beulé (1858) attributed the coinage to the earliest mint of Athens, which was believed to have been established by Solon.

The suggestion that the Wappenmünzen represented a unified series attributable to Athens was met with considerable resistance. This theory challenged the conventional understanding of ancient Greek minting practices, which held that *poleis* in the Archaic and early Classical periods minted long-lived coin types depicting "civic emblems" in order to strengthen the currency's recognizability and fiduciary value in international markets. To most numismatists and ancient historians, it was unthinkable that Athens would have adopted as its first coinage a series bearing a *variety* of images—including some that had already been co-opted by neighboring Euboean city-states to feature on their own coinages, such as the wheel coins of Archaic Chalcis and the bull's head coins of Archaic Eretria. However, subsequent studies eventually brought some sense of closure to the Wappenmünzen debate. In a monumental work on early Athenian coinage, Seltman (1924) identified Wappenmünzen coins with different obverse types that had been struck with the same *reverse die*, thus substantiating the idea that the coins had been minted by the same authority. Based on coin provenances and their adherence to the Attic weight standard, the minting authority of the Wappenmünzen was identified as that of early Athens.

So why do the Wappenmünzen depict different images on the obverse? Scholars remain divided as to why 6th-century Athens eschewed a coinage with a single civic emblem in favor of one with changing types. Initially, it was proposed that the answer to this problem lay within the social and political dynamics of pre-Peisistratid Athens, at a time when elite families grappled with each other for power and influence. Given that many Wappenmünzen obverses depict the primary image contained within a circle (as is visible in Alpha Bank 2133) and that many of these images also featured as shield devices in the corpus of Athenian black and red figure pottery, it had been suggested by Seltman that the Wappenmüzen depicted the coats-of-arms of elite Athenian families in charge of the civic mint. The multiplicity of types in circulation thus resulted from the period's unstable political nature, in which no family retained influence long enough to produce a single dominant coin type. Most scholars have since rejected this theory, citing limited evidence for the existence of heraldic devices in Archaic Athens and further refinements to the Wappenmünzen chronology that now associate the coinage with the period of Peisistratid rule. Attempts to rehabilitate the central thrust of this theory have posited the existence of a minting system similar to that of *tresviri monetales* attested during the Roman Republic in the 2nd and 1st centuries BC. Under this proposed system, wealthy Athenians served as mint magistrates, possibly as an annual liturgy, and determined the coinage's obverse type as part of their oversight of the minting process. On this view, the Wappenmünzen types depicting equine imagery may be seen in connection with the broader role that horses played in the self-fashioning of Athenian elites. We can imagine a number of ways in which these coins may have been construed as advertisements of elite status: perhaps they evoked the hippophoric names of individual mint magistrates or publicized a magistrate's membership in the Solonian property class of *hippeis*. Equally, they may have served as reminders of a magistrate's sponsorship of or participation in an equine athletic event, or simply functioned as evocative references to the aesthetic, social, and economic value of the animal.

An opposing line of thought attempts to understand the iconography of the different Wappenmünzen types as a unified series of allusions to Athena and to the celebration of the Panathenaia. According to the theory of Yalouris (1950), all of the Wappenmünzen types relate in some way either to athletic events of the Panathenaic Games or to ritual actions performed during the festival. Thus, the types depicting equine imagery may have been intended to call to mind Panathenaic events involving horses, such as the *apobates* race or perhaps even the festival procession with its parade of horsemen. Certain scholars have attempted to further elaborate this hypothesis by suggesting that new obverse types may have been minted every four years in association with the celebration of the Greater Panathenaia. However, the number of known Wappenmünzen types currently exceeds the number of Greater Panathenaiai celebrated within their period of production. Moreover, the connection between the Panathenaia and some of the more obscure Wappenmünzen types—such as that of the scarab—is less obvious.

The precise identification of the meanings behind the multiple Wappenmünzen types remains enigmatic and a source of debate. Nevertheless, the prevalence of equine imagery among them speaks to the cultural importance of the animal in 6th-century Athens. During this period, horses functioned as a multivalent symbol,

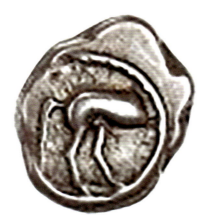

Drachm with rear end of horse. Silver, Athens, ca. 530 BC. Alpha Bank Numismatic Collection 2133.

Δραχμή με πίσω μέρος αλόγου. Αργυρή, Αθήνα, περ. 530 π.Χ. Νομισματική Συλλογή Alpha Bank 2133.

activating a nexus of broader associations grounded in their many social, ritual, economic, military, and cultural roles. As they circulated throughout Attica and the surrounding region, the equine coins of early Athens likely conjured a variety of associations among those who encountered and engaged with them.

For a general introduction to the ancient coinages of Athens, see Peter G. van Alfen, "The Coinage of Athens, Sixth to First Century B.C.," in *The Oxford Handbook of Greek and Roman Coinage*, edited by W.E. Metcalf (Oxford 2012) pp. 88-104.
For one of the earliest treatments of the Wappenmünzen, see Charles-Ernest Beulé, *Les monnaies d'Athènes* (Paris 1858).
For the most comprehensive study of the Wappenmünzen, see Charles Theodore Seltman, *Athens: Its History and Coinage Before the Persian Invasion* (Cambridge 1924).
For significant developments concerning the classification, chronology, and interpretation of the Wappenmünzen since Seltman, see the following:
Robert John Hopper, "Observations on the Wappenmünzen," in *Essays in Greek Coinage Presented to Stanley Robinson,* edited by C. Kraay and G.K. Jenkins (Oxford 1968) pp. 16-39; Colin Kraay, "The Archaic Owls of Athens: Classification and Chronology." *Numismatic Chronicle* 16 (1956) pp. 43-68; John H. Kroll, "From Wappenmünzen to Gorgoneia to Owls," *Museum Notes (American Numismatic Society)* 26 (1981) pp. 1-32; William P. Wallace, "The Early Coinages of Athens and Euboia," *The Numismatic Chronicle and Journal of the Royal Numismatic Society*, 7th ser., 2 (1962) pp. 23-42; and Nikolaos Yalouris, "Athena als Herrin der Pferde," *Museum Helveticum* 7.1 (1950) pp. 19-64.

Γιατί τα πρώιμα αττικά νομίσματα απεικονίζουν άλογα;

Sarah M. Norvell

Πριν τα διάσημα τετράδραχμα με τις γλαύκες, τα οποία ήταν από τους πιο αναγνωρισμένους και μακροβιότερους τύπους νομισμάτων στον αρχαίο κόσμο, η Αθήνα είχε κόψει μια σειρά μικρών, ασημένιων νομισμάτων με ποικίλες εικόνες στον εμπροσθότυπο και ένα εμπίεστο τετράγωνο από σφραγίδα στον οπισθότυπο. Χρονολογούνται στο β' μισό του 6ου αιώνα π.Χ. και συνδέονται με την περίοδο τυραννίας του Πεισίστρατου (περ. 546-510 π.Χ.). Στα πρώιμα αυτά αττικά νομίσματα έχει αποδοθεί ο όρος *Wappenmünzen* (από τη γερμανική λέξη για τα «εραλδικά νομίσματα»), μετά την αρχική ερμηνεία των πολλαπλών εμπροσθότυπων ως προσωπικά εμβλήματα των ανθρώπων που ήταν υπεύθυνοι για την έκδοσή τους. Τουλάχιστον δεκατέσσερις τύποι νομισμάτων Wappenmünzen σώζονται σήμερα, με εμπροσθότυπους που απεικονίζουν εύρος εικόνων, όπως αμφορέα, αστράγαλο, τροχό, τρισκελές, σκαραβαίο, ταύρο, κεφαλή ταύρου, γοργόνειο και γλαύκα. Τέσσερις επιπλέον τύποι Wappenmünzen φέρουν παράσταση ολόκληρου αλόγου, εμπρόσθιου μέρους αλόγου που κινείται προς τα αριστερά, εμπρόσθιου μέρους αλόγου που κινείται προς τα δεξιά και οπίσθιου μέρους αλόγου.

Μεμονωμένα νομίσματα Wappenmünzen ήταν γνωστά από τα μέσα του 18ου αιώνα μ.Χ., όταν άρχισαν να εμφανίζονται σε νομισματικές συλλογές της ευρωπαϊκής αριστοκρατίας, μετά από τις ανασκαφές των Γάλλων στην Αθήνα. Παρά τους διάφορους εμπροσθότυπους, τα εν λόγω νομίσματα θεωρήθηκαν ως μια ομοιογενής σειρά, μετά τη διαπίστωση των μελετητών των μέσων του 19ου αιώνα ότι παρουσιάζουν συνοχή στην τεχνική, στην τεχνοτροπία και στην ποιότητα του μετάλλου. Γνωρίζοντας την αττική προέλευση των μεμονωμένων δειγμάτων και παρατηρώντας ότι τηρούνται τα αττικά πρότυπα βάρους για τα νομίσματα (1 δραχμή = 4,32 γρ. και 1 οβολός = 0,72 γρ.), ο Beulé (1858) απέδωσε τα νομίσματα στο πρωιμότερο νομισματοκοπείο της Αθήνας που θεωρούνταν ότι θεσπίστηκε από τον Σόλωνα.

Η πρόταση ότι τα νομίσματα Wappenmünzen αντιπροσώπευαν μια ομοιογενή σειρά, η οποία κόπηκε στην Αθήνα, δεν έγινε εύκολα αποδεκτή. Η θεωρία αυτή ήρθε σε αντίθεση με την πεποίθηση για τις αρχαίες ελληνικές πρακτικές κοπής νομισμάτων, που υποστήριζε ότι οι πόλεις-κράτη κατά την αρχαϊκή και την πρώιμη κλασική περίοδο έκοβαν νομίσματα με μακρά διάρκεια ζωής που απεικόνιζαν «αστικά εμβλήματα», προκειμένου να ενισχύσουν την αναγνωρισιμότητά τους και την εμπιστοσύνη στην αξία τους στις διεθνείς αγορές. Για τους περισσότερους νομισματολόγους και στην αρχαία ιστορία ήταν αδιανόητη η άποψη ότι η Αθήνα υιοθέτησε ως πρώτο νόμισμά της μια σειρά με *ποικιλία* εικόνων -συμπεριλαμβανομένων ορισμένων που είχαν επιλεγεί και από γειτονικές πόλεις-κράτη της Εύβοιας για τα δικά τους νομίσματα, όπως ο τροχός για την αρχαϊκή Χαλκίδα και η κεφαλή ταύρου για την αρχαϊκή Ερέτρια. Ωστόσο, μεταγενέστερες μελέτες έδωσαν ένα τέλος στο ζήτημα των Wappenmünzen. Σε ένα μνημειώδες έργο πάνω στα πρώιμα αθηναϊκά νομίσματα, ο Seltman (1924) ταύτισε νομίσματα Wappenmünzen με διαφορετικούς εμπροσθότυπους, στα οποία είχε χρησιμοποιηθεί η ίδια σφραγίδα στον οπισθότυπο, επιβεβαιώνοντας έτσι την ιδέα ότι τα νομίσματα αυτά είχαν κοπεί από την ίδια αρχή. Με βάση την προέλευση των νομισμάτων και την τήρηση των αττικών προτύπων βάρους για τα νομίσματα, η κοπή των Wappenmünzen τοποθετήθηκε χρονικά στην πρώιμη Αθήνα.

Γιατί, όμως, τα νομίσματα Wappenmünzen φέρουν διαφορετικές εικόνες στον εμπροσθότυπο; Οι μελετητές παραμένουν διχασμένοι σε ό,τι αφορά το ερώτημα γιατί η Αθήνα του 6ου αιώνα π.Χ. απέφυγε ένα νόμισμα με μοναδικό αστικό έμβλημα και προτίμησε διαφορετικές εικόνες. Η αρχική απάντηση αφορούσε την κοινωνικοπολιτική δυναμική της προ-Πεισιστρατικής Αθήνας, σε μια περίοδο που οι οικογένειες της ελίτ αντιμάχονταν για ισχύ και επιρροή. Δεδομένου ότι πολλοί εμπροσθότυποι νομισμάτων Wappenmünzen απεικονίζουν τη βασική εικόνα σε κύκλο (όπως διακρίνεται στο νόμισμα 2133 της Νομισματικής Συλλογής Alpha Bank) και ότι πολλές από τις εικόνες αυτές εμφανίζονται επίσης σε ασπίδες στο σύνολο της αθηναϊκής μελανόμορφης και ερυθρόμορφης κεραμικής, ο Seltman πρότεινε ότι τα Wappenmüzen περιλάμβαναν τα εμβλήματα των αθηναϊκών οικογενειών της ελίτ που ήταν υπεύθυνες για την κοπή των νομισμάτων. Έτσι, η πολλαπλότητα των τύπων σε κυκλοφορία προήλθε από την ασταθή πολιτική φύση της περιόδου, κατά την οποία καμία οικογένεια δεν ασκούσε επιρροή για αρκετό διάστημα, ώστε να αντιπροσωπεύεται από έναν κυρίαρχο τύπο νομίσματος. Οι περισσότεροι μελετητές έχουν απορρίψει πλέον την πρόταση αυτή, παραθέτοντας περιορισμένα στοιχεία για την ύπαρξη εραλδικών συμβόλων στην αρχαϊκή Αθήνα, καθώς και διορθώσεις στη χρονολόγηση των Wappenmünzen, τα οποία πλέον συνδέονται με την περίοδο διακυβέρνησης των Πεισιστρατιδών. Απόπειρες αποκατάστασης της κεντρικής ιδέας της θεωρίας αυτής συγκρίνουν τα Wappenmünzen με το σύστημα κοπής νομισμάτων των *tresviri monetales* που δρούσαν στη Ρωμαϊκή Δημοκρατία τον 2ο και 1ο αιώνα π.Χ. Σύμφωνα με το σύστημα αυτό, εύποροι Αθηναίοι ήταν υπεύθυνοι για τη νομισματοκοπία -πιθανόν ως ετήσια λειτουργία- και καθόριζαν τον εμπροσθότυπο των νομισμάτων ως μέρος της επίβλεψής τους της διαδικασίας κοπής. Υπό το πρίσμα αυτό, τα νομίσματα Wappenmünzen με απεικόνιση αλόγων πρέπει να εξεταστούν σε σχέση με τον ευρύτερο ρόλο που διαδραμάτισαν τα άλογα στη δημιουργία της ταυτότητας της αθηναϊκής ελίτ. Μπορούμε να φανταστούμε διάφορους τρόπους με τους οποίους τα νομίσματα αυτά ερμηνεύονταν ως διαφήμισή του κύρους της ελίτ: πιθανόν να αναφέρονταν στα ιπποφορικά ονόματα συγκεκριμένων υπευθύνων για τη νομισματοκοπία (βλ. κατ. «Ιπποφορικά ονόματα») ή δημοσιοποιούσαν την ένταξη τους στη σολώνεια τάξη των ιππέων. Τέλος, ίσως να χρησίμευαν ως αναμνηστικά της χορηγίας ή της συμμετοχής ενός τέτοιου υπευθύνου σε ιππικό αγώνα ή, απλώς λειτουργούσαν ως αναφορές στην αισθητική, κοινωνική και οικονομική αξία των αλόγων.

Η αντίθετη άποψη προσπαθεί να κατανοήσει την εικονογραφία των διαφορετικών τύπων νομισμάτων Wappenmünzen ως μια ομοιογενή σειρά με αναφορές στη θεά Αθηνά και στον εορτασμό των Παναθηναίων. Σύμφωνα με τη θεωρία του Γιαλούρη (1950), όλοι οι τύποι των Wappenmünzen σχετίζονται με κάποιο τρόπο είτε με αθλητικούς αγώνες στο πλαίσιο των Παναθηναίων, είτε με τελετουργικά που πραγματοποιούνταν κατά την ίδια εορτή. Επομένως, τα νομίσματα με εικόνες αλόγων ίσως σκόπευαν να θυμίζουν τα αγωνίσματα των Παναθηναίων που περιλάμβαναν άλογα, όπως ο *αποβάτης δρόμος* (βλ. *infra* «Αποβάτης δρόμος»), ή ακόμα και την πομπή των ιππέων κατά τον ίδιο εορτασμό. Ορισμένοι μελετητές έχουν προσπαθήσει να αναπτύξουν περαιτέρω την υπόθεση αυτή, προτείνοντας ότι νέοι εμπροσθότυποι κόβονταν κάθε 4 χρόνια σε συνδυασμό με την εορτή των Μεγάλων Παναθηναίων. Ωστόσο, ο αριθμός των γνωστών τύπων Wappenmünzen ξεπερνά τον αριθμό των Μεγάλων Παναθηναίων που έλαβαν χώρα μέσα στην περίοδο παραγωγής των νομισμάτων. Επιπλέον, η σύνδεση μεταξύ Παναθηναίων και ορισμένων από τους πιο σκοτεινούς τύπους Wappenmünzen -όπως εκείνοι με απεικόνιση σκαραβαίου- είναι λιγότερο προφανής.

Ο ακριβής προσδιορισμός του νοήματος πίσω από τους πολυάριθμους τύπους νομισμάτων Wappenmünzen παραμένει αινιγματικός και ανοικτό θέμα συζήτησης. Ωστόσο, η συχνότητα απεικόνισης αλόγων σε αυτά αποδεικνύει την πολιτισμική σημασία του αλόγου στην Αθήνα του 6ου αιώνα π.Χ.: την περίοδο αυτή, τα άλογα λειτουργούσαν ως ένα πολυδύναμο σύμβολο που ενεργοποιούσε ένα πλέγμα συσχετισμών, με βάση τους πολλούς κοινωνικούς, τελετουργικούς, οικονομικούς, στρατιωτικούς και πολιτισμικούς τους ρόλους. Πιθανότατα, καθώς τα αθηναϊκά νομίσματα των πρώιμων χρόνων με απεικόνιση αλόγων κυκλοφορούσαν σε ολόκληρη την Αττική και στις γύρω περιοχές, δημιουργούσαν ποικίλους συσχετισμούς σε εκείνους που τα συναντούσαν και τα χρησιμοποιούσαν.

Για μια εισαγωγή στα αρχαία νομίσματα της Αθήνας, βλ. Peter G. van Alfen, "The Coinage of Athens, Sixth to First Century B.C." στο *The Oxford Handbook of Greek and Roman Coinage*, επιμ. William E. Metcalf (Oxford 2012) σελ. 88-104.
Για μια από τις πρωιμότερες αναλύσεις των Wappenmünzen, βλ. Charles-Ernest Beulé, *Les monnaies d'Athènes* (Paris 1858).
Για την πιο ολοκληρωμένη μελέτη των Wappenmünzen, βλ. Charles Theodore Seltman, *Athens: Its History and Coinage Before the Persian Invasion* (Cambridge 1924).
Για σημαντικές εξελίξεις σχετικά με την ταξινόμηση, χρονολόγηση και ερμηνεία των Wappenmünzen μετά τον Seltman, βλ. τα εξής:
Robert John Hopper, "Observations on the Wappenmünzen." στο *Essays in Greek Coinage Presented to Stanley Robinson*, επιμ. Colin Kraay και G. Kenneth Jenkins (Oxford 1968) σελ. 16-39.
Colin Kraay, "The Archaic Owls of Athens: Classification and Chronology." *Numismatic Chronicle* 16 (1956) σελ. 43-68.
John H. Kroll, "From Wappenmünzen to Gorgoneia to Owls." *Museum Notes (American Numismatic Society)* 26 (1981) σελ. 1-32.
William P. Wallace, "The Early Coinages of Athens and Euboia." *The Numismatic Chronicle and Journal of the Royal Numismatic Society*, 7η σειρά, 2 (1962) σελ. 23-42.
Nikolaos Yalouris, "Athena als Herrin der Pferde." *Museum Helveticum* 7.1 (1950) σελ. 19-64.

Didrachm with horse protome. Silver, Athens, ca. 530 BC. Alpha Bank Numismatic Collection 9653.

Δίδραχμο με προτομή αλόγου. Αργυρό, Αθήνα, περ. 530 π.Χ. Νομισματική Συλλογή Alpha Bank 9653.

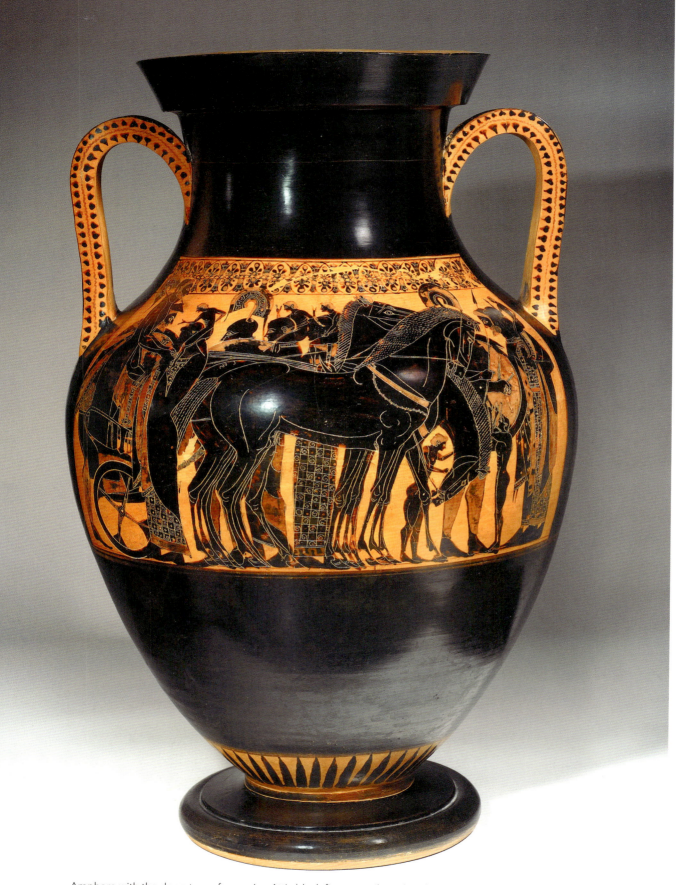

Amphora with the departure of a warrior. Attic black-figure, attributed to the Painter of Munich 1410. From Vulci, ca. 530 BC Karlsruhe, Badisches Landesmuseum inv. 61/89.

Αττικός μελανόμορφος αμφορέας με παράσταση αναχώρησης πολεμιστή. Αποδίδεται στο Ζωγράφο του Μονάχου 1410 Από το Βούλτσι (Ιταλία), περ. 530 π.Χ. Κρατικό Μουσείο Βάδης (Badisches Landesmuseum), Καρλσρούη, 61/89.

A Warrior's Departure

Elena Walter-Karydi

On a unique Athenian amphora of about 530 BC in Karlsruhe (61/89 = BAPD 351011), found in Vulci, a warrior's departure appears on one side and the fight over a fallen warrior on the other: two scenes of a reality that Athenians had to face time and again. Both subjects are popular on Attic black-figure vases of the middle and late 6th century.

On vases of these years scenes of a man arming or receiving the armor from his parents before leaving for war appear frequently, and both images refer to the significant transformation of a civilian into a warrior. Another recurrent theme is the warrior's departure: he leaves in order to fulfill his mission by fighting, possibly dying on the battlefield. Yet, that he departs on a chariot drawn by four horses, as on this amphora, certainly did not happen in 6th-century Athens. Actually, in historical times chariots were not used in warfare at all. It was the Homeric heroes who drove with them to war; the historian Xenophon called it a heroic custom (*Cyropaideia* VI 1, 27 and VI 2, 8). By referring to these heroes the image of a warrior on a chariot *ennobled* his departure and the fighting that ensued.

The same idea occurs on an Attic grave stele of similar date in the Metropolitan Museum of Art (36.11.3): while the dead warrior is represented standing in the main field, in a smaller panel underneath he appears mounting a four-horse chariot, while his charioteer holds the reins tight. The image of his taking leave for battle in this *noble* way is a tribute to the fallen fighter.

The moment before the departure is represented on the amphora in Karlsruhe. A fully armed hoplite steps onto a quadriga, where a charioteer already stands holding the reins. Behind the horses another hoplite appears, turned toward the first one; he is probably a companion of his, also leaving, but not bidding farewell to anyone. The civilian behind him, as well as a woman, both bearing on their shoulders little boys who wave a hand to the warrior stepping onto the chariot, are obviously his parents, together with sons of his. On the right end of the scene a third hoplite is taking leave of an old man and a woman, obviously the warrior's wife, with a little boy on her shoulders waving at his departing father.

The warrior stepping into the chariot is mostly overlapped by the charioteer, as well as by a woman, no doubt his wife. She is standing, her head slightly bowed, stretching out her right hand to him; the little boy on her shoulders, who is waving at the warrior, seems to be another of his sons. The woman and the charioteer are the only figures who are not being overlapped by anyone in the whole scene, and she is also the one standing nearest to the chariot, as the one most affected by this departure.

The horses take pride of place in this tableau and it is significant that they are

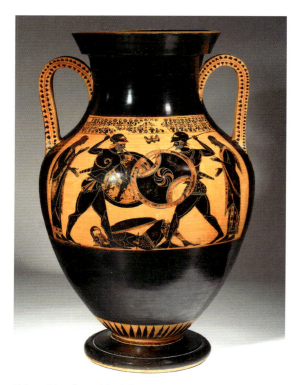

Other side of attic black figure amphora showing a battle between two warriors over the dead body of a third.

η άλλη όψη του μελανόμορφου αμφορέα 61/89 απεικονίζει τη μάχη δύο πολεμιστών πάνω από το νεκρό σώμα ενός τρίτου.

not overlapped by anything: they are central figures, to be seen in all their proud bearing. Two servants (whose small stature has nothing to do with their age but points, as does their nakedness, to their low social rank) are stroking the second horse's lowered head. This affectionate conduct toward horses is by no means restricted to servants. On the famous amphora by Exekias in the Vatican (344), with a scene of the return home of Kastor and Polydeukes, their father Tyndareos strokes the head of Kastor's horse. No other animal is represented being so caressed by the Athenians; a man may play with a dog, as Polydeukes does in this scene, but he never pets it!

There are several intriguing details on the amphora in Karlsruhe. One is a snake incised on the rump of the second horse: in vase images from about the middle of the 6th century until well into the 5th branded horses appear often, with various motives incised on their rumps, and this reflects an actual practice in Athens, as we know from the inscribed lead cavalry tablets found in the Agora. Moreover, on the first horse a necklace underneath the red breast band shows that the present-day Greek custom of adorning horses with necklaces, which are held to be effective against the evil eye, was an ancient Athenian one as well.

On the reverse of the amphora in Karlsruhe there appears a single combat over a fallen warrior; the spear and helmet have been taken away, and he lies awkwardly with his chin on the ground. The fact that his head is turned toward the left fighter might hint that they belong together. The two warriors, a spear in the right hand and their left holding a shield, are fully armed, but their Corinthian helmets are poised high over their forehead; no one is the obvious victor. Two women tensely watch the fight of their men. The scene might be an excerpt of what awaits the departing warriors.

For the amphora (Karlsruhe, Badisches Landesmuseum 61/89), see Carina Weiss, *Corpus Vasorum Antiquorum* Karlsruhe 3 (Germany 60), pls. 12-14.
For the Attic grave stele (New York, Metropolitan Museum of Art 36. 11. 13), see Elena Walter-Karydi, *Die Athener und ihre Gräber (1000-300 v. Chr.)* (Berlin 2015) pp. 68-69, fig. 34.
For horses by Exekias, see Christoph Reusser and Martin Brügge (eds.) *Exekias „hat mich gemalt und getöpfert"*, Exposition Universität Zürich (2018).

Αναχώρηση πολεμιστή

Έλενα Walter-Καρύδη

Σε ένα αθηναϊκό αμφορέα, περίπου του 530 π. Χ., εξαιρετικής ποιότητας, που βρέθηκε στο Vulci και είναι σήμερα στο Badisches Landesmuseum της Καρλσρούης (61/89 = BAPD 351011), απεικονίζεται στη μία πλευρά αναχώρηση πολεμιστή και στην άλλη μονομαχία επάνω από νεκρό πολεμιστή: δυο σκηνές μιας πραγματικότητας που οι Αθηναίοι συχνά ήταν υποχρεωμένοι να αντιμετωπίσουν. Και τα δυο θέματα είναι πολύ συνηθισμένα στα μελανόμορφα αγγεία του μέσου και ύστερου 6ου αιώνα π. Χ.

Συχνές σε αγγεία αυτών των χρόνων είναι επίσης σκηνές με άνδρα να βάζει την πανοπλία του ή να παίρνει τα όπλα του από τους γονείς του πριν από την αναχώρησή του για τη μάχη: και τα δυο θέματα αναφέρονται στη μεταμόρφωση ενός πολίτη σε πολεμιστή. Αντίστοιχα συχνό θέμα είναι η αναχώρηση του πολεμιστή: ξεκινάει για να εκπληρώσει την αποστολή του πολεμώντας, ίσως και πεθαίνοντας στο πεδίο της μάχης. Ωστόσο, το ότι φεύγει επάνω σε τέθριππο, όπως παριστάνεται σε αυτόν τον αμφορέα, αυτό σίγουρα δεν συνέβαινε στην Αθήνα του 6ου αιώνα! Στην πραγματικότητα, άρματα δεν χρησιμοποιούνταν ποτέ στους πολέμους των ιστορικών χρόνων. Ήταν οι ομηρικοί ήρωες που πήγαιναν στη μάχη με άρματα. ο Ξενοφών το χαρακτηρίζει αυτό ως ηρωικό έθιμο (*Κύρου Παιδεία* VI 1, 27 και VI 2, 8). Έτσι η παράσταση ενός πολεμιστή να φεύγει για τη μάχη επάνω σε άρμα τον εξισώνει με τους ομηρικούς ήρωες, *εξευγενίζοντας* την αναχώρησή του και τον αγώνα που θα ακολουθήσει στο πεδίο της μάχης.

Η ίδια ιδέα πραγματώνεται σε αττική επιτύμβια ανάγλυφη στήλη στο Metropolitan Museum of Art (36. 11. 3) στη Νέα Υόρκη: ενώ στο κύριο πεδίο ο νεκρός πολεμιστής απεικονίζεται να στέκεται όρθιος, κάτω από αυτό, σε μικρό δευτερεύον πεδίο, αυτός εμφανίζεται να ανεβαίνει σε τέθριππο, ενώ ο ηνίοχός του στέκεται κρατώντας σφιχτά τα χαλινάρια. Η παράσταση του νεκρού πολεμιστή να ξεκινάει έτσι για τη μάχη είναι μια τίμηση γι' αυτόν.

Στον αμφορέα της Καρλσρούης παριστάνεται η ώρα πριν από την αναχώρηση. Ένας πολεμιστής με πλήρη πανοπλία ανεβαίνει σε τέθριππο, όπου ο ηνίοχος ήδη στέκεται κρατώντας τα ηνία. Πίσω από τα άλογα εμφανίζεται άλλος οπλίτης, στραμμένος προς τον πρώτο. θα είναι σύντροφός του, που θα αναχωρεί επίσης για τον πόλεμο, αλλά χωρίς να αποχαιρετά κανένα. Πίσω του στέκονται ένας πολίτης και μια γυναίκα, κι οι δυο με μικρά αγόρια στους ώμους τους που χειρονομούν ζωηρά αποχαιρετώντας τον πολεμιστή που ανεβαίνει στο τέθριππο – πρόκειται σίγουρα για τους γονείς του και δυο γιούς του. Στο δεξιό άκρο της παράστασης τρίτος οπλίτης αποχαιρετά ένα γέροντα και μια γυναίκα, που είναι προφανώς η σύζυγος του πολεμιστή. ένα μικρό αγόρι στους ώμους της αποχαιρετά κι αυτό τον πατέρα του.

Η μορφή του οπλίτη που ανεβαίνει στο τέθριππο σχεδόν καλύπτεται από τον ηνί-

οχο καθώς και από μία γυναίκα, που θα είναι σίγουρα η σύζυγός του. Αυτή στέκεται, με το κεφάλι της ελαφρά σκυμμένο, απλώνοντας το δεξί της χέρι στον πολεμιστή. το μικρό αγόρι στους ώμους της, που τον αποχαιρετά με το χέρι του, θα είναι άλλος ένας γιός του. Οι μόνες μορφές σε ολόκληρη την παράσταση που δεν καλύπτονται από κανένα είναι η γυναίκα και ο ηνίοχος, και εκείνη στέκεται πιο κοντά στο τέθριππο από όλους, αφού αυτήν αφορά πιο άμεσα αυτή η αναχώρηση.

Τα άλογα βρίσκονται στο κέντρο της παράστασης και είναι χαρακτηριστικό ότι τίποτε δεν στέκεται μπροστά τους. είναι κεντρικές μορφές, που επιβάλλονται με την περήφανη στάση τους. Δύο δούλοι (το μικρό τους ύψος δεν έχει να κάνει με την ηλικία τους αλλά δείχνει, όπως και η γυμνότητά τους, τη χαμηλή κοινωνική τους θέση) χαϊδεύουν το κεφάλι του δεύτερου αλόγου. Αυτή η στοργική συμπεριφορά στα άλογα δεν περιορίζεται μόνο στους υπηρέτες: Στο φημισμένο αμφορέα του Εξηκία στο Μουσείο του Βατικανού (344), με σκηνή της επιστροφής στο σπίτι του Κάστορα και του Πολυδεύκη, ο πατέρας τους Τυνδάρεως χαϊδεύει το κεφάλι του αλόγου του Πολυδεύκη. Στις παραστάσεις αγγείων κανένα άλλο ζώο δεν χαϊδεύουν οι Αθηναίοι. παίζουν με ένα σκύλο, όπως ο Πολυδεύκης στη σκηνή του αμφορέα στο Βατικανό, αλλά δεν τον χαϊδεύουν!

Στην παράσταση του αμφορέα στην Καρλσρούη υπάρχουν πολλές ενδιαφέρουσες λεπτομέρειες, όπως το εγχάρακτο φίδι στον κορμό του δεύτερου αλόγου. από τα μέσα του 6ου ως και σε μεγάλο μέρος του 5ου αιώνα στις αγγειογραφίες εμφανίζονται συχνά τέτοια σημάδια στα άλογα, με διάφορα μοτίβα χαραγμένα στο σώμα τους. αυτό αποδίδει κάτι που πράγματι συνήθιζαν να κάνουν οι Αθηναίοι, όπως ξέρουμε από τα ενεπίγραφα μολύβδινα πλακίδια που βρέθηκαν στην Αγορά. Επίσης, στο πρώτο άλογο, ένα «περιδέραιο» κάτω από την κόκκινη ταινία στο στήθος του, δείχνει ότι το τωρινό έθιμο να στολίζονται τα άλογα με περιδέραια, που θεωρούνται ότι προφυλάσσουν από το κακό μάτι, υπήρχε και στην αρχαία Αθήνα.

Στην άλλη πλευρά του αμφορέα στην Καρλσρούη απεικονίζεται μονομαχία πάνω από νεκρό πολεμιστή. του έχουν ήδη πάρει το δόρυ και την περικεφαλαία. Ο νεκρός κείτεται αδέξια, με το πηγούνι στο έδαφος. το ότι το κεφάλι του στρέφεται προς τον αριστερό μαχητή ίσως υποδηλώνει ότι οι δυο τους ήταν σύντροφοι στη μάχη. Οι δυο πολεμιστές που ακόμη μάχονται, με δόρυ στο δεξί χέρι και ασπίδα στο αριστερό, είναι πάνοπλοι, αλλά οι κορινθιακές τους περικεφαλαίες είναι σηκωμένες επάνω από το μέτωπό τους. δεν φαίνεται ποιος θα είναι ο νικητής. Δυο γυναίκες παρακολουθούν με αγωνία τον αγώνα των ανδρών τους. – Η σκηνή θα μπορούσε να είναι ένα απόσπασμα από αυτό που περιμένει τους πολεμιστές της κύριας πλευράς του αμφορέα που ξεκινάνε για τη μάχη.

Για τον αμφορέα (Karlsruhe, Badisches Landesmuseum 61/89), βλ. Carina Weiss, *Corpus Vasorum Antiquorum* Karlsruhe 3 (Germany 60), pls. 12- 14.
Για την αττική επιτύμβια στήλη (New York, Metropolitan Museum of Art 36. 11. 13) βλ. Elena Walter-Karydi, *Die Athener und ihre Gräber (1000-300 v. Chr.)* (Berlin 2015) pp. 68-69, fig. 34.
Για τα άλογα του Εξηκία, βλ. Christoph Reusser and Martin Brügge (eds.) *Exekias „hat mich gemalt und getöpfert"*, Exposition Universität Zürich (2018).

Introduction

A horse whose movement is suspended in the air is so beautiful, admirable, and amazing that it rivets the attention of young and old alike. Gods and heroes are shown riding such horses, and the men who ride them well also look magnificent.

Xenophon, *On Horsemanship* 11.8

Horses are born to run and this characteristic was not lost on the Athenians who clearly enjoyed sponsoring, watching, and participating in a great variety of equestrian contests. Horses were rarely used as draft animals; rather they were bred for speed and endurance, the race track rather than the plough. Depictions of horse races are popular in a variety of media, but are especially prevalent on Athenian vases of the 6th century BC where they decorate shapes ranging from small pyxis lids to large amphoras, notably the prize vases given out at the Panathenaic festival. A horse owner could win as many as 140 large amphoras filled with olive oil.

Horse and chariot races were part of the Panhellenic games (Olympic, Pythian, Isthmian, Nemean) and other local festivals, like the Panathenaia in Athens. These races included ones for single horses (*keles*), two-horse chariots (*synoris*), four-horse chariots (*tetrippon*), and special events for warriors (*polemisteriois*). There were contests for full-grown horses and for colts. Racing seven or more chariots in a hippodrome naturally resulted in crashes; Sophocles tragedy *Electra* describes a dramatic (but fictional) chariot disaster involving Orestes. Pausanias records the story of the mare Avra, a famous race horse whose rider fell off during the Olympics; Avra went on alone to win the contest. Two specialty martial events are a javelin throw on horseback and the *apobates* or dismounting from a chariot. This contest was singled out by Demosthenes (*Erotikos* 61.23) as "the noblest and grandest of competitive exercises… one which approximates to the realities of warfare".

Eminent and rich Athenians such as the generals Kimon and Alkibiades raced chariots at Olympia; to ensure victory the latter entered seven chariots which placed first, second and fourth in the Olympics of 416 BC. After these wins he commissioned a painting to be displayed on the Acropolis of his further wins at the Pythian and Nemean games. That he may also have won at the Panathenaia in 418 BC is suggested by the 82 Panathenaic prize amphoras auctioned off from his estate.

Εισαγωγή

> *Το άλογο που ανυψώνεται είναι τόσο πολύ ωραίο ή φοβερό ή αξιοθαύμαστο ή θεσπέσιο, που μαγνητίζει τα βλέμματα όλων των θεατών, νέων ή γέρων. Τέτοια άλογα βλέπουμε να αναπαρίστανται να ιππεύουν ήρωες και θεοί, και οι άνθρωποι, που κρατούν με ωραίο τρόπο τα άλογα, να φαίνονται μεγαλόπρεποι*
> Ξενοφών, *Περί Ιππικής*, 11.8

Τα άλογα είναι γεννημένα για να τρέχουν και οι Αθηναίοι, που απολάμβαναν να χορηγούν, να παρακολουθούν και να συμμετέχουν σε διάφορα ιππικά αγωνίσματα, δεν παρέβλεψαν αυτό το χαρακτηριστικό τους. Τα άλογα σπάνια χρησιμοποιούνταν ως υποζύγια. Εκτρέφονταν για ταχύτητα και αντοχή, για τον ιππόδρομο και όχι για το όργωμα. Οι αναπαραστάσεις ιππικών αγώνων είναι δημοφιλείς σε διάφορα καλλιτεχνικά μέσα, όμως κυριαρχούν στην αθηναϊκή αγγειογραφία του 6ου αιώνα π.Χ., διακοσμώντας κεραμικά διαφόρων σχημάτων, από πώματα μικρών πυξίδων έως μεγάλους αμφορείς, οι οποίοι δίνονταν ως έπαθλο στους Παναθηναϊκούς Αγώνες. Ένας ιδιοκτήτης αλόγου μπορούσε να κερδίσει έως και 140 μεγάλους αμφορείς γεμάτους ελαιόλαδο.

Οι ιππικοί αγώνες και οι αρματοδρομίες ήταν μέρος των Πανελληνίων Αγώνων (Ολύμπια, Πύθια, Ίσθμια, Νέμεα) αλλά και άλλων τοπικών εορτών, όπως τα Παναθήναια στην Αθήνα. Αυτοί οι αγώνες περιλαμβαναν αγωνίσματα με ένα άλογο (*κέλης*), με άρματα δύο αλόγων (*συνωρίς*) και τεσσάρων αλόγων (*τέθριππα*), αλλά και ειδικά αγωνίσματα για πολεμιστές (*πολεμιστηρίοις*). Υπήρχαν αγωνίσματα για ενήλικα άλογα αλλά και για πουλάρια. Στα αγωνίσματα με εφτά ή και παραπάνω άρματα που λάμβαναν μέρος στον ιππόδρομο, είναι φυσικό να γίνονταν ατυχήματα. Ο Σοφοκλής στην τραγωδία *Ηλέκτρα* περιγράφει ένα δραματικό (αλλά φανταστικό) ατύχημα που αφορούσε τον Ορέστη. Ο Παυσανίας καταγράφει την ιστορία μίας φοράδας, της Αύρας, ενός διάσημου αλόγου αγώνων του οποίου ο αναβάτης έπεσε κατά τη διάρκεια των Ολυμπιακών αγώνων. Η Αύρα συνέχισε μόνη της τον αγώνα και κέρδισε. Δύο ειδικά πολεμικά αγωνίσματα ήταν ο έφιππος ακοντισμός και ο αγώνας των *αποβατών*. Ο Δημοσθένης ξεχωρίζει τον αγώνα των αποβατών ως το πιο ευγενές και μεγαλειώδες από τα αγωνίσματα, ένα αγώνισμα που προσέγγιζε την πραγματικότητα του πολέμου (*Ερωτικός* 61.23).

Επιφανείς και εύποροι Αθηναίοι, όπως οι στρατηγοί Κίμωνας και Αλκιβιάδης, λάμβαναν μέρος στις αρματοδρομίες στην Ολυμπία. Ο Αλκιβιάδης, για να εξασφαλίσει τη νίκη του, έλαβε μέρος στους Ολυμπιακούς αγώνες του 416 π.Χ. με εφτά άρματα κι έτσι κατέκτησε την πρώτη, τη δεύτερη και την τέταρτη θέση. Μετά από αυτές τις νίκες, ανέθεσε στην Ακρόπολη έναν πίνακα που απεικόνιζε τις νίκες του στα Πύθια και στα Νέμεα. Είναι πιθανό να είχε κερδίσει και στα Παναθήναια του 418 π.Χ., όπως υποδεικνύουν οι 82 Παναθηναϊκοί αμφορείς που δημεύθηκαν με την περιουσία του.

Caption: Pseudo-Panathenaic prize amphora with chariot race. Attic black-figure, late 6th century BC. Agora Excavations P 24661. Ephorate of Antiquities of the City of Athens.

Αττικός μελανόμορφος ψευδο-παναθηναϊκός αμφορέας με αρματοδρομία. Ύστερος 6ος αιώνας π.Χ. Ανασκαφές Αγοράς P 24661. Εφορεία Αρχαιοτήτων Πόλης των Αθηνών.

What constitutes an ancient chariot and how was it used?

Anna Belza

The chariot in the ancient world is most often thought of in relation to athletic races: gripping and dangerous sporting events that were part of the ancient Olympic Games and continued in popularity throughout the Roman and Byzantine periods. In general, the chariot has been credited with revolutionizing mobility and reflecting the prestige and power of its owner. Was racing the only function of a chariot?

The ancient Greek chariot (ἅρμα) was a two-wheeled vehicle pulled by two to four horses. The chariot had a railing running around the body, within which the driver of the vehicle stood. Two wheels attached to an axel. Chariot wheels in Athens and other parts of the Greek mainland had four spokes, while Ionian-style chariots in eastern Greece preferred 6 to 8 spokes. A wooden pole extended from the chariot body and connected to the horses by a yoke, held in place by a harness. A bridle was used to control the speed and direction of the horses. The charioteer controlled the horse(s) from the chariot cart by steering with the reins and using a goad, a long stick designed to encourage forward movement from the horses. Chariots seem to have been rather light in weight for speed, as depicted on a small pyxis on which a groom (a horse-handler) is bringing a chariot and its equipment to attach to a horse. When not in use, chariots were likely stored in pieces, possibly to avoid warping of the wooden frame and wheels. A passage in the *Iliad* (5.720) details Hebe assembling Hera's chariot with eight-spoked wheels.

The chariot was prestigious and was used as a status symbol by the ancient Greeks. In the Late Bronze Age (1400–1200 BC), chariots were used by elites to travel short distances, such as for battlefield transport, fighting, and charging actions. Chariots are depicted on grave stelae from Mycenae and on vases. Linear B tablets from Knossos (1400 BC) and Pylos (1200 BC) inventory chariots that were fully or partially assembled. The *Iliad* (23.257-652), though probably written in ca. 8th or 7th century BC, alludes to Late Bronze Age chariots being used for races in the funerary games for Patroclus hosted by Achilles. Indeed, scenes in vase painting suggest that the main use of the chariot from the 8th-7th centuries BC was for funeral games and funerary processions.

The chariot declined in importance as a vehicle used in warfare, as the new form of massed infantry (*hoplites*) combat developed in the 7th century. Some scholars have suggested that the chariot retained an element of social prestige as a relic reminiscent of the heroic past, lending to the status of the owner by literally raising them above others, effectively showcasing wealth and social importance. Chariots used as a part of a funerary ritual mark the deceased as high-status through an appeal to this heroic past and were often depicted in 6th-century Athenian vase painting as the wedding carriage conveying the bride to her new home.

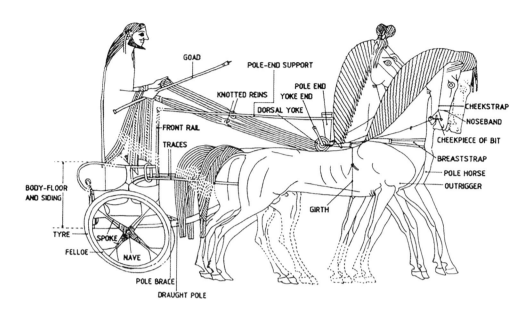

Diagram of a Greek chariot. After J. Crouwel | Διάγραμμα ελληνικού άρματος. Κατά J. Crouwel.

The first preserved reference to the chariot as a vehicle for racing competition dates to the Olympic Games of 680 BC: teams of four-horse chariots (*quadriga*) competed in the *hippodrome* (the horse track). As an expensive, aristocratic venture, chariot racing remained the most prestigious and most common use of the chariot, appearing at the Panathenaic festival in Athens and at the panhellenic games at Olympia, Delphi, Isthmia, and Nemea. Prizes were awarded to the victors—the owners of successful chariot teams rather than to charioteers (chariot drivers). This practice is similar to modern day horse racing, which rewards the owners of horses and not the jockeys. Charioteers were either enslaved persons or free people hired by wealthy chariot owners and were often represented in votive monuments such as the famous Charioteer of Delphi.

The chariot was a symbol of elite status throughout ancient Greek history. Its most common use from the 6th c. BC onward was for chariot racing, an athletic memorial to the chariots' epic past.

The basic source on ancient chariots is Joost H. Crouwel, *Chariots and other Wheeled Vehicles in Iron Age Greece* (Amsterdam 1992).
For a discussion of harnessing a chariot, see Mary B. Moore, "Exekias and the Harnessing of a Chariot Team," *Antike Kunst* 29 (1986) pp. 107-114; and Gail Brownwigg, "Harnessing the Chariot Horse," in *Equids and Wheeled Vechicles in the Ancient World: Essays in Memory of Mary A. Littauer* (*BAR-IS*), ed. P. Raulwing, K.M. Linduff, and J.H. Crouwel, (2019) pp. 85-96.
For the chariot as a wedding vehicle, see John Oakley and Rebecca Sinos, *The Wedding in Ancient Athens* (Madison 1993) pp. 22-37.
For a possible scene of Hera in her chariot from the *Iliad* 5.720, see Jenifer Neils, "Hera, Paestum, and the Cleveland Painter," in *Greek Vases: Images, Contexts and Controversies. Columbia Studies in the Classical Tradition* 25 (Leiden 2004) pp. 73-83.
For chariot kraters in Late Bronze Age Greece and Cyprus see Laerke Recht and Christine Morris, "Chariot Kraters and Horse-Human Relations in Late Bronze Age Greece and Cyprus," *The Annual of the British School at Athens* 116 (2021) pp. 95-132.

Από τι αποτελούνταν ένα αρχαίο άρμα και πώς χρησιμοποιούνταν;
Anna Belza

Έχουμε συνηθίσει να συνδέουμε το άρμα στον αρχαίο κόσμο με αθλητικούς αγώνες: συναρπαστικά και επικίνδυνα αγωνίσματα στο πλαίσιο των Ολυμπιακών Αγώνων, των οποίων η δημοτικότητα συνεχίστηκε κατά τη Ρωμαϊκή και τη Βυζαντινή περίοδο. Γενικότερα, το άρμα θεωρείται ότι έφερε την επανάσταση στην κινητικότητα και ότι αντανακλούσε την αίγλη και την ισχύ του ιδιοκτήτη του. Ήταν όμως οι αγώνες η μόνη λειτουργία του άρματος;

Το αρχαίο ελληνικό *άρμα* ήταν ένα όχημα με δύο τροχούς, το οποίο έσερναν 2-4 άλογα. Περιλάμβανε ένα μεταλλικό προστατευτικό γύρω από το σώμα, μέσα στο οποίο στεκόταν ο οδηγός του, και δύο τροχούς προσαρτημένους σε έναν άξονα. Οι τροχοί των αρμάτων στην Αθήνα και σε άλλες περιοχές της ηπειρωτικής Ελλάδας είχαν τέσσερις ακτίνες, ενώ οι τροχοί των αρμάτων ιωνικού τύπου στην ανατολική Ελλάδα, έξι με οκτώ ακτίνες. Ένας ξύλινος στύλος εκτεινόταν από το σώμα του άρματος και το συνέδεε με τα άλογα μέσω ζυγού που στηριζόταν από τη σαγή. Ο χαλινός χρησιμοποιούνταν για να ελέγξει την ταχύτητα και την κατεύθυνση των αλόγων, ενώ ο ηνίοχος χειριζόταν τα άλογα από το σώμα του άρματος, με τα ηνία και με τη χρήση βουκέντρας, ενός μεγάλου ραβδιού που προέτρεπε την κίνηση των αλόγων. Τα άρματα φαίνεται να ήταν ελαφριά για λόγους ταχύτητας, όπως συνάγεται από την παράσταση μικρής *πυξίδας* όπου ένας ιπποκόμος μεταφέρει άρμα και τον εξοπλισμό του για να ζεύξει σε αυτό ένα άλογο. Όταν δεν χρησιμοποιούνταν, πιθανότατα, αποθηκεύονταν αποσυναρμολογημένα, πιθανόν, για να αποφευχθεί το σκέβρωμα του ξύλινου πλαισίου και των τροχών. Σε ένα απόσπασμα της *Ιλιάδας* (5.720) περιγράφεται λεπτομερώς η συναρμολόγηση από την Ήβη του άρματος της Ήρας με τους οκτάκτινους τροχούς.

Το άρμα αντικατόπτριζε υψηλό κύρος και χρησιμοποιούνταν ως σύμβολο υψηλής κοινωνικής τάξης από τους αρχαίους Έλληνες. Κατά την Ύστερη Εποχή του Χαλκού (1400-1200 π.Χ.), τα άρματα χρησιμοποιούνταν από την ελίτ για μικρές αποστάσεις, όπως μετακίνηση στο πεδίο μάχης, συγκρούσεις και επιθέσεις. Απεικονίζονται σε ταφικές στήλες από τις Μυκήνες και σε αγγεία, ενώ σε πινακίδες Γραμμικής Β' από την Κνωσσό (1400 π.Χ.) και την Πύλο (1200 π.Χ.) καταγράφονται άρματα που ήταν πλήρως ή εν μέρει συναρμολογημένα. Στην *Ιλιάδα* (23.257-652) -αν και γράφτηκε μεταξύ 8ου και 7ου αιώνα π.Χ.- αναφέρονται άρματα της Ύστερης Εποχής του Χαλκού που χρησιμοποιούνταν σε αρματοδρομίες στο πλαίσιο των νεκρικών αγώνων προς τιμήν του Πάτροκλου, τους οποίους διοργάνωσε ο Αχιλλέας. Πράγματι, σκηνές αγγειογραφίας υποδηλώνουν ότι η κύρια χρήση των αρμάτων κατά τον 8°-7° αιώνα π.Χ. ήταν οι νεκρικοί αγώνες και οι νεκρικές πομπές.

Το άρμα παρήκμασε ως όχημα πολεμικών συγκρούσεων, καθώς αναπτύχθηκε το νέο σώμα μάχης -οι οπλίτες- τον 7° αιώνα π.Χ. Σύμφωνα με ορισμένους μελετη-

Detail of Pseudo-Panathenaic prize amphora with chariot race. Attic black-figure, late 6th century BC. Agora Excavations P 24661. Ephorate of Antiquities of the City of Athens.

Λεπτομέρεια Αττικού μελανόμορφου ψευδο-παναθηναϊκού αμφορέα με αρματοδρομία. Ύστερος 6ος αιώνας π.Χ. Ανασκαφές Αγοράς P 24661. Εφορεία Αρχαιοτήτων Πόλης των Αθηνών.

τές, το άρμα διατήρησε το στοιχείο της υψηλής κοινωνικής θέσης ως κειμήλιο ενός ηρωικού παρελθόντος, χαρίζοντας περισσότερη αίγλη στον ιδιοκτήτη του με την κυριολεκτική ανύψωσή του από τους υπολοίπους και επιδεικνύοντας, αποτελεσματικά, πλούτο και κοινωνική ισχύ. Τα άρματα που χρησιμοποιούνταν ως μέρος ταφικού τελετουργικού υπογράμμιζαν την υψηλή κοινωνική θέση του νεκρού μνημονεύοντας το ηρωικό του παρελθόν, ενώ, συχνά, απεικονίζονταν σε αθηναϊκά αγγεία του 6ου αιώνα π.Χ. ως γαμήλιες άμαξες που μεταφέρουν τη νύφη στο καινούργιο της σπίτι.

Η πρώτη αναφορά στο άρμα ως όχημα αγώνων ανάγεται στους Ολυμπιακούς Αγώνες του 680 π.Χ., σύμφωνα με την οποία, ομάδες τεθρίππων συναγωνίζονταν στον ιππόδρομο. Ως ακριβό, αριστοκρατικό εγχείρημα, η αρματοδρομία παρέμεινε η πιο συνηθισμένη και υψηλού κύρους χρήση του άρματος στα Παναθήναια και στους πανελλήνιους αγώνες στην Ολυμπία, στους Δελφούς, στα Ίσθμια και στη Νεμέα. Τα έπαθλα δίνονταν στους νικητές -τους ιδιοκτήτες των νικητριών ομάδων και όχι στους ηνίοχους. Η πρακτική αυτή θυμίζει τις σημερινές ιπποδρομίες, όπου επιβραβεύονται οι ιδιοκτήτες των αλόγων και όχι οι αναβάτες τους. Οι ηνίοχοι ήταν είτε σκλάβοι, είτε ελεύθεροι άνδρες που προσλαμβάνονταν από πλούσιους ιδιοκτήτες αρμάτων και συχνά εικονίζονταν σε αναθηματικά μνημεία, όπως ο διάσημος Ηνίοχος των Δελφών.

Το άρμα αποτελούσε σύμβολο της ελίτ σε ολόκληρη την αρχαία ελληνική ιστορία. Η πιο κοινή χρήση του από τον 6ο αιώνα π.Χ. κι έπειτα ήταν οι αρματοδρομίες, αθλητικοί αγώνες σε ανάμνηση του επικού παρελθόντος των αρμάτων.

Βασική πηγή σχετικά με τα αρχαία άρματα είναι ο Joost H. Crouwel, *Chariots and other Wheeled Vehicles in Iron Age Greece* (Amsterdam 1992).
Για συζήτηση πάνω στην πρόσδεση των αλόγων στο άρμα, βλ. Mary B. Moore, "Exekias and the Harnessing of a Chariot Team," *Antike Kunst* 29 (1986) σελ. 107-114 και Gail Brownwigg, "Harnessing the Chariot Horse," στο *Equids and Wheeled Vechicles in the Ancient World: Essays in Memory of Mary A. Littauer (BAR-IS)*, επιμ. P. Raulwing, K. M. Linduff, και J. H. Crouwel, (2019) σελ. 85-96.
Για το άρμα ως γαμήλιο όχημα, βλ. John Oakley and Rebecca Sinos, *The Wedding in Ancient Athens* (Madison 1993) σελ. 22-37.
Για πιθανή σκηνή της Ήρας στο άρμα της από την *Ιλιάδα* 5.720 βλ. Jenifer Neils, "Hera, Paestum, and the Cleveland Painter," in *Greek Vases: Images, Contexts and Controversies. Columbia Studies in the Classical Tradition* 25, (Leiden 2004) σελ. 73-83.
Για κρατήρες με απεικόνιση αρμάτων στην Ελλάδα και στην Κύπρο της Ύστερης Εποχής του Χαλκού, βλ. Laerke Recht and Christine Morris, "Chariot Kraters and Horse-Human Relations in Late Bronze Age Greece and Cyprus," *The Annual of the British School at Athens* 116 (2021) σελ. 95-132.

Horse being crowned as victor. Attic black-figure Panathenaic amphora, ca. 540 BC. Nauplion Archaeological Museum, Glymenopoulos Collection 1, Ephorate of Antiquities of the Argolid.

Άλογο που στέφεται νικητής. Αττικός μελανόμορφος παναθηναϊκός αμφορέας, περ. 540 π.Χ. Αρχαιολογικό Μουσείο Ναυπλίου, Συλλογή Γλυμενόπουλου 1, Εφορεία Αρχαιοτήτων Αργολίδας.

Who were the Athenian victors in competitive horse racing?

Emmanuel Aprilakis

Agōn, the ancient Greek word for 'struggle' or 'contest,' was a key facet of the Greek mentality, and was the term used for the athletic competitions that took place at religious festivals across the ancient Mediterranean. At these panhellenic festivals, the events included gymnastic, hippic, and musical *agōnes*. Between the four stephanitic games (for which victors received a crown)—the Olympian, Pythian, Nemean, and Isthmian—and the Panathenaic festival in Athens (where olive oil was the prize), athletes had ample opportunities to showcase their talents before massive audiences, and no competition had more to do with display and spectacle than that of racing horses.

The equine *agōnes* at each of the panhellenic games included both races on horseback (*kelēs*) and the more glamorous horse-drawn chariot races (two-horse *synoris*, four-horse *tethrippon*). Because of the greater number of horses involved in the *tethrippon*, it was both the most expensive and most dangerous of all contests, making it also the most prestigious. (This is reflected in the comparatively large number of prize amphorae of olive oil given to chariot victors at the Panathenaia). These races could be fatal, and the jockeys or charioteers were professionally trained, sometimes enslaved. The victory, however, went officially to the owner of the horses, who provided the funding to train and maintain them. Thus, the hippic games were inherently aristocratic, and allowed famous individuals to widely broadcast their wealth and power.

While the Olympic games were founded in 776 BC, and the *tethrippon* was added to the program in 680, it was not until 592 that an Athenian took the prize. Alkmaion, on a visit to Sardis, received a large gift of gold from the Lydian king Croesus, which both contributed to the subsequent wealth of the Alkmaionid family and furnished the means to rear horses (Herodotus 6.125; Isocrates 16.25). The Alkmaionidai came to be the most successful chariot-racing Athenian family, producing a slew of victors over nearly two centuries, but all three of the wealthiest families of Athens—Alkmaionidai, Philaidai, Peisistratidai—shared in the success at the panhellenic hippic contests, especially in the 6th century BC.

Miltiades I, the tyrant of the Thracian Chersonese (Herodotus 6.35.3), was the first of the Philaidai to win the *tethrippon* at the Olympics, taking the crown in 560 BC. But it was his stepbrother Kimon who was one of the most prolific chariot-racers in Olympic history. His four-horse team was victorious at three consecutive Olympic games, from 536–528, exhibiting a longevity which is extremely rare and earning his mares an equally rare burial alongside their owner. Although he had been in exile under the tyranny of Peisistratos, Kimon secured his return to Athens by commuting his second victory (532) to the tyrant. This transfer may be alluded to on a small back-figure pyxis (Brauron Museum 1591) found in a grave in the countryside where the Alkmaionidai owned property. However, after his third triumph, Peisistratos' sons Hipparchos and Hippias had him murdered (Herodotus 6.103).

Kimon's granddaughter Elpinike married an exceedingly wealthy Athenian statesman named Kallias II, whose grandfather, Kallias I, was Olympic victor in the *tethrippon* of 564 BC. (Herodotus 6.122 says his chariot came in second but he took the crown in the *kelēs*.) Kallias II matched the extraordinary feat of his grandfather-in-law when his horses were also thrice victorious at the Olympics from 500–492 (the only other chariot-racer to accomplish the trifecta was Euagoras of Sparta, preceding both with victories from 548–540).

Contemporaneous with the success of these prosperous Athenian families at the Olympics over the course of a century was their successful participation at the chariot race in three other stephanitic games and the Panathenaia. Alkmaionides, son of the first Athenian Olympic victor, won at the Panathenaia soon after its inception in 566 BC. Kallias I won at the Pythian games a few years before his Olympic victory in 564. The Peisistratid sons Hipparchos and Hippias appear to have won at both the Pythian and Panathenaic games on either side of their father's death in 527. And one Alkibiades won at the Pythian games in the final quarter of the 6th century. Thereafter, we hear of another Alkmaionid who won at the Pythian games and five times at the Isthmian, before Megakles son of Hippokrates took the crown at the Pythian games of 486. Fifty years later, another Alkmaionid Megakles (probably the former's son) won the Olympic crown in the *tethrippon* before Alkibiades, the famous statesman and general, was victorious at the Olympics in 416. Having already won at the Pythian, Nemean, and Panathenaic games, he famously entered seven chariots and took first, second, and fourth place (Thucydides. 6.16.2; Plutarch, *Life of Alcibiades* 11.1).

It has been said that the excesses of Alkibiades and his link to chariot-racing spurred a paradigm shift in Athens where *hippotrophia*, already losing its value under the democracy, was no longer an aristocratic route to influence. This may explain why there are more Athenian victors from more varied backgrounds in the 4th century and beyond. However, already in the 5th century there was a string of equestrian victors from outside of the three wealthiest families presented thus far. Of course, horse breeding and racing in Greece always required land and wealth, so we would expect these victors to be aristocrats as well. While we only know of Sostratos son of Thetalos winning a *tethrippon* victory early in the 5th century because of a surviving dedication (more on this below), we do know plenty about Pronapes, who was very wealthy and politically involved in the second quarter of the 5th century, when he won at the Isthmian, Nemean, and Panathenaic games. He was one of the accusers of Themistokles and later a hipparch in the Athenian cavalry. Third, we know of a father-son duo named Lysis and Demokrates who were victorious in the Isthmian, Pythian, and Nemean games between ca. 460–430, at least one of which was in the *synoris*, making them the earliest attested Athenian victors in the two-horse event. Demokrates' son, also named Lysis, is the namesake of Plato's dialogue *Lysis*.

In the 4th century BC, we see a much more variegated group of victors with respect to background, festival, and event. Of eight Athenian victors, only three are in the most glorious *tethrippon*, and three too are in the *synoris* (which was late to be included in the Olympic program, in 408), including the only two Olympic victors of the period, Timokrates in 352 and Demades in 328. Starting with Krates at a Panathenaia in the 390s, Athens gets its first victor in the *apobates* race, followed up later by Phokos in the 320s. While these eight victors combined for victories at all five of the panhellenic games and were surely of aristocratic stock, we have background information on only half of them. Chabrias, winner of the *tethrippon* at the Pythian games of 374, was an affluent and skillful general and sea commander from the Corinthian War down to the Social War. The aforementioned Olympic victors Timokrates and Demades were not of noble birth, but both became active politically—the former as a syntrierach and the target of an accusation by Demosthenes (Dem. 24), and the latter as an orator mediating between Athens and Macedonia. Finally, Demetrios of Phaleron, victor in the *tethrippon* at a Panathenaia around 320, was of course an orator and Peripatetic student of Theophrastus and most famously appointed by the Macedonian king Kassander to rule Athens as an oligarchy in 317.

Glaukon is the lone Athenian Olympic victor in the Hellenistic period, winning the *tethrippon* in 272 BC. With the explosion of athletic festivals in this period, it is no surprise that hippotrophic families in Athens, whether with ties to cavalry or agonistic traditions, were competing widely for prizes. Eurykleides II and his son Mikion IV, descendants of an important political and hippotrophic family, were chariot victors at the Panathenaia in the first quarter of the 2nd century BC. Contemporaneous with them were fellow victors Arketos I and Mnesitheos III, sons of Echedemos III, who led the Athenian embassy negotiating a truce between the Aetolian League and the Roman Republic in 190 and helped reorganize the Amphictyonic League in 185.

We know that the Romans still prized equestrian victories, evidenced by no one better than the emperor Nero, who personally raced a ten-horse chariot at the Olympics of 67 AD and took the crown in spite of being thrown off (Suetonius. *Nero* 24.2; Cassius Dio 63.14). Later in the Roman period, we hear of an Athenian who won at the Isthmian games in 181 AD racing the *synoris pōlikē* (two-filly chariot). And, last but certainly not least, Titus Domitius Prometheus, who, while latest to have won the *tethrippon* at the Olympics, is the only documented Athenian to have earned the illustrious distinction of being a *periodonikēs*, winning the crown at all four of the stephanitic games between 235-41 AD.

The three dozen or so Athenian victors in equine *agōnes* at panhellenic festivals presented here, while winning in different contests in different places at different times, all would have shared one thing in common—the celebrative commemoration of their glorious triumph. This could take a variety of forms, and the earliest victor for whom evidence survives provides a particularly illustrative set of examples. Miltiades I (560 Olympian *tethrippon*) dedicated the ivory horn of Amaltheia at the Treasury of the Sikyonians in Olympia after his victory (Pausanias 6.19.6), then had his horses put on the coins he issued in the Chersonese, and was posthumously honored there by the locals with hippic and gymnastic games (Herodotus 6.38). This case provides a rich array of possibilities, but one should expect there were also more conventional types of celebrations. For example, it was common to dedicate one's Panathenaic prize amphorae in sanctuaries. Banquets would have certainly been customary, and Chabrias (374 Pythian *tethrippon*) celebrated his victory by hosting a lavish feast at the temple of Athena/Aphrodite Kolias ([Dem.] 59.33).

An excellent form of aggrandizing one's athletic achievement was by commissioning a poet to exalt the triumph in an ode to be performed at the festivity. The most famous epinician poets were Simonides, Bacchylides, and Pindar, and, despite the sizable corpus of their poems, only one work of Pindar, *Pythian* 7, was written for an

Athenian chariot-racer, Megakles in 486. Pindar heaps praise on the city of Athens and on the Alkmaionid family, recalling especially their prior athletic triumphs. A second epinician poem for an Athenian chariot-racer survives, written by the tragedian Euripides for Alkibiades' Olympic victory in 416 and lauding the unparalleled placement of his other chariots as well.

Finally, a considerable number of bases from votive offerings have survived, the inscriptions on which offer much of the most direct evidence for the Athenian victors presented above, including their names and lineage and the type of event and festival at which they prevailed. These physical remains tell a story in their own right, even without the main object of spectacle that would have stood above them. While most typically would have been set up in Athens, among the earliest examples, in the second half of the 6th century, were two dedications by Alkmaionides and Hipparchos at the Ptoion in Boiotia in honor of their respective victories at the Panathenaia. The former is a column capital, atop which would have sat a bronze cauldron or statue, and the latter is often considered a tripod base. Taken together, they have been seen as politically motivated, either as a competition of rivals or a display of friendship between these two powerful families.

Most such dedications were set up on the Acropolis, and the earliest inscribed base honoring a hippic victory, probably for a bronze tripod or cauldron, is of one Alkmaionides. Hipparchos also surely would have set something up on the Acropolis, and it has been conjectured that the Rampin Rider (Acropolis Museum 590 and Louvre 3104), the earliest extant equestrian statue, was part of a pair depicting the Peisistratid sons. Dedications for chariot-racing victories on the Acropolis are most evidenced in the first half of the 5th century, when Kallias II, Pronapes, and Sostratos all commissioned their monuments. And there is good physical evidence on the remaining slabs to believe that at least the latter two set up full four-horse chariots in bronze.

Such votives appeared across Greece to commemorate hippic victories at the panhellenic festivals and might portray horses, riders, chariots, and/or owners, ranging from small horse figurines to life-sized chariot teams accompanied by realistic portraits of the dedicator. Thus, the equine *agōnes* provided contestants with a prime opportunity to exhibit their wealth and status, not only in the spectacular performance at the competition itself, but also via the post-victory celebration and commemoration of their triumph.

On hippic events held at Athens, see Donald G. Kyle, *Athletics in Ancient Athens* (Leiden 1987), and ibid. "Sport, Society, and Politics in Athens," in *A Companion to Sport and Spectacle in Greek and Roman Antiquity*, edited by P. Christesen and D. G. Kyle (Malden 2014) pp. 159–175.

For the Athenian hippic dedications at the sanctuary of Apollo, see Albert Schachter, "The Politics of Dedication: Two Athenian Dedications at the Sanctuary of Apollo Ptoeius in Boeotia," in *Ritual, Finance, Politics: Athenian Democratic Accounts*, edited by R. Osborne and S. Hornblower (Oxford 1994) pp. 291–306.

On the Acropolis dedications, see Catherine M. Keesling, *The Votive Statues of the Athenian Acropolis* (Cambridge 2003).

For prizes at the Panathenaia, see Petros Themelis, "Panathenaic prizes and dedications," in *The Panathenaic Games: Proceedings of an international conference held at the University of Athens, May 11-12, 2004*, edited by O. Palagia and A. Choremi-Spetsieri (Oxford 2007) pp. 21–32.

Ποιοι ήταν οι Αθηναίοι νικητές ιππικών αγώνων;

Εμμανουήλ Απριλάκης

Η αρχαία λέξη *αγών* εκφράζει μια σημαντική πτυχή της ελληνικής νοοτροπίας και χρησιμοποιούνταν για τις αθλητικές διοργανώσεις που πραγματοποιούνταν σε θρησκευτικές εορτές σε ολόκληρη τη Μεσόγειο κατά την αρχαιότητα. Αυτοί οι πανελλήνιοι εορτασμοί περιλάμβαναν γυμναστικούς, ιππικούς και μουσικούς αγώνες. Ανάμεσα στους τέσσερις *στεφανίτες* αγώνες (για τους οποίους οι νικητές λάμβαναν στέφανο) -τους Ολυμπιακούς, τα Πύθια, τα Νέμεα και τα Ίσθμια- και στα Παναθήναια (όπου το έπαθλο ήταν ελαιόλαδο), οι αθλητές είχαν πολλές ευκαιρίες να επιδείξουν τα ταλέντα τους μπροστά σε πολυπληθές κοινό και κανένα αγώνισμα δεν είχε μεγαλύτερη σχέση με το θέαμα και την επίδειξη όσο οι ιππικοί αγώνες.

Στις πανελλήνιες διοργανώσεις, οι ιππικοί αγώνες περιλάμβαναν τόσο αγώνα πάνω σε άλογο (*κέλης*), όσο και την πιο εντυπωσιακή αρματοδρομία (άρμα με δύο άλογα, *συνωρίς*, με τέσσερα άλογα, *τέθριππον*). Λόγω του μεγαλύτερου αριθμού αλόγων, το τέθριππο ήταν το πιο ακριβό και το πιο επικίνδυνο απο όλα τα αγωνίσματα, γεγονός που του έδινε και περισσότερη αίγλη (αυτό αντανακλάται στον μεγάλο, συγκριτικά, αριθμό αμφορέων-επάθλων με ελαιόλαδο που δινόταν στους νικητές αρματοδρομίας στα Παναθήναια). Οι αγώνες αυτοί μπορεί να απέβαιναν μοιραίοι, ενώ οι αναβάτες ή ηνίοχοι –ορισμένες φορές σκλάβοι– εκπαιδεύονταν επαγγελματικά. Ωστόσο, επίσημος νικητής θεωρούνταν ο ιδιοκτήτης των αλόγων, ο οποίος χρηματοδοτούσε την εκπαίδευση και τη συντήρησή τους. Έτσι, οι ιππικοί αγώνες ήταν παραδοσιακά αριστοκρατικοί και επέτρεπαν σε διάσημα πρόσωπα να παρουσιάσουν σε πολύ κόσμο τον πλούτο και την ισχύ τους.

Ενώ οι Ολυμπιακοί αγώνες θεσπίστηκαν το 776 π.Χ. και το τέθριππο προστέθηκε στο πρόγραμμά τους το 680 π.Χ., μόλις το 592 π.Χ. κέρδισε το έπαθλο ένας Αθηναίος. Ο Αλκμέων, σε μια επίσκεψη στις Σάρδεις, έλαβε μεγάλη ποσότητα χρυσού ως δώρο από τον βασιλιά της Λυδίας, Κροίσο, το οποίο συνέβαλε στον μεταγενέστερο πλούτο της οικογένειας των Αλκμεωνιδών (ή Αλκμαιωνιδών) και τους προσέφερε τα μέσα για την εκτροφή αλόγων (Ηρόδοτος 6.125, Ισοκράτης 16.25). Οι Αλκμεωνίδες ήταν η αθηναϊκή οικογένεια με τις περισσότερες νίκες στις αρματοδρομίες, σε διάστημα περίπου δύο αιώνων, ωστόσο, και οι τρεις πιο πλούσιες οικογένειες της αρχαίας Αθήνας –οι Αλκμεωνίδες, οι Φιλαΐδες και οι Πεισιστρατίδες– μοιράστηκαν τις νίκες στους πανελλήνιους ιππικούς αγώνες, κυρίως τον 6ο αιώνα π.Χ.

Ο Μιλτιάδης Α', ο τύραννος της Θρακικής Χερσονήσου (Ηρόδοτος 6.35.3), ήταν ο πρώτος των Φιλαϊδών που νίκησε με τέθριππο στους Ολυμπιακούς Αγώνες, κερδίζοντας το στέφανο το 560 π.Χ. Ωστόσο, ο ετεροθαλής αδελφός του, Κίμωνας, ήταν ένας από τους καλύτερους αθλητές αρματοδρομίας στην ιστορία των Ολυμπιακών Αγώνων. Το τέθριππο άρμα του νίκησε σε τρεις διαδοχικούς Ολυμπιακούς Αγώνες, μεταξύ 536 και 528 π.Χ., μια σπανιότατη διάκριση που είχε ως αποτέλεσμα την -εξίσου σπάνια- ταφή των φοράδων του δίπλα στον ιδιοκτήτη τους. Παρόλο που είχε εξοριστεί από τον τύραννο Πεισίστρατο, ο Κίμωνας εξασφάλισε την επιστροφή του στην Αθήνα ανταλλάσσοντας με τον τύραννο τη δεύτερη νίκη του (532 π.Χ.) Πιθανόν, αυτή η μεταφορά να αναπαρίσταται σε μικρή μελανόμορφη *πυξίδα* (Αρχαιολογικό Μουσείο Βραυρώνας 1591) που ανακαλύφθηκε σε τάφο στην ύπαιθρο, σε μια περιοχή όπου οι Αλκμεωνίδες κατείχαν περιουσία. Ωστόσο, μετά τον τρίτο θρίαμβό του, οι γιοι του Πεισίστρατου, Ίππαρχος και Ιππίας, διέταξαν τη δολοφονία του (Ηρόδοτος. 6.103).

Η εγγονή του Κίμωνα, Ελπινίκη, παντρεύτηκε έναν εξαιρετικά πλούσιο Αθηναίο πολιτικό, με το όνομα Καλλίας Β', του οποίου ο παππούς, Καλλίας Α', ήταν Ολυμπιονίκης στο τέθριππο, το 564 π.Χ. (ο Ηρόδοτος αναφέρει (6. 122) ότι το άρμα του ήρθε δεύτερο, αλλά ότι κέρδισε στον *κέλη*). Ο Καλλίας Β' κατάφερε ό,τι και ο παππούς της γυναίκας του, όταν τα άλογά του κέρδισαν επίσης τρεις φορές στους Ολυμπιακούς Αγώνες μεταξύ 500 και 492 π.Χ. (ο μόνος άλλος που κατάφερε τρεις νίκες σε αρματοδρομίες ήταν ο Ευαγόρας ο Σπαρτιάτης, ο οποίος είχε προηγηθεί και των δύο, μεταξύ 548 και 540 π.Χ.).

Η επιτυχία των επιφανών αυτών οικογενειών στους Ολυμπιακούς αγώνες για έναν αιώνα ήταν ταυτόχρονη με την επιτυχή συμμετοχή τους σε αρματοδρομίες σε τρεις άλλους στεφανίτες αγώνες και στα Παναθήναια. Ο Αλκμεωνίδης, γιος του πρώτου Αθηναίου Ολυμπιονίκη, νίκησε στα Παναθήναια, λίγο μετά την πρώτη τους διεξαγωγή το 566 π.Χ. Ο Καλλίας Α' κέρδισε στα Πύθια λίγα χρόνια πριν την νίκη του στους Ολυμπιακούς του 564 π.Χ. Οι γιοι του Πεισίστρατου, Ίππαρχος και Ιππίας, φαίνεται να έχουν νικήσει και στα Πύθια και στα Παναθήναια πριν και μετά τον θάνατο του πατέρα τους, το 527 π.Χ. και κάποιος Αλκιβιάδης νίκησε στα Πύθια, το τελευταίο τέταρτο του 6ου αιώνα π.Χ. Έπειτα, γνωρίζουμε ότι ένας άλλος Αλκμεωνίδης νίκησε στα Πύθια και πέντε φορές στα Ίσθμια, πριν τη νίκη του Μεγακλή, γιου του Ιπποκράτη, στα Πύθια του 486 π.Χ. Πενήντα χρόνια αργότερα, ένας άλλος Αλκμεωνίδης Μεγακλής (πιθανότατα γιος του προαναφερθέντα) έγινε Ολυμπιονίκης στο τέθριππο πριν τον Αλκιβιάδη, το διάσημο πολιτικό και στρατηγό, ο οποίος νίκησε στους Ολυμπιακούς Αγώνες του 416 π.Χ. Έχοντας ήδη κερδίσει στα Πύθια, στα Νέμεα και στα Παναθήναια, λέγεται ότι συμμετείχε με 7 άρματα που τερμάτισαν στην πρώτη, στη δεύτερη και στην τέταρτη θέση (Θουκυδίδης 6.16.2, Πλούταρχος, *Βίος του Αλκιβιάδη* 11.1).

Λέγεται ότι οι υπερβολές του Αλκιβιάδη και η σχέση του με την αρματοδρομία άλλαξαν τα πρότυπα στην Αθήνα, όπου η *ιπποτροφία* (εκτροφή και εκπαίδευση αλόγων), έχοντας χάσει την αξία της υπό το καθεστώς της δημοκρατίας, δεν αποτελούσε πλέον τρόπο άσκησης επιρροής της αριστοκρατίας. Αυτό μπορεί να εξηγήσει γιατί από τον 4ο αιώνα π.Χ. και έπειτα περισσότεροι Αθηναίοι νικητές προέρχονταν από ποικίλα υπόβαθρα, αν και ήδη από τον 5ο αιώνα π.Χ. υπήρχαν νικητές σε ιππικούς αγώνες που δεν ανήκαν στις τρεις πλουσιότερες οικογένειες που προαναφέρθηκαν. Φυσικά, η εκτροφή αλόγων και η συμμετοχή σε ιππικούς αγώνες στην Ελλάδα ανέκαθεν είχαν ως προϋπόθεση γη και πλούτο, επομένως, θα περίμενε κανείς και αυτοί οι νικητές να είναι αριστοκράτες. Αν και γνωρίζουμε μόνο το όνομα του Σώστρατου γιου του Θετάλου που νίκησε με τέθριππο στις αρχές του 5ου αιώνα π.Χ. από μια σωζόμενη αφιέρωση (βλ. περισσότερα παρακάτω), έχουμε πολλά στοιχεία για τον Προνάπη, ο οποίος ήταν πολύ πλούσιος και πολιτικά ενεργός το β' τέταρτο του 5ου αιώνα, όταν νίκησε στα Ίσθμια, στα Νέμεα και στα Παναθήναια. Ήταν ένας από τους κατήγορους του Θεμιστοκλή και αργότερα διοικητής του αθηναϊκού ιππικού. Τρίτον, γνωρίζουμε έναν πατέρα και έναν γιο με τα ονόματα Λύσις και Δημοκράτης που κέρδισαν στα Ίσθμια, στα Πύθια και στα Νέμεα μεταξύ 460 και 430 π.Χ., ενώ τουλάχιστον ο ένας τους συμμετείχε στον αγώνα *συνωρίδος* και έγιναν έτσι οι πρώτοι Αθηναίοι νικητές στην αρματοδρομία με δύο άλογα που γνωρίζουμε. Απόγονός τους είναι ο Λύσις που έδωσε το όνομά του στον ομώνυμο διάλογο του Πλάτωνα.

Τον 4ο αιώνα π.Χ., το πλήθος των νικητών διαφοροποιήθηκε πολύ σε ό,τι αφορά το υπόβαθρο, την εορτή και το αγώνισμα. Από οκτώ Αθηναίους νικητές, τρεις μόνο κέρδισαν στο πιο εντυπωσιακό τέθριππο και τρεις στον αγώνα *συνωρίδος* (που περιλήφθηκε αργά στο πρόγραμμα των Ολυμπιακών Αγώνων το 408 π.Χ.), ενώ οι μόνοι δύο Ολυμπιονίκες της περιόδου, ήταν ο Τιμοκράτης το 352 π.Χ. και ο Δημάδης το 328 π.Χ. Με τον Κράτη νικητή στα Παναθήναια τη δεκαετία του 390 π.Χ., η Αθήνα αποκτά την πρώτη νίκη της στον *αποβάτη δρόμο* και στη συνέχεια με τον Φώκο τη δεκαετία του 320 π.Χ. Ενώ οι οκτώ αυτοί νικητές κέρδισαν και στους πέντε πανελλήνιους αγώνες και ήταν σίγουρα αριστοκρατικής καταγωγής, έχουμε πληροφορίες μόνο για τους μισούς. Ο Χαβρίας, νικητής στο τέθριππο στα Πύθια του 374 π.Χ., ήταν ευκατάστατος και ικανός στρατηγός, καθώς και διοικητής του στόλου από τον Κορινθιακό Πόλεμο έως τον Πρώτο Συμμαχικό. Οι παραπάνω Ολυμπιονίκες, Τιμοκράτης και Δημάδης, δεν ήταν ευγενείς, αλλά και οι δύο έγιναν ενεργοί πολιτικά: ο πρώτος ως συντριήραρχος και στόχος κατηγορίας από το Δημοσθένη (Δημοσθένης 24) και ο δεύτερος ως ρήτορας που μεσολάβησε μεταξύ Αθήνας και Μακεδονίας. Τέλος, ο Δημήτριος ο Φαληρεύς, νικητής στο τέθριππο στα Παναθήναια γύρω στο 320 π.Χ., ήταν φυσικά ρήτορας και μαθητής στην Περιπατητική Σχολή του Θεοφράστου και κυρίως διάσημος γιατί διορίστηκε από τον Μακεδόνα βασιλιά Κάσσανδρο να κυβερνήσει την Αθήνα ως ολιγάρχης το 317 π.Χ.

Ο Γλαύκων είναι ο μόνος Αθηναίος Ολυμπιονίκης της Ελληνιστικής περιόδου, που κέρδισε στο τέθριππο το 272 π.Χ. Με την έκρηξη των αθλητικών διοργανώσεων κατά την περίοδο αυτή, δεν αποτελεί έκπληξη το γεγονός ότι οι αθηναϊκές οικογένειες που ασχολούνταν με την εκτροφή αλόγων και συνδέονταν είτε με το ιππικό, είτε με αγωνιστικές παραδόσεις, συμμετείχαν σε πολλούς αγώνες για να κερδίσουν έπαθλα. Ο Ευκλείδης Β΄ και ο γιος του Μικίων Δ΄, γόνοι σημαντικών πολιτικών και εκτροφέων αλόγων, νίκησαν στην αρματοδρομία στα Παναθήναια το α΄ τέταρτο του 2ου αιώνα π.Χ. Σύγχρονοί τους ήταν οι νικητές Άρκετος Α΄ και Μνησίθεος Γ΄, γιοι του Εχέδημου Γ΄, επικεφαλής των Αθηναίων πρεσβευτών που διαπραγματεύτηκαν την εκεχειρία μεταξύ Αιτωλικής Συμπολιτείας και Ρωμαϊκής Δημοκρατίας το 190 π.Χ. και βοήθησαν στην αναδιοργάνωση της Αμφικτυονίας το 185 π.Χ.

Γνωρίζουμε ότι οι Ρωμαίοι συνέχισαν να διεξάγουν ιππικούς αγώνες, γεγονός που μαρτυρείται καλύτερα από τον ίδιο τον αυτοκράτορα Νέρωνα, ο οποίος οδήγησε άρμα με 10 άλογα στους Ολυμπιακούς του 67 μ.Χ. και στέφθηκε νικητής παρά το ότι έπεσε από το άρμα (Σουητώνιος *Νέρων* 24.2, Δίων Κάσσιος 63.14). Αργότερα στη ρωμαϊκή περίοδο, μαθαίνουμε για έναν Αθηναίο που νίκησε στα Ίσθμια το 181 μ.Χ. συμμετέχοντας σε συνωρίδα πωλική (άρμα που το τραβούσαν δύο νεαρές φοράδες). Τελευταίος αλλά εξ ίσου σημαντικός, ο Titus Domitius Prometheus, ο οποίος, αν και η υστερότερη περίπτωση νίκης σε τέθριππο Ολυμπιακών αγώνων, είναι ο μοναδικός Αθηναίος που έχει καταγραφεί με τη μεγαλειώδη διάκρισή του *περιοδονίκη*, νικώντας και στους τέσσερις στεφανίτες αγώνες μεταξύ 235 και 241 π.Χ.

Οι περισσότεροι από τριάντα Αθηναίοι νικητές ιππικών αγώνων σε πανελλήνιες εορτές που αναφέρθηκαν παραπάνω, παρόλο που νίκησαν σε διαφορετικά αγωνίσματα, σε διαφορετικές τοποθεσίες και σε διαφορετικές περιόδους είχαν ένα κοινό: τις εορταστικές εκδηλώσεις προς τιμήν του μεγαλοπρεπή θριάμβου τους, οι οποίες μπορούσαν να πάρουν διάφορες μορφές. Οι πληροφορίες που σώζονται για τον πρώτο νικητή μας παρέχουν ενδεικτικά παραδείγματα. Ο Μιλτιάδης Α' (Ολυμπιονίκης στο τέθριππο το 560 π.Χ.) αφιέρωσε ένα ελεφαντοστέινο κέρας της Αμάλθειας στον Θησαυρό των Σικυωνίων στην αρχαία Ολυμπία μετά τη νίκη του (Παυσανίας 6.19.6), έπειτα αποτύπωσε τα άλογά του στα νομίσματα που έκοψε στη Χερσόνησο και μετά θάνατον τιμούνταν εκεί από τον εγχώριο πληθυσμό με ιππικούς και γυμναστικούς αγώνες (Ηρόδοτος 6.38). Υπάρχει λοιπόν, ένα εύρος πιθανών τύπων εορτασμού, ωστόσο, πιθανότατα υπήρχαν και πιο συμβατικοί τρόποι. Για παράδειγμα, ήταν σύνηθες να αφιερώνεται ο Παναθηναϊκός αμφορέας σε ιερά, όπως και να λαμβάνουν χώρα συμπόσια, ενώ γνωρίζουμε ότι ο Χαβρίας (νικητής με τέθριππο στα Πύθια το 374 π.Χ.) γιόρτασε τη νίκη του παραθέτοντας πλουσιοπάροχο γεύμα στον ναό της Αθηνάς/Αφροδίτης Κωλιάδος ([Δημοσθένης] 59.33).

Ένας εξαιρετικός τρόπος για να μεγεθύνει κάποιος ένα αθλητικό κατόρθωμα ήταν να αναθέσει σε έναν ποιητή να εξυμνήσει τον θρίαμβο με μια ωδή που απαγγελλόταν κατά τη διάρκεια της γιορτής. Οι πιο διάσημοι επινίκιοι ποιητές ήταν ο Σιμωνίδης, ο Βακχυλίδης και ο Πίνδαρος, αλλά, παρά το ευμέγεθες σύνολο του έργου τους, μόνο ένα ποίημα του Πινδάρου, ο *7ος Πυθιόνικος*, γράφτηκε για Αθηναίο νικητή αρματοδρομίας, τον Μεγακλή, το 486 π.Χ. Ο Πίνδαρος εξυμνεί την Αθήνα και την οικογένεια των Αλκμεωνιδών, κάνοντας ιδιαίτερη μνεία στους παλαιότερους αθλητικούς θριάμβους τους. Ένα δεύτερο επινίκιο ποίημα για Αθηναίο νικητή αρματοδρομίας σώζεται, το οποίο γράφτηκε από τον τραγικό ποιητή Ευριπίδη για τη νίκη του Αλκιβιάδη στους Ολυμπιακούς Αγώνες του 416 π.Χ. και το οποίο εξαίρει και τις εκπληκτικές θέσεις που κατέλαβαν τα άλλα άρματά του.

Τέλος, σώζεται ένας σημαντικός αριθμός βάσεων αναθημάτων, οι επιγραφές των οποίων προσφέρουν πολλές από τις άμεσες πληροφορίες για τους Αθηναίους νικητές που παρουσιάστηκαν παραπάνω, συμπεριλαμβανομένων των ονομάτων, της καταγωγής τους, της εορτής και του είδους του αγωνίσματος όπου επικράτησαν. Τα μνημειακά αυτά κατάλοιπα λένε την ιστορία τους ακόμα και χωρίς το βασικό αντικείμενο θέασης που βρισκόταν πάνω τους. Ενώ τα περισσότερα είχαν τοποθετηθεί στην Αθήνα, ανάμεσα στα πρωιμότερα (β' μισό 6ου αι. π.Χ.) συγκαταλέγονται δύο αναθήματα από τον Αλκμεωνίδη και τον Ίππαρχο, στο Πτώιον όρος της Βοιωτίας, προς τιμήν της νίκης τους στα Παναθήναια. Το πρώτο είναι ένα κιονόκρανο, πάνω στο οποίο πιθανότατα βρισκόταν χάλκινος λέβητας ή άγαλμα και το δεύτερο, πιθανότατα, βάση τρίποδα. Σε συνδυασμό, τα δύο αυτά μπορούν να θεωρηθούν αφιερώματα με πολιτικά κίνητρα, είτε ως ανταγωνισμός μεταξύ αντιπάλων ή ως δείγμα φιλίας των δύο ισχυρών οικογενειών.

Τα περισσότερα από τα αναθήματα αυτά είχαν στηθεί στην Ακρόπολη. Η πρωιμότερη ενεπίγραφη βάση που τιμά νίκη σε ιππικούς αγώνες, πιθανότατα με χάλκινο τρίποδα ή λέβητα, είναι κάποιου Αλκμεωνίδη. Σίγουρα και ο Ίππαρχος είχε τοποθετήσει ανάθημα στην Ακρόπολη, ενώ έχει προταθεί ότι ο «Ιππέας Rampin» (Μουσείο Ακρόπολης 590 και Λούβρο 3104), το πρωιμότερο σωζόμενο άγαλμα ιππέα αποτελεί το ένα από δύο αγάλματα που απεικόνιζαν τους γιους του Πεισίστρατου. Τα περισσότερα αφιερώματα για νίκες σε αρματοδρομίες στην Ακρόπολη μαρτυρούνται από το α' μισό του 5ου αιώνα π.Χ., όταν ο Καλλίας Β', ο Προνάπης και ο Σώστρατος παρήγγειλαν τα μνημεία τους. Επιπλέον, έχουμε αρκετά στοιχεία από τους λίθους που έχουν αποκαλυφθεί ώστε να πιστέψουμε ότι τουλάχιστον οι τελευταίοι δύο είχαν τοποθετήσει ολόκληρα χάλκινα άρματα με τέσσερα άλογα.

Τέτοια αναθήματα υπήρχαν σε ολόκληρη την Ελλάδα για να τιμούν νίκες ιππικών αγώνων σε πανελλήνιες εορτές και πιθανόν απεικόνιζαν άλογα, αναβάτες, άρματα και/ή ιδιοκτήτες, από μικρά ειδώλια αλόγων έως άρματα και άλογα σε φυσικό μέγεθος, μαζί με ρεαλιστικά πορτραίτα των αφιερωτών τους. Έτσι, οι ιππικοί αγώνες παρείχαν στους διαγωνιζόμενους τη μεγάλη ευκαιρία να επιδείξουν τον πλούτο και το κύρος τους, όχι μόνο με τη θεαματική επίδοσή τους κατά τη διάρκεια του αγώνα, αλλά και μέσω του επινίκιου εορτασμού και της μνημόνευσης του θριάμβου τους.

Για ιππικούς αγώνες που διεξάγονταν στην Αθήνα, βλ. Donald G. Kyle, *Athletics in Ancient Athens* (Leiden 1987) και *ibid* "Sport, Society, and Politics in Athens," στο *A Companion to Sport and Spectacle in Greek and Roman Antiquity*, επιμ. P. Christesen and D. G. Kyle (Malden 2014) σελ. 159-175.
Για αθηναϊκά ιππικά αναθήματα στο ιερό του Απόλλωνα, βλ. Albert Schachter, "The Politics of Dedication: Two Athenian Dedications at the Sanctuary of Apollo Ptoeius in Boeotia," στο *Ritual, Finance, Politics: Athenian Democratic Accounts*, επιμ. R. Osborne και S. Hornblower (Oxford 1994) σελ. 291-306.
Για αναθήματα στην Ακρόπολη, βλ. Catherine M. Keesling, *The Votive Statues of the Athenian Acropolis* (Cambridge 2003).
Για έπαθλα στα Παναθήναια, βλ. Petros Themelis, "Panathenaic prizes and dedications," στο *The Panathenaic Games: Proceedings of an international conference held at the University of Athens, May 11-12, 2004*, επιμ. O. Palagia και A. Choremi-Spetsieri. (Oxford 2007) σελ. 21-32.

Some unusual hippic events at the Panathenaia

Jenifer Neils

Besides the standard horse and chariot racing which took place at many Greek festivals, Athens devised its own unusual contests for men on horseback. These special events for cavalrymen took place at the quadrennial Panathenaia in Athens held in honor of the patron goddess Athena. They were restricted to citizens and were clearly meant to show off the different skills of the Athenian cavalrymen. These hippic displays took place in the hippodrome, as we know from Xenophon, but thus far this racetrack has not been located. It was eight stades long and probably in the vicinity of the port of Phaleron, where Xenophon tells us that the cavalry exercised. An inscription mentioning Poseidon Hippodromos suggests that the god might have had a temple in the vicinity.

One special contest was known as the 'Javelin Throw on Horseback'. It was instituted at the Panathenaic festival at the end of the 5th century and is documented on several vases, including a Panathenaic amphora. A small oil flask (Athens, National Archaeological Museum 1631) depicts a lively version of this contest. Here we see a round shield mounted on a pole flanked by two riders depicted as cavalry men with their brimmed hats (*petasoi*), cloaks, and boots. The first contestant on the right has made a bad throw and his javelin seems to be stuck in the pole. Another broken javelin lies on the ground. The next rider is just aiming his weapon as his horse leaps forward. Xenophon recommended proficiency in this skill for military purposes.

Another contest with military overtones was the *anthipassia,* a term which literally means 'opposite riding', that is a sham battle. Xenophon (*The Cavalry Commander* 3.10-13) provides a vivid description of this display of horsemanship: two teams of five tribal contingents, each led by a hipparch, charged and passed through each other's formations three times. It was a tribal competition open only to citizens, and presumably well-trained cavalry men. It is represented on marble victory monuments set up, not at the hippodrome, but along the Panathenaic Way, and in particular at the northwest corner of the Agora where we suspect that the cavalry commanders' headquarters, the Hipparcheion, was located. One of the bases is inscribed with the names of three phylarchs from the tribe of Pandion and is signed by the mid-4th-century sculptor Bryaxis (Athens, National Archaeological Museum 1733). It depicts three bearded men galloping towards tripods on three sides of the base. It was found in the Agora, as was another base set up by the tribe Leontis, as we know from the inscription and the punning device of a lion on the back. The front shows a mounted cavalry commander at the far left preceded by four (and possibly as many as 15) youths on horseback. Each carried a spear as indicated by the drill hole at their right hands, the left being used for the reins.

These and other so-called military horse races in Athens were clearly important events for displaying the skills of the cavalry. They served to keep the horses in shape and ready for duty on the battlefield, and exemplified the pride which horsemen took in the good condition and comportment of their mounts.

Attic red-figure lekythion (small oil flask) with javelin contest, ca 400 BC. From Eretria.
Athens National Archaeological Museum A 1631

Αττικό ερυθρόμορφο ληκύθιο (μικρό αγγείο για αρωματικά έλαια) με έφιππο ακοντισμό, περ. 400 π.Χ. Από την Ερέτρια. Εθνικό Αρχαιολογικό Μουσείο Α 1631.

Commemorative relief for the tribe Leontis. Pentelic marble, ca. 400 BC. Agora Excavations I 7167. Ephorate of Antiquities of the City of Athens.

Τιμητικό ανάγλυφο μνημείο νίκης της Λεοντίδας φυλής. Πεντελικό μάρμαρο, περ. 400 π.Χ.. Ανασκαφές Αγοράς Ι 7167. Εφορεία Αρχαιοτήτων Πόλης Αθηνών

For the *anthippasia*, see Eugene Vanderpool, "Victories in the Anthippasia," *Hesperia* 43 (1974) pp. 311-313.
On the location of the hippodrome, see W.S. Ferguson, *Hesperia* 7 (1938) pp. 25-26.
For the victory monuments, see Hans Goette in *The Panathenaic Games* (2007) pp. 120-122.
On tribal events at the Panathenaia, see Julia Shear, *Journal of Hellenic Studies* 123 (2003) pp. 169-178.

Μερικά ασυνήθιστα ιππικά αγωνίσματα των Παναθηναίων

Jenifer Neils

Εκτός από τις συνήθεις ιπποδρομίες και αρματοδρομίες που λάμβαναν χώρα σε πολλές ελληνικές εορτές, η Αθήνα είχε επινοήσει τους δικούς της ασυνήθιστους αγώνες για έφιππους άνδρες. Αυτά τα ειδικά αγωνίσματα για τους ιππείς διεξάγονταν στα Παναθήναια, κάθε τέσσερα χρόνια, προς τιμήν της προστάτιδας θεάς της πόλης, Αθηνάς. Απευθύνονταν αποκλειστικά στους πολίτες και είχαν, σαφώς, σκοπό την επίδειξη των διάφορων ικανοτήτων του αθηναϊκού ιππικού. Όπως γνωρίζουμε από τον Ξενοφώντα, αυτές οι ιππικές επιδείξεις πραγματοποιούνταν στον ιππόδρομο, ο οποίος όμως μέχρι στιγμής δεν έχει εντοπιστεί. Είχε μήκος οκτώ στάδια και, πιθανότατα, βρισκόταν κοντά στο Φάληρο, όπου ο Ξενοφών μας λέει ότι εξασκούνταν το ιππικό. Μια επιγραφή που αναφέρει τον Ποσειδώνα Ιππόδρομο υποδηλώνει ότι, πιθανόν, υπήρχε ναός αφιερωμένος στον θεό σε κοντινή απόσταση.

Ένα ιδιαίτερο αγώνισμα ήταν γνωστό ως «έφιππος ακοντισμός». Θεσπίστηκε στα τέλη του 5ου αιώνα π.Χ., στο πλαίσιο της γιορτής των Παναθηναίων, και απεικονίζεται σε αρκετά αγγεία, συμπεριλαμβανομένου ενός Παναθηναϊκού αμφορέα. Ένα μικρό μυροδοχείο (Εθνικό Αρχαιολογικό Μουσείο 1631) φέρει εναργή παράσταση του αγωνίσματος αυτού: μια στρογγυλή ασπίδα τοποθετημένη πάνω σε στύλο πλαισιώνεται από δύο αναβάτες, οι οποίοι απεικονίζονται ως ιππείς, με πέτασους (πλατύγυρα καπέλα), κάπες και μπότες. Ο πρώτος διαγωνιζόμενος στα δεξιά έχει κάνει κακή ρίψη και το ακόντιό του φαίνεται να έχει καρφωθεί στον στύλο, ενώ ένα σπασμένο ακόντιο βρίσκεται στο έδαφος. Ο άλλος αναβάτης στοχεύει με το όπλο του καθώς το άλογό του κάνει άλμα προς τα εμπρός. Ο Ξενοφών σύστηνε επάρκεια στην ικανότητα τέτοιου είδους ρίψης για στρατιωτικούς σκοπούς.

Ένα άλλο αγώνισμα με στρατιωτική χροιά ήταν η ανθιππασία, ένας όρος που κυριολεκτικά σημαίνει «κατά μέτωπο ίππευση», δηλαδή *ψευδομάχη*. Ο Ξενοφών (*Ιππαρχικός* 3.10-13) περιγράφει με ζωηρά χρώματα αυτή την επίδειξη ιππικής τέχνης: υπάρχουν δύο ομάδες με πέντε μέλη φυλών και καθεμία οδηγείται από έναν ίππαρχο· αλλάζουν τον σχηματισμό τους και διέρχονται από τα διάκενα των γραμμών της άλλης ομάδας, τρεις φορές. Πρόκειται για ένα αγώνισμα μεταξύ φυλών που ήταν ανοικτό μόνο σε πολίτες και, πιθανότατα, καλά εκπαιδευμένους ιππείς. Εικονίζεται σε μαρμάρινα μνημεία νίκης, τα οποία δεν ήταν τοποθετημένα στον ιππόδρομο, αλλά κατά μήκος της Οδού των Παναθηναίων και, συγκεκριμένα, στη βορειοδυτική γωνία της Αρχαίας Αγοράς, όπου υποψιαζόμαστε ότι βρισκόταν το Ιππαρχείο. Μια από τις βάσεις φέρει επιγραφή με τα ονόματα τριών φυλάρχων της Πανδιονίδας φυλής με την υπογραφή του γλύπτη Βρυάξιδος, από τα μέσα του 4ου αιώνα π.Χ. (Εθνικό Αρχαιολογικό Μουσείο Αθήνας 1733). Απεικονίζει τρεις γενειοφόρους άνδρες που καλπάζουν προς τρίποδες, σε τρεις πλευρές της βάσης. Ανακαλύφθηκε στην Αρχαία Αγορά της Αθήνας, όπως και άλλη μια βάση, η οποία είχε στηθεί από τη Λεοντίδα φυλή -σύμφωνα με την επιγραφή και την υπαινικτική απεικόνιση του

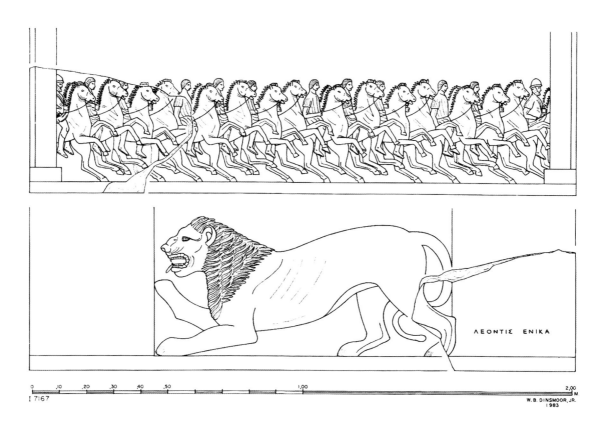

Restored drawing of the Leontis cavalry relief by W.B. Dinsmoor, Jr. (Agora Excavations DA 2558)

Σχεδιαστική αποκατάσταση του ανάγλυφου της Λεοντίδας φυλής, από τον W.B.Dinsmoor, Jr. (Ανασκαφές Αγοράς DA 2558).

λιονταριού στο πίσω μέρος. Η μπροστινή πλευρά δείχνει έναν έφιππο ίππαρχο στα αριστερά, ο οποίος ακολουθεί τέσσερις -και πιθανόν, συνολικά, 15- νέους πάνω σε άλογα. Καθένας τους έφερε δόρυ, όπως υποδηλώνεται από την οπή τρυπανιού στο δεξί τους χέρι, ενώ το αριστερό κρατούσε τα ηνία του αλόγου.

Οι παραπάνω, καθώς και άλλοι στρατιωτικοί αγώνες με άλογα που λάμβαναν χώρα στην Αθήνα, ήταν σημαντικά αγωνίσματα για την επίδειξη των ικανοτήτων του ιππικού. Χρησίμευαν στη διατήρηση της φόρμας και της ετοιμότητας των αλόγων για το πεδίο της μάχης και αντικατόπτριζαν την περηφάνεια των ιππέων για την άριστη κατάσταση και διαγωγή των αλόγων τους.

Για την ανθιππασία, βλ. Eugene Vanderpool, "Victories in the Anthippasia," *Hesperia* 43 (1974) σελ. 311-313.
Για την τοποθεσία του ιππόδρομου, βλ. W.S. Ferguson, *Hesperia* 7 (1938) σελ. 25-26.
Για τα μνημεία νίκης, βλ. Hans Goette in *The Panathenaic Games* (2007) σελ. 120-122.
Για αγωνίσματα μεταξύ των φυλών στα Παναθήναια, βλ. Julia Shear, *Journal of Hellenic Studies* 123 (2003) σελ. 169-178.

Lekythos with apobates race. Attic black-figure, ca. 480 BC. Agora Excavations P 37000. Ephorate of Antiquities of the City of Athens.

Αττική μελανόμορφη λήκυθος με αγώνα αποβατών, περ. 480 π.Χ. Ανασκαφές Αγοράς P 37000. Εφορεία Αρχαιοτήτων Πόλης Αθηνών.

What was the apobates race?

Jenifer Neils

One of the more exciting hippic events held in the civic center of Athens was the *apobates* race. The Greek word *apobates* means *one who dismounts*. It refers to a special equestrian contest in which armed warriors leapt off racing chariots and apparently raced on foot to a finish line. It took place during the Greater Panathenaia, a civic and religious festival held in honor of Athena every four years. There are two Panathenaic prize amphoras (BAPD 14932) that depict a warrior riding in a chariot and are presumed to show this event. Victors in the race are also depicted on marble reliefs from the Agora which commemorate their wins. The race took place, not in the hippodrome as one would expect, but along the Panathenaic Way which bisected the Agora. It terminated where the slope leading to the Acropolis increased, namely at the sanctuary of Demeter and Kore known as the Eleusinion.

However, unlike most other equestrian events at the Panathenaic, the *apobates* race was limited to the citizens of Athens. We know this from the north and south friezes of the Parthenon where ten chariots, one for each of the democratic tribes, each carry a charioteer and a warrior armed with helmet and shield. On the north frieze the warrior is depicted leaping off his vehicle, whereas on the south he is standing next to his driver; this difference is due to the shield being worn on the left arm. Presumably each entry represents the team entered by one of the ten Athenian tribes, and in fact the winning team in the lead position on the north side has been identified as that of the tribe Erechtheis. The Attic king and eponymous hero Erechtheus (née Erichthonios) was said to have invented the chariot and to have instituted the *apobates* race for Athena.

So when did this race become a special Athenian event? Some scholars believe they can trace it back to the 7th century BC because it appears to be represented on a few Geometric vases. However, these scenes could be read simply as a warrior mounting his chariot; there are no other indications of a race. The earliest vase paintings of this actual race do not appear until the 470s BC, more than 200 years later than the putative Geometric examples. Here we see all the components of the race: the charioteer, the racing quadriga, the warrior running on foot, and the turn or goal post indicating a race. These scenes appear almost entirely on small, cheap black-figure *lekythoi*. Their mass production by the Haimon Painter's workshop (nearly 100 are extant) and sudden appearance suggest that the event came newly onto the scene in the 470s and, predictably for a stirring new contest involving local Athenians, became very popular at that time.

These tribal events are not unlike the Palio horse race run in the center of the Tuscan city of Siena. Here fiercely competitive teams from different districts of the city field race horses that run a course around the city's main piazza. It is this author's contention that the *apobates* race was similar. It was founded ca. 480 BC to provide an event in which only Athenians could perform. It also served to link the present-day

Base with apobates race. Pentelic marble, 4th century BC. Agora Excavations S 399
Ephorate of Antiquities of the City of Athens.

Βάση με παράσταση αγώνα αποβατών. Πεντελικό μάρμαρο, 4ος αιώνας π.Χ. Ανασκαφές Αγοράς S 399.
Εφορεία Αρχαιοτήτων Πόλης Αθηνών

citizens to a heroic past in which warriors did actually ride to battle in horse-drawn chariots. Not surprisingly, such an exciting event became popular with contestants and viewers alike, and was then highlighted thirty years later on the Parthenon. Thereby it served to promote civic identification and gave an 'historic' veneer to Athens' local games which were founded in 566 BC, 200 years after those of Zeus at Olympia. The *apobates* race was also particularly appropriate for Athena, who was worshipped in the guise of Athena Hippia.

For the prize amphoras with the *apobates* race, see Martin Bentz, *Panathenäische Preisamphoren. Eine athenische Vasengattung und ihre Funktion vom 6.-4. Jahrhundert v. Chr. Antike Kunst* Beiheft 18 (Basel 1998).
For earlier discussion of the race, see Nancy Crowther, "The Apobates Reconsidered (Demosthenes lxi 23-9)," *Journal of Hellenic Studies* 111 (1991) pp. 174-176.
For the thesis that the event begins in the 5th century, see Jenifer Neils and Peter Schultz. "Erechtheus and the Apobates Race on the Parthenon Frieze (North XI-XII)," *American Journal of Archaeology* 116 (2012) pp. 195-207.
For the theory of a 7th-century predecessor, see Karl Reber, "Apobaten auf einem geometrischen Amphorenhals," *Antike Kunst* 42 (1999) pp. 126-141.

Τι ήταν ο αποβάτης δρόμος;

Jenifer Neils

Ένα από τα πιο ενδιαφέροντα ιππικά αγωνίσματα που λάμβαναν χώρα στο αστικό κέντρο της Αθήνας ήταν ο *αποβάτης* δρόμος. Η λέξη *αποβάτης* σημαίνει «εκείνος που αφιππεύει». Αναφέρεται σε ένα ιδιαίτερο ιππικό αγώνισμα στο οποίο πολεμιστές με πλήρη πολεμική εξάρτυση πηδούσαν από άρματα εν κινήσει και από ό,τι φαίνεται έτρεχαν μέχρι τη γραμμή τερματισμού. Λάμβανε χώρα κατά τη διάρκεια των Μεγάλων Παναθηναίων, έναν πολιτικό και θρησκευτικό εορτασμό που διεξαγόταν προς τιμήν της θεάς Αθηνάς κάθε τέσσερα χρόνια. Έχουν έρθει στο φως δύο Παναθηναϊκοί αμφορείς (BAPD 14932) με παράσταση πολεμιστή πάνω σε άρμα που πιθανότατα απεικονίζουν αποβατικό αγώνα. Νικητές αυτού του αγωνίσματος εικονίζονται σε μαρμάρινα ανάγλυφα που λαξεύτηκαν προς τιμήν τους και ανακαλύφθηκαν στην Αρχαία Αγορά της Αθήνας. Ο αγώνας δεν λάμβανε χώρα στον ιππόδρομο, όπως θα περίμενε κανείς, αλλά κατά μήκος της Οδού των Παναθηναίων, η οποία χώριζε την Αγορά στα δύο. Ο τερματισμός γινόταν εκεί όπου η πλαγιά που οδηγεί στην Ακρόπολη είχε μεγαλύτερη κλίση, και συγκεκριμένα, στο ιερό της Δήμητρας και Κόρης, το οποίο είναι γνωστό ως Ελευσίνιο.

Ωστόσο, σε αντίθεση με τα περισσότερα άλλα ιππικά αγωνίσματα των Παναθηναίων, στον αποβάτη δρόμο συμμετείχαν μόνο οι Αθηναίοι πολίτες. Αυτό το γνωρίζουμε από τη βόρεια και τη νότια ζωφόρο του Παρθενώνα, όπου δέκα άρματα, ένα για κάθε μια από τις δημοκρατικές φυλές, απεικονίζονται να μεταφέρουν έναν ηνίοχο και έναν πολεμιστή με κράνος και ασπίδα. Στη βόρεια ζωφόρο ο πολεμιστής πηδά από το άρμα του, ενώ στη νότια στέκεται δίπλα στον ηνίοχό του· η διαφορά οφείλεται στο γεγονός ότι η ασπίδα κρατιέται με το αριστερό χέρι. Πιθανότατα, κάθε άρμα αντιπροσωπεύει μια ομάδα από τις δέκα αθηναϊκές φυλές και, συγκεκριμένα, η νικήτρια ομάδα της βόρειας πλευράς, έχει ταυτιστεί με την ομάδα της Ερεχθηίδας φυλής. Ο μυθικός βασιλιάς των Αθηνών και Επώνυμος Ήρωας Ερεχθέας (απόγονος του Εριχθόνιου) θεωρείται ο εφευρέτης του άρματος και ο ιδρυτής του αποβάτη δρόμου προς τιμήν της θεάς Αθηνάς.

Πότε λοιπόν έγινε ο αγώνας αυτός αθηναϊκό αγώνισμα; Ορισμένοι μελετητές πιστεύουν ότι ανάγεται στον 7º αιώνα π.Χ., επειδή εμφανίζεται σε μερικά γεωμετρικά αγγεία. Ωστόσο, οι σκηνές αυτές θα μπορούσαν να απεικονίζουν, απλώς, έναν πολεμιστή που ανεβαίνει στο άρμα του· δεν υπάρχουν άλλα στοιχεία που να παραπέμπουν σε αγώνα. Τα πρωιμότερα αγγεία με παράσταση του συγκεκριμένου αγωνίσματος εμφανίζονται τη δεκαετία του 470 π.Χ., δηλαδή περισσότερα από 200 χρόνια μετά τα σχετικά γεωμετρικά αγγεία, και σε αυτά είναι ορατά όλα τα στοιχεία του αποβατικού αγώνα: ο ηνίοχος, το τέθριππο που αγωνίζεται, ο πολεμιστής που τρέχει με τα πόδια και ο στύλος της αναστροφής ή του τερματισμού που καταδεικνύει ότι πρόκειται για αγώνα. Οι σκηνές αυτές απεικονίζονται σχεδόν αποκλειστικά σε μικρές, φτηνές, μελανόμορφες ληκύθους. Η μαζική παραγωγή τους από το εργαστήριο του

Roll-out photograph of the apobates race. Attic black-figure lekythos P37000.
Photo: Craig Mauzy, Agora Excavations.

Φωτογραφία παράστασης του αποβάτη δρόμου. Αττική μελανόμορφη λήκυθος P37000.
Φωτογραφία: Craig Mauzy, Ανασκαφές Αρχαίας Αγοράς.

Ζωγράφο του Αίμονα (σώζονται σχεδόν 100) και η ξαφνική τους εμφάνιση υποδηλώνουν ότι το αγώνισμα παρουσιάστηκε για πρώτη φορά τη δεκαετία του 470 π.Χ. και -όπως ήταν αναμενόμενο για ένα νέο αγώνισμα με συναρπαστικό περιεχόμενο που αφορούσε τους εντόπιους Αθηναίους- έγινε πολύ δημοφιλές εκείνη την εποχή.

Τα αγωνίσματα αυτά μεταξύ φυλών μοιάζουν με τις ιπποδρομίες Palio που διεξάγονται στο κέντρο της Σιένα, στην Τοσκάνη. Εκεί, πολύ ανταγωνιστικές ομάδες από διαφορετικές συνοικίες της πόλης διαγωνίζονται σε μια διαδρομή γύρω από την κεντρική πλατεία. Αποτελεί πεποίθηση της γράφουσας ότι ο αποβάτης δρόμος ήταν παρόμοιο αγώνισμα. Θεσπίστηκε γύρω στο 480 π.Χ. και μόνο οι Αθηναίοι μπορούσαν να συμμετέχουν σε αυτό, ενώ χρησίμευε ως σύνδεση των πολιτών με ένα ηρωικό παρελθόν στο οποίο οι πολεμιστές, πράγματι, έφταναν στη μάχη πάνω σε ιππήλατα άρματα. Δεν προκαλεί έκπληξη το γεγονός ότι ένα τόσο συναρπαστικό αγώνισμα έγινε δημοφιλές σε συμμετέχοντες και θεατές, εξίσου, και τριάντα χρόνια αργότερα αποτυπώθηκε στον Παρθενώνα. Κατ' αυτόν τον τρόπο, χρησίμευσε στην προώθηση της πολιτικής ταυτότητας και προσέδωσε ιστορική χροιά στους εγχώριους αγώνες της Αθήνας, οι οποίοι θεσπίστηκαν το 566 π.Χ., 200 χρόνια μετά τους Ολυμπιακούς Αγώνες προς τιμήν του Δία στην αρχαία Ολυμπία. Τέλος, ο αποβάτης δρόμος άρμοζε ιδιαίτερα στη θεά Αθηνά, η οποία λατρευόταν με την ιδιότητά της ως Αθηνά Ιππία.

Detail of base with apobates race. Pentelic marble, 4th century BC. Agora Excavations S 399
Ephorate of Antiquities of the City of Athens.

Λεπτομέρεια της βάσης με παράσταση αγώνα αποβατών. Πεντελικό μάρμαρο, 4ος αιώνας π.Χ.
Ανασκαφές Αγοράς S 399. Εφορεία Αρχαιοτήτων Πόλης Αθηνών

Για τους αμφορείς-έπαθλα με απεικόνιση αποβάτη δρόμου, βλ. Martin Bentz, *Panathenäische Preisamphoren. Eine athenische Vasengattung und ihre Funktion vom 6.-4. Jahrhundert v. Chr. Antike Kunst* Beiheft 18 (Basel 1998).
Για παλαιότερη συζήτηση σχετικά με τον αγώνα, βλ. Nancy Crowther, "The Apobates Reconsidered (Demosthenes lxi 23-9)," *Journal of Hellenic Studies* 111 (1991) σελ. 174–176.
Για την άποψη ότι το αγώνισμα ξεκίνησε τον 5° αιώνα π.Χ., βλ. Jenifer Neils and Peter Schultz. "Erechtheus and the Apobates Race on the Parthenon Frieze (North XI-XII)," *American Journal of Archaeology* 116 (2012) σελ. 195–207.
Για τη θεωρία του πρόδρομου του 7ου αιώνα π.Χ., βλ. Karl Reber, "Apobaten auf einem geometrischen Amphorenhals," *Antike Kunst* 42 (1999) σελ. 126–141.

After the race: a historic artifact

Alan Shapiro

On Attic black-figure vases, the harnessing of a four-horse chariot is a relatively popular subject, but the *un*harnessing of a chariot appears on only a small handful of vases. The earliest of these is a most unusual little vase, a pyxis found in a tomb at Merenda in central Attica. Cemeteries in this area yielded many rich finds, including the famous marble statues of Phrasikleia and her 'brother' now in the National Archaeological Museum in Athens.

The scene on the pyxis is also different in several respects from other scenes of unharnessing a chariot after a victory in a competition. On this pyxis, each of the four horses is led by a nude, beardless youth by a rope attached to the horse's mouth. These youths were known as *hippokomoi*, usually translated as groom or squire, since the *kom-* root refers to the tending of the horse's mane. The victorious horses hold their heads proudly and tread lightly behind the *hippokomoi*. All the horses' tails are tied up at the ends except for one, whose long tail flows freely as she hesitates slightly. None of the horses is depicted with male genitalia, therefore they must be mares. This key observation will have important implications for placing the scene in its historical context.

Other unharnessing scenes omit two central figures who are included here. A nude youth who holds up his left hand as he turns toward the chariot must be the winning charioteer (his folded garment hangs over the rail of the car). Beside him is the actual winner, that is, the owner of the team of horses, an elaborately dressed young man whose name is given as Stesagoras. He alone holds the branch of victory. Finally, the chariot is depicted in exacting detail and is pulled by a curious figure whose short stature and unidealized body (note the short tunic covering oversized buttocks) identify him as a servant of low status. He carries the yoke over his shoulders, moving with energetic steps that contrast with the stately procession and perhaps add a note of realism and humor.

The name Stesagoras (the final sigma omitted in the inscription) and the gender of the horses have enabled a hypothetical but plausible reconstruction of a very specific historical event, something unique in scenes relating to chariot victories. Stesagoras was the older brother of Miltiades, who would be the victor at the Battle of Marathon (Herodotus 6.103). Their father Kimon had moved up north to become tyrant of the Chersonnese. The family, known as the Philaidai, who owned land around Brauron not far from where this vase was found, was especially active in raising horses and entering them in the competitions at the Olympic games. Herodotos calls them a "horse-breeding household" (6.35). Miltiades' father (known as Miltiades the elder) won a victory at Olympia (Herodotus 6.36), and Kimon, from his perch in the Chersonnese, won no fewer than three times in consecutive Olympiads, in 536, 532, and 528. Since he was in exile from Athens under the Peisistratid tyrants at the time of his

Pyxis with unharnessing of a chariot. Attic black-figure, ca. 540 BC. From a grave at Myrrhinous. Brauron Museum Mer.1591. Ephorate of Antiquities of East Attica.
Αττική μελανόμορφη πυξίδα με απόζευξη αλόγων από άρμα, περ. 540 π.Χ. Βρέθηκε σε τάφο στον αρχαίο δήμο Μυρρινούντα. Αρχαιολογικό Μουσείο Βραυρώνας Μερ. 1591.Εφορεία Αρχαιοτήτων Ανατολικής Αττικής

first victory in 536, it is plausible that his brother Stesagoras stepped in and took the role of the victor at the celebration for which this pyxis was undoubtedly made. The stylistic dating of the vase is also compatible with a date of 536. Herodotus confirms that all three times Kimon won with the same team of mares (6.103). According to the Roman antiquarian Aelian (*Varia Historia* 9.32), bronze statues of these famous mares were set up beside Kimon's grave.

When the pyxis came to light in the early 1960s, Sir John Beazley attributed it to Exekias, the greatest master of the black-figure technique, despite the fact that he was known as a painter (and potter) of large vessels, mainly amphoras, rather small shapes like a pyxis. A few years later Beazley downgraded the pyxis to "most probably" by Exekias. More recently, by an astonishing coincidence, a cup turned up on the art market, with the same Stesagoras riding a horse, in a style virtually identical to that of the pyxis. This allowed the pyxis to be assigned to a small group of cups and other small shapes attributed to an artist in the circle of Lydos known as the Epitimos Painter.

For the inscription on the pyxis, see Henry R. Immerwahr "Stesagoras II," *Transactions of the American Philological Association* 103 (1972) pp. 181–186.
For the new attribution, see Heide Mommsen, "Siegriche Gespannpferde," *Antike Kunst* 45 (2002) pp. 27–39.

Μετά τον αγώνα: ένα ιστορικό αντικείμενο

Alan Shapiro

Στα αττικά μελανόμορφα αγγεία, η πρόσδεση αλόγων σε *τέθριππο* άρμα (με τέσσερα άλογα) ήταν ένα σχετικά δημοφιλές θέμα, ωστόσο, η απόζευξή του απεικονίζεται σε ελάχιστα αγγεία. Το πρωιμότερο από αυτά είναι ένα πολύ ασυνήθιστο μικρό αγγείο, μια *πυξίδα*, που ανακαλύφθηκε σε τάφο στη Μερέντα της κεντρικής Αττικής. Από νεκροταφεία της περιοχής έχουν έρθει στο φως πλούσια ευρήματα, όπως τα διάσημα μαρμάρινα αγάλματα της Φρασίκλειας και του «αδερφού» της που βρίσκονται σήμερα στο Εθνικό Αρχαιολογικό Μουσείο της Αθήνας.

Η σκηνή που εικονίζεται στη συγκεκριμένη πυξίδα είναι επίσης διαφορετική, από πολλές απόψεις, σε σχέση με άλλες σκηνές απόζευξης άρματος μετά από νίκη: κάθε ένα από τα τέσσερα άλογα οδηγείται από έναν γυμνό νεαρό χωρίς μούσι, με σκοινί που είναι δεμένο στη μουσούδα του αλόγου. Οι νεαροί αυτοί ήταν γνωστοί ως *ιππσκόμοι* (το «κόμ-» αναφέρεται στη φροντίδα της χαίτης του αλόγου). Τα εικονιζόμενα άλογα έχουν νικήσει, κρατούν τα κεφάλια τους ψηλά με περηφάνια, ενώ ακολουθούν τους ιπποκόμους με ανάλαφρο βήμα. Όλες οι ουρές είναι δεμένες στο τελείωμά τους, εκτός από μια μακριά ουρά που κινείται ελεύθερα, καθώς το άλογο διστάζει ελαφρώς. Σε κανένα άλογο δεν διακρίνονται αρσενικά γεννητικά όργανα, επομένως, πιθανότατα πρόκειται για φοράδες. Η παρατήρηση αυτή είναι σημαντική για την τοποθέτηση της σκηνής σε ιστορικό περιβάλλον.

Σε άλλες σκηνές απόζευξης άρματος απουσιάζουν δύο κεντρικές μορφές που συμπεριλαμβάνονται εδώ. Ένας γυμνός νεαρός που έχει σηκώσει το αριστερό του χέρι καθώς στρέφεται προς το άρμα, πιθανότατα, είναι ο ηνίοχος που νίκησε (το διπλωμένο του ρούχο κρέμεται στην *άντυγα* του άρματος). Δίπλα του είναι ο πραγματικός νικητής, δηλαδή, ο ιδιοκτήτης των αλόγων, ένας καλοντυμένος νεαρός με το όνομα Στησαγόρας. Μόνο εκείνος κρατά το κλαδί της νίκης. Τέλος, το άρμα απεικονίζεται με μεγάλη λεπτομέρεια και το τραβά μια παράξενη μορφή της οποίας το μικρό ανάστημα και το άσχημο σώμα (ο κοντός χιτώνας καλύπτει τον υπερμεγέθη πισινό) τον ταυτίζουν με χαμηλόβαθμο υπηρέτη. Μεταφέρει τον ζυγό στους ώμους του, κινούμενος με έντονο βηματισμό που έρχεται σε αντίθεση με την επιβλητική πομπή και ίσως προσθέτει μια νότα ρεαλισμού και χιούμορ.

Το όνομα Στησαγόρας (το τελικό σίγμα παραλείπεται στην επιγραφή) και το φύλο των αλόγων έχει επιτρέψει την υποθετική αλλά πολύ πιθανή αναφορά σε συγκεκριμένο ιστορικό γεγονός, κάτι μοναδικό σε σκηνές νίκης αρματοδρομίας. Ο Στησαγόρας ήταν ο μεγαλύτερος αδερφός του Μιλτιάδη που νίκησε στη μάχη του Μαραθώνα (Ηρόδοτος 6.103). Ο πατέρας τους, Κίμωνας, είχε μετακομίσει βόρεια για να γίνει τύραννος της Χερσονήσου. Η οικογένεια, γνωστή ως Φιλαΐδες, κατείχε γη γύρω από τη Βραυρώνα -όχι μακριά από εκεί όπου ανακαλύφθηκε το εν λόγω αγγείο-και ήταν ιδιαίτερα ενεργή στην εκτροφή αλόγων και στη συμμετοχή στους Ολυμπιακούς Αγώνες. Ο Ηρόδοτος τους αποκαλεί «οικογένεια εκτροφέων αλόγων»

(6.35). Ο πατέρας του Μιλτιάδη (γνωστός ως Μιλτιάδης ο Πρεσβύτερος) νίκησε στην Ολυμπία (Ηρόδοτος 6.36) και ο Κίμωνας, από τη Χερσόνησο νίκησε σε τρεις διαδοχικές Ολυμπιάδες, το 536, το 532 και το 528 π.Χ. Εφόσον ήταν εξορισμένος από την Αθήνα, υπό τους Πεισιστρατίδες τυράννους, τη χρονιά της πρώτης του νίκης, το 536 π.Χ., είναι πολύ πιθανό ο αδερφός του Στησαγόρας να επενέβη και να πήρε τον ρόλο του νικητή στον εορτασμό για τον οποίο αναμφισβήτητα κατασκευάστηκε η συγκεκριμένη πυξίδα. Η τεχνοτροπία της είναι επίσης συμβατή με τη χρονολόγηση στο 536 π.Χ. Ο Ηρόδοτος επιβεβαιώνει ότι και τις τρεις φορές ο Κίμωνας νίκησε με την ίδια ομάδα φοράδων (6.103), ενώ σύμφωνα με τον Ρωμαίο αρχαιοδίφη Αιλιανό (*Varia Historia* 9.32), χάλκινα αγάλματα των διάσημων αυτών φοράδων είχαν τοποθετηθεί δίπλα στον τάφο του Κίμωνα.

Όταν η πυξίδα ήρθε στο φως στις αρχές της δεκαετίας του 1960, ο Sir John Beazley την απέδωσε στον Εξηκία, τον μεγαλύτερο δάσκαλο της μελανόμορφης τεχνικής, παρά το γεγονός ότι ήταν γνωστός ως ζωγράφος (και αγγειοπλάστης) μεγάλων αγγείων, κυρίως αμφορέων, και όχι μικρών όπως οι πυξίδες. Λίγα χρόνια αργότερα, ο Beazley διόρθωσε τη διατύπωση της απόδοσης ως «πιθανότατα» από τον Εξηκία. Πρόσφατα, κατά σύμπτωση, εμφανίστηκε στην αγορά τέχνης ένα κύπελο που απεικόνιζε τον ίδιο τον Στησαγόρα να ιππεύει άλογο, με τεχνοτροπία πανομοιότυπη με αυτή της πυξίδας. Το γεγονός αυτό επέτρεψε τη σύνδεσή της με μια μικρή ομάδα κυπέλων και άλλων μικρών αγγείων που αποδίδεται σε έναν καλλιτέχνη του κύκλου του Λυδού, γνωστό ως Ζωγράφο Επίτιμο.

Για τη επιγραφή της πυξίδας, βλ. Henry R. Immerwahr „Stesagoras II," *Transactions of the American Philological Association* 103 (1972) σελ. 181-186.
Για τη νέα απόδοσή της, βλ. Heide Mommsen, Siegriche Gespannpferde," *Antike Kunst* 45 (2002) σελ. 27-39.

Votive relief with victorious horse. Marble, from the Acropolis, ca. 400 BC.
Acropolis Museum Acr. 4688 + EAM 2970.
Μαρμάρινο αναθηματικό ανάγλυφο με νικηφόρο άλογο. Από την Ακρόπολη, περ. 400 π.Χ.
Μουσείο Ακρόπολης Ακρ. 4688 + EAM 2970

A victorious horse

Olga Palagia

Victorious athletes were awarded crowns since the Archaic period; by the 5th century, the crown came to symbolize civic and other honors, while towards the end of the Peloponnesian War crowns were also bestowed for military victories. From the late 5th century on the coronation motif was extended to gods and heroes. On a votive relief found on the Athenian Acropolis (Acropolis Museum 1329) Herakles is crowned by Nike, who is in close proximity to Athena, indicating that the award actually came from the goddess herself. On Attic document reliefs of the 4th century BC illustrating honorary decrees, a version of Pheidias' statue of Athena Parthenos holds out a miniature Nike offering a crown to a person honored by the city of Athens (e.g. decree honoring a priestess, Berlin, Antikensammlung K 104).

A fragment of a relief in Pentelic marble found on the Acropolis depicts a horse galloping to left and crowned by a miniature Nike. The forelegs of the horse are missing, while only the left wing and the extended arms holding a wreath of the Nike survive. An architectural frame imitates a flat roof with antefixes supported by pilasters. The large blank area behind the horse's back may have carried a figural painting, now lost. It is possible that a figure of Athena stands at the left, holding out Nike, as suggested by Otto Walter in 1923. The style of the horse points to a date in the first half of the 4th century BC by comparison with horses on dated reliefs.

The coronation of the horse is an unusual iconographical motif. After a victorious horse race, the crown was bestowed on the horse's owner, not the horse or the jockey. In some instances grateful horse owners erected, in the sanctuary of Zeus at Olympia, statues of the horses that won them Olympic victories; for example, Pheidolas of Corinth dedicated a statue of his horse Avra that won even though she had thrown her rider (Pausanias 6.13.9), and Krokon of Eretria dedicated a small bronze statue of his victorious horse (Pausanias 6.14.4).

It has been suggested that the Acropolis relief is a votive, dedicated to Athena by a horse owner who won a race at the Panathenaia. The iconography, however, points to a document relief attached to an honorary decree. The miniature Nike, almost certainly held out by Athena, can be found only on Athenian document reliefs reproducing a version of Pheidias' *Athena Parthenos*; in addition, the horse stands in for the person honored by the city, indicating that he had won an equestrian event (e.g., the single horse on a document relief honoring Alketas, Acropolis Museum 1349). The equestrian victories of Alketas' son, Arybbas, are illustrated on the document reliefs accompanying his honorary decree (Acropolis Museum, ex Epigraphical Museum 13291). The honors accorded to him were on account of some benefaction to the city of Athens, but it may well be that the honorand himself chose to be commemorated as an equestrian victor presumably in the Olympic games or some other panhellenic event. The crowning of the horse is therefore a symbolic event, suggesting civic honors to a friend of Athens, who was very proud of his equestrian victory in some prestigious panhellenic games.

For the bestowing of crowns, see Eurydike Kefalidou, ΝΙΚΗΤΗΣ (Thessaloniki 1996) pp. 62-66.
For document reliefs with horses, see Carol Lawton, *Attic Document Reliefs* (Oxford 1995).
For Acropolis 1329 see, Olga Palagia, "Archaism and the quest of immortality in Attic sculpture during the Peloponnesian War," in *Art in Athens During the Peloponnesian War*, edited by O. Palagia (Cambridge 2009) pp. 36-37, fig. 10.
For a possible reconstruction of the Acropolis relief, see Otto Walter, *Beschreibung der Reliefs im kleinen Akropolismuseum in Athen* (Vienna 1923) no. 244.
For the Acropolis relief as a votive, see Chrysanthi Tsouli, "Νίκης ανάμνησις: απεικονίσεις Νίκης και νικών αγωνιστικών σε λίθινα αττικά αναθηματικά μνημεία," in *Οι μεγάλες Νίκες. Στα όρια του μύθου και της ιστορίας*, edited by M. Lagogianni-Georgakarakou (Athens 2020) p. 191.

Στεφανωμένο άλογο

Όλγα Παλαγγιά

Το στεφάνι ήταν έπαθλο νίκης στους αθλητικούς αγώνες ήδη από την αρχαϊκή εποχή, ενώ από τον 5ο αι. π.Χ. και εξής έγινε σύμβολο τιμών πολιτικού χαρακτήρα. Προς το τέλος του Πελοποννησιακού πολέμου απένειμαν στεφάνια και στους νικηφόρους στρατηγούς. Κατά την ίδια περίοδο (τέλος 5ου αι. π.Χ.) βλέπουμε επίσης να στεφανώνονται θεοί και ήρωες. Χαρακτηριστικό παράδειγμα είναι ένα ανάγλυφο που βρέθηκε στην Ακρόπολη (Μουσείο Ακρόπολης 1329). Απεικονίζει τη Νίκη να στεφανώνει τον Ηρακλή. Η Νίκη αγκαλιάζει την Αθηνά, υπονοώντας ότι το στεφάνι προέρχεται από την ίδια τη θεά. Σε αττικά ανάγλυφα του 4ου αι. π.Χ. που εικονογραφούν τιμητικά ψηφίσματα, αντίγραφο της Αθηνάς Παρθένου του Φειδία απεικονίζεται να κρατά Νίκη που στεφανώνει το πρόσωπο που τιμάται από την πόλη της Αθήνας (βλ. ανάγλυφο προς τιμήν ιέρειας στο Βερολίνο, Antikenmuseum Κ 104).

Ένα τμήμα αναγλύφου από την Ακρόπολη απεικονίζει άλογο σε καλπασμό να στεφανώνεται από μια μικροσκοπική, ιπτάμενη Νίκη (Μουσείο Ακρόπολης 4688+Εθνικό Αρχαιολογικό Μουσείο 2970). Δεν σώζονται τα εμπρόσθια πόδια του αλόγου, ενώ από τη Νίκη έχουμε μόνο το αριστερό φτερό και τα απλωμένα χέρια της που κρατούν στεφάνι. Το αρχιτεκτονικό πλαίσιο του αναγλύφου αποτελείται από μια επίπεδη στέγη με ακροκέραμα και δύο πεσσούς εκατέρωθεν. Η κενή επιφάνεια πάνω από την ράχη του αλόγου ίσως ήταν ζωγραφισμένη αλλά δεν σώζεται ίχνος χρώματος. Η εικόνα μπορεί να συμπληρωθεί με την Αθηνά στα αριστερά να κρατά τη Νίκη που στεφανώνει το άλογο, όπως πρότεινε ο Otto Walter το 1923. Το στιλ του αλόγου παραπέμπει σε ανάγλυφα που χρονολογούνται στο α' μισό του 4ου αι. π.Χ.

Στεφάνωμα αλόγων δεν συνηθίζεται στην εικονογραφία. Μετά τη νίκη του σε ιππικούς αγώνες, το στεφάνι δεν το λάβαινε το άλογο ούτε ο αναβάτης του αλλά ο ιδιοκτήτης. Γνωρίζουμε αναθέσεις αγαλμάτων αλόγων στο ιερό του Δία στην Ολυμπία από ιδιοκτήτες που κέρδισαν στους ιππικούς αγώνες, π.χ. ο Φειδώλας ο Κορίνθιος ανέθεσε άγαλμα της Αύρας που κέρδισε στους Ολυμπιακούς αγώνες παρόλο που έτρεξε χωρίς τον αναβάτη γιατί τον είχε ρίξει (Παυσανίας 6.13.9), ενώ ο Κρόκων ο Ερετριεύς ανέθεσε ένα μικρό χάλκινο άγαλμα του αλόγου που τον έκανε Ολυμπιονίκη (Παυσανίας 6.1.4.4).

Έχει διατυπωθεί η υπόθεση ότι το ανάγλυφο της Ακρόπολης είναι ανάθημα στη θεά Αθηνά από ένα νικητή ιπποδρομίας στα Παναθήναια. Η τυπολογία του αναγλύφου όμως δείχνει ότι προέρχεται από τιμητικό ψήφισμα. Η μικροσκοπική Νίκη πρέπει να προέρχεται από αντίγραφο της Αθηνάς Παρθένου όπως την απεικονίζουν τα ψηφισματικά ανάγλυφα (βλ. παραπάνω). Το άλογο προφανώς αντιπροσωπεύει τον ιδιοκτήτη του, ένα πρόσωπο που τιμάται από την πόλη της Αθήνας και επιλέγει να απεικονιστεί ως νικητής ιπποδρομίας, όπως στο ανάγλυφο με ένα άλογο που ανήκει σε ψήφισμα προς τιμήν του Αλκέτα (Μουσείο Ακρόπολης 1349). Οι νίκες του Αρύββα, γιού του Αλκέτα, σε ιππικούς αγώνες, απεικονίζονται στο ανάγλυφο του ψηφίσματος προς τιμήν του (Μουσείο Ακρόπολης τ. Επιγραφικό Μουσείο 13291). Οι τιμές που απονέμει η Αθήνα στον ιδιοκτήτη του αλόγου που απεικονίζεται στο αποσπασματικό ανάγλυφο του Μουσείου της Ακρόπολης 4688 ασφαλώς οφείλονται σε κάποια ευεργεσία του προς την πόλη, ο ίδιος όμως επέλεξε να αποθανατιστεί ως νικητής ιπποδρομίας στους Ολυμπιακούς αγώνες ή σε κάποιους άλλους πανελλήνιους αγώνες. Το στεφάνωμα του αλόγου λοιπόν δεν έχει σχέση με τη νίκη του αλόγου σε ιπποδρομία αλλά με κάποια ευεργεσία του ιδιοκτήτη του προς τους Αθηναίους.

Για το στεφάνωμα των νικητών βλ. Ευρυδίκη Κεφαλίδου, *ΝΙΚΗΤΗΣ* (Θεσσαλονίκη 1996) σελ. 62-66.
Για ψηφισματικά ανάγλυφα με άλογα βλ. Carol Lawton, *Attic Document Reliefs* (Oxford 1995).
Για το ανάγλυφο Μουσείο Ακρόπολης 1329 βλ. Olga Palagia, "Archaism and the quest of immortality in Attic sculpture during the Peloponnesian War," στο *Art in Athens During the Peloponnesian War*, επιμ. O. Palagia (Cambridge 2009) σελ. 36-37, εικ. 10.
Για την αποκατάσταση του αναγλύφου στο Μουσείο της Ακρόπολης βλ. Otto Walter, *Beschreibung der Reliefs im kleinen Akropolismuseum in Athen* (Wien 1923) αρ. 244.
Για την υπόθεση ότι το ανάγλυφο στο Μουσείο της Ακρόπολης είναι αναθηματικό βλ. Χρυσάνθη Τσούλη, «Νίκης ανάμνησις: απεικονίσεις Νίκης και νικών αγωνιστικών σε λίθινα αττικά αναθηματικά μνημεία,» στο *Οι μεγάλες νίκες. Στα όρια του μύθου και της ιστορίας*, επιμ. Μ. Λαγογιάννη-Γεωργαράκου (Αθήνα 2020) σελ. 191.

Detail of votive relief with victorious horse. Marble, from the Acropolis, ca. 400 BC.
Acropolis Museum Acr. 4688 + EAM 2970.

Λεπτομέρεια μαρμάρινου αναθηματικού ανάγλυφου με νικηφόρο άλογο. Από την Ακρόπολη, περ. 400 π.Χ. Μουσείο Ακρόπολης Ακρ. 4688 + ΕΑΜ 2970

Ίππος κι πόλεμος

Επειδή τα άλογα είναι από τη φύση τους ευαίσθητα, φοβούνται τον κίνδυνο και μπορεί εύκολα να τρομάξουν ή να τρέξουν ξαφνικά, δεν αποτελούν τους ιδανικούς υποψήφιους για στρατιωτική δράση. Ως εκ τούτου, χρειάζονται εντατική εκπαίδευση για να απευαισθητοποιηθούν και να γίνουν ικανά να εμπλέκονται σε μάχη σώμα με σώμα σε ένα θορυβώδες, χαοτικό πεδίο μάχης. Η εκτροφή, η άσκηση και η παράταξη στη μάχη ενός ιππικού σώματος ήταν ένα δαπανηρό και χρονοβόρο εγχείρημα και απαιτούσε ένα στίβο ή ένα πεδίο άσκησης για καθημερινά γυμνάσια. Οι νέοι ιππείς εκπαιδεύονταν από τους αξιωματούχους του ιππικού και, σύμφωνα με τον Ξενοφώντα, μάθαιναν να καλπάζουν ακόμα και σε ανηφορικά και κατηφορικά εδάφη. Καλούνταν να συμμετέχουν σε μάχες οργανωμένοι σε σώματα που προέρχονταν από τις δέκα αττικές φυλές τις οποίες καθιέρωσε ο Κλεισθένης με τις δημοκρατικές μεταρρυθμίσεις του.

Τα άλογα έπαιζαν καταλυτικό ρόλο στις μάχες, αλλά το πότε ακριβώς καθιερώθηκε μόνιμο ιππικό σώμα στην Αθήνα παραμένει άγνωστο. Τόσο οι νόμοι του Δράκοντα όσο και του Σόλωνα αναφέρουν τους *ιππείς*, αλλά δεν είναι ξεκάθαρο εάν παραπέμπουν σε στρατιώτες που μάχονταν έφιπποι ή οπλίτες που απλώς μετέβαιναν στο πεδίο της μάχης με άλογα. Πάντως είναι σίγουρο ότι τον 6ο π. αιώνα ένα μικρό σώμα ιππέων υπηρετούσε ως συνορ περίπολος στην Αττική. Στα μέσα του 5ου π.Χ. αιώνα ιππικό σώμα συγκροτούσαν τριακόσιοι άνδρες που τ στις αρχές του Πελοποννησιακού πολέμου (431 π.Χ.) έφτασαν τους χίλιους. Επιπλέον, υπήρχαν και διακόσι έφιπποι τοξότες (*ιπποτοξόται*). Αυτό το ιππικό σώμα υπηρέτησε την Αθηναϊκή πολιτεία σε όλη τη διάρκεια Πελοποννησιακού πολέμου, αλλά στη συνέχεια αρχί χάνει τη σημασία του.

Οι καλύτερες μαρτυρίες για το αθηναϊκό ιππικό σώμ προέρχονται από τις ανασκαφές στην Αγορά της Αθ και τον Κεραμεικό. Σε αυτούς τους αρχαιολογικούς χώρους έχουν βρεθεί απορριμμένα μέσα σε πηγάδι διάφορα αντικείμενα, όπως πήλινα σύμβολα με τα ο ιππάρχων, μικρά μολύβδινα ελάσματα που αναγράφ πληροφορίες για κάθε άλογο και μολύβδινα σύμβολ οπλισμού ιππέων. Με βάση το σημείο εύρεσης αυτώ των αντικειμένων, μπορούμε να υποθέσουμε ότι η έ των διοικητών του ιππικού, το *ιππαρχείο*, βρισκόταν βορειοδυτική γωνία της Αγοράς. Σε αυτήν την περιο άλογα υποβάλλονταν σε έλεγχο (*δοκιμασία*) προκειμ να εξακριβωθεί εάν ήταν κατάλληλα για δράση.

War Horse

Because horses are by nature sensitive, fearful of danger, and prone to spook or bolt, they are not ideal candidates for military action. Therefore, they require intensive training to become desensitized and capable of engaging in physical combat on a noisy, chaotic battlefield. Raising, exercising and fielding a cavalry corps was an expensive and time-consuming undertaking and required an arena or parade ground for daily drills. Young horsemen (*ippeis*) were trained by the cavalry officers and even learned to race up and down hill according to Xenophon. They were called to action in corps pulled from the ten Attic tribes established by the democratic reforms of Kleisthenes.

Horses came to play a key role in military engagements, but exactly when Athens established a permanent cavalry remains a question. The laws of Drakon and Solon both mention *hippeis*, but whether they mean soldiers fighting on horseback, or simply hoplites who are conveyed to the battle via their mounts is not clear. A small troop of such *hippeis* almost certainly served as a border patrol for Attica in the 6th century BCE. In the mid-fifth century the cavalry grew to 300 and eventually 1,000 at the beginning of the Peloponnesian Wars (431 BCE.). In addition, there were 200 archers who rode on horseback (*hippotoxotai*). This enlarged cavalry served the Athenian state throughout the Peloponnesian Wars, but declined in importance afterwards.

Our best evidence for the Athenian cavalry comes from the excavations in the Athenian Agora and the Kerameikos. Wells there have produced discarded objects such as clay tokens stamped with the names of *hipparchs*, small lead tablets listing identifying information about each horse, and lead tokens depicting pieces of armor which were distributed to members of the cavalry. Given the location of these discards, we can surmise that the office of the cavalry commanders, the *hipparcheion*, was located in the northwest corner of the Agora. It was in this vicinity that the cavalry horses were subject to an inspection (*dokimasia*) to determine if they were fit for action.

ΙΠΠΟΣ & ΠΟΛΕΜΟΣ **4**
WAR HORSE

Lekythos with horseman at a grave stele.
Attic red-figure, related to the Achilles Painter, ca. 440 BC. From Eretria. Athens National Archaeological Museum A 12133.

Αττική ερυθρόμορφη λήκυθος με παράσταση νέου με άλογο σε τάφο. Ζωγράφος του Αχιλλέα, περ. 440 π.Χ. Από την Ερέτρια. Εθνικό Αρχαιολογικό Μουσείο Α12133.

Farewell, best of fighters, great and glorious,
You sons of Athens, exceptional horsemen,
Who once in battle against a huge force of Greeks
Lost your youth for your fair and cultured country.
Simonides 22 (trans. Robin Waterfield)

Because horses are by nature skittish, fearful of danger, and prone to spook or bolt, they are not ideal candidates for military action. Therefore, they require intensive training to become desensitized and capable of engaging in physical combat on a noisy, chaotic battlefield. Raising, training and fielding a cavalry corps was an expensive and time-consuming undertaking and required arenas or parade grounds for daily drills. Some of the expenses were covered by the state in the form of loans for purchasing horses and a daily food allowance. Young horsemen (*hippeis*) were trained by the cavalry officers and even learned to race up and down hill according to Xenophon. They were called to action in cohorts pulled from the ten Attic tribes established by the democratic reforms of Kleisthenes.

In a speech at the beginning of the Peloponnesian Wars, the general Perikles reassures his fellow citizens by informing them that the Athenian cavalry now numbers 1,200 (Thucydides 2.13.8). This land force consisted of 1,000 *hippeis* under the control of two *hipparchs*, and 200 archers mounted on horseback (*hippotoxotai*). These *hippeis* were not hoplites riding horses into battle, but a trained mobile militia that was successful in engaging the enemy on a variety of terrains. They were also used for reconnaissance, cover at the wings of the hoplites during battle, and pursuit of the enemy afterwards in the event of victory– thus proving critical to military success.

Exactly when Athens established a permanent cavalry remains a question. The laws of Drakon and Solon both mention *hippeis* but whether they mean soldiers fighting on horseback, or simply hoplites who are conveyed to the battle via their mounts is not clear. A small troop of cavalrymen almost certainly served as a border patrol for Attica and in the mid-5th century the cavalry grew to 300 horsemen with each of the ten Attic tribes contributing 30 *hippeis*. The majority of the cavalry was made up of wealthy citizens who could afford to own and raise warhorses, and at the end of the 5th century they fell into disfavor because of their conservative, oligarchic tendencies.

Our best evidence for the Athenian cavalry comes from the excavations in the Athenian Agora and the Kerameikos which have produced cavalry records, votive reliefs for tribal victors in equestrian contests, and inscriptions honoring *hippeis* who served the city. Wells there have produced discarded objects such as clay tokens stamped with the names of *hipparchs*, small lead tablets listing identifying information about each horse, and lead tokens depicting pieces of armor which were distributed to members of the cavalry. Given the location of these discards, we can surmise that the office of the cavalry commanders, the *hipparcheion,* was located in the northwest corner of the Agora. It was in this vicinity that the cavalry horses were subject to an inspection (*dokimasia*) to determine if they were fit for action.

One of the great sights, according to Xenophon, was to view the parade of cavalrymen as they trotted their horses through the Agora.

*Χαίρετε, του πολέμου άριστοι, που έχετε μεγάλη φήμη
νέοι της Αθήνας, ξεχωριστοί στην ιπποσύνη
που για την όμορφη πατρίδα σας χάσατε τα νιάτα σας
πολεμώντας ενάντια σε πολυάριθμους αντιπάλους*
Σιμωνίδης 22

Επειδή τα άλογα είναι από τη φύση τους ευαίσθητα, φοβούνται τον κίνδυνο και μπορεί εύκολα να τρομάξουν ή να τρέξουν ξαφνικά, δεν αποτελούν τους ιδανικούς υποψήφιους για στρατιωτική δράση. Ως εκ τούτου, χρειάζονται εντατική εκπαίδευση για να απευαισθητοποιηθούν και να γίνουν ικανά να εμπλέκονται σε μάχη σώμα με σώμα σε ένα θορυβώδες, χαοτικό πεδίο μάχης. Η εκτροφή, η άσκηση και η παράταξη στη μάχη ενός ιππικού σώματος ήταν ένα δαπανηρό και χρονοβόρο εγχείρημα και απαιτούσε ένα στίβο ή ένα πεδίο άσκησης για καθημερινά γυμνάσια. Μέρος από αυτή τη δαπάνη καλυπτόταν από το κράτος με τη μορφή δανείων για την αγορά αλόγων και ημερήσιου επιδόματος διατροφής. Οι νεαροί ιππείς εκπαιδεύονταν από τους αξιωματούχους του ιππικού και, σύμφωνα με τον Ξενοφώντα, μάθαιναν να καλπάζουν ακόμα και σε ανηφόρες και κατηφόρες. Καλούνταν να συμμετέχουν σε μάχες οργανωμένοι σε τάγματα που προέρχονταν από τις δέκα αττικές φυλές που καθιέρωσε ο Κλεισθένης με τις δημοκρατικές μεταρρυθμίσεις του.

Στο λόγο που εκφώνησε στην αρχή του Πελοποννησιακού πολέμου, ο στρατηγός Περικλής καθησύχασε τους συμπολίτες του λέγοντας ότι το αθηναϊκό ιππικό αποτελούνταν πλέον από 1200 πολεμιστές (Θουκυδίδης 2.13.8). Αυτή η χερσαία δύναμη αποτελούνταν από 1.000 ιππείς που τελούσαν υπό τον έλεγχο δύο ιππάρχων και από 200 έφιππους τοξότες (*ιπποτοξόται*). Αυτοί οι ιππείς δεν ήταν οπλίτες που ίππευαν άλογα στη μάχη, αλλά μια εκπαιδευμένη κινητή πολιτοφυλακή που συμπλεκόταν με επιτυχία με τον εχθρό σε διάφορα εδάφη. Χρησιμοποιήθηκαν επίσης για αναγνώριση, κάλυψη των πλευρών των οπλιτών κατά τη διάρκεια της μάχης και καταδίωξη του εχθρού μετά από νίκη – αποδεικνύοντας έτσι ότι ήταν κρίσιμης σημασίας για τη στρατιωτική επιτυχία.

Το πότε ακριβώς η Αθήνα καθιέρωσε μόνιμο ιππικό σώμα αποτελεί ακόμα αναπάντητο ερώτημα. Τόσο οι νόμοι του Δράκοντα όσο και αυτοί του Σόλωνα αναφέρουν τους *ιππείς*, αλλά δεν είναι ξεκάθαρο εάν εννοούσαν στρατιώτες που μάχονταν έφιπποι ή οπλίτες που απλώς μετέβαιναν στο πεδίο της μάχης με άλογα. Ένα μικρό στράτευμα ιππέων σχεδόν σίγουρα υπηρετούσε ως συνοριακή περίπολος στην Αττική και στα μέσα του 5ου π.Χ. αιώνα το ιππικό σώμα συγκροτούσαν τριακόσιοι άνδρες, με κάθε μία από τις δέκα αττικές φυλές να συνεισφέρει τριάντα ιππείς. Η πλειοψηφία του ιππικού αποτελούνταν από εύπορους πολίτες που είχαν την οικονομική δυνατότητα να κατέχουν και να εκτρέφουν πολεμικά άλογα, οι οποίοι στα τέλη του 5ου αιώνα π.Χ. έπεσαν σε δυσμένεια λόγω των συντηρητικών, ολιγαρχικών τους τάσεων.

Οι καλύτερες μαρτυρίες για το αθηναϊκό ιππικό σώμα προέρχονται από τις ανασκαφές στην Αγορά της Αθήνας και τον Κεραμεικό, όπου έχουν βρεθεί αρχεία του ιππικού, αναθηματικά ανάγλυφα για τους νικητές των φυλών σε ιππικούς αγώνες και τιμητικές επιγραφές για ιππείς που υπηρέτησαν την πόλη. Μέσα σε

Attic Geometric, late 8th century BC. Kerameikos Museum 268. Ephorate of Antiquities of the City of Athens.

Αττικός Γεωμετρικός κάνθαρος με πολεμιστή και δύο άλογα. Ύστερος 8ος π.Χ. αιώνας. Μουσείο Κεραμεικού 268. Εφορεία Αρχαιοτήτων Πόλης Αθηνών.

πηγάδια έχουν βρεθεί απορριμένα διάφορα αντικείμενα, όπως πήλινα σύμβολα με τα ονόματα ιππάρχων, μικρά μολύβδινα ελάσματα που αναγράφουν πληροφορίες για κάθε άλογο και μολύβδινα σύμβολα που απεικονίζουν τμήματα οπλισμού, και διανέμονταν στα μέλη του ιππικού. Με βάση το σημείο εύρεσης αυτών των αντικειμένων, μπορούμε να υποθέσουμε ότι η έδρα των διοικητών του ιππικού, το *ιππαρχείο*, βρισκόταν στη βορειοδυτική γωνία της Αγοράς. Σε αυτήν την περιοχή, τα άλογα υποβάλλονταν σε έλεγχο (*δοκιμασία*) προκειμένου να εξακριβωθεί εάν ήταν κατάλληλα για δράση.

Σύμφωνα με τον Ξενοφώντα, ένα από τα πιο εντυπωσιακά αξιοθέατα ήταν η παρέλαση των ιππέων καθώς τα άλογά τους διέσχιζαν την Αγορά τριποδίζοντας.

Northwest corner of the Agora. Drawing by William B. Dinsmoor, Jr. 1971. American School of Classical Studies at Athens, Agora Excavations.

Βορειοδυτική γωνία της Αγοράς. Σχέδιο του William B. Dinsmoor, Jr. 1971. Αμερικανική Σχολή Κλασικών Σπουδών. Ανασκαφές Αγοράς.

Horses and Athenian Archaeology
John McK. Camp

Archaeological excavations in Athens—and particularly the Athenian Agora—have uncovered varied evidence of the presence and uses of horses in the city, supplementing the abundant literary sources on the subject. The ownership of horses has always been an expensive undertaking, of course, and was a mark of the aristocracy, in war, competition, art, and social status. From early times the Athenians were classified by wealth and property, and the second highest classification was literally defined as ἱππεις, those who had the ability and means to maintain a horse for military purposes, comparable to the later *equites* of ancient Rome and the knights of the Middle Ages.

The archaeological evidence for horses and horsemanship goes back to early times and is found particularly in graves. In the Bronze and Iron ages, before the area of the Agora became the civic center of Athens, it was used for burials, along both banks of the Eridanos river. One grave, dated to ca. 900 BC, was that of a warrior, as indicated by an iron sword and two iron spear-heads. In addition, two sets of iron bridle bits suggest that this individual fought on horseback. Several other graves of the 9th and 8th centuries contain low, round terracotta containers (*pyxides*), with their handles moulded into the form of one or more horses, thought to be an indication of the wealth and high status of the occupant of the grave as a member of the *hippeis*.

Once the Agora was established as the center of both the social and political life of the city, we continue to find evidence of horses and the cavalry, especially along the northern part of the square. The great Panathenaic Way, the main thoroughfare of the city, ran diagonally through its center, broad enough at ca. 11 meters to have been used by the cavalry for training new recruits. The open space of a Greek agora was a convenient central location for such activities, and Pausanias tells us that the agora of the city of Elis in the Peloponnese was actually called the hippodrome because the citizens used the area for training their horses.

In a remarkable correlation between literary sources and archaeological evidence, a well along the Panathenaic way at the northwest corner of the Agora square produced some thirty small disks of clay, tokens stamped before firing with the name and office of Pheidon, the hipparch (cavalry commander) at Lemnos, an Athenian island possession in the north Aegean. These pieces match the surviving fragment of a passage written by the comic poet, Mnesimachos (4th century BC) which reads: *Go forth, Manes, to the agora, to the Herms, the place frequented by the phylarchs, and to their handsome pupils, whom Pheidon trains in mounting and dismounting*" (Athenaios 9. 402, ff.). The Herms, primitive statues which were used to mark entrances, are known to have clustered around the northwest corner near the well, where the Panathenaic Way enters the Agora.

This same well produced some of the most immediate evidence for the Athenian cavalry, more than a hundred thin inscribed strips of lead recording the annual as-

Lead tokens depicting armor, 3rd century BCE. Agora Excavations IL 1572, 1575, 1576, 1579. Ephorate of Antiquities of the City of Athens.

Μολύβδινα σύμβολα με παράσταση οπλισμού, 3ος π.Χ. αιώνας. Ανασκαφές Αγοράς IL 1572, 1575, 1576, 1579. Εφορεία Αρχαιοτήτων Πόλης Αθηνών.

sessment of the horses and their values. These tablets supplement another group of almost six hundred more found in a second well near the city gate known as the Dipylon, excavated by German archaeologists working in the Kerameikos, some 400 meters to the northwest. They date from the 4th and 3rd centuries BC and record the owners' names, a symbol (axe, snake, centaur, lion, etc.) which must be a brand, the color, and values of the horse up to 1200 drachmas. They are usually associated with passages in Aristotle (*Constitution of the Athenians* 49. 1) and Xenophon (*The Cavalry Commander* 3. 1. 9) concerning the Athenian state's interest in helping members of the cavalry maintain their horses and to insure them if they came to harm in battle.

These clay tokens of Pheidon and the archive records in lead from the well can be coupled with sculptures and inscriptions from the same area which also concern horses. The sculptures record victories in various equestrian events which were part of the Panathenaic games, and the inscriptions record honors voted for cavalry officers by the men they led (*Bryaxis* base, Athens, National Archaeological Museum 1733, Agora inventory nos. I 7167, I 7515, and I 7587). This cumulative evidence suggests that we may well be near the *Hipparcheion*, the office of the cavalry commanders, though no specific candidate has been located or identified as yet.

This same well also produced fragments (leg, drapery, sword, and part of the crest of a helmet) of a life-size equestrian statue in gilded bronze, tentatively identified as Demetrios Poliorketes, the Macedonian king who ruled Athens late in the 4th century BC. Other honorific statues of mounted horsemen in the Agora are attested in inscriptions which specify that the figure is to be shown on a horse: Demetrios Poliorketes, Asandros of Macedon (*IG* II² 450, 314/313 BC), and King Audoleon of Thrace (*IG* II² 654, 285/4 BC).

Inscribed and sculpted victory monuments, archives, and the training ground of the Panathenaic Way itself all show that the Agora, the center of so much of the life of Athens, was also the focus of equestrian activity within the city.

For an overview of horses in relation to the Agora, see John Camp, *Horses and Horsemanship in the Athenian Agora*, Agora Picture Book no. 24 (Princeton 1998).
For publication of the cavalry records, see Karin Braun, "Der Dipylon-Brunnen B₁: Die Funde", *Athenische Mitteilungen* 85 (1970), and John Kroll, "An Archive of the Athenian Cavalry," *Hesperia* 46 (1977) pp. 83–140.

Άλογα και αρχαιολογία της Αθήνας

John McK. Camp

Οι αρχαιολογικές ανασκαφές στην Αθήνα -και ιδιαίτερα στην Αρχαία Αγορά- έχουν φέρει στο φως ποικίλα ευρήματα που σχετίζονται με την παρουσία και τις χρήσεις των αλόγων στην πόλη, τα οποία έρχονται να προστεθούν στις πολυάριθμες σχετικές λογοτεχνικές πηγές. Φυσικά, η ιδιοκτησία αλόγων ανέκαθεν αποτελούσε ακριβό εγχείρημα, καθώς και τεκμήριο αριστοκρατίας, στον πόλεμο, σε αγώνες, στην τέχνη και στο κοινωνικό γίγνεσθαι. Από τις πρωιμότερες περιόδους, οι πολίτες των Αθηνών διαχωρίζονταν σε τάξεις με βάση τον πλούτο και την περιουσία τους, με τη δεύτερη κατά σειρά κοινωνική τάξη να ονομάζεται *ιππείς*, εκείνοι δηλαδή που είχαν την ικανότητα και τα μέσα να συντηρούν ένα άλογο για στρατιωτικούς σκοπούς, παρεμφερείς με τους μεταγενέστερους ιππείς της αρχαίας Ρώμης και τους ιππότες του Μεσαίωνα.

Τα ανασκαφικά ευρήματα που σχετίζονται με τα άλογα και την ιππική τέχνη ανάγονται στους πρώιμους χρόνους και ανακαλύφθηκαν, ως επί το πλείστον, σε τάφους. Κατά τις Εποχές του Χαλκού και του Σιδήρου, η Αρχαία Αγορά -πριν γίνει το αστικό κέντρο της Αθήνας- χρησιμοποιούνταν για ταφές στις δύο όχθες του Ηριδανού ποταμού. Ένας τάφος που χρονολογείται γύρω στο 900 π.Χ. ανήκε σε πολεμιστή, όπως καταδεικνύεται από ένα σιδερένιο ξίφος και δύο σιδερένιες αιχμές δόρατος, ενώ δύο σιδερένιες στομίδες χαλινού υποδηλώνουν ότι πολεμούσε έφιππος. Αρκετοί άλλοι τάφοι του 9ου και του 8ου αιώνα π.Χ. περιλάμβαναν χαμηλά, κυλινδρικά κεραμικά δοχεία (*πυξίδες*) με λαβές σε σχήμα ενός ή περισσότερων αλόγων, που πιστεύεται ότι αποτελούν ένδειξη του πλούτου και της υψηλής κοινωνικής θέσης του ενοίκου του τάφου ως μέλους της τάξης των *ιππέων*.

Από την περίοδο κατά την οποία η Αρχαία Αγορά καθιερώθηκε ως κέντρο της κοινωνικής και πολιτικής ζωής της πόλης, εξακολουθούν να έρχονται στο φως ευρήματα σχετικά με τα άλογα και το ιππικό, ιδίως κατά μήκος της βόρειας πλευράς της πλατείας. Η Οδός των Παναθηναίων, η βασική αρτηρία της πόλης, διέτρεχε διαγώνια το κέντρο της, με πλάτος περίπου 11 μέτρα, αρκετό ώστε να χρησιμοποιείται από το ιππικό για την εξάσκηση των νεοσυλλέκτων. Ο ανοιχτός χώρος της Αγοράς ήταν μια βολική κεντρική τοποθεσία για τέτοιου είδους δραστηριότητες, ενώ ο Παυσανίας μας λέει ότι η Αγορά της πόλης της Ήλιδας στην Πελοπόννησο ονομαζόταν ιππόδρομος, επειδή οι πολίτες τη χρησιμοποιούσαν για την προπόνηση των αλόγων τους.

Λογοτεχνικές πηγές και αρχαιολογικά ευρήματα συσχετίστηκαν με αξιοσημείωτο τρόπο στο βορειοδυτικό άκρο της πλατείας της Αρχαίας Αγοράς: σε πηγάδι που αποκαλύφθηκε κατά μήκος της Οδού Παναθηναίων βρέθηκαν περίπου 30 μικροί πήλινοι δίσκοι (*tokens*), οι οποίοι είχαν σφραγιστεί πριν ψηθούν με το όνομα και την ιδιότητα του Φείδωνα, ιππάρχου της Λήμνου, ενός νησιού του βόρειου Αιγαίου που τότε ανήκε στην Αθήνα. Τα ευρήματα αυτά αντιστοιχούν στο εξής σωζόμενο απόσπασμα του κωμικού ποιητή Μνησιμάχου (4ος αι. π.Χ.): «*Εμπρός, Μάνη, ξεκίνα για την Αγορά, για τις Ερμές, εκεί όπου συχνάζουν οι Φύλαρχοι και οι νεαροί*

Lead identification tablet of the cavalry, 3rd century BC.
Agora Excavations, Crossroads Well, IL 1590.
Ephorate of Antiquities of the City of Athens.

Μολύβδινο έλασμα του ιππικού,
3ος αιώνας π.Χ.
Ανασκαφές Αγοράς,
Πηγάδι Σταυροδρομίου, IL 1590.
Εφορεία Αρχαιοτήτων Πόλης Αθηνών.

Clay discs with the name of Pheidon, 4th century BC.
Agora Excavations, Crossroads Well MC 1164, 1168, 1169.
Ephorate of Antiquities of the City of Athens.

Πήλινα σύμβολα με το όνομα του Φείδωνα, 4ος π.Χ. αιώνας.
Ανασκαφές Αγοράς, Πηγάδι του Σταυροδρομίου, MC 1164, 1168, 1169.
Εφορεία Αρχαιοτήτων Πόλης Αθηνών.

μαθητές τους, στους οποίους διδάσκει ο Φείδων πώς να ανεβοκατεβαίνουν στα άλογα» (Αθήναιος 9, 402). Πολλές ερμαϊκές στήλες (*Ερμές*) -απλοϊκά αγάλματα που χρησιμοποιούνταν για να σηματοδοτήσουν εισόδους- έχουν βρεθεί γύρω από τη βορειοδυτική γωνία, κοντά στο πηγάδι, στο σημείο όπου η Οδός των Παναθηναίων εισέρχεται στην Αγορά.

Στο ίδιο πηγάδι ανακαλύφθηκαν και τα ευρήματα που σχετίζονται περισσότερο με το αθηναϊκό ιππικό: περισσότερα από 100 λεπτά εγχάρακτα μολύβδινα ελάσματα, όπου αναγράφεται η ετήσια απογραφή των αλόγων και η αξία τους. Τα ελάσματα αυτά έρχονται να προστεθούν σε μια ομάδα περίπου 600 ελασμάτων που βρέθηκαν σε άλλο πηγάδι κοντά στην πύλη της πόλης, γνωστή ως Δίπυλον, το οποίο ανασκάφηκε από Γερμανούς αρχαιολόγους που εργάζονται στον Κεραμεικό, περίπου 400 μέτρα στα βορειοδυτικά. Χρονολογούνται στον 4ο και 3ο αιώνα π.Χ. και φέρουν τα ονόματα των ιδιοκτητών, ένα σύμβολο (πέλεκυς, φίδι, κένταυρος, λιοντάρι κλπ.) που πιθανότατα υποδηλώνει το μαρκάρισμα, το χρώμα και την αξία του αλόγου έως 1200 δραχμές. Συνήθως συσχετίζονται με αποσπάσματα του Αριστοτέλη (*Αθηναίων Πολιτεία* 49. 1) και του Ξενοφώντα (*Ιππαρχικός* 3. 1. 9) αναφορικά με το συμφέρον του αθηναϊκού κράτους να βοηθά τα μέλη του ιππικού να συντηρούν τα άλογά τους και να τα ασφαλίζει σε περίπτωση που τραυματιστούν στη μάχη.

Οι μικροί πήλινοι δίσκοι του Φείδωνα και τα μολύβδινα ελάσματα που βρέθηκαν στο πηγάδι συνδέονται με γλυπτά και επιγραφές από την ίδια περιοχή, τα οποία επίσης αναφέρονται σε άλογα. Συγκεκριμένα, τα γλυπτά σχετίζονται με νίκες σε διάφορους ιππικούς αγώνες στο πλαίσιο των Παναθηναίων και οι επιγραφές περιλαμβάνουν τιμητικές αφιερώσεις σε ιππείς αξιωματούχους από άνδρες των οποίων είχαν ηγηθεί (βάση μνημείου του Βρυάξιδος, Εθνικό Αρχαιολογικό Μουσείο 1733, Αρχαία Αγορά αρ. ευρ. Ι 7167, Ι 7515 και Ι 7587). Όλα τα παραπάνω στοιχεία υποδηλώνουν ότι ίσως να βρισκόμαστε κοντά στο *Ιππαρχείο*, παρόλο η τοποθεσία του δεν έχει εντοπιστεί ή ταυτοποιηθεί ακόμη.

Στο ίδιο πηγάδι ανακαλύφθηκαν τμήματα χάλκινου επιχρυσωμένου έφιππου αγάλματος (πόδι, πτυχώσεις του ενδύματος, ξίφος και τμήμα του λοφίου της περικεφαλαίας) σε φυσικό μέγεθος, το οποίο πιθανότατα ταυτίζεται με τον Δημήτριο τον Πολιορκητή, Μακεδόνα βασιλιά που κατέκτησε την Αθήνα στα τέλη του 4ου αιώνα π.Χ. Η ύπαρξη άλλων τιμητικών αγαλμάτων έφιππων ανδρών στην Αρχαία Αγορά μαρτυρείται από επιγραφές που διευκρινίζουν ότι οι μορφές είναι έφιππες: ο Δημήτριος ο Πολιορκητής, ο Άσανδρος ο Μακεδόνας (*IG* II2 450, 314/313 π.Χ.) και ο βασιλιάς της Θράκης, Αυδολέων (*IG* II2 654, 285/4 π.Χ.).

Τα ενεπίγραφα και τα γλυπτά μνημεία που είναι αφιερωμένα σε νίκες, τα αρχεία και το σημείο της Οδούς των Παναθηναίων που χρησιμοποιούνταν για προπόνηση υποδεικνύουν ότι η Αρχαία Αγορά, το κέντρο, εν πολλοίς, της ζωής της Αθήνας, ήταν επίσης το επίκεντρο της ιππικής δραστηριότητας της πόλης.

Για επισκόπηση της σχέσης των αλόγων με την Αρχαία Αγορά, βλ. John Camp, *Horses and Horsemanship in the Athenian Agora*, Agora Picture Book No. 24 (Princeton 1998).
Για την έκδοση των αρχείων του ιππικού, βλ. Karin Braun, "Der Dipylon-Brunnen B1: Die Funde", *Athenische Mitteilungen* 85 (1970) και John Kroll, "An Archive of the Athenian Cavalry," *Hesperia* 46 (1977) σελ. 83-140.

Stele with cavalry inscription.
Pentelic marble, dated 281/0 BC.
Agora Excavations I 7587
Ephorate of Antiquities of the City of Athens

Ενεπίγραφη τιμητική στήλη αξιωματικών του ιππικού. Πεντελικό μάρμαρο, 281/0 π.Χ.
Ανασκαφές Αγοράς I 7587.
Εφορεία Αρχαιοτήτων Πόλης Αθηνών.

What do Attic cavalry inscriptions tell us?

Alessandra Migliara and Joseph Miller

Athenian cavalry inscriptions highlight the importance of this branch of the military as a celebrated public institution in ancient Athens. The activities of the cavalry were made known and monumentalized in specifically *civic* inscriptions. These often took the form of decrees granting honorific privileges in thanks for some valuable action taken on behalf of the Athenians. The flourishing of a cavalry force at Athens, just like many other institutions of the ancient city, relied on the ambition for distinction (*philotimia*) of foreigners and citizens in public office, whose deeds were sometimes detailed and inscribed by law under the authority of the decision-making bodies of the Athenian government.

Decrees, or *psephismata* (literally "decisions") made by various groups of citizens began to be inscribed on stone in significant numbers after the transfer of the Delian League to Athens and at about the time of the start of the building program of Perikles on the Acropolis, in the 440s and 430s BC. Not coincidentally, the large majority of Athenian inscriptions, including decrees, were set up on the Acropolis itself, although other locations like the Agora were also used extensively in the Hellenistic Period.

The Agora would never surpass the Acropolis as a place for the display of inscriptions, but it nonetheless came to play a significant, specialized role. The placement of inscriptions in the Agora was driven by specific contextual factors, by certain features of the urban landscape, and by the particular components of Athenian civic and religious life localized there. This was undoubtedly the case with the Athenian cavalry in the northwest corner of the Agora, where cavalry inscriptions and other related material has been recovered.

An overwhelming amount of evidence for cavalry activity points to the northwest corner of the Agora in the area of the so-called 'Herms,' cult statues representing the god Hermes in his capacity as guardian of thoroughfares and entrances. For this reason, scholars believe that the *Hipparcheion,* the headquarters of the cavalry referred to in one inscription (*IG* 2^2 895), must have been located in this area. Relevant material includes statue bases with dedicatory inscriptions for cavalry and brigade commanders (*hipparchs* and *phylarchs*); a substantial archive of lead tablets documenting the inspection and evaluation of horses belonging to Athenian cavalrymen (*hippeis*); literary references to nearby cavalry activities in Athenaeus, Plutarch, and Pausanias; fragments of relief sculpture depicting cavalry galloping in formation, some of which include inscribed lists of brigade commanders (phylarchs); and a number of cavalry inscriptions.

One particular cavalry inscription (*Agora* I 7587), discovered in 1994, records a decree proposed by one Kallistratos son of Termonios of Achaia, on behalf of a unit known as the *Tarantinoi*. The Tarantinoi were a specialized body of mounted men attached to the Athenian army in the Hellenistic period. The fact that their spokesman in this text was an Achaian rather than an Athenian probably indicates that they were a mercenary contingent. The decree represents the official decision to honor certain Athenian commanders—specifically the hipparchs and phylarchs whose names form the central body of the text—for looking after the cavalry and supplying provisions, notably grain. These men were to be honored individually with crowns (*stephanoi*) in order to explicitly advertise their good deeds in office to future cavalry commanders. The decree itself specifies where the text was to be inscribed, on a stone stele in the Stoa of the Herms in the Agora—perhaps at the very spot where the named men would be crowned and from then on remembered.

A range of similar texts help to paint a broader picture of the cavalry and its activities. For example, in the first epigraphic reference to the Athenian cavalry dating to 447–445 BC (*IG* 1² 400) we find the names of the current hipparchs along with confirmation that three individuals might hold this office. Another inscription (*Agora* I 7518), dated to 446–443 BC, offers probably the earliest confirmation of the subsequent reorganization of the Athenian cavalry into its canonical composition of 2 hipparchs, 10 phylarchs, and 1000 cavalrymen. Another text, (*SEG* 21.525), provides evidence that the number of horsemen significantly decreased during the Hellenistic period. Occasionally one finds testimony of the participation of the cavalry in specific battles by commemorating or praising those who died in war and proved their bravery, "having the courage of facing Ares" (*SEG* 47.84); or evidence for the cavalry's participation in sacrifices, processions and festivals, like the *anthippasia*, a cavalry display and contest held during certain major Athenian festivals, namely the Panathenaia and the Olympieia (*IG* 2² 3079; *IG* 2² 3130). Additionally, cavalry inscriptions provide insight on a number of administrative procedures, such as the evaluation of horses or *timesis* (*SEG* 21.525); the allotment of grain (*IG* 1³ 375; *IG* 2² 1264); or the payment of taxes to Apollo Lykeios (*IG* 5 138). If cavalry inscriptions like the decree of Kallistratos on behalf of the Tarantinoi make apparent the importance of the cavalry at Athens as a dynamic institution of some prestige, they also provide invaluable information by giving us a snapshot of the cavalry's organization, personnel, and prerogatives.

For inscriptions regarding the cavalry from the Agora excavations, see Glenn R. Bugh, "Cavalry Inscriptions from the Athenian Agora," *Hesperia* 67 (1998) pp. 81–90.
On the cavalry inscription in the exhibition (*Agora* 1 7587), see John M. Camp, "Excavations in the Athenian Agora: 1994 and 1995," *Hesperia* 64 (1995) pp. 231–261.
On the official cavalry records and the cavalry headquarters in the Agora, see John H. Kroll, "An Archive of the Athenian Cavalry," *Hesperia* 46 (1977) pp. 83–140.
On the evaluation of horses and the cavalry in the Hellenistic period, see John Threpsiades and Eugene Vanderpool, "Pros tois Hermais," *Archaiologikon Deltion* 18 (1963) pp. 99–114.

Τι μας λένε οι αττικές επιγραφές που αναφέρονται στο ιππικό;
Alessandra Migliara και Joseph Miller

Οι αθηναϊκές επιγραφές που αναφέρονται στο ιππικό υπογραμμίζουν τη σημασία αυτού του κλάδου του στρατού, ως τιμώμενου δημόσιου θεσμού της αρχαίας Αθήνας. Οι δράσεις του γίνονταν γνωστές και μνημονεύονταν ειδικά σε *δημόσιες* επιγραφές, συχνά με τη μορφή διαταγμάτων που παραχωρούσαν τιμητικά προνόμια ως ευχαριστία για κάποια σημαντική ενέργεια που ανέλαβε εκ μέρους των Αθηναίων. Η άνθηση του ιππικού στην Αθήνα, όπως πολλών άλλων θεσμών της αρχαίας πόλης, βασίζονταν στη *φιλοτιμία* (φιλοδοξία για διάκριση) των ξένων και των πολιτών που κατείχαν δημόσια αξιώματα, των οποίων τα κατορθώματα ορισμένες φορές καταγράφονταν λεπτομερώς και με νόμο από τα όργανα λήψης αποφάσεων της Αθηναϊκής διακυβέρνησης.

Διατάγματα ή *ψηφίσματα* (κυριολεκτικά «αποφάσεις») διάφορων ομάδων πολιτών ξεκίνησαν να λαξεύονται σε λίθινες επιγραφές, εκτενώς, μετά τη μεταφορά του ταμείου της Συμμαχίας της Δήλου στην Αθήνα και περίπου την εποχή που ξεκίνησε το οικοδομικό πρόγραμμα του Περικλή στην Ακρόπολη, τις δεκαετίες του 440 και του 430 π.Χ. Δεν αποτελεί σύμπτωση το γεγονός ότι η μεγάλη πλειονότητα των αθηναϊκών επιγραφών -συμπεριλαμβανομένων των διαταγμάτων- είχαν στηθεί στην ίδια την Ακρόπολη, αν και άλλα σημεία της πόλης, όπως η Αρχαία Αγορά, χρησιμοποιήθηκαν εκτεταμένα για τον ίδιο λόγο κατά την Ελληνιστική περίοδο.

Η Αρχαία Αγορά δεν ξεπέρασε ποτέ την Ακρόπολη ως χώρος τοποθέτησης επιγραφών, ωστόσο, διαδραμάτισε έναν ιδιαίτερο και σημαίνοντα ρόλο. Η τοποθέτηση επιγραφών στην Αγορά καθοριζόταν από συγκεκριμένους συναφείς παράγοντες, από ορισμένα χαρακτηριστικά του αστικού τοπίου και από τα δομικά στοιχεία της αθηναϊκής πολιτικής και θρησκευτικής ζωής, το κέντρο της οποίας εντοπιζόταν εκεί. Αυτό ίσχυε αναμφίβολα για το αθηναϊκό ιππικό στη βορειοδυτική γωνία της Αγοράς, όπου έχουν ανακαλυφθεί επιγραφές αναφερόμενες στο ιππικό και άλλο σχετικό υλικό.

Τεράστια ποσότητα ευρημάτων από δραστηριότητες του ιππικού στρέφει την προσοχή στη βορειοδυτική γωνία της Αρχαίας Αγοράς, στην περιοχή των περίφημων «Ερμών», λατρευτικών αγαλμάτων του θεού Ερμή με την ιδιότητά του ως φύλακα οδών και εισόδων. Για το λόγο αυτόν, οι μελετητές πιστεύουν ότι το Ιππαρχείο, το αρχηγείο του ιππικού που αναφέρεται σε μια επιγραφή (*IG* 2² 895), πιθανόν να βρισκόταν εκεί. Σχετικά ευρήματα περιλαμβάνουν βάσεις αγαλμάτων με αφιερωματικές επιγραφές για ιππάρχους και φυλάρχους· ένα μεγάλο αρχείο μολύβδινων ελασμάτων που τεκμηριώνει την επιθεώρηση και αξιολόγηση των αλόγων των Αθηναίων ιππέων· λογοτεχνικές αναφορές σε δραστηριότητες του ιππικού που λάμβαναν χώρα σε κοντινή απόσταση και περιλαμβάνονται στα έργα του Αθηναίου, του

Πλούταρχου και του Παυσανία· θραύσματα αναγλύφων που απεικονίζουν το ιππικό να καλπάζει σε σχηματισμό -ορισμένα από τα οποία περιλαμβάνουν καταλόγους φυλάρχων-, καθώς και αρκετές επιγραφές που αφορούν το ιππικό.

Μια τέτοια επιγραφή (*Agora* I 7587), η οποία ήρθε στο φως το 1994, περιλαμβάνει διάταγμα που εισηγήθηκε κάποιος Καλλίστρατος, γιος του Τερμόνιου από την Αχαΐα, εκ μέρους μιας μονάδας γνωστής με το όνομα *Ταραντίνοι*. Οι Ταραντίνοι ήταν ένα ειδικό σώμα εφίππων, προσαρτημένο στον Αθηναϊκό στρατό κατά την Ελληνιστική περίοδο. Το γεγονός ότι ο εκπρόσωπός τους, όπως αναφέρεται στο κείμενο, ήταν Αχαιός και όχι Αθηναίος, πιθανότατα υποδηλώνει ότι πρόκειται για σώμα μισθοφόρων. Το διάταγμα εκφράζει την επίσημη απόφαση να τιμηθούν συγκεκριμένοι Αθηναίοι επί κεφαλής – και συγκεκριμένα οι ιππάρχοι και οι φύλαρχοι τα ονόματα των οποίων αποτελούν το κύριο σώμα του κειμένου- γιατί φρόντισαν το ιππικό και παρείχαν προμήθειες, συγκεκριμένα σιτάρι. Οι άνδρες αυτοί θα τιμούνταν ξεχωριστά με στέφανο, προκειμένου να γνωστοποιηθούν ρητά τα ανδραγαθήματά τους στους μελλοντικούς διοικητές του ιππικού. Το ίδιο το διάταγμα διευκρινίζει πού θα λαξευόταν το κείμενο: σε μια λίθινη στήλη στη Στοά των Ερμών της Αρχαίας Αγοράς, ίσως στο σημείο όπου οι αναφερόμενοι διοικητές θα στεφανώνονταν και έκτοτε θα μνημονεύονταν.

Μια σειρά από παρόμοια κείμενα βοηθά στη διαμόρφωση μιας ευρύτερης εικόνας του ιππικού και των δραστηριοτήτων του. Για παράδειγμα, στην πρώτη επιγραφική αναφορά στο αθηναϊκό ιππικό, η οποία χρονολογείται μεταξύ 447 και 445 π.Χ. (*IG* 1² 400), αναγράφονται τα ονόματα των τότε ιππάρχων μαζί με την επιβεβαίωση ότι τρία πρόσωπα μπορούσαν να κατέχουν τη συγκεκριμένη θέση. Άλλη επιγραφή (*Agora* I 7518), από το 446-443 π.Χ., αποτελεί, πιθανότατα, την πρωιμότερη επιβεβαίωση για τη μεταγενέστερη αναδιάρθρωση του αθηναϊκού ιππικού, με τη γνωστή σύνθεση 2 ιππάρχων, 10 φυλάρχων και 1000 ιππέων. Ένα άλλο κείμενο (*SEG* 21.525), δίνει στοιχεία για τον αριθμό των ιππέων που μειώθηκε σημαντικά κατά την Ελληνιστική περίοδο. Περιστασιακά, μαρτυρείται η συμμετοχή του ιππικού σε συγκεκριμένες μάχες, τιμώντας ή εγκωμιάζοντας εκείνους που σκοτώθηκαν στον πόλεμο και απέδειξαν τη γενναιότητά τους «έχοντας το θάρρος να αντιμετωπίσουν τον Άρη» (*SEG* 47.84), ενώ παρουσιάζονται στοιχεία για τη συμμετοχή του ιππικού σε θυσίες, πομπές και εορτασμούς, όπως η *ανθιππασία*, ένα αγώνισμα-επίδειξη του ιππικού που διεξαγόταν κατά τη διάρκεια των Παναθηναίων και των Ολυμπίων (*IG* 2² 3079, *IG* 2² 3130). Επιπλέον, οι επιγραφές αυτές ρίχνουν φως σε αρκετές διοικητικές διαδικασίες, όπως η αξιολόγηση των αλόγων ή *τίμηση* (*SEG* 21.525), η κατανομή των σιτηρών (*IG* 1³ 375; *IG* 2² 1264) και η πληρωμή των φόρων στον Λύκειο Απόλλωνα (*IG* 5 138). Οι επιγραφές, όπως το διάταγμα του Καλλίστρατου εκ μέρους των Ταραντίνων, αποκαλύπτουν τη σημασία του ιππικού στην Αθήνα ως δυναμικού θεσμού με κύρος, αλλά ταυτόχρονα μας παρέχουν ανεκτίμητες πληροφορίες δίνοντάς μας ένα στιγμιότυπο από την οργάνωση, τα πρόσωπα και τα προνόμια του ιππικού.

Για επιγραφές σχετικά με το ιππικό, από τις ανασκαφές της Αρχαίας Αγοράς της Αθήνας, βλ. Glenn R. Bugh, "Cavalry inscriptions from the Athenian Agora," *Hesperia* 67 (1998) σελ. 81-90. Για την επιγραφή που βρίσκεται στην έκθεση (*Agora* 1 7587), βλ. John M. Camp, "Excavations in the Athenian Agora: 1994 and 1995," *Hesperia* 64 (1995) σελ. 231-261.

Για τα επίσημα αρχεία και το αρχηγείο του ιππικού στην Αρχαία Αγορά, βλ. John H. Kroll, "An Archive of the Athenian Cavalry," *Hesperia* 46 (1977) σελ. 83-140.

Για την αξιολόγηση των αλόγων και το ιππικό κατά την ελληνιστική περίοδο, βλ. Ιωάννης Θρεψιάδης και Eugene Vanderpool «Προς τοις Ερμαίς», *Αρχαιολογικόν Δελτίον* 18 (1963) σελ. 99-114.

Detail of stele with cavalry inscription Ι 7587

Λεπτομέρεια της ενεπίγραφης τιμητικής στήλης Ι 7587

Statue of an archer on horseback.
The "Persian or Scythian Rider", 520-510. BC
Acropolis Museum, Akr 606.
© Acropolis Museum, 2013,
photo: Socrates Mavrommatis

Άγαλμα έφιππου τοξότη. Ο «Πέρσης»
ή «Σκύθης» ιππέας, 520-510 π.Χ.,
Μουσείο Ακρόπολης Ακρ. 606.
© Μουσείο Ακρόπολης, 2013,
φωτογραφία: Σωκράτης Μαυρομμάτης

What do we know about Athenian archers on horseback?

Will Austin and Peter Thompson

After the establishment of a citizen cavalry force in the 450s BC, the Athenian horse-mounted military corps underwent a series of expansions and reorganizations. By 431, the number of equestrian troops had been increased from 300 to 1,000 and an additional regiment of 200 archers on horseback was also introduced. These *hippotoxotai* seem to have functioned as reconnaissance and raiding units on campaign, as well as a preliminary vanguard in pitched battles (Xenophon *Memorabilia* 3.3.1). Surviving literary evidence preserves only two instances of deployment of hippotoxotai during 5th-century Athenian warfare: once in 416 when twenty were included among the forces which attacked Melos (Thucydides 5.84.1-2) and once in 414 when thirty were sent as reinforcements to Nikias' floundering Sicilian expeditionary force (Thucydides 6.94.4).

The full contingent of 200 hippotoxotai perhaps only rode together during peacetime cavalry displays. Two speeches by Lysias concerning the public prosecution of Alkibiades the Younger for illicitly joining the *hippotoxotai* in 395 constitute the latest surviving evidence for the regiment (Lysias 14 and 15). By the time Xenophon wrote his treatises on horsemanship and cavalry command in ca. 360 BC, the hippotoxotai, absent from both works, seem to have no longer existed. A force of mounted *prodromoi* may have more or less directly assumed the same skirmishing and scouting functions as the mounted archers but their weapon was the javelin, not the bow (Xenophon *Hipparchikos* 1.25).

Despite scholarly speculation that they might have been Scythian or Thracian 'barbarians,' like other groups of unmounted archers deployed with the Athenian army, the hippotoxotai appear to have been drawn from the Athenian citizenry, like the *hippeis* cavalry ranks. An inscribed casualty list from the late 5th century preserves the fragmentary name Αλεχσ--, under the heading Ηιππο[τοχσόται] (*SEG* 12.73; Agora I 5065), separated by an intentional vacat from another heading naming "barbarian archers" ("τοχ[σοται] βαρβα[ροι]"). Although perhaps indicating that the hippotoxotai functioned as a subsidiary barbarian unit, it is more likely that the separate headings corresponded to distinct military classifications. Furthermore, the scandal of Alkibiades the Younger joining the mounted archers was unrelated to the ethnic character of that regiment but instead concerned his abandonment of more dangerous military duties in the infantry. We might also speculate that, given the elder Alkibiades' treacherous desertions to Sparta and then to Persia, Lysias would have exploited the non-Athenian makeup of the hippotoxotai when prosecuting his son if such a characterization had been realistic or plausible. However, despite taking more than one fifth of his first speech to remind the jury of that infamous statesman's career (Lysias 14.30-40), Lysias makes no insinuations of dangerous fraternization with non-Athenians against the younger Alkibiades. As such, his (admittedly unorthodox) enrolment in the mounted archers should be viewed as positive evidence for the Athenian citizen makeup of the hippotoxotai.

However, the citizens who served as hippotoxotai did differ markedly from the regular *hippeis* in their social status and economic circumstances. Another speech of Lysias, the fragmentary *Against Theozotides* (fr. 6.73-79), records that the mounted archers received twice the daily pay of the hippeis and Lysias 15.5 implies that they did not have to finance their own horses, which were provided by the state. This higher level of compensation and alleviation of the large financial burden of maintaining a warhorse strongly indicates that the hippotoxotai did not derive from the wealthy group of citizens which constituted the Athenian hippeis. Consequently, representations of Athenian mounted archers are extremely rare in the selective and artificial world of artistic production, which was more typically concerned with the ideals of a social and economic elite. And yet, the Athenians' willingness to establish and support the hippotoxotai from their state funds also suggests that these forces were seen to be of considerable importance and benefit. As a result, the evidence concerning the social status of the hippotoxotai allows us to nuance the persistent and rigid association between the cavalry and 'aristocracy': One sixth of the city's permanent citizen cavalry corps were not part of the elite, and the 'cavalry class' was perhaps a more consistent category in the Athenian imagination than it was in military and economic reality.

For the role of the archers in the Athenian cavalry, see Glenn Bugh, *Horsemen of Athens* (Princeton 1988) pp. 221-224.

For further discussions of the financing and social class of Athenian mounted archers, see David. M. Pritchard, "The Horsemen of Classical Athens: Some Considerations on Their Recruitment and Social Background," *Athenaeum* 106 (2018) pp. 439-453.

For the conscription and financing of cavalry more generally, see Matthew Christ, "Conscription of Cavalrymen in Classical Athens," *Phoenix* 73 (2019) pp. 313-332.

For an overview of the key evidence regarding state pay for these cavalry regiments, with particular attention to the differences between regiments and social attitudes to the corps, see William T. Loomis, "Pay Differentials and Class Warfare in Lysias' *Against Theozotides*: Two Obols or Two Drachmas?" *Zeitschrift für Papyrologie und Epigraphik* 107 (1995) pp. 230-236; and for an opposing interpretation of the early 4th-century reduction in cavalry pay see Iain G. Spence, *The Cavalry of Classical Greece. A Social and Military History with Particular Reference to Athens* (Oxford 1993) pp. 56-60.

For a discussion of the conceptualization of the 'cavalry class', see Polly Low, "Cavalry Identity and Democratic Ideology in Early Fourth-Century Athens." *Proceedings of the Cambridge Philological Society* 48 (2002) pp. 102-112.

Τι γνωρίζουμε για τους Αθηναίους έφιππους τοξότες;

Will Austin και Peter Thompson

Μετά τη σύσταση του ιππικού πολιτών τη δεκαετία του 450 π.Χ., το αθηναϊκό έφιππο στρατιωτικό σώμα υπέστη μια σειρά αλλαγών και αναδιατάξεων. Μέχρι το 431 π.Χ., ο αριθμός των ιππέων είχε αυξηθεί από 300 σε 1.000, ενώ προστέθηκε ένα επιπλέον σύνταγμα 200 έφιππων τοξοτών. Αυτοί οι *ιπποτοξόται* φαίνεται να λειτουργούσαν ως αναγνωριστικές και καταδρομικές μονάδες σε εκστρατείες, καθώς και ως βασική εμπροσθοφυλακή σε μάχες (Ξενοφών, *Απομνημονεύματα* 3.3.1). Σωζόμενες γραπτές πηγές αναφέρουν μόνο δύο περιπτώσεις συμμετοχής ιπποτοξοτών σε μάχες των Αθηναίων τον 5° αιώνα π.Χ.: η μία, το 416 π.Χ., όταν είκοσι ιπποτοξότες περιλήφθηκαν στις δυνάμεις που επιτέθηκαν στη Μήλο (Θουκυδίδης 5.84.1-2) και η άλλη, το 414 π.Χ., όταν τριάντα από εκείνους στάλθηκαν ως ενισχύσεις στις παραπαίουσες δυνάμεις του Νικία κατά τη Σικελική εκστρατεία (Θουκυδίδης 6.94.4).

Πιθανόν, ολόκληρο το απόσπασμα των 200 ιπποτοξοτών να ίππευε σε πλήρη διάταξη μόνο σε επιδείξεις του ιππικού εν καιρώ ειρήνης. Δύο λόγοι του Λυσία που αφορούν τη δημόσια κατηγορία του Αλκιβιάδη του Νεότερου για παράνομη συμμετοχή στο σώμα των ιπποτοξοτών το 395 π.Χ., αποτελούν τις τελευταίες σωζόμενες αναφορές σε αυτούς (Λυσίας 14 και 15). Όταν ο Ξενοφών έγραψε τις πραγματείες του «*Περί Ιππικής*» και «*Ιππαρχικός*» γύρω στο 360 π.Χ., οι ιπποτοξότες, οι οποίοι απουσιάζουν και από τα δύο έργα, φαίνεται ότι είχαν πάψει να υπάρχουν. Το σώμα των έφιππων *προδρόμων* είχε σχεδόν απευθείας αναλάβει τα ίδια καθήκοντα ανίχνευσης και ακροβολισμού όπως οι έφιπποι τοξότες, αλλά το όπλο τους ήταν το ακόντιο και όχι το τόξο (Ξενοφών, *Ιππαρχικός* 1.25).

Παρά τις εικασίες των μελετητών ότι πιθανόν επρόκειτο για Σκύθες ή Θράκες «βαρβάρους», όπως άλλες ομάδες πεζών τοξοτών που συνεργάζονταν με τον αθηναϊκό στρατό, οι ιπποτοξότες φαίνεται να προέρχονται από τους πολίτες της Αθήνας, όπως και οι ιππείς. Σε μια επιγραφή του ύστερου 5ου αιώνα π.Χ. με κατάλογο θυμάτων, διατηρείται το τμήμα ονόματος *Αλεχσ--*, κάτω από την επικεφαλίδα *Ηιππο[τοχσόται]* (SEG 12.73, Agora I 5065), το οποίο διαχωρίζεται με κενό που έχει αφεθεί σκόπιμα από άλλη επικεφαλίδα που αναφέρεται σε βάρβαρους τοξότες («*τοχ[σοται] βαρβα[ροι]*»). Παρόλο που ίσως υποδηλώνει ότι οι ιπποτοξότες ήταν μια βοηθητική μονάδα βαρβάρων, είναι πιο πιθανό οι ξεχωριστές επικεφαλίδες να αντιστοιχούν σε διακριτές στρατιωτικές κατηγοριοποιήσεις. Επιπλέον, το σκάνδαλο του Αλκιβιάδη του Νεότερου που συμμετείχε στο σώμα των έφιππων τοξοτών δεν συνδέεται με τον εθνικό χαρακτήρα του σώματος αυτού, αλλά αφορούσε την εγκατάλειψη πιο επικίνδυνων στρατιωτικών καθηκόντων του στο πεζικό. Επίσης, εικάζουμε ότι, δεδομένης της προδοτικής λιποταξίας του Αλκιβιάδη του Πρεσβύτερου στη Σπάρτη κι έπειτα στην Περσία, ο Λυσίας θα εκμεταλλευόταν τη μη-αθηναϊκή σύνθεση των ιπποτοξοτών όταν κατηγορούσε το γιο του, αν κάτι τέτοιο ίσχυε. Αντίθετα, παρόλο που ανάλωσε περισσότερο από το ένα πέμπτο του πρώτου λόγου του

Late 5th century casualty list found in the wall of a modern house in the ancient Agora of Athens, listing fallen barbarian archers and hippotoxotai. Agora Excavations I 5065. Ephorate of Antiquities of the City of Athens.

Επιγραφή με κατάλογο θυμάτων που βρέθηκε εντοιχισμένη σε τοίχο σύγχρονου σπιτιού στην Αρχαία Αγορά της Αθήνας και περιλαμβάνει ονόματα πεσόντων βαρβάρων τοξοτών και ιπποτοξοτών. Ανασκαφές Αγοράς Ι 5065. Εφορεία Αρχαιοτήτων Πόλης Αθηνών.

για να υπενθυμίσει στους ενόρκους την καριέρα αυτού του διαβόητου πολιτικού (Λυσίας 14.30–40), ο Λυσίας δεν κάνει κανέναν υπαινιγμό για επικίνδυνη αδελφοποίηση με μη-Αθηναίους, εναντίον του νεώτερου Αλκιβιάδη. Έτσι, η -ομολογουμένως ανορθόδοξη- συμμετοχή του τελευταίου στο σώμα των έφιππων τοξοτών πρέπει να ιδωθεί ως απόδειξη για τη σύνθεσή τους από Αθηναίους πολίτες.

Ωστόσο, οι πολίτες που υπηρετούσαν ως ιπποτοξότες, πράγματι, διέφεραν από τους ιππείς σε ό,τι αφορά την κοινωνική τους θέση και οικονομική κατάσταση. Σε έναν άλλο λόγο του Λυσία, τον αποσπασματικά σωζόμενο *Κατά Θεοζοτίδη* (απόσπ. 6.73-79), καταγράφεται ότι οι έφιπποι τοξότες λάμβαναν διπλό ημερομίσθιο σε σχέση με τους ιππείς, ενώ ο Λυσίας (15.5) υπονοεί ότι δεν χρειαζόταν να πληρώνουν οι ίδιοι για τα άλογά τους, γιατί τα παρείχε το κράτος. Η μεγαλύτερη αυτή αποζημίωση και ανακούφιση από το δυσβάσταχτο οικονομικό βάρος συντήρησης πολεμικού αλόγου σαφώς καταδεικνύει ότι οι ιπποτοξότες δεν προέρχονταν από εύπορη ομάδα πολιτών, όπως οι Αθηναίοι ιππείς. Επομένως, οι απεικονίσεις Αθηναίων έφιππων τοξοτών είναι εξαιρετικά σπάνιες στον επιλεκτικό και τεχνητό κόσμο της καλλιτεχνικής δημιουργίας, η οποία ενδιαφερόταν περισσότερο για τα ιδανικά της κοινωνικής και οικονομικής ελίτ. Εντούτοις, η προθυμία των Αθηναίων να καθιερώσουν τους ιπποτοξότες και να τους στηρίξουν από τα κρατικά κονδύλια υποδηλώνει, επίσης, ότι οι δυνάμεις αυτές θεωρούνταν πολύ σημαντικές και ωφέλιμες. Κατά συνέπεια, οι ενδείξεις αναφορικά με την κοινωνική θέση των ιπποτοξοτών κλονίζουν τον επίμονο και αυστηρό συσχετισμό μεταξύ ιππικού και αριστοκρατίας: το ένα έκτο του μόνιμου ιππικού σώματος των πολιτών της Αθήνας δεν ανήκε στην ελίτ και η τάξη των ιππέων ήταν, ίσως, μια ομοιόμορφη κατηγορία περισσότερο στη φαντασία των Αθηναίων, παρά στη στρατιωτική και οικονομική πραγματικότητα.

Για τον ρόλο των τοξοτών στο αθηναϊκό ιππικό, βλ. Glenn Bugh, *Horsemen of Athens* (Princeton 1988) σελ. 221–224.

Για περαιτέρω συζήτηση σχετικά με την οικονομική και κοινωνική τάξη των Αθηναίων έφιππων τοξοτών, βλ. David. M. Pritchard, "The Horsemen of Classical Athens: Some Considerations on Their Recruitment and Social Background," *Athenaeum* 106 (2018) σελ. 439–453.

Γενικά για τη στρατολόγηση και τη χρηματοδότηση του ιππικού, βλ. Matthew Christ, "Conscription of Cavalrymen in Classical Athens," *Phoenix* 73 (2019) σελ. 313–332.

Για επισκόπηση των βασικών στοιχείων αναφορικά με την κρατική χρηματοδότηση των παραπάνω σωμάτων του ιππικού, ιδιαίτερα για τις διαφορές ανάμεσα σε στρατιωτικά συντάγματα και κοινωνικές συμπεριφορές απέναντι στο σώμα, βλ. William T. Loomis, "Pay Differentials and Class Warfare in Lysias' *Against Theozotides*: Two Obols or Two Drachmas?" *Zeitschrift für Papyrologie und Epigraphik* 107 (1995) σελ. 230–236. Για αντίθετη ερμηνεία της μείωσης του μισθού του ιππικού τον πρώιμο 4° αιώνα π.Χ., βλ. Iain G. Spence, *The Cavalry of Classical Greece. A Social and Military History with Particular Reference to Athens* (Oxford, 1993) σελ. 56-60.

Για συζήτηση πάνω στην έννοια της «τάξης των ιππέων», βλ. Polly Low, "Cavalry Identity and Democratic Ideology in Early Fourth-Century Athens", *Proceedings of the Cambridge Philological Society* 48 (2002) σελ. 102–112.

Why do Athenian horsemen wear Thracian dress?

Amanda Ball

As you walk along the sculptures of the west frieze in the Parthenon sculpture gallery of the Acropolis Museum, you may be surprised at the dress of some of the riders. Instead of the tunics, short cloaks, and sandals that most horsemen wear, some are wearing floppy fox skin caps (*alopekis*) and high boots (*embades*). These are clothing items that an ancient Athenian would associate with Thracians, or members of the tribes that lived in northeast Greece, as well as in modern day Bulgaria and Turkey. Xenophon in his *Anabasis* comments on the dress of Thracian cavalry during a particularly cold trip; he writes that all the Greeks were frost-bitten while the Thracian cavalry was kept warm by their fox-skin caps, their full-length tunics, and their long cloaks (7.4.3-4). It makes sense for Greeks to dress like Thracians in foreign, cold weather, but why are Athenians parading for Athena in these strange clothes?

Though the lands of Thrace were far removed from Athens, Athenians were no strangers to Thracians. The Thracian coast was the source of many materials upon which the Classical Greek *poleis* relied. Thracians predominate as an ethnic group among enslaved persons recorded in the Attic Stelai (IG 1[3] 421-430). Additionally, Athenian merchants imported Thracian timber and silver. Wine from Thrace was also prized, from the Maronitan wine that Odysseus used to inebriate the Cyclops to the prized wine of the island of Thasos. There's good reason to believe that horses may have been popular exports of Thrace, if a 4th-century inscription from Abdera can be used as evidence (SEG 47.1026).

From the time of the Trojan War, Thracian horses were recognized as being particularly fine; Odysseus and Diomedes steal the horses of the Thracian King Rhesus, which were described as whiter than snow and swift as the winds (*Iliad* 10. 436-437). Thracians are given the epithet "horse-taming" or *hippodamoi* throughout the *Iliad*, so it comes as no surprise that Thracian horses are especially desirable. The association between Thrace and horses persists in myth, notably with Herakles' task to steal the man-eating mares of Diomedes. Thracians seemed to venerate their horses, exemplified through the monumental horse sacrifice and burial near modern Valchi Izvor in Bulgaria, the chariot race frescoes from the tomb at Kazanlak, and the horse-rider relief plaques that proliferated in the Roman period. Why, though, would a citizen of Classical Athens want to emulate a Thracian rider?

The Thracian lifestyle appears to have been uniquely appealing to Athenian aristocrats. In the 6th century before the Persian War, Miltiades the Elder left Athens in favor of Thrace, where he raised an army and became a tyrant. Later, when the Persians invaded Thrace in the early 5th century, Athenians began to focus on the region. Aristophanes, in his late 5th-century play the *Gerytades*, writes about *thraikofoitai* or "Thrace-haunters," a class of men who were deeply fond of the region and spent time there. To put it simply, Thrace was where men could be men and live like the Homeric

Thracian-attired rider leading two horses (one named Skonthon). Attic red-figure amphora, from Vulci, ca. 540 BC. Penn Museum, Philadelphia MS 5399. Drawing in pen and ink by Mary Louise Baker, 1914.

Ιππέας με θράκικη ενδυμασία οδηγεί δύο άλογα (το ένα ονομάζεται Σκονθων). Αττικός ερυθρόμορφος αμφορέας από το Vulci, περ. 540 π.Χ. Penn Museum, Philadelphia MS 5399. Σχέδιο με μελάνι της Mary Louise Baker, 1914.

---

heroes, a far cry from democratic Athens where one could be ostracized for amassing too much power. Odrysian Thrace, a kingdom active from the early 5th century BC to the mid-3rd century BC, was ruled by kings and populated with men who served as mercenaries and itinerant warriors. Attic men obsessed with Thrace may have been the butt of jokes, but they were lauded in Athens if they gained riches and built an army. To dress as a Thracian was to emulate superior, almost innate horsemanship. Several *kalos* vases, ceramics that feature admirable youths, show young men in Thracian dress on horseback, perhaps play-acting as Thracian kings or mercenaries, or showing off their training at the cavalry academy that was Thrace.

For representations of Thracians on Athenian vases, see François Lissarrague, *L'autre guerrier: archers, peltastes, cavaliers dans l'imagerie attique* (Paris 1990).
For relations between Athens and Thrace, see Matthew Sears, *Athens, Thrace, and the Shaping of Athenian Leadership*. (Cambridge 2013); and *ibid*., "Athens." in *A Companion to Ancient Thrace*, edited by J. Valeva, E. Nankov, and D. Graninger (Oxford 2015), pp. 308–318.
For Thracian horse burials, see Momchil Kouzmanov, "The Horse in Thracian Burial Rites," in *The Culture of Thracians and their Neighbors: Proceedings of the International Symposium in memory of Prof. Mieczyslaw Domaradzki*, edited by J. Bouzek and L. Domaradzka (Oxford 2005) pp. 143–146.

Γιατί Αθηναίοι ιππείς φορούν θρακική ενδυμασία;
Amanda Ball

Καθώς περπατάτε κατά μήκος των γλυπτών της δυτικής ζωφόρου του Παρθενώνα στο Μουσείο της Ακρόπολης, μπορεί να εκπλαγείτε με την ενδυμασία ορισμένων ιππέων. Αντί για χιτώνες, κοντές κάπες και σανδάλια που φορούν οι περισσότεροι, ορισμένοι φορούν φαρδείς σκούφους από δέρμα αλεπούς (*αλωπεκίς*) και ψηλά υποδήματα (*εμβάδες*), τα οποία ένας αρχαίος Αθηναίος θα τα συνέδεε με τους Θράκες ή με μέλη φυλών που ζούσαν στη βορειοανατολική Ελλάδα και στη σημερινή Βουλγαρία και Τουρκία. Ο Ξενοφών στο έργο του *Κύρου Ανάβασις* σχολιάζει την ενδυμασία του θρακικού ιππικού κατά τη διάρκεια ενός πολύ κρύου ταξιδιού: γράφει ότι όλοι οι Έλληνες είχαν πάθει κρυοπαγήματα, ενώ το θρακικό ιππικό διατηρούνταν ζεστό με τους σκούφους από δέρμα αλεπούς, τους ολόσωμους χιτώνες και τις μακριές κάπες τους (7.4.3-4). Είναι λογικό οι Έλληνες να ντύνονται σαν Θράκες σε μακρινό, κρύο κλίμα, αλλά γιατί οι Αθηναίοι να παρελαύνουν για τη θεά Αθηνά με την περίεργη αυτή ενδυμασία;

Παρόλο που η γη της Θράκης βρισκόταν σίγουρα μακριά από τη Αθήνα, οι Θράκες δεν ήταν άγνωστοι στους Αθηναίους. Η Θρακική ακτή παρήγαγε πολλά υλικά και σ'αυτήν βασίζονταν οι πόλεις-κράτη του ελλαδικού χώρου κατά την Κλασική περίοδο. Οι Θράκες κυριαρχούσαν ως εθνότητα ανάμεσα στους σκλάβους που καταγράφονται στις αττικές στήλες (*IG* 13 421-430), ενώ, επιπλέον, οι Αθηναίοι έμποροι εισήγαγαν ξυλεία και άργυρο από τη Θράκη. Το κρασί της περιοχής ήταν επίσης ξακουστό, από το κρασί του Μάρωνα που χρησιμοποίησε ο Οδυσσέας για να μεθύσει τους Κύκλωπες έως το εξαίρετο κρασί της Θάσου. Τέλος, αν λάβουμε υπόψη μας μια επιγραφή του 4ου αιώνα από τα Άβδηρα (SEG 47.1026), μπορούμε βάσιμα να συμπεράνουμε ότι συχνά εξάγονταν άλογα από τη Θράκη.

Από την εποχή του Τρωικού Πολέμου, τα θρακικά άλογα θεωρούνταν εξαιρετικά. Ο Οδυσσέας και ο Διομήδης έκλεψαν τα άλογα του βασιλιά της Θράκης Ρήσου, τα οποία περιγράφονται ως πιο λευκά κι από το χιόνι και γρήγορα σαν τον άνεμο (*Ιλιάδα* 10. 436-437). Οι Θράκες χαρακτηρίζονταν ως «γητευτές αλόγων» ή ιππόδαμοι σε ολόκληρη την Ιλιάδα, επομένως, δεν αποτελεί έκπληξη το γεγονός ότι τα θρακικά άλογα ήταν περιζήτητα. Η σύνδεση της Θράκης με τα άλογα υπάρχει κα στη μυθολογία, κυρίως, με τον άθλο του Ηρακλή, σύμφωνα με τον οποίο έπρεπε να κλέψει τα ανθρωποφάγα άλογα του βασιλιά Διομήδη. Φαίνεται ότι οι Θράκες σέβονταν πολύ τα άλογά τους, γεγονός που αποδεικνύεται από τη μνημειώδη θυσία και ταφή αλόγου κοντά στην πόλη Valchi Izvor της σύγχρονης Βουλγαρίας, τις τοιχογραφίες με παραστάσεις αρματοδρομίας σε τάφο στο Kazanlak και τα ανάγλυφα πλακίδια με παράσταση ίππου και αναβάτη, τα οποία διαδόθηκαν κατά τη Ρωμαϊκή εποχή. Γιατί, όμως, ένας κάτοικος της κλασικής Αθήνας να θέλει να μιμηθεί έναν αναβάτη από τη Θράκη;

Ο θρακικός τρόπος ζωής φαίνεται ότι υπήρξε πολύ ελκυστικός για τους

Αθηναίους αριστοκράτες. Τον 6ο αιώνα π.Χ., πριν τους Περσικούς Πολέμους, ο Μιλτιάδης ο Πρεσβύτερος έφυγε από την Αθήνα για να πάει στη Θράκη, όπου συγκέντρωσε στρατό και έγινε τύραννος. Αργότερα, όταν οι Πέρσες εισέβαλαν στη Θράκη, στις αρχές του 5ου αιώνα π.Χ., οι Αθηναίοι άρχισαν να δείχνουν ενδιαφέρον για την περιοχή. Ο Αριστοφάνης, στο έργο που συνέγραψε στα τέλη του 5ου αιώνα π.Χ., *Γηρυτάδης*, αναφέρει τη λέξη: *Θραικοφοίται* ή «Θρακοστοιχειωτές», μια τάξη ανδρών τα μέλη της οποίας αγαπούσαν πολύ την εν λόγω περιοχή και περνούσαν χρόνο εκεί. Με άλλα λόγια, η Θράκη ήταν το μέρος όπου οι άνδρες μπορούσαν να είναι άνδρες και να ζουν όπως οι ομηρικοί ήρωες, απέχοντας παρασάγγας από τη δημοκρατική Αθήνα, όπου κάποιος μπορούσε να εξοστρακιστεί γιατί συγκέντρωνε πολλή εξουσία. Η Θράκη των Οδρυσών, ένα βασίλειο ενεργό από τον πρώιμο 5ο αιώνα π.Χ. έως τα μέσα του 3ου αιώνα π.Χ. κυβερνούνταν από βασιλείς και κατοικούνταν από άνδρες που υπηρετούσαν ως μισθοφόροι και περιπλανώμενοι πολεμιστές. Οι άνδρες από την Αττική που είχαν εμμονή με τη Θράκη μπορεί να γίνονταν περίγελος, ωστόσο, εάν συγκέντρωναν πλούτη και έφτιαχναν στρατό επαινούνταν στην Αθήνα. Το να ντυθεί κάποιος ως κάτοικος της Θράκης σήμαινε να μιμηθεί ανώτερη, σχεδόν έμφυτη εξοικείωση με την ιππική τέχνη. Αρκετά αγγεία με την επιγραφή *καλός*, κεραμικά αγγεία που απεικονίζουν γοητευτικούς νέους, περιλαμβάνουν παραστάσεις έφιππων νεαρών ανδρών με θρακική ενδυμασία που, ίσως, αναπαριστούν Θράκες βασιλείς ή μισθοφόρους ή επιδεικνύουν την εκπαίδευσή τους στην ιππική ακαδημία που υπήρξε η Θράκη.

Για αναπαραστάσεις Θρακών σε αθηναϊκά αγγεία, βλ. François Lissarrague, *L'autre guerrier: archers, peltastes, cavaliers dans l'imagerie attique*. (Παρίσι 1990).
Για τις σχέσεις ανάμεσα σε Αθήνα και Θράκη, βλ. Matthew Sears, *Athens, Thrace, and the Shaping of Athenian Leadership*. (Cambridge 2013) και *ibid.*, "Athens." στο *A Companion to Ancient Thrace*, επιμ. J. Valeva, E. Nankov, D. Graninger (Οξφόρδη 2015), σελ. 308--318.
Για θρακικές ταφές αλόγων, βλ. Momchil Kouzmanov, Momchil. "The Horse in Thracian Burial Rites," στο *The Culture of Thracians and their Neighbors: Proceedings of the International Symposium in memory of Prof. Mieczyslaw Domaradzki*, επιμ. J. Bouzek, L. Domaradzka (Οξφόρδη 2005) σελ. 143-146.

What was the role of the 'Squire'?

Jenifer Neils

If you look closely at many black and red-figure Attic paintings of a youth riding a horse, you will see that he is actually leading a second horse silhouetted beyond his own. So if you count the horse legs, you will note that there are eight rather than four, as well as two tails and two heads. The earliest images of this pair depict the youngest Trojan prince Troilus taking two horses outside the walls of Troy to water them at a fountain house, behind which Achilles waits in order to chase and eventually kill him.

This rider is traditionally called a squire or *hippos-trophos,* who is shown leading the horse of his absent master. On some earlier (ca. 550 BC) vases the master is actually present and is depicted as an armed warrior on foot. This imagery suggests that Greek hoplites called *hippobateis* or "horse-dismounters" rode to the battlefield but then dismounted in order to fight. The squires held their masters' horses until the hoplites were ready to remount, and the images show them reining in their mounts in order to keep them at a standstill. Mounted horsemen are generally depicted moving to the right, but if the artist wished to show the warrior's shield device, he turned them in the opposite direction.

Another English term for what we call 'squire' is 'equerry'. Derived from the Latin for horse (*equus),* its original meaning is "a person charged with supervision of the horses belonging to a royal or noble household." This upper-class attendant was not necessarily the person who groomed or fed horses, but he probably trained and exercised them. Grooms are often depicted nude and on a smaller scale as on the Karlsruhe black-figure amphora to indicate their lower status, not necessarily their age. Equerries or squires are often shown on red-figure vases dressed as full-fledged horsemen with a wide-brimmed hat (*petasos*), cloak (*chlamys*), and boots or sandals, and carrying two spears.

A gifted 6th-century BC artist known as Lydos painted several variations on this theme of the squire leading a void horse. One found during the Athens Metro excavations at Glyphada served as the burial urn of an infant. Clearly this amphora was a highly valued object, as it was mended in antiquity with six lead staples. Its use as a funerary vessel may indicate the aspirations which the parents had for their child before its untimely death. Likewise, the red-figure lekythos with a similar scene is a type of funerary oil flask, often placed in the graves of the deceased. Its imagery of a handsome youth on horseback echoes similar scenes of cavalrymen on the sculpted frieze of the Parthenon.

For the double horse motif and references in ancient texts, see Mario Iozzo, "Osservazioni su una *kylix* attica con *amphihippòs*," Ἀλήτης/*Alétes. Miscellanea per I settant'anni di Roberto Caprara* (Massafra 2000) pp. 279–293.

For a vase painting of a warrior walking behind a squire, see Mary B. Moore, "Hoplites,

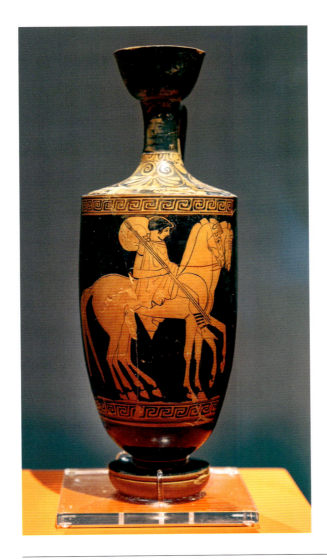

Lekythos with rider and two horses. Attic red-figure, attributed to the Syracuse Painter ca. 460 BC. From a grave in Eretria. Athens National Archaeological Museum A1306.

Αττική ερυθρόμορφη λήκυθος με έφιππο νέο και δύο άλογα του Ζωγράφου των Συρακουσών, περ. 460 π.Χ. Βρέθηκε σε τάφο στην Ερέτρια. Εθνικό Αρχαιολογικό Μουσείο Α 1306.

Horses, and a Comic Chorus," *Metropolitan Museum Journal* 41 (2006) pp. 33–57.
For the amphora by Lydos from Glyfada, see Konstantina Papageorgiou, *The Ancient City Road and the Metro beneath Vouliagmenis Avenue* (Athens 2016) p. 178.
For other vases with horses by Lydos (including an amphora in Naples [2770] where the squire rides alongside a warrior), see Michales Tiverios, *Ho Lydos kai to ergo tou: symbolē stēn ereuna tēs Attikēs melanomorphēs angeiographias* (Athens 1976) pl. 56.

Ποιος ήταν ο ρόλος του ιπποκόμου;
Jenifer Neils

Εάν παρατηρήσετε προσεκτικά πολλές μελανόμορφες και ερυθρόμορφες αττικές ζωγραφικές παραστάσεις που απεικονίζουν νεαρό να ιππεύει άλογο, θα διακρίνετε ότι κρατά ένα δεύτερο άλογο δίπλα στο δικό του. Αν, λοιπόν, μετρήσετε τα πόδια των αλόγων θα δείτε ότι είναι οκτώ αντί για τέσσερα, καθώς και δύο ουρές και δύο κεφάλια. Οι πρωιμότερες τέτοιες εικόνες αναπαριστούν το νεαρότερο Τρώα πρίγκηπα, Τρωίλο, να οδηγεί δύο άλογα έξω από τα τείχη της Τροίας, προκειμένου να πιουν νερό σε ένα κρηναίο οικοδόμημα, πίσω από το οποίο κρύβεται ο Αχιλλέας με σκοπό να τον κυνηγήσει και τελικά να τον σκοτώσει.

Παραδοσιακά, ο αναβάτης αυτός ονομάζεται ιπποκόμος ή *ιππότροφος*, ο οποίος απεικονίζεται να οδηγεί το άλογο του κυρίου του που απουσιάζει. Σε ορισμένα πρωιμότερα αγγεία (περ. 550 π.Χ.) ο κύριος είναι παρών και απεικονίζεται ως πεζός οπλισμένος πολεμιστής. Τέτοιες απεικονίσεις υποδηλώνουν ότι οι Έλληνες οπλίτες, οι οποίοι ονομάζονταν *ιπποβάτες* ή αφιππεύοντες, ίππευαν μέχρι το πεδίο της μάχης, αλλά στη συνέχεια κατέβαιναν από το άλογό τους για να πολεμήσουν. Οι ιπποκόμοι κρατούσαν το άλογο των κυρίων τους μέχρι να έρθει η ώρα να ξαναϊππεύσουν, ενώ αναπαρίστανται να τραβούν τα ηνία για να κρατούν τα άλογα ακίνητα. Γενικά, οι έφιπποι άνδρες εικονίζονται να κινούνται προς τα δεξιά, ωστόσο, εάν ο καλλιτέχνης επιθυμούσε να δείξει την ασπίδα του πολεμιστή, φιλοτεχνούσε τις μορφές του προς την αντίθετη κατεύθυνση.

Ένας αγγλικός όρος για τη λέξη «ιπποκόμος» είναι «equerry». Προέρχεται από τη λατινική λέξη για το άλογο, *equus*, και η αρχική του σημασία ήταν ο «επιφορτισμένος με την επίβλεψη των αλόγων που ανήκουν σε βασιλιά ή ευγενή». Αυτός ο υπηρέτης της υψηλής τάξης δεν ήταν απαραίτητα το άτομο που περιποιούνταν ή τάιζε τα άλογα, αλλά πιθανότατα εκείνος που τα προπονούσε και τα εκγύμναζε. Οι ιπποκόμοι συχνά απεικονίζονται γυμνοί και σε μικρότερη κλίμακα, όπως στο μελανόμορφο αμφορέα από την Καλρσρούη, προκειμένου να υποδηλωθεί η χαμηλότερη κοινωνική τους τάξη και όχι απαραίτητα η ηλικία τους. Οι ιπποκόμοι εικονίζονται συχνά σε ερυθρόμορφα αγγεία ντυμένοι ως κανονικοί ιππείς, φορώντας *πέτασο* (πλατύγυρο καπέλο), χλαμύδα και μπότες ή σανδάλια και κρατώντας δύο δόρατα.

Ένας χαρισματικός καλλιτέχνης του 6ου αιώνα π.Χ., γνωστός ως Λυδός, φιλοτέχνησε αρκετές παραλλαγές του θέματος του ιπποκόμου που κρατά άλογο χωρίς αναβάτη. Μία από αυτές αναπαρίσταται σε αμφορέα που ήρθε στο φως κατά τις ανασκαφές του Αττικού Μετρό στη Γλυφάδα και χρησίμευσε ως τεφροδόχος βρέφους. Είναι σαφές ότι πρόκειται για αντικείμενο μεγάλης αξίας, καθώς, κατά την αρχαιότητα, είχε επιδιορθωθεί με έξι μολύβδινους συνδέσμους. Η χρήση του ως ταφικό αγγείο ίσως υποδηλώνει τις φιλοδοξίες που είχαν οι γονείς για το παιδί τους πριν τον πρόωρο θάνατό του. Ομοίως, οι ερυθρόμορφες λήκυθοι με παρόμοια παράσταση αποτελούν τύπους ταφικού μυροδοχείου που συχνά τοποθετούνταν σε

Amphora with rider and two horses. Attic black-figure attributed to the painter Lydos, ca. 550 BC Found in a grave at Glyphada. Piraeus Museum ΜΠ 14265. Ephorate of Antiquities of Piraeus and the Islands.

Αττικός μελανόμορφος αμφορέας με έφιππο νέο και δύο άλογα. Του Ζωγράφου Λυδού, περ. 550 π.Χ. Βρέθηκε σε τάφο στη Γλυφάδα. Αρχαιολογικό Μουσείο Πειραιά ΜΠ 14265. Εφορεία Αρχαιοτήτων Πειραιώς και Νήσων.

τάφους. Η απεικόνιση όμορφου έφιππου νέου παραπέμπει σε παρόμοιες σκηνές ιππέων που είναι λαξευμένες στη ζωφόρο του Παρθενώνα.

Για το μοτίβο με τα δύο άλογα και τις αναφορές σε αρχαία κείμενα, βλ. Mario Iozzo, "Osservazioni su una *kylix* attica con *amphihippòs*," Άλήτης/*Alétes. Miscellanea per I settant'anni di Roberto Caprara* (Massafra 2000) σελ. 279-293.
Για τη γραπτή διακόσμηση αγγείου με παράσταση πολεμιστή που περπατά πίσω από ιπποκόμο, βλ. Mary B. Moore, "Hoplites, Horses, and a Comic Chorus," *Metropolitan Museum Journal* 41 (2006) σελ. 33-57.
Για τον αμφορέα του Λυδού από τη Γλυφάδα, βλ. Konstantina Papageorgiou, *The Ancient City Road and the Metro beneath Vouliagmenis Avenue*. (Αθήνα 2016) σελ. 178.
Για άλλα αγγεία με παραστάσεις αλόγων από τον Λυδό (συμπεριλαμβανομένου του αμφορέα από τη Νάπολη [2770] όπου ο ιπποκόμος ιππεύει δίπλα σε πολεμιστή), βλ. Μιχάλης Τιβέριος, *Ο Λυδός και το έργο του. Συμβολή στην έρευνα της αττικής μελανόμορφης αγγειογραφίας* (Αθήνα 1976) πιν. 56.

The cavalry inspection

Jenifer Neils

Just like the Athenian civil servants themselves, the horses used by the cavalrymen had to pass an official inspection known as the *dokimasia*. If horses were not in good condition, too slow, or unruly they could be rejected. This process is recorded in the *Constitution of the Athenians* (49.1), composed in the 4th century BC. It states:

> The council vets the horses, and if anybody who has a good horse is judged to be maintaining it badly it fines him the fodder grant. Those horses which are not able to keep up, or do not want to stay in position and are unmanageable, it brands with a wheel on its jaw, and the horse to which this is done is rejected. (trans. P. J. Rhodes)

Depictions of Athenian civic life are rare, but this hippic inspection may be recorded in vase painting. Such depictions were a specialty of the aptly named Dokimasia Painter, a ceramic artist who decorated several Athenian red-figure cups of the early 5th century BC with this scene. His name vase (BAPD 204483) depicts on the exterior three youths in riding outfits (cloaks and petasoi, and one wearing boots) carrying two spears. They are leading their horses toward a group of three inspectors, one of whom is seated and holding a writing tablet. He is presumably recording the name of the owner and specifics about the horse such as its color, brand, and value in drachmas.

Inscribed lead tablets recording this information about the cavalry horses have been found discarded in wells in the Agora and in the Kerameikos cemetery; the total number to date is 681. The values accorded the horses vary from 100 to 1200 drachmas, and the average is about 700 which is about two years' wages for a skilled workman. The purpose of recording the monetary value of the horses has been much discussed by scholars. Was it for newly enrolled cavalrymen who received a subsidy to buy their mounts (the *katástasis*)? Or was it a form of insurance by which the state would repay a cavalryman who lost his horse in battle? Such records of the current monetary value of the horse, rather than its original cost, would be consulted when a horse was lost so that the owner could be repaid.

A horse that could be considered *adokimos* (unfit) is possibly shown on the west frieze of the Parthenon. On block XII, a youth holding what looks like a writing tablet is looking down at a young horse which is rubbing his mouth against his left foreleg. The horse's legs are long indicating that he is still a colt and his mane is untrimmed. It is likely that he is being rejected on both counts. Could he be rubbing his jaw which has just been branded? Or perhaps he just has an itch and needs to grow up before performing at the Panathenaia.

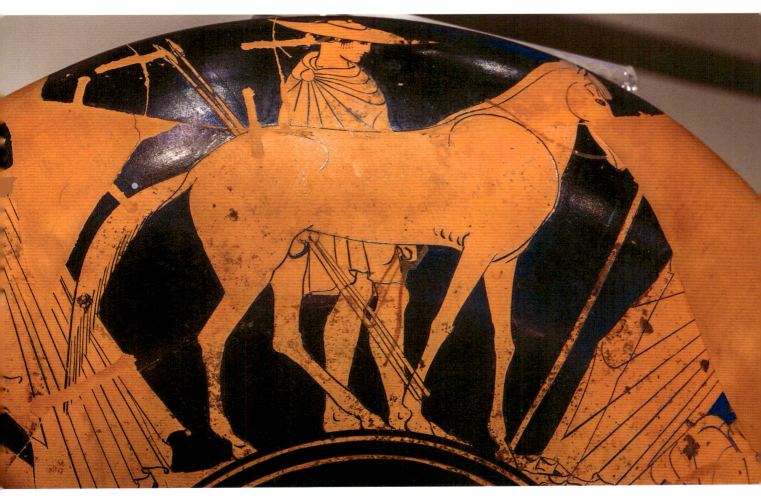

Dokimasia or cavalry inspection. Attic red-figure kylix, from Orvieto, ca. 480 BC. Berlin, Antikensammlung F 2296. Photo: Wikipedia Commons.

Δοκιμασία ή επιθεώρηση του ιππκού. Αττική ερυθρόμορφη κύλικα από το Orvieto, περ. 480 π.Χ. Βερολίνο, Antikensammlung F 2296. Φωτογραφία: Wikipedia Commons.

For the *dokimasia* on Attic vases, see Herbert Cahn, "Dokimasia," *Revue archeologique* (1973) pp. 3-22.
On the cavalry tablets, see John H. Kroll, "An Archive of the Athenian Cavalry," *Hesperia* 46 (1977) pp. 83-140.
For a discussion of Block XII of the west frieze, see Mary B. Moore, "Unmounted Horses on the Parthenon Frieze, especially West XII," *Antike Kunst* 46 (2003) pp. 31-43.

Η επιθεώρηση του ιππικού

Jenifer Neils

Όπως ακριβώς οι Αθηναίοι δημόσιοι λειτουργοί, έτσι και τα άλογα που χρησιμοποιούνταν στο Ιππικό έπρεπε να περάσουν από επιθεώρηση, η οποία ονομαζόταν *δοκιμασία*. Εάν δεν ήταν σε καλή κατάσταση, ήταν πολύ αργά ή ατίθασα, ενδεχομένως να απορρίπτονταν. Η διαδικασία αυτή καταγράφεται στην *Αθηναίων Πολιτεία* (49.1), η οποία συντάχθηκε τον 4ο αιώνα π.Χ. και αναφέρει τα εξής:

> *Η βουλή εξετάζει, επίσης, τα άλογα και αν βρει ότι κάποιος έχει ένα πολύ καλό άλογο, αλλά δεν το συντηρεί καλά τον τιμωρεί κατακρατώντας τη χορηγία για τη συντήρηση του αλόγου. Στα άλογα που δεν μπορούν να τρέχουν ή δεν μπορούν ή δεν θέλουν να παραμείνουν στη γραμμή και φεύγουν, τα σημαδεύουν στο σαγόνι και κάθε άλογο που έχει σημαδευτεί θεωρείται μη μάχιμο.*

Οι αναπαραστάσεις της Αθηναϊκής δημόσιας ζωής είναι σπάνιες, ωστόσο, η επιθεώρηση των αλόγων εμφανίζεται σε γραπτό διάκοσμο αγγείων και αποτέλεσε το αγαπημένο θέμα του καλλιτέχνη που εύστοχα ονομάστηκε Ζωγράφος της Δοκιμασίας, ενός αγγειογράφου που διακόσμησε αρκετά αθηναϊκά ερυθρόμορφα κύπελλα του πρώιμου 5ου αιώνα π.Χ. με την παράσταση αυτή. Το ομώνυμο αγγείο (BAPD 204483) απεικονίζει, στο εξωτερικό, τρεις νέους με ενδυμασία ιππέων (χιτώνες και πέτασοι, ενώ ο ένας φοράει μπότες) που κρατούν δύο δόρατα. Οδηγούν τα άλογά τους προς το μέρος τριών επιθεωρητών, ένας από τους οποίους είναι καθιστός και κρατά πινάκιο γραφής. Πιθανότατα καταγράφει το όνομα του ιδιοκτήτη και τα χαρακτηριστικά του αλόγου, όπως το χρώμα, το μαρκάρισμα και την αξία του σε δραχμές.

Ενεπίγραφα μολύβδινα ελάσματα με τις παραπάνω πληροφορίες για τα άλογα του ιππικού έχουν βρεθεί σε πηγάδια της Αρχαίας Αγοράς και στο νεκροταφείο του Κεραμεικού. Ο συνολικός τους αριθμός ανέρχεται σήμερα στα 681. Η αξία των αλόγων ποικίλει από 100 έως 1200 δραχμές, ενώ ο μέσος όρος είναι περίπου 700 δραχμές που αντιστοιχούν περίπου σε μισθούς δύο χρόνων ενός ειδικευόμενου εργάτη. Ο σκοπός της καταγραφής της χρηματικής αξίας των αλόγων έχει συζητηθεί πολύ από τους μελετητές. Χρησίμευε στους νεοσύλλεκτους ιππείς που λάμβαναν επιδότηση προκειμένου να αγοράσουν το άλογό τους (την επονομαζόμενη *κατάσταση*); Ή πρόκειται για μια μορφή ασφάλισης μέσω της οποίας το κράτος θα αποζημίωνε τους ιππείς που έχαναν το άλογό τους στη μάχη; Πάντως, τέτοιου είδους αρχεία με την τρέχουσα χρηματική αξία αλόγων -αντί για το αρχικό κόστος τους- θα χρησιμοποιούνταν προκειμένου να αποζημιωθεί ο ιδιοκτήτης όταν έχανε το άλογό του.

Ένα άλογο που θα μπορούσε να θεωρηθεί *αδόκιμο* (ακατάλληλο), πιθανότατα, απεικονίζεται στη δυτική ζωφόρο του Παρθενώνα. Στον λίθο XII, ένας νέος που κρατά κάτι σαν πινάκιο γραφής κοιτάζει ένα νεαρό άλογο που τρίβει τη μουσούδα του στο αριστερό μπροστινό του πόδι. Τα πόδια του είναι μακριά, γεγονός που υποδηλώνει ότι πρόκειται για πουλάρι, ενώ η χαίτη του δεν είναι κουρεμένη. Ίσως να απορρίπτεται και για τους δύο αυτούς λόγους. Ενδεχομένως να τρίβει το μάγουλό του

Dokimasia. Parthenon Frieze, West (in situ), W XII 22, 23, 24. American School of Classical Studies, Archives. Alison Frantz Photographic Collection (AT 191).

Δοκιμασία. Παρθενώνας Δυτική ζωφόρος Λίθος XII 22, 23, 24. ΑΣΚΣΑ Τμήμα Αρχείων. Φωτογραφική Συλλογή Alison Frantz (AT 191).

γιατί μόλις σημαδεύτηκε η γνάθος του; Ή απλώς, ξύνει το πρόσωπό του και πρέπει να μεγαλώσει πριν λάβει μέρος στα Παναθήναια.

Για την παράσταση της *δοκιμασίας* σε αττικά αγγεία, βλ. Herbert Cahn, "Dokimasia," *Revue archéologique* (1973) σελ. 3-22.
Για το αρχείο μολύβδινων πινακίδων του ιππικού, βλ. John H. Kroll, "An Archive of the Athenian Cavalry," *Hesperia* 46 (1977) σελ. 83-140.
Για μια συζήτηση γύρω από τον Λίθο XII της δυτικής ζωφόρου, βλ. Mary B. Moore, "Unmounted Horses on the Parthenon Frieze, especially West XII," *Antike Kunst* 46 (2003) σελ. 31-43.

Loutrophoros of Philon
Pentelic marble, mid-4th century BC.
Ephorate of Antiquities of the City of Athens M 977.

Λουτροφόρος του Φίλωνα
Πεντελικό μάρμαρο, μέσα 4ου π.Χ. αιώνα.
Εφορεία Αρχαιοτήτων Πόλης Αθηνών Μ 977.

Cavalry Battles beyond Dexileos

Olga Palagia

Since the late 6th century BC, the Athenian war dead were cremated on the battlefield. Their ashes were carried home to be given burial in the public cemetery (*demosion sema*) during an annual ceremony which comprised a funeral speech by one of the leading politicians. State burials lay along the main road leading from the Dipylon Gate to the Academy though they branched out along the way. The casualty lists erected above the cremation burials were arranged by tribes. In some instances, there were separate casualty lists for the cavalry, as attested by a memorial in the form of a floral ornament inscribed with the names of the knights who died in the battles of Corinth and Koroneia in 394 B.C. (Athens, National Archaeological Museum 754) By a lucky chance, a fragment of a stele listing all the war dead in those battles, topped by a battle scene in relief, has come down to us (Athens, National Archaeological Museum 2744).

The families of the war dead occasionally chose to commemorate them with cenotaphs and inscribed stelai in their private burial plots. The most famous example is the monumental grave relief of Dexileos of Thorikos, who fell in the battle of Corinth in 394 BC (Kerameikos Museum P 1130). It was placed in his family enclosure in the Kerameikos cemetery. Dexileos is shown as a victorious horseman overcoming a prostrate adversary. The imagery of the knight defeating a fallen foot-soldier was standard practice in both public and private war memorials erected during the Peloponnesian War and throughout the 4th century. The inscription states Dexileos' patronymic (father's name) and deme (township) affiliation, as well as the battle in which he perished. It also gives his age (he died at 20), which is so far unique among grave stelai.

A much more complex battle scene is found on another private memorial, a relief *loutrophoros* in Pentelic marble, which was excavated in a private grave precinct lining the road leading to the city gate of Diochares on the east side of ancient Athens. This enclosure also comprised two marble grave stelai of the same family.

A battle scene is represented on the front face: a victorious horseman has overcome four adversaries: another horseman, two foot-soldiers and a nude prisoner. His name, patronymic and deme affiliation are inscribed above his head: ΦΙΛΩΝ ΑΡΙΣΤΟΚΛΕΟΣ / ΜΕΛΙΤΕΥΣ (Philon son of Aristokles, of Melite). Ornamental zones above the inscription and below the battle scene can be detected by incised outlines and faint traces of paint. An incised maeander, originally picked out in color, forms the top border of this zone. Melite was a deme in downtown Athens, comprising the Agora and the Pnyx, which means that Philon was buried not far from his area of residence. His father Aristokles had two other sons, Kleitophon and Hegestratos, who are named on the grave stelai found in the family burial plot (*SEG* 25.255 and 256).

Philon was a member of the Athenian cavalry, who obviously died on the battlefield. Being a horse owner, he was a member of the elite and his family could well afford to honor him with a cenotaph, decorated with a monumental marble loutrophoros. He is shown as a mature man, bearded, wearing a Boeotian helmet and a short chiton belted at the waist. Xenophon (*The Cavalry Commander* 12.3) remarks that the

Boeotian helmet was well-suited to cavalrymen. He is represented in the same pose as Dexileos, riding a rearing horse, wielding a weapon, now lost, in his right hand, and striking at a defeated enemy who kneels on the ground. The kneeling man is youthful and wears an *exomis* with a short sleeve over his left upper arm. He is about to draw his sword as he looks up at the horseman. An older man, presumably dead, lies naked on the ground behind the kneeling soldier. Another dead enemy in an exomis lies face down on the ground. Philon's chief opponent, another horseman, is depicted at the left: his horse gallops away from the scene, carrying his dying body on its back. He wears a short chiton belted at the waist. This crowded battle scene is exceptional and may draw on a monumental prototype. Philon's image is stylistically close to a mounted amazon from the Amazonomachy frieze of the Mausoleum at Halicarnassus (London, British Museum 1847.4-24). which dates from the decade 360-350 BC.

The vase shape known as the loutrophoros carried water for bathing and was often used for wedding preparations as attested by the iconography of Attic red-figure vase painting. Water-carriers as well as water vessels were said to mark the graves of those who died unmarried. This was by no means a universal rule, however, as there are several marble loutrophoroi placed on the tombs of bearded (and therefore mature) warriors as well of mothers with children. The vessel can also be understood as carrying water for funerary purposes. We cannot know if Philon was married; if he had a wife, her name is not included on the inscribed stelai of his family precinct.

For the public cemetery of Athens and the iconography of Attic grave reliefs with battle scenes, with earlier references, see Nathan T. Arrington, *Ashes, Images, and Memories: The Presence of the War Dead in Fifth-century Athens* (Oxford 2015).

For lists of the Athenian war dead, see Hans R. Goette, "Images in the Athenian 'demosion sema'," in *Art in Athens During the Peloponnesian War*, edited by O. Palagia (Cambridge 2009) pp. 188-206.

For the Philon loutrophoros, see Sophia Kaempf-Dimitriadou, "Die Marmorlutrophoros des Philon in Athen," *Antike Kunst* 43 (2000) pp. 70-85.

For loutrophoroi in general, see Gerit Kokula, *Marmorlutrophoren* (Berlin 1984).

For the loutrophoros as a grave marker, see Johannes Bergemann, "Die sogenannte Lutrophoros: Grabmal für unverheiratete Töte?" *Athenische Mitteilungen* 111 (1996) pp. 149-190.

For Athenian military weaponry and the Boeotian helmet, see Thomas Schäfer, *Andres Agathoi: Studies zum Realitätsgehalt der Bewaffnung attischer Krieger auf Denmälern klassicher Zeit* (Munich 1997) esp. pp. 127-145.

Ιππομαχίες μετά τον Δεξίλεω

Όλγα Παλαγγιά

Ήδη από τα τέλη του 6ου αι. π.Χ. οι Αθηναίοι έκαιγαν τους νεκρούς τους στα πεδία των μαχών και μετέφεραν τις στάχτες στην Αθήνα για ταφή στο *δημόσιον σήμα*. Η επίσημη τελετή γινόταν μια φορά τον χρόνο και τον επικήδειο εκφωνούσε ένας σημαίνων πολιτικός. Το κρατικό νεκροταφείο εκτεινόταν κατά μήκος της οδού που οδηγούσε από το Δίπυλο στην Ακαδημία Πλάτωνος με διακλαδώσεις δεξιά και αριστερά. Οι κατάλογοι των θανόντων που στήνονταν πάνω στις ταφές ανέγραφαν τα ονόματα κατά φυλές. Σε ορισμένες περιπτώσεις έχουμε χωριστούς καταλόγους για τους ιππείς, όπως παραδίδονται σε μια ανθεμωτή στήλη με κατάλογο των θανόντων ιππέων από τις μάχες της Κορίνθου και της Κορωνείας το 394 π.Χ. (Εθνικό Αρχαιολογικό Μουσείο 754). Από ευτυχή συγκυρία, σώζεται και πλήρης κατάλογος όλων των θανόντων σε αυτές τις δύο μάχες, συνοδευόμενος από ανάγλυφη παράσταση μάχης (Εθνικό Αρχαιολογικό Μουσείο 2744).

Οι πεσόντες σε πολέμους από εύπορες οικογένειες ενίοτε αποκτούσαν κενοτάφια καθώς και ενεπίγραφα μνημεία μέσα στους οικογενειακούς ταφικούς περιβόλους. Πολύ γνωστή είναι η επιτύμβια στήλη του ιππέα Δεξίλεω από τον Θορικό (Μουσείο Κεραμεικού Ρ 1130), που έπεσε στη μάχη της Κορίνθου το 394 π.Χ. Το επιτύμβιο ανάγλυφο που στήθηκε στον οικογενειακό του περίβολο τον απεικονίζει έφιππο με τον αντίπαλό του πεσμένο στο έδαφος. Η σκηνή του νικηφόρου ιππέα που αποτελειώνει τον πεσμένο οπλίτη γνώρισε μεγάλη διάδοση στην επιτύμβια εικονογραφία κατά την διάρκεια του Πελοποννησιακού πολέμου και καθ'όλο τον 4ο αι. π.Χ. Η επιγραφή της στήλης του Δεξίλεω μας δίνει το όνομά του, το πατρώνυμο καθώς και τον δήμο στον οποίο ανήκε (Θορικός). Κατ' εξαίρεση, μας δίνει και την ηλικία του (πέθανε 20 ετών), πράγμα που δεν συνιθίζεται στις αττικές επιτύμβιες στήλες.

Περισσότερο σύνθετη είναι η σκηνή μάχης που βλέπουμε σε ένα άλλο ιδιωτικό μνημείο πεσόντος ιππέα, στην ανάγλυφη λουτροφόρο της Εφορείας της Πόλεως των Αθηνών Μ 977. Η λουτροφόρος βρέθηκε σε σωστική ανασκαφή σε ιδιωτικό ταφικό περίβολο κατά μήκος του δρόμου που οδηγούσε στις πύλες του Διοχάρους στον ανατολικό τομέα της αρχαίας Αθήνας. Στον ίδιο περίβολο βρέθηκαν δύο ακόμα επιτύμβιες στήλες της ίδιας οικογένειας.

Η σκηνή μάχης στη λουτροφόρο απεικονίζει έναν ιππέα που έχει κατατροπώσει τέσσερις αντιπάλους: έναν αλλον ιππέα, δύο οπλίτες και έναν γυμνό αιχμάλωτο. Πάνω από το κεφάλι του επιγράφεται το όνομά του, το πατρώνυμο και ο δήμος στον οποίο ανηκε: ΦΙΛΩΝ ΑΡΙΣΤΟΚΛΕΟΣ / ΜΕΛΙΤΕΥΣ. Πάνω από την επιγραφή μια γραπτή ζώνη διακρίνεται από τα εγχάρακτα περιγράμματά της. Το άνω μέρος της ζώνης αυτής αποτελείται από έναν μαίανδρο. Η Μελίτη ήταν ένας δήμος στην καρδιά της αρχαίας Αθήνας που περιλάμβανε την Πνύκα και την Αγορά, επομένως ο οικογενειακός περίβολος του Φίλωνα ήταν κοντά στην κατοικία του. Ο πατέρας του Αριστοκλής είχε ακόμα δυο γιούς, τον Κλειτοφώντα και τον Ηγήστρατο, όπως

μαθαίνουμε από τα ονόματα που επιγράφονται στις επιτύμβιες στήλες τους (SEG 25.255 και 256).

Ο Φίλων ανήκε στις τάξεις του αθηναϊκού ιππικού και προφανώς έπεσε στο πεδίο της μάχης. Ως ιππέας, ήταν μέλος της άρχουσας τάξης και η οικογένειά του είχε τη δυνατότητα να τον τιμήσει με κενοτάφιο και πολυτελή μαρμάρινη λουτροφόρο. Απεικονίζεται γενειοφόρος, επομένως ως ώριμος άνδρας, με χιτωνίσκο ζωσμένο στη μέση και βοιωτικό κράνος. Ο Ξενοφών (*Ιππαρχικός* 12.3) μας πληροφορεί ότι το βοιωτικό κράνος εξυπηρετούσε ιδιαίτερα τους ιππείς. Το εικονογραφικό μοτίβο του Φίλωνα απηχεί το ανάγλυφο του Δεξίλεω καθώς το άλογό του ορθώνεται στα πίσω πόδια και κραδαίνει όπλο (το οποίο δεν σώζεται) για να χτυπήσει έναν γονατισμένο αντίπαλο. Ο αντίπαλος αυτός είναι αγένειος και φορά εξωμίδα με κοντό μανίκι στον αριστερό βραχίονα. Κοιτάζει τον Φίλωνα ενώ τραβάει το ξίφος του. Ένας γυμνός γενειοφόρος άνδρας πίσω από τον γονατιστό νέο κείτεται στο έδαφος, προφανώς νεκρός. Ακόμα ένας νεκρός αντίπαλος που φορά εξωμίδα είναι ξαπλωμένος στο έδαφος με το κεφάλι προς το χώμα. Ο κατ'εξοχήν αντίπαλος του Φίλωνα, ένας ιππέας που βρίσκεται στα τελευταία του ξαπλωμένος πάνω στο άλογό του, καλπάζει προς τα αριστερά. Η πολυπρόσωπη σκηνή μάχης είναι ασυνήθιστη για επιτύμβιο ανάγλυφο και πιθανόν να εξαρτάται από κάποιο μνημειώδες πρότυπο. Το πλησιέστερο στιλιστικό παράλληλο της μορφής του Φίλωνα είναι μια έφιππη αμαζόνα από την ζωφόρο της αμαζονομαχίας του Μαυσωλείου της Αλικαρνασσού (Λονδίνο, Βρετανικό Μουσείο 1847.4-24) που χρονολογείται στη δεκαετία 360-350 π.Χ.

Η χρήση του αγγείου που ονομάζεται καταχρηστικά λουτροφόρος ήταν για τη μεταφορά νερού για το λουτρό, ιδίως για την προετοιμασία του γάμου, όπως βλέπουμε στις παραστάσεις των αττικών ερυθρόμορφων αγγείων. Κατά την αρχαία γραμματεία, λουτροφόροι (όχι μόνο αγγεία αλλά και άνθρωποι που μετέφεραν νερό) τοποθετούνταν πάνω στις ταφές νέων που πέθαναν άγαμοι. Αυτό όμως δεν αποτελούσε κανόνα γιατί βρέθηκαν μαρμάρινες λουτροφόροι πάνω σε τάφους ώριμων πολεμιστών καθώς και γυναικών με παιδιά. Επομένως η λουτροφόρος μπορεί να ερμηνευθεί και ως αγγείο που μετέφερε νερό για την πλύση των νεκρών. Δεν γνωρίζουμε αν ο Φίλων ήταν άγαμος. Αν είχε γυναίκα, το όνομά της δεν αναφέρεται στις στήλες που βρέθηκαν στον οικογενειακό περίβολο.

Για το *δημόσιον σήμα* της αρχαίας Αθήνας και την εικονογραφία των σκηνών μάχης στα επιτύμβια, με παλαιότερη βιβλιογραφία, βλ. Nathan T. Arrington, *Ashes, Images and Memories: The Presence of the War Dead in Fifth-century Athens* (Oxford 2015).
Για κρατικά μνημεία στις ταφές των πεσόντων στο πεδίο της μάχης βλ. Hans R. Goette, "Images in the Athenian 'demosion sema'", in *Art in Athens During the Peloponnesian War*, επιμ. O. Palagia (Cambridge 2009) σελ. 188-206.
Για τη λουτροφόρο του Φίλωνα βλ. Sophia Kaempf-Dimitriadou, "Die Marmorlutrophoros des Philon in Athen," *Antike Kunst* 43 (2000) σελ. 70-85.
Για τις λουτροφόρους γενικά βλ. Gerit Kokula, *Marmorlutrophoren* (Berlin 1984).
Για τις λουτροφόρους ως επιτύμβια μνημεία βλ. Johannes Bergemann, "Die sogennante Lutrophoros: Grabmal für unverheiretatete Töte?" *Athenische Mitteilungen* 111 (1996) σελ. 149-190.
Για τα όπλα των Αθηναίων και το βοιωτικό κράνος βλ. Thomas Schäfer, *Andres Agathoi: Studien zum Realitätsgehalt der Bewaffnung attischer Krieger auf Denkmälern klassischer Zeit* (München 1997) σελ. 127-145.

A cavalryman as hero

Olga Palagia

In the late Hellenistic and Roman imperial periods several grave reliefs of men from the west coast of Asia Minor and the islands of the eastern Aegean represent the deceased as a horseman. Occasionally, the dead man is labelled as a hero (e.g., ΗΡΩΣ ΕΠΙΦΑΝΗΣ ΣΩΚΡΑΤΗΣ, rider relief in Avignon, Musée Calvet 18). The epithet, however, does not entail heroization but can be interpreted as formulaic, denoting the figure as deceased. The majority of reliefs represent the horseman riding to the right but there are exceptions, like two late Hellenistic grave reliefs from Mytilene and Rhodes (Mytilene Museum 242 and Rhodes Museum 5285).

Meanwhile, the production of grave reliefs in Athens and Attica had come to a halt due to the anti-luxury decree of Demetrios of Phaleron, probably issued around 317 BC. Attic grave reliefs began to appear again in the late Hellenistic period, adopting a new repertory of forms and types, borrowed from the islands of the Aegean and East Greece.

A relief in Pentelic marble, found in the Athenian Asklepieion, may well reflect East Greek prototypes. The image is encased in a simple architectural frame: two pilasters support an inscribed entablature, while the horse walks on the lower border. ΘΕΟ[ΔΩΡ]ΟΣ ΗΡΩΣ (Theodoros hero) is inscribed on the upper border. A horseman, wearing a short chiton with sleeves and a himation, is shown holding a long spear in his right hand. He rides to the left, at a leisurely pace, and appears to be on parade with the horse's right foreleg poised in the air. Theodoros is quite muscular and his horse is massive. The horse physique is comparable to that of the horses on the Great Altar of Pergamon, dated to the second quarter of the 2nd century BC. The Theodoros relief is dated to the 2nd or 1st century BC not only on stylistic grounds but also on account of its letter forms.

A handful of grave reliefs with horsemen are also known from 4th-century BC Athens. A fragment now in Brocklesby Park, England shows a rider galloping to the left (like Theodoros), in cuirass and helmet. His name, patronymic, and deme affiliation are inscribed. This relief was no doubt placed on the private cenotaph of an Athenian knight who died on the battlefield and his ashes were buried in the public cemetery. Another Attic grave relief of a knight shows a horseman riding to the right, wearing a chiton, cuirass, chlamys and helmet. Behind him a tall stele on a base indicates a cemetery.

The closest parallels to the Theodoros relief, however, are two late Hellenistic relief fragments from Athens: a horseman going to the left, also riding at a leisurely pace, from the Athenian Akropolis (Akropolis Museum 3360), and a rider going to the right, encased in a rectangular frame, from the Athenian Agora (Agora S 1197).

Because the Theodoros relief was found in the Asklepieion, it has long been understood as a votive relief. However, no known hero is named Theodoros, whereas it was a common name for Athenian citizens. In addition, the findspot need not indicate

Votive relief with a horseman. Marble, 2nd century BC. From the Asklepeion. Athens National Archaeological Museum Γ 1401.

Αναθηματικό ανάγλυφο με ιππέα. Μάρμαρο, 2ος αιώνας π.Χ. Από το Ασκληπιείο. Εθνικό Αρχαιολογικό Μουσείο Γ 1401.

its original location. Before it was excavated in the 19th century, the south slope of the Acropolis was covered with modern houses, some of which incorporated nearby ancient blocks to be used as building material. This practice is well documented in the Athenian Agora and on the Athenian Acropolis, where fragments of grave reliefs were retrieved after the demolition of modern houses even though there were no classical cemeteries in either location.

The Theodoros relief is of special significance because it documents the practice of naming the deceased as hero in Athens. It is also a welcome addition to the small number of grave reliefs of horsemen riding left instead of right.

For East Greek grave reliefs, see Ernst Pfuhl and Hans Möbius, *Die ostgriechischen Grabreliefs* II (Mainz 1979).
For Attic grave stelai, see Christoph Clairmont, *Classical Attic Tombstones* (Kilchberg 1993); and Janet Grossman, *Funerary Sculpture, Agora* 35 (Princeton 2013).
For cavalry reliefs see Martin Schäfer, "Von Pferdegräbern und Reiterheroen", *Athenische Mitteilungen* 114, 1999, pp. 49-60.

Ο Νεκρός ως Ήρως

Όλγα Παλαγγιά

Κατά την ελληνιστική και ρωμαϊκή περίοδο πολλά επιτύμβια ανάγλυφα από τις ακτές της Μικράς Ασίας και τα νησιά του ανατολικού Αιγαίου απεικονίζουν τον νεκρό ως ιππέα. Ορισμένα ανάγλυφα προσδιορίζουν τον ιππέα ως ήρωα (π.χ. ο ιππέας στο ανάγλυφο του Μουσείου Calvet στην Avignon αρ. ευρ. 18 επιγράφεται ΗΡΩΣ ΕΠΙΦΑΝΗΣ ΣΩΚΡΑΤΗΣ). Το επίθετο ήρως δεν σηματοδοτεί τον αφηρωισμό του νεκρού αλλά χρησιμοποιείται συμβατικά με την έννοια του πεθαμένου. Στα περισσότερα ανάγλυφα ο ιππέας είναι στραμμένος προς τα δεξιά αλλά υπάρχουν και εξαιρέσεις, όπως δύο υστεροελληνιστικά ανάγλυφα από την Μυτιλήνη και τη Ρόδο (Μουσείο Μυτιλήνης 242 και Μουσείο Ρόδου 5285).

Στο μεταξύ, στην ύστερη κλασική περίοδο, η παραγωγή επιτυμβίων αναγλύφων στην Αθήνα και την Αττική είχε απαγορευτεί με νόμο του Δημητρίου Φαληρέα που χρονολογείται περί το 317 π.Χ. Στην περιοχή αυτή τα επιτύμβια επανεμφανίζονται στην ύστερη ελληνιστική περίοδο με επιδράσεις στην μορφή και την τυπολογία από τα νησιά του Αιγαίου και την Ιωνία.

Απόηχοι από ιωνικά πρότυπα ανιχνεύονται σε ένα ανάγλυφο από το Ασκληπιείο της Αθήνας (Εθνικό Αρχαιολογικό Μουσείο 1401). Η σκηνή περιβάλλεται από ένα ορθογώνιο αρχιτεκτονικό πλαίσιο με δύο πεσσούς που στηρίζουν ταινία με την επιγραφή ΘΕΟΔΩΡΟΣ ΗΡΩΣ, ενώ το άλογο πατά σε μια άλλη ταινία στο κάτω μέρος. Απεικονίζεται ιππέας με κοντομάνικο χιτωνίσκο και ιμάτιο. Κρατάει δόρυ στο δεξί του χέρι και κατευθύνεται προς τα αριστερά. Το άλογο βαδίζει σαν να βρίσκεται σε παρέλαση με το δεξί σκέλος υψωμένο. Ο Θεόδωρος είναι στιβαρός και το άλογό του κολοσσιαίο. Η ανατομική διάπλαση του αλόγου μπορεί να συγκριθεί με τα άλογα του μεγάλου βωμού της Περγάμου, που χρονολογείται κατά το β' τέταρτο του 2ου αι. π.Χ. Το ανάγλυφο του Θεοδώρου χρονολογείται επίσης κατά τον 2ο ή 1ο αι. π.Χ. με βάση τα στιλιστικά δεδομένα αλλά και την μορφολογία των γραμμάτων της επιγραφής.

Λίγα επιτύμβια ανάγλυφα με ιππείς σώζονται από την Αθήνα του 4ου αι. π.Χ. Ένα τμήμα αναγλύφου στο Brocklesby Park (Αγγλία) απεικονίζει έναν ιππέα προς τα αριστερά, στην ίδια κατεύθυνση με τον Θεόδωρο. Φοράει κράνος και θώρακα. Επιγραφή αναφέρει το όνομά του, το πατρώνυμο και το όνομα του δήμου του. Το ανάγλυφο αυτό θα ήταν στημένο στο ιδιωτικό κενοτάφιο του ιππέα που έπεσε στο πεδίο της μάχης, ενώ οι στάχτες του θα είχαν θαφτεί στον ομαδικό τάφο πεσόντων στο *δημόσιον σήμα*. Ένα ακόμα αττικό επιτύμβιο ανάγλυφο, χαμένο σήμερα, απεικονίζει ιππέα προς τα δεξιά. Φοράει χιτωνίσκο, χλαμύδα, θώρακα και κράνος. Μια στήλη πίσω του σηματοδοτεί το νεκροταφείο.

Πλησιέστερα παράλληλα προς το ανάγλυφο του Θεοδώρου αποτελούν δύο τμήματα υστεροελληνιστικών αναγλύφων από την Αθήνα: το ένα βρέθηκε στην Ακρόπολη και απεικονίζει ιππέα προς τα αριστερά, με το άλογο να βαδίζει ήρεμα (Μουσείο Ακρόπολης 3360) ενώ στο άλλο βρέθηκε στην αρχαία Αγορά και απεικονίζει ιππέα προς τα δεξιά μέσα σε ορθογώνιο πλαίσιο (Μουσείο Αγοράς S 1197).

Το ανάγλυφο του Θεοδώρου θεωρήθηκε αναθηματικό λόγω του τόπου εύρεσης (Ασκληπιείο). Το όνομα Θεόδωρος όμως δεν ανήκει σε κανένα μυθολογικό ήρωα. Αντίθετα, ήταν συνηθισμένο όνομα για Αθηναίους πολίτες. Επί πλέον, ο τόπος εύρεσης δεν σημαίνει κατ'ανάγκη ότι το ανάγλυφο ήταν αφιερωμένο στο Ασκληπιείο. Στη νότια κλιτύ της Ακρόπολης όπου βρίσκεται το ιερό του Ασκληπιού υπήρχε νεώτερη συνοικία και τα σπίτια ήταν κτισμένα με αρχαίο οικοδομικό υλικό. Ανάλογη περίπτωση έχουμε και στην περιοχή της αρχαίας Αγοράς καθώς και στον βράχο της Ακρόπολης, όπου, μετά την κατεδάφιση των νεώτερων σπιτιών, βρέθηκαν επιτύμβια ανάγλυφα που είχαν χρησιμοποιηθεί σαν οικοδομικό υλικό.

Το ανάγλυφο του Θεοδώρου είναι σημαντικό ως τεκμήριο για την ονομασία του νεκρού ως ήρωα στην αρχαία Αθήνα. Επίσης ανήκει στη σπάνια κατηγορία αναγλύφων με ιππέα που στρεφεται προς τα αριστερά αντί για τη συνήθη στροφή προς τα δεξιά.

Για επιτύμβια ανάγλυφα από την Ιωνία βλ. Ernst Pfuhl – Hans Möbius, *Die ostgriechischen Grabreliefs* (Mainz 1977-1979).
Για Αττικά επιτύμβια ανάγλυφα βλ. Christoph Clairmont, *Classical Attic Tombstones* (Kilchberg 1993) και Janet Grossman, *Funerary Sculpture, Agora* 35 (Princeton 2013).
Για ανάγλυφα με ιππείς βλ. Martin Schäfer, "Von Pferdegräbern und Reiterheroen", *Athenische Mitteilungen* 114, 1999, σελ. 49-60.

Mecici-Riccardi bronze horse head. Greek, possibly from South Italy or Sicily. Cast bronze, once gilded, ca. 340 BC. Florence, National Archaeological Museum 1639. Direzione Regionale Musei della Toscana.
Χάλκινη προτομή αλόγου Medici-Riccardi. Ελληνικό, πιθανόν από τη Νότια Ιταλία ή τη Σικελία. Χυτό, χαλκός, αρχικά επιχρυσωμένο, περ. 340 π.Χ. Εθνικό Αρχαιολογικό Μουσείο Φλωρεντίας 1639. Περιφερειακή Διεύθυνση Μουσείων Τοσκάνης.

Bronze equestrian statues and the Medici-Riccardi horse head

Mara McNiff

A visit to the National Archaeological Museum of Athens or the Acropolis Museum's galleries of sculpture may lead the modern viewer to believe that the ancient Greeks favored marble, of which they had an abundance. The paucity of monumental sculpture in bronze, however, has little to do with preference for a specific material, but with the utility of the material, often melted down and recast for arms and armor, coinage, and tools. Evidence for Greek bronze monumental sculpture is available in the written sources, especially Pausanias and Pliny the Elder, and from ancient shipwrecks carrying bronzes back and forth across the Mediterranean.

A well-preserved, though fragmented, gilded bronze is the Medici-Riccardi horse head in the National Archeological Museum of Florence. Unlike the sea-buried bronzes from Antikythera (1901) or Cape Artemisia (1928), the Medici-Riccardi horse seems to have remained on land since its casting, although its provenience is unknown. Only in 1495 was it included among a long list of antiquities confiscated from young Piero de' Medici prior to the Florentine family's exile. Apart from two major Renaissance alterations—the use of the forelock as a waterspout and the addition of an ornamental band along the animal's lower neck—the horse appears close to its original state of fabrication.

The bronze horse head is all that remains of a life-size or slightly larger equestrian sculpture. The entire head was cast in one piece, through the lost-wax technique, apart from the tongue—and perhaps the tip of the forelock, now lost—which was cast separately and inserted, and the eyes which may have been inlaid with precious gems or glass. By the length of the teeth, and size of the protruding canines, one can see that this would have been a young stallion, well-bred, at the beginning of an illustrious career. Lines in the horse's neck, more prominent on it's left side than the right, and the careful tilt in the animal's head when viewed frontally suggests that he is being slightly turned to his left. The young stallion remains alert and dynamic, his right ear is pointed frontally, taking in the surroundings, while his left ear angles back, awaiting his next command. The measure of control in the animal is visible in the animal's full veins, highlighting the impressive naturalism achieved by the artist, and the controlled strength of the stallion.

Since the bronze's acquisition by the National Archeological Museum of Florence, scholars have debated the identity of the horse and whether it would have stood alone as a victory or military monument, a funerary sculpture, or part of a chariot group. From the well-cast and gilded bronze, a viewer's mind may immediately turn to other bronze horses from antiquity; perhaps it once belonged to a four-horse chariot group like that atop St. Mark's Cathedral in Venice. This horse, however, must have had a rider because its head is pulled slightly to its left; the cannon of the bit still rests firmly in its mouth, and small square repairs can be seen in the areas where a bridle—likely gilded—would have been attached. Some scholars, along with Renaissance sculptor Gian Lorenzo Bernini, have commented on the protome's stylistic relation to the equestrian portrait of the Roman emperor Marcus Aurelius (161-180 AD) on the Capitoline in Rome.

However, the state of preservation and recent conservation efforts have shed new light on the possible identification of this horse statue. In 2015, restoration by Italian conservators revealed a small yet significant detail that had eluded scholars for 500 years: a Greek inscription written in retrograde, reading XNΛ at the base of the mane, thus putting the question of Greek craftsmanship to rest. Most likely, the horse dates to the late 4th century BC, either in the very late Classical or early Hellenistic period, judging by its remarkable naturalism and detail.

Even though removed from its sculptural group and historical context, this bronze head can still reveal much about man's relationship with horses in antiquity. The close relationship between horse and rider displayed by the attentiveness in the horse's head, was paramount to ancient Greek horsemanship. Horses today weigh on average some 300 kg yet are controlled through relatively small yet precise equipment, similar to that used in the classical world. Metal bits were held in the animals' sensitive mouths, and metal spurs could be used to encourage speed, but as the Medici protome displays, such equipment can only work in tandem with close trust and communication between rider and animal. On the Parthenon frieze, horses prance and rear in procession at the Panathenaic festival, showcasing the skill and coordination not only of the riders, but of the Greek military. Such control is also displayed in the precise grooming of the animals; a double-roached mane, visible on the Medici-Riccardi head, is also seen across the Panathenaic frieze, and on many Attic red- and black-figure vases precision and regulation are depicted in the smallest detail.

Though the Medici-Riccardi horse may never reveal its identity, and some contextual information may be lost to modern scholars, this protome may yet yield insights into the relationship between man and horse in Classical and Hellenistic Greece. As one of the only full-size bronze sculptures to survive since antiquity, this masterpiece provides unparalleled access to the world of ancient Greek horsemanship.

For a detailed account of the modern history of the Medici-Riccardi horse head, see Mario Iozzo, "Protome di cavallo 'Medici Riccardi'," in *A Cavallo del Tempo: l'arte del cavalcare dall'Antichità al Medioevo,* edited by L. Camin and F. Paolucci (Florence 2018) pp. 234-236.
For the conservation treatment funded by Friends of Florence, see Nicola Salvioli, et al., "Conservation Treatments and Archaeometallurgical Insights on the Medici Riccardi Horse Head," in *Artistry in Bronze: The Greeks and Their Legacy,* edited by J. Daehner, K. Lapatin, and A. Spinelli (Los Angeles 2017) pp. 300-312.
For a recent discussion of new interpretations made possible by the conservation treatments in 2015, see Mario Iozzo, "La testa di cavallo Medici-Riccardi. Un caso di corretto incuadramento riguadagnato tramite il restauro," in *Il restauro dei grandi bronzi archeologici. Laboratorio aperto per la* Vittoria Alata di Brescia, Atti del Convegno Firenze 27-28.5.2019 edited by F. Morandini and A. Patera (Firenze 2020) pp. 163-166.

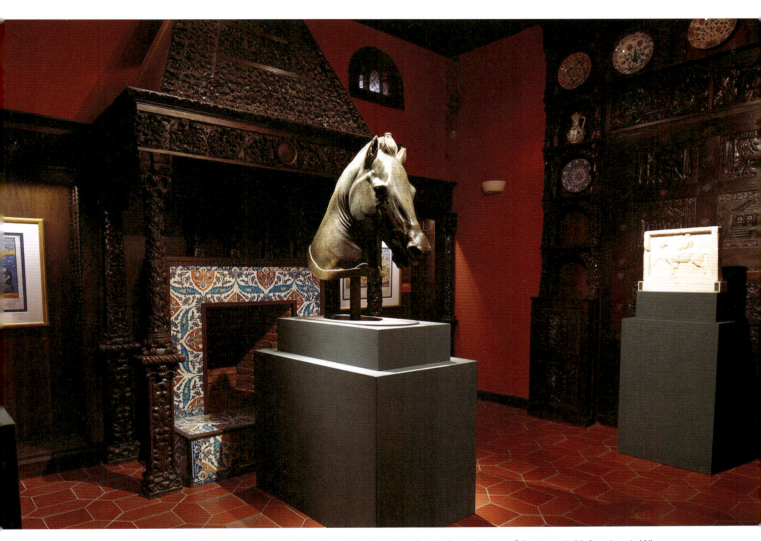

The Medici-Riccardi bronze horse head displayed in the Stathatos Room of the Ioannis Makrygiannis Wing.

Η χάλκινη προτομή αλόγου Medici-Riccardi στην Αίθουσα Σταθάτου της Πτέρυγας Ιωάννης Μακρυγιάννης.

Χάλκινα ιππικά αγάλματα και η χάλκινη προτομή αλόγου Medici-Riccardi
Mara McNiff

Μια επίσκεψη στα γλυπτά του Εθνικού Αρχαιολογικού Μουσείου της Αθήνας ή του Μουσείου της Ακρόπολης ίσως να κάνει τον σύγχρονο θεατή να πιστέψει ότι οι Αρχαίοι Έλληνες προτιμούσαν το μάρμαρο, το οποίο είχαν σε αφθονία. Ωστόσο, η έλλειψη μνημειώδους γλυπτικής σε χαλκό δεν έχει να κάνει με την προτίμησή του ή όχι ως υλικό, αλλά με τη χρησιμότητά του, επειδή συχνά το έλιωναν για τη δημιουργία όπλων και πανοπλιών, νομισμάτων και εργαλείων. Πληροφορίες για χάλκινα μνημειώδη γλυπτά στον ελλαδικό χώρο παρέχονται από γραπτές πηγές, κυρίως από τον Παυσανία και τον Πλίνιο τον Πρεσβύτερο, καθώς και από αρχαία ναυάγια πλοίων που μετέφεραν χάλκινα αντικείμενα σε ολόκληρη τη Μεσόγειο.

Ένα άγαλμα σε καλή κατάσταση διατήρησης, αν και αποσπασματικά σωζόμενο, είναι η επιχρυσωμένο χάλκινη προτομή του αλόγου Medici-Riccardi, στο Εθνικό Αρχαιολογικό Μουσείο της Φλωρεντίας. Σε αντίθεση με τα χάλκινα ευρήματα από τα Αντικύθηρα (1901) ή το Ακρωτήριο Αρτεμίσιο (1928), τα οποία ήταν θαμμένα στη θάλασσα, η προτομή αλόγου Medici-Riccardi φαίνεται ότι έμεινε στη στεριά από τότε που δημιουργήθηκε, αν και η προέλευσή της παραμένει άγνωστη. Μόλις το 1495 συμπεριλήφθηκε σε μακρύ κατάλογο με αρχαιότητες που κατασχέθηκαν από τον νεαρό Piero de' Medici πριν από την εξορία της Φλωρεντινής οικογένειας. Πέρα από τις δύο μεγάλες αλλαγές που έλαβαν χώρα κατά την Αναγέννηση -τη χρήση του μπροστινού τμήματος της χαίτης ως υδρορροή και την προσθήκη διακοσμητικής ταινίας στο κάτω μέρος του λαιμού του αλόγου- το άλογο φαίνεται πολύ κοντά στην αρχική κατάσταση κατασκευής του.

Η εν λόγω χάλκινη προτομή είναι ό,τι σώζεται από ένα ολόκληρο άλογο σε φυσικό μέγεθος ή ελαφρώς μεγαλύτερο. Ολόκληρο το κεφάλι ήταν χυτό σε ένα κομμάτι με την τεχνική του χαμένου κεριού, εκτός από τη γλώσσα, η οποία δημιουργήθηκε ξεχωριστά και ήταν ένθετη, καθώς και τα μάτια, στα οποία ενδεχομένως να είχαν τοποθετηθεί πολύτιμοι λίθοι ή γυαλί. Από το μήκος των δοντιών και τους δύο προεξέχοντες κυνόδοντες συμπεραίνει κανείς ότι πρόκειται για νεαρό επιβήτορα, καλοαναθρεμμένο, στην αρχή μιας λαμπρής καριέρας. Οι γραμμές στο λαιμό του, πιο έντονες στην αριστερή πλευρά του από ότι στη δεξιά και η μικρή κλίση της κεφαλής όταν το κοιτάζουμε από μπροστά, υποδηλώνει ότι κάποιος τον τραβά, ελαφρώς, για να στρίψει προς τα αριστερά. Παραμένει δυναμικός και σε εγρήγορση, με το αριστερό αυτί του στραμμένο προς τα εμπρός να αφουγκράζεται το περιβάλλον και το δεξί προς τα πίσω, περιμένοντας την επόμενη εντολή. Ο βαθμός ελέγχου του αλόγου είναι ορατός στις φλέβες του, οι οποίες πετάγονται υπογραμμίζοντας τον εντυπωσιακό νατουραλισμό που έχει επιτύχει ο καλλιτέχνης, αλλά και την ελεγχόμενη δύναμη του επιβήτορα.

Από τότε που το Εθνικό Αρχαιολογικό Μουσείο της Φλωρεντίας απέκτησε τη χάλκινη αυτή προτομή αλόγου, οι μελετητές διαφωνούν για την ταυτότητά του, καθώς και για το εάν στεκόταν μόνο του ως μνημείο νίκης ή στρατιωτικό μνημείο, ως ταφικό γλυπτό ή ως ένα από τα άλογα άρματος. Κοιτάζοντας την καλοφτιαγμένη επιχρυσωμένη κεφαλή αλόγου, ο θεατής ίσως σκεφτεί άλλα χάλκινα αγάλματα από την αρχαιότητα· ενδεχομένως να ανήκε σε τέθριππο, όπως εκείνο που βρίσκεται στην κορυφή του καθεδρικού του Αγ. Μάρκου στη Βενετία. Όμως, το συγκεκριμένο άλογο πρέπει να είχε αναβάτη μιας και το κεφάλι του τραβιέται ελαφρώς προς τα αριστερά. Τμήμα της στομίδας βρίσκεται ακόμα μέσα στο στόμα του, ενώ επιδιορθώσεις σε μικρά τετράγωνα είναι ορατές στα σημεία όπου θα ήταν πιασμένος ο -πιθανόν επιχρυσωμένος- χαλινός. Ορισμένοι μελετητές, καθώς και ο γλύπτης της Αναγέννησης Gian Lorenzo Bernini, έχουν σχολιάσει τη υφολογική σχέση της χάλκινης προτομής με το ιππικό πορτρέτο του Ρωμαίου αυτοκράτορα, Μάρκου Αυρήλιου (161-180 μ.Χ.), στο Καπιτώλιο της Ρώμης.

Ωστόσο, η κατάσταση διατήρησης του εν λόγω αγάλματος και οι πρόσφατες προσπάθειες συντήρησής του έριξαν φως στην πιθανή ταύτισή του. Το 2015, Ιταλοί συντηρητές αποκάλυψαν μια μικρή, αλλά σημαντική λεπτομέρεια που διέφευγε από τους μελετητές για 500 χρόνια: μια ελληνική επιγραφή (ΧΝΛ) στη βάση της χαίτης, με την οποία αποδεικνύεται η ελληνική του κατασκευή. Πιθανότατα, το γλυπτό χρονολογείται στον ύστερο 4° αιώνα π.Χ. ή στην ύστερη Κλασική/πρώιμη Ελληνιστική περίοδο, αν κρίνουμε από τον εκπληκτικό νατουραλισμό και τις λεπτομέρειές του.

Αν και έχει αποκοπεί από το υπόλοιπο γλυπτό, καθώς και από το ιστορικό περιβάλλον του, η χάλκινη αυτή κεφαλή αλόγου μπορεί ακόμη να αποκαλύψει πολλά για τη σχέση του ανθρώπου με τα άλογα στην αρχαιότητα. Η στενή σχέση ανάμεσα στο άλογο και τον αναβάτη του, η οποία φαίνεται από την προσοχή με την οποία σμιλεύτηκε το κεφάλι του αλόγου, ήταν ζωτικής σημασίας για τους αρχαίους Έλληνες. Σήμερα, το άλογα ζυγίζουν περίπου 300 κιλά κατά μέσο όρο και ελέγχονται με σχετικά μικρό, αλλά ακριβή εξοπλισμό, παρόμοιο με αυτόν που χρησιμοποιούνταν και στον κλασικό κόσμο. Μεταλλικές στομίδες τοποθετούνται στα ευαίσθητα στόματα των αλόγων και μεταλλικά σπιρούνια χρησιμοποιούνταν για ενίσχυση της ταχύτητας. Ωστόσο, όπως φαίνεται και από την προτομή Medici-Riccardi, ο εξοπλισμός αυτός μπορεί να λειτουργήσει μόνο σε συνδυασμό με μεγάλη εμπιστοσύνη και επικοινωνία μεταξύ αναβάτη και αλόγου. Αν παρατηρήσουμε τη ζωφόρο του Παρθενώνα, τα άλογα παρελαύνουν και σηκώνονται στα πίσω πόδια ακολουθώντας την πομπή των Παναθηναίων, επιδεικνύοντας τις ικανότητες και το συγχρονισμό, όχι μόνο των αναβατών, αλλά των Ελλήνων στρατιωτικών, εν γένει. Τέτοιος έλεγχος είναι φανερός και στην περιποίηση των αλόγων: διπλό κούρεμα στη χαίτη, ορατό στην κεφαλή Medici-Riccardi, αλλά και στη ζωφόρο του Παρθενώνα, ενώ σε πολλά αττικά ερυθρόμορφα και μελανόμορφα αγγεία, η ακρίβεια και οι κανόνες αντικατοπτρίζονται στην παραμικρή λεπτομέρεια.

Παρόλο που η προτομή Medici-Riccardi ίσως να μην αποκαλύψει ποτέ την ταυτότητά της και κάποιες πληροφορίες να χαθούν από τους σύγχρονους μελετητές, ωστόσο, μπορεί να προσφέρει πληροφορίες για τη σχέση μεταξύ ανθρώπου και αλόγου στον ελλαδικό χώρο κατά τη Κλασική και την Ελληνιστική περίοδο. Ως ένα από τα μοναδικά χάλκινα αγάλματα σε φυσικό μέγεθος που σώζεται από την αρχαιότητα, το αριστούργημα αυτό παρέχει απαράμιλλη πρόσβαση στον κόσμο της αρχαίας ελληνικής ιππικής τέχνης.

Greek inscription written in retrograde, reading ΧΝΛ at the base of the mane of the Medici Riccardi horse head.

Ελληνική επιγραφή ΧΝΛ γραμμένη ανάποδα στη βάση της χαίτης της χάλκινης προτομής αλόγου Medici-Riccardi.

Για λεπτομέρειες της σύγχρονης ιστορίας της προτομής αλόγου Medici-Riccardi, βλ. Mario Iozzo, "Protome di cavallo 'Medici Riccardi'," στο *A Cavallo del Tempo: l'arte del cavalcare dall'Antichità al Medioevo*, επιμ. L. Camin - F. Paolucci (Φλωρεντία 2018) σελ. 234-236.
Για τη συντήρηση που χρηματοδοτήθηκε από τους Friends of Florence, βλ. Nicola Salvioli et al., "Conservation Treatments and Archaeometallurgical Insights on the Medici Riccardi Horse Head." στο *Artistry in Bronze: The Greeks and Their Legacy*, επιμ. J. Daehner, K. Lapatin, A. Spinelli (Los Angeles 2017) σελ. 300-312.
Για πρόσφατη συζήτηση νέων ερμηνειών που κατέστησαν δυνατές χάρη στις εργασίες συντήρησης του 2015, βλ. Mario Iozzo, "La testa di cavallo Medici-Riccardi. Un caso di corretto inquadramento riguadagnato tramite il restauro," στο *Il restauro dei grandi bronzi archeologici. Laboratorio aperto per la Vittoria Alata di Brescia*, Atti del Convegno Firenze 27-28.5.2019 επιμ. F. Morandini και A. Patera (Firenze 2020) σελ. 163–166.

ΤΩΡΑ ΕΛΑ, ΣΕ ΑΛΛΟ ΠΕΡΑΣΕ, ΚΑΙ Τ' ΑΛΟΓΟ ΔΗΓΗΣΟΥ ΤΟ ΞΥΛΙΝΟ ΠΟΥ Ο ΕΠΕΙΟΣ
ΚΙ Η ΑΘΗΝΑ ΣΚΑΡΩΣΑΝ... ΑΝΤΡΕΣ ΓΕΜΑΤΟ, ΚΑΙ Μ' ΑΥΤΟ ΚΟΥΡΣΕΨΑΝ ΤΗΝ ΤΡΩΑΔΑ

ΟΜΗΡΟΣ, ΟΔΥΣΣΕΙΑ

SING OF THE BUILDING OF THE HORSE OF WOOD, WHICH EPEIOS MADE WITH
ATHENA'S HELP, THE HORSE... FILLED WITH THE MEN WHO SACKED ILIOS

HOMER, ODYSSEY

> "Sing of the building of the horse of wood, which Epeios made with Athena's help, the horse. . . filled with the men who sacked Ilios."
> Homer, *Odyssey* 8.492-5

> "O Earthshaker, when the gods gave out honors, they gave twice to you: to be tamer of horses and savior of ships."
> *Homeric Hymn to Poseidon*, lines 3-4 (trans. S. Dunn)

Ancient Athens' close connection with horses is best expressed by the epithets assigned to its two main deities: Athena Hippia and Poseidon Hippios. The sea god produced the first horse, a wild, untamed creature, and he is the only Olympian divinity shown riding one. Pausanias records a huge statue of Poseidon on horseback launching his trident at a giant in the city's Eleusinion. However, it took the *metis* (wisdom, skill) of Athena to tame the wild creature and make it useful to mankind through the invention of the bridle. She was also the genius behind the ruse of the Trojan Horse with which the Greeks finally won the Trojan War. She is often depicted driving a chariot, and her grandest temple, the Parthenon, was decorated with 257 horses carved in marble on the pediments, the metopes, and most notably the frieze which alone depicts 143 horses of the Athenian cavalry, and 44 horses pulling racing chariots in the tribal competition known as the *apobates* race.

Athenian artists also delighted in representing strange mythological creatures whose bodies were half horse and half some other animal, such as a fish tail for a *hippocamp*. One of the stranger combinations is the horse and rooster, called a *hippalektryon* which is often shown with a young boy riding it, as on a life-size marble statue from the Acropolis. A famous mythological horse, sired by Poseidon, is Pegasos, who has large eagle's wings. He was difficult to tame until Athena gave the bridle to the hero Bellerophon. Winged horses are also depicted hitched to the chariots of the Olympian and sky gods, like Helios and Night, while the moon goddess Selene rides a mule.

Several hippic mythological creatures became associated with constellations: the half-horse, half-man Centaur; Pegasos; Auriga, the charioteer who may be based on the Athenian king Erichthonios who was said to have invented the chariot; and Equuleus, or 'little horse' that was produced by Poseidon when he struck the earth with his trident in the contest with Athena. One of the ten Athenian eponymous heroes is named Hippothoon, meaning swift-running horse. According to Greek myth his mother was raped by Poseidon and the child was reared by a mare who suckled him.

Thus horses played a key role in Greek myth and religion, just as they did in daily life. The main ritual of Greek religion was the sacrifice of an animal, usually a pig, sheep, goat, or bovine, to the gods. Male animals were offered to male deities, and female to female. This raises the question as to whether the horses buried at Phaleron could have been sacrificed to Poseidon; a young, healthy, male horse would have been the ultimate sacrifice which, unlike other animals, was not used afterwards for a feast. Further research on these unique horse burials at the ancient port of Phaleron may someday yield the answer.

*«Τώρα έλα, σε άλλο πέρασε, και τ' άλογο δηγήσου το ξύλινο που ο Επειός
κι η Αθηνά σκαρώσαν...άντρες γεμάτο, και μ' αυτό κουρσέψαν την Τρωάδα.»*
Όμηρος, Οδύσσεια, 8.492-5

*«Σείστη της γης, διπλό είναι το αξίωμα που σου έδωσαν οι θεοί:
να είσαι δαμαστής αλόγων και σωτήρας πλοίων»*
Ομηρικός Ύμνος στον Ποσειδώνα

Η στενή σχέση της αρχαίας Αθήνας με τα άλογα φανερώνεται κάλλιστα από τα επίθετα που αποδίδονται στις δύο κύριες θεότητές της: την Αθηνά Ιππία και τον Ίππιο Ποσειδώνα. Ο θεός της θάλασσας δημιούργησε το πρώτο άλογο, ένα άγριο, αδάμαστο πλάσμα, ενώ είναι ο μόνος από τους θεούς του Ολύμπου που απεικονίζεται έφιππος. Ο Παυσανίας αναφέρει ότι στο Ελευσίνιο ήταν στημένο ένα τεράστιο άγαλμα έφιππου Ποσειδώνα που εκτοξεύει την τρίαινά του σε έναν γίγαντα. Ωστόσο, χρειάστηκε η *μήτις* (σοφία) της Αθηνάς για να δαμάσει το άγριο πλάσμα και να το κάνει χρήσιμο στην ανθρωπότητα μέσω της εφεύρεσης του χαλινού. Η Αθηνά ήταν επίσης η ιδιοφυΐα πίσω από το τέχνασμα του Δούρειου Ίππου, με τον οποίο οι Έλληνες κέρδισαν τελικά τον Τρωικό Πόλεμο. Συχνά απεικονίζεται να οδηγεί άρμα και ο μεγαλοπρεπής ναός της, ο Παρθενώνας, ήταν διακοσμημένος με 257 άλογα σκαλισμένα σε μάρμαρο στα αετώματα, τις μετόπες και κυρίως τη ζωφόρο όπου απεικονίζονται 143 άλογα του αθηναϊκού ιππικού και 44 άλογα που σέρνουν αγωνιστικά άρματα στο αγώνισμα των φυλών γνωστό ως αποβάτης δρόμος.

Στους Αθηναίους καλλιτέχνες άρεσε ιδιαίτερα να απεικονίζουν παράξενα μυθολογικά πλάσματα που είχαν μισό σώμα αλόγου και μισό από κάποιο άλλο ζώο, όπως ο ιππόκαμπος που είχε ουρά ψαριού. Ένας από τους πιο περίεργους συνδυασμούς ήταν ο ονομαζόμενος *ιππαλεκτρυών*, που ήταν μισός άλογο και μισός κόκκορας, και απεικονίζεται συχνά να ιππεύεται από ένα νεαρό αγόρι, όπως σε ένα φυσικού μεγέθους άγαλμα από την Ακρόπολη. Ένα άλλο διάσημο μυθολογικό πλάσμα,, ο Πήγασος, γιος του Ποσειδώνα, είχε μεγάλα φτερά αετού. Ο Πήγασος ήταν αδάμαστος μέχρι που η θεά Αθηνά έδωσε το χαλινό στον ήρωα Βελλεροφόντη. Φτερωτά άλογα απεικονίζονται επίσης ζευγμένα στα άρματα των Ολύμπιων και ουράνιων θεών, όπως του Ήλιου και της Νύχτας, ενώ η θεά του φεγγαριού Σελήνη ιππεύει ένα μουλάρι.

Αρκετά ιππικά μυθολογικά πλάσματα συσχετίστηκαν με αστερισμούς: ο μισός άλογο μισός άνθρωπος Κένταυρος, ο Πήγασος, ο Ηνίοχος που πιθανότατα είναι βασισμένος στον Αθηναίο βασιλιά Εριχθόνιο, ο οποίος λέγεται ότι εφηύρε το άρμα, και το Ιππάριον που δημιουργήθηκε όταν ο Ποσεδώνας χτύπησε τη γη με την τρίαινά του κατά τη διαμάχη του με την Αθηνά. Ένας από τους δέκα επώνυμους ήρωες της Αθήνας ονομάζεται Ιπποθόων, που σημαίνει γοργό άλογο. Σύμφωνα με το μύθο ο Ποσειδώνας βίασε τη μητέρα του και το παιδί ανατράφηκε από μία φοράδα που τον θήλασε.

Τα άλογα λοιπόν έπαιζαν σημαντικό ρόλο στην ελληνική θρησκεία και μυθολογία, όπως ακριβώς και στην καθημερινή ζωή. Η κύρια τελετουργία της ελληνικής θρησκείας ήταν η θυσία ενός ζώου, συνήθως γουρουνιών, αιγοπροβάτων και βοδιών, προς τιμήν των θεών. Τα αρσενικά ζώα προσφέρονταν σε αρσενικές θεότητες, ενώ τα θηλυκά σε θηλυκές. Η πρακτική αυτή εγείρει το ερώτημα κατά πόσο τα άλογα που βρέθηκαν θαμμένα στο Φάληρο αποτελούν θυσίες προς τον Ποσειδώνα. Ένα αρσενικό, υγιές, νεαρό άλογο θα αποτελούσε την υπέρτατη θυσία, που όμως, σε αντίθεση με τα άλλα ζώα, δεν καταναλωνόταν μετά στο γεύμα. Περαιτέρω μελέτη αυτών των μοναδικών ταφών αλόγων από το αρχαίο λιμάνι του Φαλήρου, θα μας δώσει ίσως κάποια μέρα την απάντηση.

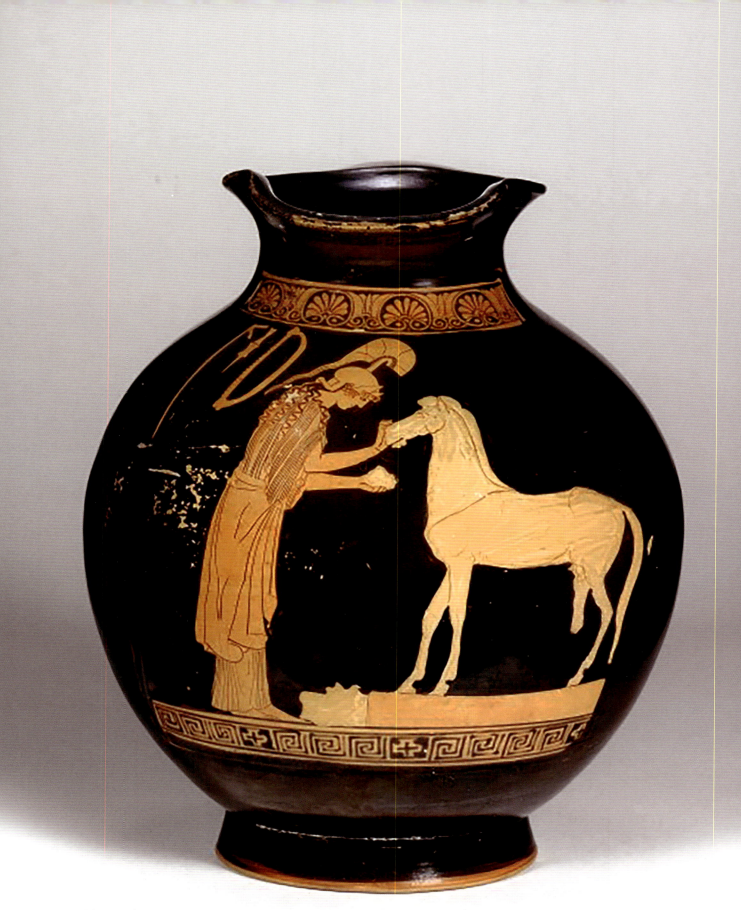

Athena making statue of horse with clay. Attic red-figure oinochoe, 475-425 BC. Berlin, Antikensammlung: F2415

Η Αθήνα φτιάχνει άγαλμα αλόγου με πηλό. Αττική ερυθρόμορφη οινοχόη, 475-425 π.Χ. Βερολίνο, Antikensammlung: F2415

Who was Athena Hippia?
Erin Lawrence-Roseman

The Greek goddess Athena may not seem like the obvious choice to be the patroness of horses and horsemanship. She had a variety of epithets (*Polias, Parthenos, Ergane* to name a few of the most important) but *Hippia* might seem unrelated and somewhat illogical for the 'owl-eyed' goddess. However, on closer inspection, Athena Hippia and her jurisdiction over the horse can be seen in relation to some of the goddess' more established mythological roles. First, we must consider Athena Hippia in terms of her relationship with Poseidon Hippios. As the creator of the horse, Poseidon is certainly the more obvious choice to serve as its patron deity, but as Poseidon represents the untamed nature of the animal, he emphasizes qualities that potentially threatened the city of Athens. Athena serves to temper the chaotic nature of the horse as she is said to be the first to invent the bridle, allowing for mastery over the horse. This opposition of Athena and Poseidon is reminiscent of their strained relationship represented on the west pediment of the Parthenon: Poseidon offers chaotic nature in the form of the saltwater spring, while Athena offers the cultivable olive tree.

Their collaboration on the creation of the horse in the popular myth of the winged horse Pegasus also underscores this contrast between the roles of the two gods. While Poseidon fathers Pegasus in the violent act of raping Medusa in Athena's temple, Athena aids Perseus in the slaying of Medusa, resulting in the birth of Pegasus. Pindar's 13th Olympian Ode (13.63–86) recounts the story in which Bellerophon struggles to tame Pegasus on his own, but after Athena appears to him in a dream, handing him the newly invented bridle and telling him to sacrifice a bull to Poseidon, he is able to capture and ride the flying horse. According to another version of the story (Pausanias 2.4.1), Athena herself bridles Pegasus and then hands him off to a grateful Bellerophon. In ancient Corinth, birthplace of Bellerophon, there existed a cult of Athena *Chalinitis*, or "the bridler," who must have been another version of Athena Hippia.

Back in Athens, on the Kolonos Hippios (Horse Hill) where an altar was set up to Athena Hippia and Poseidon Hippios (Pausanias 1.30.4) it seems that Poseidon also held the role of the horse tamer, not just Athena. In Sophocles' *Oedipus at Colonus* (710, 1059), the Hippia/Hippios cults at Kolonos are mentioned, but the chorus describes Poseidon as the inventor of the bridle, making it clear that the *metis* vs. nature theme of the Hippia/Hippios relationship is not always present in all the sources.

Athena and Poseidon are also both involved in another aspect of horsemanship: the chariot. In the 3rd century BC Mnaseas of Patara (fr. 40) records that Libyan charioteers believed that they learned to harness the chariot from Poseidon, but were taught to drive it by Athena. In Athens, Athena's foster son Erechtheus (Erechthonios) was commonly held to be the inventor of the chariot and is honored with a chariot race during the Panathenaia. Images of Athena serving as Herakles' charioteer during his apotheosis also become popular in Athenian pottery in the Archaic period.

Bronze figurine of a mare nursing a foal. Attic Geometric, ca. 700 BC. Dedicated on the Athenian Acropolis. Athens, National Archaeological Museum X6546.

Αττικό Γεωμετρικό χάλκινο ειδώλιο φοράδας που θηλάζει το πουλάρι της, περ. 700 π.Χ. Ανάθημα από την Ακρόπολη των Αθηνών. Εθνικό Αρχαιολογικό Μουσείο X6546.

Athena is occasionally shown driving a chariot on her own, emphasizing her mastery over man's relationship with horses rather than the horse itself.

Finally, it is not only through her connection with the invention of the bridle and chariot that Athena is associated with horses; she also was integral in the creation of ancient Greece's most famous equine, the Trojan horse, aiding both the hero Odysseus and the warrior Epeios in its construction and implementation against the Trojans (Homer, *Odyssey* 8.492-515). As goddess of craft and cunning, she employs both in this famous episode which encapsulates the contributions of Athena Hippia to the ancient Greeks.

For Athena and horses in myth, see Erwin Cook, *The "Odyssey" in Athens: Myths of Cultural Origins* (Ithaca, NY 1995).
For thorough discussion of Athena and horsemanship, see Marcel Détienne, "Athena and the Mastery of the Horse," in *History of Religions* Vol. 11 (1971), translated by A.B. Werth, pp. 161-184.
For general discussion of Athena Hippia, see Nikolaos Yalouris, "Athena als Herrin der Pferde," *Museum Helveticum* 7:1 (1950) pp. 19-64.
For comparison with the Hippia cult at Corinth, see Angela Ziskowski, "Athena at Corinth: Revisiting the Identification of the Temple of Apollo," *Phoenix* 73 (2019) pp. 164-183.

Ποια ήταν η Αθηνά Ιππία;

Erin Lawrence-Roseman

Η θεά Αθηνά ίσως να μην φαίνεται ως η προφανής επιλογή για προστάτιδα των αλόγων και της ιππικής τέχνης. Είχε διάφορα επίθετα (*Πολιάς, Παρθένος, Εργάνη*), ωστόσο, το *Ιππία* φαίνεται, μάλλον παράλογο και ασύνδετο με τη *γλαυκώπιδα* θεά (με μάτια γλαύκας). Ωστόσο, μετά από πιο προσεκτική εξέταση, η Αθηνά Ιππία και η δικαιοδοσία της στα άλογα μπορούν να συσχετιστούν με ορισμένους αναγνωρισμένους μυθολογικούς ρόλους της. Πρώτα, πρέπει να λάβουμε υπόψη μας τη σχέση της Αθηνάς Ιππίας με τον Ίππιο Ποσειδώνα. Ως δημιουργός του αλόγου, ο Ποσειδώνας είναι σίγουρα η προφανής επιλογή του θεού-προστάτη, αλλά καθώς εκείνος αντιπροσωπεύει την ατίθαση φύση του αλόγου, δίνει έμφαση σε ιδιότητες που θα απειλούσαν την πόλη της Αθήνας. Η Αθηνά μετριάζει τη χαοτική φύση του αλόγου, καθώς φέρεται να εφηύρε τον χαλινό, τιθασεύοντάς το. Η αντίθεση αυτή μεταξύ Αθηνάς και Ποσειδώνα θυμίζει την τεταμένη σχέση τους που απεικονίζεται στο δυτικό αέτωμα του Παρθενώνα: ο μεν Ποσειδώνας προσφέρει τη χαοτική φύση με τη μορφή της αλμυρής πηγής, η δε Αθηνά προσφέρει την καλλιεργήσιμη ελιά.

Η συνεργασία τους για τη δημιουργία του αλόγου στο δημοφιλή μύθο του Πήγασου, του φτερωτού αλόγου, επίσης υπογραμμίζει την αντίθεση αυτή ανάμεσα στους ρόλους των δύο θεών. Από τη μια, ο Ποσειδώνας έγινε πατέρας του Πήγασου αφού βίασε τη Μέδουσα μέσα στον ναό της Αθηνάς, από την άλλη, η Αθηνά βοήθησε τον Περσέα να σκοτώσει τη Μέδουσα, με αποτέλεσμα να γεννηθεί ο Πήγασος. Στη 13η Ολυμπιακή Ωδή του Πίνδαρου (13.63-86) εξιστορείται πώς ο Βελλερεφόντης αγωνίζεται να τιθασεύσει τον Πήγασο μόνος του, αλλά καταφέρνει να αιχμαλωτίσει και να ιππεύσει το φτερωτό άλογο, αφού εμφανίζεται η Αθηνά στον ύπνο του, του δίνει τον χαλινό που εφηύρε και του λέει να θυσιάσει έναν ταύρο στον Ποσειδώνα. Σύμφωνα με άλλη εκδοχή της ιστορίας (Παυσανίας 2.4.1), η ίδια η Αθηνά χαλιναγωγεί τον Πήγασο και τον παραδίδει στον ευγνώμονα Βελλερεφόντη. Στην αρχαία Κόρινθο, γενέτειρα του Βελλερεφόντη, λατρευόταν η Αθηνά *Χαλινίτης* («που χαλιναγωγεί»), η οποία πιθανότατα ήταν μια άλλη εκδοχή της Αθηνάς Ιππίας.

Πίσω στην Αθήνα, στον Ίππιο Κολωνό (Λόφος των Αλόγων) όπου υπήρχε βωμός της Αθηνάς Ιππίας και του Ίππιου Ποσειδώνα (Παυσανίας 1.30.4), φαίνεται ότι και ο Ποσειδώνας είχε το ρόλο του δαμαστή των αλόγων, όπως η Αθηνά. Στον *Οιδίποδα επί Κολωνώ* του Σοφοκλή (710, 1059) αναφέρονται οι λατρείες της Ιππίας και του Ίππιου στον Κολωνό, ωστόσο, ο χορός περιγράφει τον Ποσειδώνα ως εφευρέτη του χαλινού, διευκρινίζοντας ότι η αντίθεση μεταξύ *μήτιδος* και φύσης που χαρακτηρίζει τη σχέση Ιππίας και Ίππιου δεν είναι παρούσα σε όλες τις πηγές.

Η Αθηνά και ο Ποσειδώνας συνδέονται και με ένα άλλο στοιχείο της ιππικής τέχνης: το άρμα. Τον 3ο αιώνα π.Χ., ο Μνασέας ο Πατρεύς (αποσπ. 40) αναφέρει ότι Λίβυοι αρματηλάτες πίστευαν ότι έμαθαν να ζεύουν τα άλογα στο άρμα από τον Ποσειδώνα, αλλά να οδηγούν τα άρματα από την Αθηνά. Στην Αθήνα, ο θετός γιος της Αθηνάς, Ερεχθέας (Εριχθόνιος), θεωρείτο ο εφευρέτης του άρματος και τιμούνταν με αρματοδρομία κατά των εορτασμό των Παναθηναίων. Παραστάσεις της Αθηνάς να οδηγεί το άρμα του Ηρακλή κατά την αποθέωσή του έγιναν δημοφιλείς στην αθηναϊκή κεραμική της αρχαϊκής περιόδου. Ορισμένες φορές, η Αθηνά εικονίζεται να οδηγεί μόνη της ένα άρμα, δίνοντας έμφαση στην υπεροχή της στη σχέση ανθρώπου-αλόγου, παρά στο ίδιο το άλογο.

Τέλος, η Αθηνά δεν σχετίζεται με τα άλογα μόνο μέσα από τη σύνδεσή της με την εφεύρεση του χαλινού και του άρματος. Διαδραμάτισε σημαίνοντα ρόλο στη δημιουργία του πιο διάσημου ιπποειδούς της αρχαίας Ελλάδας, το Δούρειο Ίππο, βοηθώντας τον ήρωα Οδυσσέα και τον πολεμιστή Επειό στην κατασκευή και υλοποίηση του σχεδίου εναντίον των Τρώων (Όμηρος, *Οδύσσεια* 8. 492-515). Ως θεά της χειροτεχνίας και της πονηριάς, επιστράτευσε και τα δύο αυτά στοιχεία στο διάσημο αυτό επεισόδιο του έπους, στο οποίο συμπυκνώνεται η προσφορά της Αθηνάς Ιππίας στους αρχαίους Έλληνες.

Για την Αθηνά και τα άλογα σε μύθους, βλ. Erwin Cook, *The "Odyssey" in Athens: Myths of Cultural Origins* (Ithaca, NY 1995).
Για αναλυτική συζήτηση σχετικά με την Αθηνά και την ιππική τέχνη, βλ. Marcel Détienne, "Athena and the Mastery of the Horse," στο *History of Religions* τομ. 11 (1971), μτφρ. A.B. Werth, σελ. 161-184.
Για γενική συζήτηση σχετικά με την Αθηνά Ιππία, βλ. Nikolaos Yalouris, "Athena als Herrin der Pferde," *Museum Helveticum* 7:1 (1950) σελ. 19-64.
Για σύγκριση με τη λατρεία της Ιππίας στην Κόρινθο, βλ. Angela Ziskowski, "Athena at Corinth: Revisiting the Identification of the Temple of Apollo." *Phoenix* 73: (2019) σελ. 164–183.

Athenian coin with Athena Hippia. Bronze, Roman Imperial period, 3rd century AD
Agora Excavation N 2625. Ephorate of Antiquities of the City of Athens

Αθηναϊκό νόμισμα με παράσταση Αθηνάς Ιππίας. Χάλκινο, Ρωμαϊκή Αυτοκρατορική περίοδος, 3ος π.Χ. αιώνας. Ανασκαφές Αγοράς Ν 2625. Εφορεία Αρχαιοτήτων Πόλης Αθηνών.

Poseidon on a horse fighting the giants. Attic-red-figure amphora, ca. 410 BC. Paris, Musee du Louvre S1677. Photo: museum.

Έφιππος Ποσειδώνας μάχεται με γίγαντες. Αττικός ερυθρόμορφος αμφορέας, περ. 410 π.Χ. Παρίσι, Μουσείο Λούβρου S1677. Φωτογραφία: Μουσείο Λούβρου.

Who was Poseidon Hippios?

Shannon M. Dunn

Poseidon's connections to horses and horsemanship are numerous and diverse. Pausanias (7.21.7) tells us that all men give Poseidon three surnames: of the Sea, of Safety, and of Horses (Ἵππιος). There are many epithets that relate Poseidon to horses, but *Hippios* is the most common, appearing in mythical and cultic traditions throughout the ancient Greek world, with varying significance for different regions and communities. The names of months and festivals on both sides of the Aegean celebrated Poseidon as Hippios. Poseidon is also said to be the creator or father of the first horse, Skyphios, as well as the sire of fantastical horses like Arion and Pegasos. Variations of his hippic epithets also connect him to horse racing and horse rearing. At Olympia, a bronze dolphin was waved as the signal of the start of the horse races in the hippodrome, where there was an altar of Poseidon Hippios—thus using one symbol of the god in service of another.

Poseidon is the only Olympian god regularly depicted riding a horse; in Athens, near the city Eleusinion, stood a huge statue of Poseidon on horseback, throwing his trident at a giant (Pausanias 1.2.4)–perhaps it resembled his depiction in a crowded gigantomachy painted on a late-4th-century red-figure amphora by the Suessula Painter (Louvre MNB 810/S1677 = BAPD 217568), where Poseidon rides bareback on a white horse, holding the reins with one hand while plunging his trident down towards a giant with the other. Iconographic connections of Poseidon and horses in Attic art begin in the Archaic period and have some expressions in Classical pottery. A 6th-century black-figure cup by the Amasis painter (BAPD 350483) depicts a scene from the *Iliad* (13.32-40), where Poseidon's horses are being harnessed in his underwater stables. In this passage, his horses then carry him across the water to Troy, without wetting the bronze axle of the chariot. Two 4th-century red-figure hydriai, one in the Hermitage (BAPD 6899) and one at Pella (BAPD 17333), depict the contest between Athena and Poseidon for Athens; both include a horse springing from the spot where Poseidon has struck his trident.

In Greek literature one finds many instances associating the sea with horses. In the *Odyssey* (4.708), Penelope even calls swift ships "horses of the deep," while the Phaeacians (descendants of Poseidon) who finally bring Odysseus home have a ship that is compared to a chariot pulled by four stallions (*Odyssey* 13.81). Arcadian legends also relate to Poseidon's connections to horses. In a version of the story of Kronos eating his children which Pausanias hears from the Arcadians (8.8.2), Kronos' wife Rhea declared she had given birth to a horse and fed a foal to Kronos instead of the newborn Poseidon, hiding him among lambs. Arcadia is also where Poseidon pursued Demeter, who changed into a mare and hid among a herd to avoid him; to achieve his end Poseidon simply changed himself into a stallion. Their children were the enigmatic goddess Despoina, worshipped at Lykosoura (where Poseidon had an altar as Hippios), and the preternaturally swift horse Arion, who would go on to belong to Herakles, to compete in the Nemean games, and, as the horse of King Adrastus of Argos, to accompany the Seven Against Thebes (and bring Adrastus back alive). A sanctuary complex for Poseidon Hippios has been excavated just outside ancient Mantinea in Arcadia, which ancient sources tell us had a nearby sacred grove of trees called *Pelagos* (Sea).

In Attica, classical drama is full of references to Poseidon as horse-god. The most focused examples are Sophocles' *Oedipus at Colonus* and Aristophanes' *Knights*—both of which center around the deme of Kolonos outside central Athens, near Plato's Academy. Sophocles suggests that Poseidon introduced the skill of horsemanship at Kolonos. The site was full of shrines for gods and heroes, including altars for Poseidon Hippios and Athena Hippia. While unfortunately not identified archaeologically, Kolonos has rich literary depictions that give insight into the area and to the wealthy citizen class of the *hippeis*, or cavalry, who honored Poseidon as their patron deity, and may have used Kolonos as their meeting place. Kolonos had a degree of autonomy from Athens, which may have led to some political fiascoes. Inscriptions from the 5th century suggest that the sanctuary of Poseidon at Kolonos, while considered part of the "Other Gods" whose treasury contents should be gathered on the Acropolis during the Peloponnesian War, nevertheless held on to some of its wealth and was able to sequester it during this period. Later in 411 BC, the cavalry assembled at Kolonos instead of at the usual Pnyx—and promptly instigated the coup of the Four Hundred (Thucydides 8.67).

There were many unusual horse-related rituals for Poseidon--not only in terms of sacrifice, but also in traditions such as the one at Onchestos in Boeotia. Here horses were sent running into a grove sacred to the god, pulling a riderless chariot, with the result perhaps used for divination. Votives offered to Poseidon were also frequently equine in nature; along with the bull, the horse is the most common animal figurine found at his sanctuaries. Hybrid creatures such as the *hippocamp*, or sea horse, pulled his chariots in art and were used to represent him, like the 6th-5th century bronze votive example found at his sanctuary in Akovitika, now in the Archaeological Museum of Messenia.

Poseidon represents the wilder nature and raw power of the horse. By contrast, Athena, who is also called Hippia, is said to be responsible for the taming of horses and the invention of the bridle. This is one example of the contrasting nature of their frequent pairing in art and cult, although a neatly binary division of their responsibilities in the realm of horses is not true to the evidence. Many gods were harnessed into service for this important facet of Greek life, but Poseidon was the deity most consistently associated with horses in art, religion, and literature. There is an archaic bronze figurine in the Archaeological Museum of Agrinio, in Aetolia-Acarnania, of a kouros with the head of a horse. Likely representing Poseidon Hippios and dedicated at a nearby sanctuary, it demonstrates that Poseidon literally embodies this aspect of his divinity, and the powerful and transformative nature of the Lord of Horses.

Poseidon Hippios on horseback. Silver coin from Potidaea, Macedonia, ca. 500-480 BC.

Tetradrachm with Poseidon Hippios. Silver, Potidaia, ca. 500 BC. Alpha Bank Numismatic Collection 6216.

Έφιππος Ίππιος Ποσειδώνας. Αργυρό νόμισμα από την Ποτίδαια, Μακεδονία, περ. 500-480 π.Χ.

Τετράδραχμο με παράσταση Ίππιου Ποσειδώνα. Αργυρό, Ποτίδαια, περ. 500-480 π.Χ. Νομισματική Συλλογή Alpha Bank 6216

For general information on Poseidon Hippios, see Ioannis Mylonopoulos, *Πελοπόννησος οικητήριον Ποσειδώνος. Heiligtümer und Kulte des Poseidon auf der Peloponnes,* Kernos supplement 13 (Liège 2003); and Fritz Schachermeyr, *Poseidon und die Entstehung des griechischen Götterglaubens* (Bern 1950).

For the cult of Poseidon Hippios in Athens and Attica, see Angeliki Kokkinou, "Poseidon in Attica: Cults and Iconography (ca. 510-300 B.C.E.)," PhD diss. (Johns Hopkins 2011); Eléonore Nadal, "De la cavalerie à la flotte athéniennes: l'iconographie attique de Poséidon et l'histoire d'Athènes." *Pallas* 75 (2007) pp. 151-157; and Peter Siewert, "Poseidon Hippios am Kolonos und die athenischen Hippeis," in *Arktouros: Hellenic Studies presented to Bernard M. W. Knox*, edited by G. W. Bowersock et al., (Berlin 1979) pp. 280-289.

For his depiction in vase-painting, see Eléonore Nadal, "Poséidon Hippios, les chevaux et les cavaliers à travers la céramique," in *Les Équidés dans le Monde Méditerranéen Antique*, edited by A. Gardeisen (Lattes 2005) pp.111-135.

For Homeric and other literary references, see Catalin Anghelina, "The Phaeacian Ship and the Simile of the Four-Horse Chariot," *Symbolae Osloenses* 89.1 (2015) pp. 23-34; Erwin Cook, *The "Odyssey" in Athens: Myths of Cultural Origins* (Ithaca, NY 1995) pp. 181-194; Jose Marcos Macedo, "Two Divine Epithets In Stesichorus: Poseidon Ἱπποκέλευθος and Aphrodite Ἠπιοδωρος." *Classical Philology* 111 (2016) pp. 1-18; and András Patay-Horváth, "The Contest between Athena and Poseidon. Myth, History and Art," *Historika* 5: *Great is the Power of the Sea* (2016) pp. 353-362.

Bronze cast statue of a daemonic figure, possibly Poseidon Hippios. Stratos. 7th -6th century BC. Archaeological Museum of Agrinio. Ephorate of Antiquities of Aetoloakarnania and Lefkas.

Χάλκινο χυτό άγαλμα δαιμονικής μορφής, πιθανόν του Ίππιου Ποσειδώνα. Στράτος. 7ος-6ος π.Χ. αιώνας. Αρχαιολογικό Μουσείο Αγρινίου. Εφορεία Αρχαιοτήτων Αιτωλοακρνανίας και Λευκάδας.

Ποιος ήταν ο Ίππιος Ποσειδώνας;

Shannon M. Dunn

Η σύνδεση του Ποσειδώνα με τα άλογα και την ιππική τέχνη είναι πολλαπλή και ποικιλόμορφη. Ο Παυσανίας μας λέει (7.21.7) ότι όλοι οι άνθρωποι αποκαλούσαν τον Ποσειδώνα με τρία επίθετα: Θαλάσσιο, Κοσμοσείστη και Ίππιο. Υπάρχουν πολλές προσφωνήσεις που τον συνδέουν με τα άλογα, αλλά Ίππιος είναι η συνηθέστερη και εμφανίζεται σε μυθολογικές και λατρευτικές παραδόσεις σε ολόκληρο τον ελλαδικό κόσμο, με τη σημασία της να διαφοροποιείται ανάλογα με την περιοχή. Τα ονόματα των μηνών και των εορτασμών στις δυο πλευρές του Αιγαίου τιμούσαν τον Ποσειδώνα ως Ίππιο. Επίσης, ο Ποσειδώνας λέγεται ότι ήταν ο δημιουργός ή πατέρας του πρώτου αλόγου, του Σκύφιου, καθώς και γεννήτορας φανταστικών αλόγων, όπως ο Αρίων και ο Πήγασος. Παραλλαγές των ιππικών επιθέτων του θεού τον συνδέουν επίσης με ιππικούς αγώνες και με την εκτροφή αλόγων. Στην Ολυμπία, χρησιμοποιούσαν ένα χάλκινο δελφίνι για να για να σηματοδοτήσουν την εκκίνηση των αγώνων στον ιππόδρομο, όπου υπήρχε βωμός του Ίππιου Ποσειδώνα, θέτοντας έτσι ένα σύμβολο του θεού στην υπηρεσία ενός άλλου.

Ο Ποσειδώνας είναι ο μόνος Ολύμπιος θεός που απεικονίζεται συχνά έφιππος. Στην Αθήνα, κοντά στο Ελευσίνιο, βρισκόταν ένα τεράστιο άγαλμα έφιππου Ποσειδώνα που πετούσε την τρίαινά του σε έναν Γίγαντα (Παυσανίας 1.2.4). Ίσως έμοιαζε με την αναπαράστασή του σε Γιγαντομαχία με πολλές μορφές, η οποία απεικονίζεται σε ερυθρόμορφο αμφορέα του ύστερου 4ου αιώνα π.Χ. φιλοτεχνημένο από τον Ζωγράφο της Σουέσσουλα (Λούβρο MNB 810/S1677, BAPD 217568). Στον αμφορέα αυτόν, ο Ποσειδώνας εικονίζεται πάνω σε λευκό άλογο χωρίς σέλα, να κρατά τα ηνία με το ένα χέρι και με το άλλο να ρίχνει την τρίαινά του προς τα κάτω, σε έναν Γίγαντα. Η εικονογραφική σύνδεση του Ποσειδώνα με τα άλογα στην αττική τέχνη ξεκινά κατά την αρχαϊκή περίοδο, ενώ υπάρχουν και ορισμένες εκφράσεις της στην κεραμική της κλασικής περιόδου. Ένα μελανόμορφο κύπελλο του 6ου αιώνα π.Χ. από τον Ζωγράφο του Άμαση (BAPD 350483) αναπαριστά σκηνή της Ιλιάδας (13.32-40), όπου ο Ποσειδώνας χαλινώνει τα άλογά του, στους υποθαλάσσιους στάβλους του. Στο σχετικό απόσπασμα, τα άλογά του έπειτα τον μετέφεραν διά θαλάσσης στην Τροία, χωρίς να βρέξουν τον χάλκινο άξονα του άρματος. Δύο ερυθρόμορφες υδρίες του 4ου αιώνα π.Χ. –μία βρίσκεται στο Ερμιτάζ (BAPD 6899) και μία στην Πέλλα (BAPD 17333)– απεικονίζουν τη διαμάχη της Αθηνάς και του Ποσειδώνα για την πόλη της Αθήνας. Και στις δύο διακρίνεται ένα άλογο να αναδύεται από το σημείο όπου ο Ποσειδώνας χτύπησε την τρίαινά του.

Στην αρχαία ελληνική λογοτεχνία υπάρχουν πολλές περιπτώσεις στις οποίες συνδέεται η θάλασσα με τα άλογα. Στην Οδύσσεια (4.708), η Πηνελόπη ονομάζει τα γρήγορα πλοία «πελαγίσια άλογα», ενώ οι Φαίακες (απόγονοι του Ποσειδώνα) που τελικά οδήγησαν τον Οδυσσέα σπίτι του, είχαν ένα πλοίο που συγκρίνεται με άρμα και το τραβούσαν τέσσερις επιβήτορες (*Οδύσσεια* 13.81). Οι αρκαδικοί μύθοι, επίσης συνδέουν τον Ποσειδώνα με τα άλογα. Σε μια εκδοχή της ιστορίας του Κρόνου που τρώει τα παιδιά του -την οποία ο Παυσανίας άκουσε από Αρκάδες (8.8.2)- η γυναίκα του Κρόνου, Ρέα, δήλωσε ότι είχε γεννήσει άλογο και του έδωσε να φάει ένα πουλάρι αντί για τον νεογέννητο Ποσειδώνα, τον οποίο έκρυψε ανάμεσα σε αρνιά. Η Αρκαδία είναι, επίσης, ο τόπος όπου ο Ποσειδώνας κυνήγησε τη Δήμητρα, η οποία μεταμορφώθηκε σε φοράδα και κρύφτηκε σε μια αγέλη αλόγων για να τον αποφύγει. Εκείνος, προκειμένου να πετύχει τον σκοπό του, απλώς μεταμορφώθηκε σε επιβήτορα. Τα παιδιά τους ήταν η αινιγματική θεά Δέσποινα, η οποία λατρευόταν στη Λυκόσουρα (όπου υπήρχε βωμός του Ίππιου Ποσειδώνα), και το υπερφυσικά γρήγορο άλογο, Αρίων, που στη συνέχεια ανήκε στον Ηρακλή, έλαβε μέρος στα Νέμεα και, ως άλογο του βασιλιά του Άργους, Άδραστου, συνόδευσε τους Επτά επί Θήβας (και έφερε τον Άδραστο πίσω ζωντανό). Ένα ιερό συγκρότημα αφιερωμένο στον Ίππιο Ποσειδώνα αποκαλύφθηκε έξω από την αρχαία Μαντίνεια στην Αρκαδία, κοντά στο οποίο, σύμφωνα με αρχαίες πηγές, βρισκόταν ένα ιερό άλσος που ονομαζόταν Πέλαγος.

Στην Αττική, το κλασικό δράμα βρίθει αναφορών στον Ποσειδώνα ως θεού των αλόγων. Τα παραδείγματα που εστιάζουν περισσότερο σε αυτή την ιδιότητα είναι ο *Οιδίπους επί Κολωνώ* του Σοφοκλή και οι *Ιππείς* του Αριστοφάνη -και τα δύο έχουν ως κεντρικό άξονα τον δήμο του Κολωνού, έξω από το κέντρο της Αθήνας, κοντά στην Ακαδημία Πλάτωνος. Σύμφωνα με το Σοφοκλή, ο Ποσειδώνας εισήγαγε την ιππική τέχνη στον Κολωνό. Ο χώρος ήταν γεμάτος με ιερά για θεούς και ήρωες, συμπεριλαμβανομένων των βωμών του Ίππιου Ποσειδώνα και της Αθηνάς Ιππίας. Παρόλο που, δυστυχώς, δεν έχει εντοπιστεί αρχαιολογικά, ο Κολωνός έχει πλούσιες λογοτεχνικές αναπαραστάσεις που ρίχνουν φως στην περιοχή και στην πλούσια κοινωνική τάξη των ιππέων, οι οποίοι τιμούσαν τον Ποσειδώνα ως θεό-προστάτη τους και, ενδεχομένως, χρησιμοποιούσαν τον Κολωνό ως σημείο συνάντησής τους. Ο Κολωνός είχε ως έναν βαθμό αυτονομία από την Αθήνα, η οποία ίσως να οδήγησε σε κάποιες πολιτικές αποτυχίες. Σύμφωνα με επιγραφές του 5ου αιώνα π.Χ., το ιερό του Ποσειδώνα στον Κολωνό, ενώ θεωρούνταν τμήμα των «Άλλων Θεών», τα χρήματα του οποίου θα έπρεπε να συγκεντρωθούν στην Ακρόπολη κατά τον Πελοποννησιακό Πόλεμο, εντούτοις, κράτησε μέρος του πλούτου του και κατάφερε να το κρύψει εκείνη την περίοδο. Αργότερα μέσα στο 411 π.Χ., το ιππικό συγκεντρώθηκε στον Κολωνό, αντί για την Πνύκα όπου συγκεντρώνονταν συνήθως, και υποκίνησε το πραξικόπημα των Τετρακοσίων (Θουκυδίδης 8.67).

Υπήρχαν πολλά ασυνήθιστα τελετουργικά για τον Ποσειδώνα, τα οποία σχετίζονταν με άλογα -όχι μόνο σε ό,τι αφορά θυσίες-, αλλά και παραδόσεις όπως εκείνη της Ογχηστού στη Βοιωτία: άλογα που έσερναν άρμα χωρίς ηνίοχο προτρέπονταν να τρέχουν σε ένα ιερό άλσος του θεού και το αποτέλεσμα, πιθανόν, να χρησιμοποιούνταν για μαντεία. Τα αναθήματα που προσφέρονται στον Ποσειδώνα ήταν συχνά ιππικής φύσης, ενώ μαζί με τον ταύρο, το άλογο είναι το συνηθέστερο ειδώλιο με μορφή ζώου που έχει ανακαλυφθεί στα ιερά του. Υβριδικά πλάσματα, όπως ο ιππόκαμπος, απεικονίζονταν να τραβούν τα άρματά του και τον αντιπροσώπευαν, όπως στο χάλκινο ανάθημα του 6ου–5ου αιώνα π.Χ. που ανακαλύφθηκε στο ιερό του θεού στα Ακοβίτικα και βρίσκεται σήμερα στο Αρχαιολογικό Μουσείο Μεσσηνίας.

Ο Ποσειδώνας αντιπροσωπεύει την άγρια φύση και την ακατέργαστη δύναμη του αλόγου, σε αντιδιαστολή με την Αθηνά, η οποία επίσης ονομάζεται Ιππία, αλλά θεωρείται υπεύθυνη για την εξημέρωση των αλόγων και την εφεύρεση του χαλινού.

Αυτό είναι ένα παράδειγμα της αντικρουόμενης φύσης της, συχνά, κοινής παρουσίας τους στην τέχνη και στη λατρεία, παρόλο που δεν υπάρχουν στοιχεία για έναν ξεκάθαρο δυαδικό διαχωρισμό των ευθυνών τους στο βασίλειο των αλόγων. Πολλοί θεοί αξιοποιήθηκαν για τη σημαντική αυτή πτυχή της ελληνικής ζωής, ωστόσο, ο Ποσειδώνας υπήρξε ο πιο στενά συνδεδεμένος θεός με τα άλογα στην τέχνη, στη θρησκεία και στη λογοτεχνία. Στο Αρχαιολογικό Μουσείο Αγρινίου, στην Αιτωλοακαρνανία, υπάρχει ένα χάλκινο αρχαϊκό ειδώλιο κούρου με κεφάλι αλόγου. Πρόκειται για πιθανή αναπαράσταση του Ίππιου Ποσειδώνα και αφιέρωμα που βρέθηκε σε κοντινό ιερό, το οποίο υποδηλώνει ότι ο Ποσειδώνας, κυριολεκτικά, ενσαρκώνει την πτυχή αυτή της θεϊκής του υπόστασης, καθώς και την ισχυρή και μεταμορφωτική φύση του ως Άρχοντας των Αλόγων.

Για γενικές πληροφορίες σχετικά με τον Ίππιο Ποσειδώνα, βλ. Ioannis Mylonopoulos, Πελοπόννησος οἰκητήριον Ποσειδῶνος. Heiligtümer und Kulte des Poseidon auf der Peloponnes, Kernos supplement 13 (Liège 2003) και Fritz Schachermeyr, *Poseidon und die Entstehung des griechischen Götterglaubens* (Bern 1950).
Για τη λατρεία του Ίππιου Ποσειδώνα στην Αθήνα και στην Αττική, βλ. Angeliki Kokkinou, "Poseidon in Attica: Cults and Iconography (ca. 510–300 B.C.E.)." διδακτορική διατριβή, Johns Hopkins, 2011· Eléonore Nadal, "De la cavalerie à la flotte athéniennes: l'iconographie attique de Poséidon et l'histoire d'Athènes." *Pallas* 75 (2007) σελ. 151–157· Peter Siewert, "Poseidon Hippios am Kolonos und die athenischen Hippeis," in *Arktouros: Hellenic Studies presented to Bernard M. W. Knox*, επιμ. G. W. Bowersock et al., (Berlin 1979) σελ. 280–289.
Για την απεικόνισή του στην αγγειοπλαστική, βλ. Eléonore Nadal, "Poséidon Hippios, les chevaux et les cavaliers à travers la céramique," στο *Les Équidés dans le Monde Méditerranéen Antique*, επιμ. A. Gardeisen (Lattes 2005) σελ. 111–135.
Για ομηρικές και άλλες λογοτεχνικές αναφορές, βλ. Catalin Anghelina, "The Phaeacian Ship and the Simile of the Four-Horse Chariot," *Symbolae Osloenses* 89.1 (2015) σελ. 23–34· Erwin Cook, *The "Odyssey" in Athens: Myths of Cultural Origins* (Ithaca, NY 1995) σελ. 181–194· Jose Marcos Macedo, "Two Divine Epithets In Stesichorus: Poseidon Ἱπποκέλευθος and Aphrodite Ἠπιοδωρος." *Classical Philology* 111 (2016) σελ. 1–18· András Patay-Horváth, "The Contest between Athena and Poseidon. Myth, History and Art," *Historika* 5: *Great is the Power of the Sea* (2016) σελ. 353–362.

Rare scene of the Attic hero Hippothoon suckled by a mare. Attic red-figure chous with added white, ca. 420 BC. Tübingen University E 180.

Σπάνια παράσταση που απεικονίζει τον ήρωα Ιπποθόωντα που τον θηλάζει μία φοράδα. Αττική ερυθρόμορφη χους με λευκό επίχρισμα, περ. 420 π.Χ. Πανεπιστήμιο Tübingen Β 57.

Who was Hippothoon?

Shannon M. Dunn

Hippothoon was an important figure in Athenian civic organization, notably as one of the ten Eponymous Heroes after which the ten democratic tribes were named. In addition he is associated with the traditions of Eleusinian myth and cult. His name (*swift-riding*) reflects both his ancestry and his unusual infancy. His story is known to us from several textual sources including Athenian playwrights, Atthidographers, and the travel writer Pausanias, as well as being portrayed in Athenian art. Our earliest reference is a Hesiodic fragment (227 M-W/172 Most), where he is mentioned with the Eleusinian heroes Dolichos and Eumolpos.

The most extensive version of his story comes from Hyginus (*Fabulae* 187). Hippothoon's mother was Alope, the daughter of Kerkyon—the wrestler and king of Eleusis known to us mostly for being beaten by Theseus as the hero made his way towards Athens. Like Theseus, Kerkyon was possibly a son of Poseidon, but this did not prevent Poseidon from also seducing his own granddaughter Alope, who gave birth to a boy. She wrapped the baby in her clothing and handed him over to her nurse to expose, or abandon in the wilderness. The babe was kept alive by a mare who nurtured him with her own milk until he was found by a herder or shepherd, as these future heroes inevitably are. This first man gave the baby to another shepherd to take care of, but wanted the fine garments that were wrapped around him for himself. The second shepherd also wanted these royal textiles, and their dispute came before the king, who recognized the clothing. After being threatened, the nurse gave up Alope, whom Kerkyon ordered to be locked away with the intention that she would die in imprisonment, while the baby was sent to be exposed again. Once again, a mare suckled him, and once again, he was rescued by a shepherd, who gave him his hippic name. Eventually he inherited the kingdom of Eleusis when his grandfather was killed by Theseus. The body of the unfortunate Alope was "rescued" by Poseidon and turned into a spring of the same name—the fate of several of the god's paramours. Pausanias mentions her tomb along the road leading to Megara (1.39.3).

A 4th-century Attic red-figure fragment of a chous (Tübingen E180 = BAPD 21340) shows the infant Hippothoon nursing from a rearing mare, while a figure holding two torches (Alope or, more likely, the eponymous nymph Eleusis) looks on. Stamped lead tokens found in the Athenian Agora include similar scenes of a small child reaching out while nursing underneath a horse. These could have been used as entry tokens for political assemblies, specifying the *phyle* (tribe) to which an individual belonged, or perhaps as theater tickets for a play related to the image, such as Euripides' *Alope* or Aeschylus' satyr-play *Kerkyon*. The themes of the plays in which Hippothoon and Alope appear may reflect tensions between Athens and Eleusis, or a mythic connection to the absorption of Eleusis into Attica and the control of Eleusis and its Mysteries by Athens. At Eleusis, Hippothoon became a priest of the Eleusinian Mysteries, and received his own cult there as well; Pausanias mentions his heroön (1.38.4) and an inscribed temple account (IG II² 1672, lines 290-291) from 329/8 BC records an offering given to the priest of Hippothoon.

When the civic organization of Attica was rearranged circa 508/7 BC into the ten Kleisthenic *phylai*, Hippothoon was one of the *eponymoi*, who gave their names to the tribes. These heroes were chosen for this honor by the Delphic oracle, and were supposedly connected to pre-existing, regional cults. The phyle *Hippothontis* included Eleusis. The priesthood of Hippothoon certainly existed before the democratic reforms, and seems to have been a hereditary one. The eponymoi were portrayed in a long late-4th-century monument in the center of the Athenian Agora, consisting of ten bronze statues of the heroes standing on a limestone and marble base. It was used as a sort of public noticeboard. Decrees for Hippothontis found at Eleusis (IG II² 1149, 1153) imply that the sanctuary was the cult center for this tribe, i.e. where they gathered for sacrifices and announcements. There are some suggestions that Hippothoon had connections to homonymous heroes from Arcadia, not an unlikely connection considering the role of Poseidon (and Demeter) in that region, but this Hippothoon was an entirely Eleusinian hero, with no shrine or cult in Athens itself other than the monument to all the eponymoi. Eleusis and her mythic history were essential to Athenian life, as holy Eleusis hosted the all-important Mysteries and was known as the birthplace of agriculture. Having a phyle named after Hippothoon helped incorporate a deme at the borders of Attica into the Athens-centric tribal system.

A hydria by the Meidias Painter from the second half of the 5th century (British Museum 1772,0320.30 = BAPD 220497) depicts seven of the tribal heroes, helpfully named, along with scenes of the Rape of the Leukippides and Herakles in the Garden of the Hesperides. The adult Hippothoon (ΙΠΠΟΘΩΝ written over him) is shown as a youth with one hand on his hip and the other holding two spears which rest on the ground and lean against his arm. He wears sandals and has a mantle draped loosely over his arms. Hippothoon is also included in a scene of the Mission of Triptolemos on a bell krater by the Oreithyia Painter from the first half of the 5th century (Palermo 2124 = BAPD 205990). He is named, and, in contrast to his youthful representation on the Meidias hydria, is shown as a bearded older man holding a scepter and draped in a cloak. He is echoed by a similarly dressed Keleos, the Eleusinian king named in the *Homeric Hymn to Demeter* as building her first temple, and the two Eleusinian royals flank the Eleusinian triad of Demeter, Persephone, and Triptolemos. Hence there exist examples of Hippothoon depicted as fantastical infant, ephebic prince, and respected ruler. There are many variations of Hippothoon's story (and Alope's), likely reflecting changing values and politics in Attica, and heavily influenced by popular plays, but they are all consistent in portraying his long-standing importance for Eleusis.

Model of the Eponymous Heroes monument, 2nd half of the 4th century BC. Photo: American School of Classical Studies, Agora Excavations.

Αναπαράσταση του Μνημείου των Επώνυμων Ηρώων, δεύτερο μισό του 4ου αιώνα π.Χ. Φωτογραφία: Αμερικανική Σχολή Κλασικών Σπουδών, Ανασκαφές Αγοράς.

For general overviews of Hippothoon and other Attic heroes, see Timothy Gantz, *Early Greek Myth* (Baltimore 1993) p. 253; Emily Kearns, *The Heroes of Attica*, Bulletin Supplement (University of London Institute of Classical Studies) 57 (1989), pp. iii, vii, ix, xi-xiv, 1-137, 139-212; and Uta Kron, *Die zehn attischen Phylenheroen: Geschichte, Mythos, Kult und Darstellungen* (Berlin 1976).
For Hippothoon in plays, see Ioanna Karamanou, "The Myth of Alope in Greek Tragedy," *L'Antiquité Classique*, vol. 72, L'Antiquité Classique (2003) pp. 25-40; and François de Polignac, "La tragédie athénienne et l'espace clisthénien. Quelques réflexions sur la formation du paysage de la cité," *Dialogues d'histoire ancienne* 47.2.2 (2021) pp. 135-147.
For Cleisthenic reforms, see Emily Kearns, "Change and Continuity in Religious Structures after Cleisthenes," *History of Political Thought* 6.1/2 (1985) pp. 189-207.
For heroes nursed by animals, see Giulia Pedrucci, "Breastfeeding Animals and Other Wild "Nurses" in Greek and Roman Mythology," *Gerión* 34 (2016) pp. 307-323.

Ποιος ήταν ο Ιπποθόων;

Shannon M. Dunn

Ο Ιππoθόων ήταν σημαίνον πρόσωπο της πολιτικής οργάνωσης της αρχαίας Αθήνας, κυρίως, ως ένας από τους δέκα Επώνυμους Ήρωες από τους οποίους πήραν το όνομά τους οι δέκα δημοκρατικές φυλές της πόλης. Επιπλέον, συνδέεται με τις παραδόσεις των Ελευσίνιων μύθων και λατρείας. Το όνομά του (αυτός *που ιππεύει γρήγορα*) αντικατοπτρίζει τόσο την καταγωγή του, όσο και την ασυνήθιστη βρεφική του ηλικία. Η ιστορία του μας είναι γνωστή από αρκετές γραπτές πηγές (Αθηναίους θεατρικούς συγγραφείς, ατθιδογράφους και τον περιηγητή Παυσανία), καθώς και από απεικονίσεις του στην αθηναϊκή τέχνη. Η πρωιμότερη αναφορά σε αυτόν βρίσκεται σε απόσπασμα του Ησιόδου (227 M-W/172 Most), όπου αναφέρεται μαζί με τους Ελευσίνιους Ήρωες, Δόλιχο και Εύμολπο.

Η πιο εκτενής εκδοχή της ιστορίας του προέρχεται από τον Υγίνο (*Fabulae* 187). Η μητέρα του ήταν η Αλόπη, κόρη του Κερκύονα -παλαιστή και βασιλιά της Ελευσίνας, γνωστού σε εμάς, κυρίως, γιατί νικήθηκε από τον Θησέα καθώς ο τελευταίος ταξίδευε προς την Αθήνα. Όπως ο Θησέας, έτσι και ο Κερκύονας ήταν, πιθανόν, γιος του Ποσειδώνα, ωστόσο, το γεγονός αυτό δεν εμπόδισε τον Ποσειδώνα να αποπλανήσει την εγγονή του, Αλόπη. Η τελευταία, γέννησε ένα αγόρι, το τύλιξε στα ρούχα της και το έδωσε στην τροφό της για να το αφήσει έκθετο ή να το εγκαταλείψει στην ερημιά. Το βρέφος σώθηκε από μια φοράδα που το τάιζε με το γάλα της, μέχρι που το βρήκε ένας βοσκός -όπως συμβαίνει πάντα με τους μελλοντικούς ήρωες. Ο άντρας αυτός έδωσε το βρέφος σε άλλον βοσκό να το φροντίσει, αλλά ήθελε να κρατήσει τα ακριβά υφάσματα με τα οποία ήταν τυλιγμένο. Ο δεύτερος βοσκός τα ήθελε, εγίσης, κι έτσι οδηγήθηκαν ενώπιον του βασιλιά, ο οποίος αναγνώρισε τα ρούχα. Μετά από απειλές, η τροφός αποκάλυψε ότι μητέρα του βρέφους ήταν η Αλόπη και ο Κερκύονας διέταξε να τη φυλακίσουν με σκοπό να πεθάνει εκεί, ενώ το μωρό αφέθηκε και πάλι έκθετο. Μια άλλη φοράδα τον θήλασε και για μια ακόμη φορά σώθηκε από βοσκό, ο οποίος του έδωσε το ιππικό του όνομα. Τελικά, κληρονόμησε το βασίλειο της Ελευσίνας, όταν ο παππούς του σκοτώθηκε από τον Θησέα. Το σώμα της άτυχης Αλόπης «σώθηκε» από τον Ποσειδώνα, ο οποίος τη μεταμόρφωσε στην ομώνυμη πηγή -όπως συνέβαινε σε αρκετές ερωμένες των θεών. Ο Παυσανίας αναφέρει τον τάφο της κατά μήκος της οδού που οδηγεί στα Μέγαρα (1.39.3).

Ένα θραύσμα αττικής ερυθρόμορφης χοός του 4ου αιώνα π.Χ. (Tübingen E180, BAPD 21340) απεικονίζει τον Ιπποθόωντα βρέφος να θηλάζει από φοράδα που στέκεται στα πίσω πόδια, ενώ μια μορφή που κρατά δύο δαυλούς (η Αλόπη ή, το πιθανότερο, η επώνυμη νύμφη Ελευσίνα) τους κοιτάζει. Εμπίεστα μολύβδινα ελάσματα που έχουν βρεθεί στην Αρχαία Αγορά της Αθήνας περιλαμβάνουν παρόμοιες σκηνές με μικρό παιδί που σηκώνει τα χέρια ενώ το θηλάζει ένα άλογο. Ενδεχομένως να χρησιμοποιούνταν για την είσοδο σε πολιτικές συναθροίσεις -διευκρινίζοντας τη φυλή στον οποία ανήκε ο κάθε συμμετέχων- ή ως εισιτήρια θεατρικών παραστάσεων που σχετίζονταν με την εικόνα που απεικόνιζαν, όπως η *Αλόπη* του Ευριπίδη ή το σατιρικό έργο του Αισχύλου, *Κερκύων*. Τα θέματα των θεατρικών έργων στα οποία εμφανίζονται ο Ιπποθόων και η Αλόπη, πιθανότατα, αντικατοπτρίζουν τις εντάσεις ανάμεσα στην Αθήνα και στην Ελευσίνα ή μια μυθική σύνδεση με την ενσωμάτωση της Ελευσίνας στην Αττική και τον έλεγχο της Ελευσίνας και των Μυστηρίων της από την Αθήνα. Στην Ελευσίνα, ο Ιπποθόων έγινε ιερέας των Ελευσίνιων Μυστηρίων, αλλά λατρεύτηκε και ο ίδιος. Ο Παυσανίας αναφέρει το ηρώο του (1.38.4), ενώ μια επιγραφή με απολογισμό ναού (*IG* II2 1672, γραμμές 290–291), του 329/8 π.Χ., αναγράφει προσφορά που δόθηκε στον ιερέα του Ιπποθόωντα.

Όταν η πολιτική οργάνωση της Αττικής αναδιαρθρώθηκε γύρω στο 508/7 π.Χ. με τη δημιουργία των δέκα φυλών του Κλεισθένη, ο Ιπποθόων ήταν ένας από τους Επώνυμους Ήρωες που έδωσαν το όνομά τους σε αυτές. Οι Επώνυμοι Ήρωες επιλέχθηκαν από το Μαντείο των Δελφών για το τιμητικό αυτό γεγονός και υποτίθεται ότι συνδέονταν με προϋπάρχουσες τοπικές λατρείες. Η *Ιπποθοωντίδα* φυλή περιλάμβανε την Ελευσίνα. Οι ιερείς του Ιπποθόωντα σίγουρα προϋπήρχαν των δημοκρατικών μεταρρυθμίσεων και φαίνεται ότι το αξίωμά τους ήταν κληρονομικό. Οι Επώνυμοι απεικονίζονταν σε ένα επίμηκες μνημείο του ύστερου 4ου αιώνα π.Χ., το οποίο βρισκόταν στο κέντρο της Αρχαίας Αγοράς της Αθήνας και αποτελούνταν από τα δέκα χάλκινα αγάλματα των Ηρώων, πάνω σε βάση από ασβεστόλιθο και μάρμαρο. Χρησιμοποιούνταν σαν ένα είδος δημόσιου πίνακα ανακοινώσεων. Διατάγματα για την *Ιπποθοωντίδα* φυλή, τα οποία ανακαλύφθηκαν στην Ελευσίνα (*IG* II2 1149, 1153), υποδηλώνουν ότι το ιερό ήταν το κέντρο λατρείας της φυλής αυτής, δηλαδή το σημείο όπου συγκεντρώνονταν για θυσίες ή αναγγελίες. Σύμφωνα με ορισμένους μελετητές, ο Ιπποθόων είχε δεσμούς με ομώνυμους ήρωες από την Αρκαδία, γεγονός που δεν είναι απίθανο δεδομένου του ρόλου του Ποσειδώνα (και της Δήμητρας) στην περιοχή. Ωστόσο, ο Ιπποθόων ήταν ακραιφνώς ελευσίνιος ήρωας, χωρίς ιερό ή λατρεία στην Αθήνα, εκτός από το μνημείο που ήταν αφιερωμένο σε όλους τους Επώνυμους Ήρωες. Η Ελευσίνα και η μυθική ιστορία της ήταν απαραίτητα στοιχεία για την αθηναϊκή ζωή, καθώς η ιερή Ελευσίνα φιλοξενούσε τα πολύ σημαντικά Ελευσίνια Μυστήρια και ήταν γνωστή ως γενέτειρα της γεωργίας. Η φυλή που πήρε το όνομά της από τον Ιπποθόωντα βοήθησε να ενσωματωθεί ένας δήμος που βρισκόταν στα όρια της Αττικής στο αθηνο-κεντρικό φυλετικό σύστημα.

Μια υδρία από τον Ζωγράφο του Μειδία που φιλοτεχνήθηκε στο β' μισό του 5ου αιώνα π.Χ. (BAPD 220497, Βρετανικό Μουσείο 1772,0320.30) απεικονίζει επτά από τους ήρωες των φυλών, με τα ονόματά τους γραμμένα στο αγγείο, μαζί με αναπαράσταση της Αρπαγής των Λευκιππίδων και του Ηρακλή στον Κήπο των Εσπερίδων. Ο ενήλικας Ιπποθόων (ΙΠΠΟΘΩΝ γραμμένο πάνω του) εικονίζεται ως νέος με το ένα χέρι στον γοφό και το άλλο να κρατά δύο δόρατα που ακουμπούν στο έδαφος και στον βραχίονά του, ενώ φορά σανδάλια και έχει μανδύα ριγμένο στους ώμους. Ο Ιπποθόων περιλαμβάνεται, επίσης, σε σκηνή της αποστολής του Τριπτόλεμου, σε κωδωνόσχημο κρατήρα από τον Ζωγράφο της Ωρείθυιας, ο οποίος χρονολογείται στο α' μισό του 5ου αιώνα π.Χ. (BAPD 205990, Παλέρμο 2124). Φέρει το όνομά του και, σε αντίθεση με την απεικόνισή του σε νεαρή ηλικία στην υδρία του Μειδία, εμφανίζεται ως γενειοφόρος άνδρας μεγαλύτερης ηλικίας που κρατά σκήπτρο και φορά μανδύα. Τον μιμείται ο παρόμοια ντυμένος Κελεός, βασιλιάς της Ελευσίνας, που αναφέρεται στον *ομηρικό ύμνο στη Δήμητρα* να χτίζει τον πρώτο της ναό. Οι δύο βασιλείς της Ελευσίνας πλαισιώνουν την ελευσίνια τριάδα, η οποία αποτελείται από τη Δήμητρα, την Περσεφόνη και τον Τριπτόλεμο. Συνεπώς, υπάρχουν παραδείγματα που εικονίζουν τον Ιπποθόωντα ως φανταστικό βρέφος, ως έφηβο πρίγκηπα και ως σεβάσμιο ηγέτη. Υπάρχουν πολλές παραλλαγές της ιστορίας του (και της Αλόπης) που, πιθανόν, αντικατοπτρίζουν αλλαγές στις αξίες και στην πολιτική της Αττικής και οι οποίες επηρεάζονταν βαθιά από δημοφιλή θεατρικά έργα. Ωστόσο, όλες παρουσιάζουν τη μεγάλη σημασία του για την Ελευσίνα.

Για γενική επισκόπηση του Ιπποθόωντα και άλλων αττικών ηρώων, βλ. Timothy Gantz, *Early Greek Myth* (Baltimore 1993) σελ. 253· Emily Kearns, *The Heroes of Attica*, Bulletin Supplement (University of London Institute of Classical Studies) 57 (1989): σελ. iii, vii, ix, xi-xiv, 1-137, 139-212 και Uta Kron, *Die zehn attischen Phylenheroen: Geschichte, Mythos, Kult und Darstellungen* (Berlin 1976).
Για τον Ιπποθόωντα σε θεατρικά έργα, βλ. Ioanna Karamanou, "The Myth of Alope in Greek Tragedy," *L'Antiquité Classique*, τομ. 72, L'Antiquité Classique (2003) σελ. 25-40 και François de Polignac, "La tragédie athénienne et l'espace clisthénien. Quelques réflexions sur la formation du paysage de la cité," *Dialogues d'histoire ancienne* 47.2.2 (2021) σελ. 135-147.
Για τις μεταρρυθμίσεις του Κλεισθένη, βλ. Emily Kearns, "Change and Continuity in Religious Structures after Cleisthenes," *History of Political Thought* 6.1/2 (1985) σελ. 189-207.
Για ήρωες που θηλάστηκαν από ζώα, βλ. Giulia Pedrucci, "Breastfeeding Animals and Other Wild "Nurses" in Greek and Roman Mythology," *Gerión* 34 (2016) σελ. 307-323.

What was the role of the Dioscuri in Athens?

Luke Madson

The Dioscuri were horse gods and patrons of sailors—the twin brothers Castor and Polydeukes, sons of Leda, who was wife to the Spartan king Tyndareos but was famously seduced by Zeus disguised as a swan. They were also the brothers of Helen and Clytemnestra. Typically Castor is described as the mortal son of Tyndareos while Polydeukes is the semi-divine son of Zeus; while usually called the Dioscuri (sons of Zeus) they are also referred to as the Tyndaridae (sons of Tyndareos). The specific details of their divine status is complex, as seen in a variety of differing local traditions, yet in panhellenic myth their image is consistent as "riders of swift steeds" (Homeric Hymn 17). Castor specifically is noted as the horse-tamer (*Odyssey* 11.295; Homeric Hymn 33). The iconography of the Dioscuri on painted pots and in other artistic media is relatively straightforward, yet it can be difficult to identify them without name inscriptions, as their attributes are rather generic. They are naturally associated with horses and are shown together as twins, occasionally armed and wearing felt caps (*pilos*). A cluster of stars is sometimes depicted nearby to mark out their divine status, and later sources associate them with the constellation Gemini. In Archaic vase painting the brothers are often seen in familial scenes emphasizing their relationship to Leda and Tyndareos. In short, if you observe two young men on horses, they can plausibly be the Dioscuri.

At Sparta and at Athens they are horse gods *par excellence,* and as the brothers of Helen were Spartan in origin and recipients of Laconian cult. Thus the role of the Dioscuri and their worship at Athens, the traditional enemy of Sparta, is a problem that a number of scholars have tried to address with modest success. At Athens the Dioscuri were known as *Anakes* ('lords') and were worshipped throughout Attica at a number of deme sites (Agrae, Aphidna, Eleusis, Kephale, Piraeus, Phegaea, Plothieia, and Vari). This designation is unusual Attic cult terminology, and Argos is the only other city where there is evidence for such a title for the Dioscuri.

In the mythical landscape of Attica, the Dioscuri first came to seek the return of Helen following her abduction by Theseus and Peirithous, and scenes of her rescue are depicted on a number of Attic vases. The brothers were aided by the hero Academus (Herodotus 9.73) or Deceleus (Plutarch *Theseus* 32), depending on the source. This mythological tradition was the basis for friendship between historical families in Dekelea who enjoyed certain privileges at Sparta. Some traditions relate that the Dioscuri sacked Athens itself (cf. Alcman Fragment 21 and Hellanicus Fragment 168) and later writers relate that they installed Menestheus as king of Athens (Aelian *Varia Historia* 4.5 and Apollodorus *Bibliotheca* 1.23). This is oddly reminiscent of historical interventions of the dual Spartan kings in Athenian politics.

The primary issue contested by scholars is the significance of these Spartan heroes at Athens in the late Archaic period ca. 550 BC. Hermary proposes that the initiation of cult worship of the Anakes at Athens was the product of the broader cultural program of the Peisistratid tyranny; he argues that representations of the Dioscuri by the mid-6th century vase painter Exekias allude to Hipparchus and Hippias alongside their father Peisistratus as Herakles. Hermary revives the thesis that the marble Rampin Rider from the Acropolis and its missing twin are the Dioscuri as Hipparchus and Hippias. Boardman forms the opposite argument from the same evidence, claiming that representations of the Dioscuri and the development of their cult was indicative of Athenian elites showing solidarity with Sparta and the Spartan anti-tyranny policy, and thus Exekias was expressing an anti-Peisistratid sentiment. Both interpretations are rejected as tendentious by Shapiro, who eschews such explicit political interpretations linked to individual political personas; instead he sees the general interest in the Dioscuri by Athenian elites in the Archaic period as part of broader panhellenic aristocratic prerogatives, namely riding horses, athletic competition, and the aristocratic lifestyle writ large. Thus, Athenian elites in the Archaic and Classical periods tended to admire the Spartan lifestyle—especially when Laconism was socially acceptable and the two city-states were on good terms.

In addition to painted pots, there also exists textual evidence for the worship of the Dioscuri or Anakes at the Anakeion, a shrine near the Acropolis. Andocides relates how the Boulé summoned the cavalry to the Anakeion at night by means of a trumpet signal (1.45) in 415 BC. Athenaeus (6.27) notes a sacred law whereby two oxen were selected for sacrifice to the divine twins. Demosthenes (45.80), in a speech for a certain Apollodorus, calls his opponent Stephanus "a rogue from up there on the Anakeion," essentially attacking his legal standing and implying servile status, as enslaved persons were typically hired out for daily labor near the sanctuary. Lucian in his *Piscator* (42) claims one could reach the Acropolis from the Anakeion via ladders (perhaps a literary absurdity cf. *Timon* 10). Pausanias states that the sanctuary is ancient (1.18.1) and situates it between the shrine of Theseus and the temenos of Aglauros. The Anakeion contained famous paintings: one by Polygnotos of the marriage of the daughters of Leucippus and one by Mikon of the Argonauts (presumably including the Dioscuri). Polyaenus relates (1.21.2) that when Peisistratus disarmed the Athenian population he did so by summoning them to the Anakeion and depositing their weapons in the shrine of Agraulos (i.e. Aglauros). Thucydides (8.93.1), perhaps recalling the earlier action of Peisistratus, relates that in the revolution of 411 BC the hoplites occupied the Anakeion in order to control the Acropolis after holding an emergency assembly in the Theater of Dionysus.

Inscriptional evidence for the Anakes is somewhat limited. Three fragments of Pentelic marble (*IG* 1^2 127) are part of a decree (ca. 430 BC) concerning the finances of the Anakeion. *IG* 1^2 310 is another fragmentary inscription (429/8 BC) on the *Tamiai* of the Other Gods and mentions the Anakeion. *IG* 2^2 968 (141/0 BC) commemorates the civic projects of Miltiades, commander at Marathon, and records that he repaired the Anakeion in relation to an unknown festival. An altar inscription (*IG* 2^2 4796, ca. 100–200 AD) records a dedication to the Anakes (also referred to in the dual as σωτήροιν), and an inscribed theater seat (*IG* 2^2 5071) is reserved for a priest of the Anakes. Finally, there is a *horos* or boundary stone (Agora I 2080, ca. 450 BC) marking the sanctuary but unfortunately it was not found *in situ*.

In considering the role of the *Anakes* or Dioscuri in Athenian state religion (alongside the Other Gods) it is curious that they did not possess a formal relationship with the Athenian cavalry. The cavalry's patron deities were Athena Hippia and Poseidon Hippios. One wonders if the cavalry was also oriented toward the Dioscuri or if cult worship of the Dioscuri was significant for a broader segment of the citizen body. The role of the Dioscuri in guiding ships and saving sailors either through epiphany as a celestial constellation (Gemini) or St. Elmo's fire (Homeric Hymn 33.6–17) might suggest that sailors and metics at Athens would have also oriented towards their cult worship, especially in the later Classical and Hellenistic period.

For the anti-tyranny sentiments of Exekias, see John Boardman, "Exekias," *American Journal of Archaeology* 82 (1978) pp. 11–25.
For a contrary interpretation, see Antoine Hermary, "Images de l'apothéose des Dioscures," *Bulletin de correspondance hellénique* 102 (1978) pp. 51–76.
For more recent discussion, see H. Alan Shapiro, *Art and Cult under the Tyrants in Athens* (Mainz 1989) pp. 149–154.
For worship of the Dioscuri as *Anakes* in Attica, see Bengt Hemberg, Ἀναξ, ἀνασσα *und* ἀνακες *als Götternamen unter besonderer Berücksichtigung der attischen Kulte* (Uppsala 1955).
For imagery of the Dioscuri in Athens, see Eckhart Köhne, *Die Dioskuren in der griechischen Kunst von der Archaik bis zum Ende des 5. Jahrhunderts v. Chr.* (Hamburg 1998).
The most thorough analysis of myths concerning the Dioscuri in Attica is Aaron Hershowitz, "Getting Carried Away with Theseus: The Evolution and Partisan Use of The Athenian Abduction of Spartan Helen," in *Myth, Text, and History at Sparta* ed. T. Figueira (Piscataway 2016) pp. 169–324.
For textual evidence of the Anakeion, see R.E. Wycherly, *The Athenian Agora. Literary and Epigraphical Testimonia,* Agora vol. 3 (Princeton 1957) pp. 61–65.

Dioscuri on horseback. Attic white-ground lekythos, from Rhodes, ca. 500 BC. British Museum, London 1867.5-6.39. © The Trustees of the British Museum.

Έφιπποι Διόσκουροι. Αττική λευκή λήκυθος, από τη Ρόδο, περ. 500 π.Χ. Βρετανικό Μουσείο, Λονδίνο 1867.5-6.39. © The Trustees of the British Museum.

Ποιος ήταν ο ρόλος των Διόσκουρων στην αρχαία Αθήνα;

Luke Madson

Οι Διόσκουροι ήταν θεοί των αλόγων και προστάτες των ναυτικών. Ήταν οι δίδυμοι Κάστορας και Πολυδεύκης, γιοι της Λήδας, συζύγου του βασιλιά της Σπάρτης Τυνδάρεω, η οποία αποπλανήθηκε από τον Δία που είχε μεταμορφωθεί σε κύκνο. Ήταν επίσης αδερφοί της Ωραίας Ελένης και της Κλυταιμνήστρας. Τυπικά, ο Κάστορας περιγράφεται ως ο θνητός γιος του Τυνδάρεω, ενώ ο Πολυδεύκης ήταν ο ημίθεος γιος του Δία και παρόλο που ονομάζονται «Διός κούροι» (γιοι του Δία) αναφέρονται και ως Τυνδαρίδαι (γιοι του Τυνδάρεως). Οι λεπτομέρειες της θεϊκής τους υπόστασης είναι περίπλοκες, όπως φαίνεται σε ποικίλες τοπικές παραδόσεις, ωστόσο, στον πανελλήνιο μύθο η εικόνα τους είναι εκείνη των «αναβατών γρήγορων ίππων» (Ομηρικός Ύμνος 17). Ιδιαίτερα ο Κάστορας αναφέρεται ως δαμαστής αλόγων (*Οδύσσεια* 11.295, Ομηρικός Ύμνος 33). Η απεικόνιση των Διόσκουρων στην αγγειογραφία και σε άλλα είδη τέχνης είναι σχετικά ξεκάθαρη, ωστόσο, είναι δύσκολο να ταυτιστούν χωρίς τα ονόματά τους, καθώς τα χαρακτηριστικά τους είναι μάλλον γενικά. Φυσικά, συνδέονται με τα άλογα και εικονίζονται μαζί ως δίδυμοι, ορισμένες φορές οπλισμένοι και φορώντας τσόχινα καλύμματα στο κεφάλι (*πιλός*) ή κοντά σε μια ομάδα αστεριών, σημάδι της θεϊκής τους υπόστασης, ενώ μεταγενέστερες πηγές τους συνδέουν με τον αστερισμό των Διδύμων. Στην αρχαϊκή αγγειογραφία, οι αδερφοί απεικονίζονται συχνά σε οικογενειακές σκηνές, δίνοντας έμφαση στη σχέση τους με τη Λήδα και τον Τυνδάρεω. Κοντολογίς, αν διακρίνετε δύο έφιππες ανδρικές μορφές, λογικά, είναι οι Διόσκουροι.

Στη Σπάρτη και στην Αθήνα ήταν οι κατεξοχήν θεοί των αλόγων και, ως αδελφοί της Ωραίας Ελένης, ήταν Σπαρτιάτες στην καταγωγή και αποδέκτες της λακωνικής λατρείας. Επομένως, ο ρόλος τους και η λατρεία τους στην Αθήνα, τον παραδοσιακό εχθρό της Σπάρτης, αποτελεί ζήτημα που αρκετοί μελετητές έχουν προσπαθήσει να λύσουν, χωρίς μεγάλη επιτυχία. Στην Αθήνα, οι Διόσκουροι ήταν γνωστοί ως Άνακες («άρχοντες») και λατρεύονταν σε διάφορους δήμους (Αγραί, Αφίδνα, Ελευσίνα, Κεφαλή, Πειραιάς, Φηγαία, Πλώθεια και Βάρη) ολόκληρης της Αττικής. Η ονομασία αυτή είναι ασυνήθιστη στην ορολογία της αττικής λατρείας, ενώ το Άργος είναι η μοναδική άλλη πόλη όπου υπάρχουν στοιχεία για τον τίτλο αυτό των Διόσκουρων.

Οι Διόσκουροι πρωτοήρθαν στο μυθικό τοπίο της Αττικής για να φέρουν πίσω την Ωραία Ελένη, μετά την αρπαγή της από τον Θησέα και τον Πειρίθου. Σ'αυτό τους βοήθησε ο ήρωας Ακάδημος (Ηρόδοτος 9.73) ή ο Δεκελεύς (Πλούταρχος *Θησέας* 32), ανάλογα με την πηγή. Αυτή η μυθολογική παράδοση αποτέλεσε τη βάση για τη φιλία ανάμεσα στις ιστορικές οικογένειες της Δεκέλειας, οι οποίες απολάμβαναν προνόμια στη Σπάρτη. Σύμφωνα με κάποιες παραδόσεις, οι Διόσκουροι λεηλάτησαν την Αθήνα (πρβλ. Αλκμάν Απόσπασμα 21 και Ελλάνικος Απόσπασμα 168), ενώ μεταγενέστεροι συγγραφείς συμφωνούν ότι τοποθέτησαν τον Μενεσθέα ως βασιλιά της Αθήνας (Αιλιανός *Ποικίλη Ιστορία* 4.5 και *Απολλόδωρος Βιβλιοθήκη* 1.23). Περιέργως, αυτό θυμίζει παρεμβάσεις των διπλών Σπαρτιατών βασιλιάδων στην πολιτική ζωή της Αθήνας).

Το βασικό ζήτημα στο οποίο διαφωνούν οι μελετητές αφορά τη σημασία των δύο αυτών Σπαρτιατών ηρώων στην Αθήνα κατά την ύστερη αρχαϊκή περίοδο, γύρω στο 550 π.Χ. Σύμφωνα με τον Hermary, η έναρξη της λατρείας των Ανάκων στην Αθήνα ήταν αποτέλεσμα ενός ευρύτερου πολιτιστικού προγράμματος της τυραννίας των Πεισιστρατιδών. Επιπλέον, πιστεύει ότι οι αναπαραστάσεις των Διόσκουρων από τον Εξηκία, αγγειογράφο των μέσων του 6ου αιώνα π.Χ., παραπέμπουν στον Ίππαρχο και στον Ιππία, δίπλα στον πατέρα τους Πεισίστρατο που απεικονίζεται ως Ηρακλής. Ο Hermary επαναφέρει την άποψη ότι ο μαρμάρινος Ιππέας Rampin από την Ακρόπολη και ο χαμένος δίδυμός του είναι οι Διόσκουροι ως Ίππαρχος και Ιππίας. Ο Boardman εκφράζει την αντίθετη άποψη, βασιζόμενος στα ίδια στοιχεία. Ισχυρίζεται ότι οι αναπαραστάσεις των Διόσκουρων και η άνθηση της λατρείας τους ήταν ενδεικτική της αθηναϊκής ελίτ που έδειχνε αλληλεγγύη στη Σπάρτη και στη σπαρτιάτικη αντι-τυραννική πολιτική κι έτσι ο Εξηκίας εξέφραζε ένα αντι-Πεισιστρατικό αίσθημα. Και οι δύο ερμηνείες απορρίπτονται ως μεροληπτικές από τον Shapiro, ο οποίος αποφεύγει να πάρει σαφή πολιτική θέση σχετικά με πολιτικά πρόσωπα. Αντίθετα, βλέπει το γενικό ενδιαφέρον προς τους Διόσκουρους εκ μέρους της αθηναϊκής ελίτ κατά την αρχαϊκή περίοδο, ξεκάθαρα, ως μέρος ευρύτερων, πανελλήνιων προνομίων της αριστοκρατίας, όπως η ιππεύση, οι αθλητικοί αγώνες και η αριστοκρατική ζωή. Έτσι, η αθηναϊκή ελίτ κατά την αρχαϊκή και κλασική περίοδο τείνει να θαυμάζει τον σπαρτιάτικο τρόπο ζωής -ιδίως όταν ο λακωνισμός ήταν κοινωνικά αποδεκτός και οι δύο πόλεις-κράτη είχαν καλές σχέσεις.

Εκτός από την αγγειοπλαστική, υπάρχουν και γραπτές πηγές αναφορικά με τη λατρεία των Διόσκουρων ή Ανάκων στο Ανάκειο, ένα ιερό κοντά στην Ακρόπολη. Ο Ανδοκίδης μας λέει πώς, μία νύχτα το 415 π.Χ., η Βουλή κάλεσε το ιππικό στο Ανάκειο με τον ήχο τρομπέτας (1.45), ενώ ο Αθήναιος (6.27) αναφέρει έναν ιερό νόμο σύμφωνα με τον οποίο δύο βόδια επιλέγονταν για θυσία στους θεϊκούς διδύμους. Ο Δημοσθένης (45.80), σε μια ομιλία για κάποιον Απολλόδωρο, ονομάζει τον αντίπαλό του, Στέφανο, «απατεώνα από εκεί πάνω, στο Ανάκειο», ουσιαστικά, επιτιθέμενος στην νομική του υπόσταση και υπονοώντας ότι πρόκειται για δούλο, καθώς οι δούλοι προσλαμβάνονταν για καθημερινές εργασίες κοντά στο ιερό. Ο Λουκιανός στον *Αλιέα* του (42) ισχυρίζεται ότι κάποιος μπορεί να ανέβει στην Ακρόπολη από το Ανάκειο με κινητές σκάλες (ίσως λογοτεχνική υπερβολή, πρβλ. *Timon* 10). Σύμφωνα με τον Παυσανία, το ιερό είναι αρχαίο (1.18.1) και βρισκόταν ανάμεσα στο ιερό του Θησέα και στο τέμενος της Αγλαύρου. Το Ανάκειο περιλάμβανε διάσημους ζωγραφικούς πίνακες: το γάμο των κορών του Λεύκιππου, από τον Πολύγνωτο, και τους Αργοναύτες (πιθανότατα συμπεριλαμβάνονται και οι Διόσκουροι), από τον Μίκωνα. Ο Πολύαινος αναφέρει (1.21.2) ότι όταν ο Πεισίστρατος αφόπλισε τους Αθηναίους, το έκανε καλώντας τους στο Ανάκειο και τοποθετώντας τα όπλα τους στο ιερό της Αγλαύρου (ή Αγραύλου). Τέλος, ο Θουκυδίδης (8.93.1), πιθανόν να θυμάται μια προγενέστερη πράξη του Πεισίστρατου όταν αναφέρει ότι στην επανάσταση του 411 π.Χ. οι οπλίτες κατέλαβαν το Ανάκειο, προκειμένου να ελέγξουν την Ακρόπολη μετά από μια έκτακτη συνέλευση στο Θέατρο του Διονύσου.

Τα επιγραφικά στοιχεία που έχουμε σχετικά με τους Άνακες είναι περιορισμένα: τρία θραύσματα πεντελικού μαρμάρου (IG 12 127) αποτελούν τμήμα διατάγματος (περ. 430 π.Χ.) αναφορικά με τα οικονομικά του Ανακείου. Άλλη μια αποσπασματικά σωζόμενη επιγραφή (IG 12 310, 429/8 π.Χ.), σχετικά με τους Ταμίες των Άλλων Θεών αναφέρει το Ανάκειο. Η επιγραφή IG 22 968 (141/0 π.Χ.) τιμά τα πολιτικά προγράμματα του Μιλτιάδη, στρατηγού στον Μαραθώνα, και αναφέρει ότι επισκεύασε το Ανάκειο για κάποια άγνωστη εορτή. Μια επιγραφή σε βωμό (IG 22 4796, περ. 100-200 μ.Χ.) φέρει αφιέρωση στους Άνακες (επίσης αναφέρεται στους δύο ως *σωτήροιν*), ενώ ένα ενεπίγραφο κάθισμα θεάτρου (IG 22 5071) προοριζόταν για έναν ιερέα των Ανάκων. Τέλος, ένας *όρος* (στήλη οριοθέτησης) της Αρχαίας Αγοράς της Αθήνας (Agora 1 2080, περ. 450 π.Χ.) σηματοδοτούσε το ιερό, αλλά, δυστυχώς, δεν βρέθηκε *in situ*.

Εξετάζοντας τον ρόλο των Ανάκων ή Διόσκουρων στην επίσημη αθηναϊκή θρησκεία (μαζί με τους Άλλους Θεούς), φαίνεται περίεργο που δεν είχαν επίσημη σχέση με το αθηναϊκό ιππικό. Οι θεοί-προστάτες του ιππικού ήταν η Αθηνά Ιππία και ο Ίππιος Ποσειδώνας. Αναρωτιέται, λοιπόν, κανείς εάν και το ιππικό στρεφόταν προς τους Διόσκουρους ή εάν η λατρεία των τελευταίων ήταν σημαντική για ευρύτερο τμήμα του πληθυσμού των πολιτών. Ο ρόλος των Διόσκουρων στην καθοδήγηση των πλοίων και στη διάσωση των ναυτικών, είτε μέσω επιφοίτησης ως ουράνιος αστερισμός (Δίδυμοι) είτε ως φωτιά του Αγ. Έλμου (Ομηρικός Ύμνος 33.6-17), υποδηλώνει ότι οι ναυτικοί και οι μέτοικοι της Αθήνας είχαν επίσης προσανατολιστεί προς τη λατρεία τους, ιδιαίτερα κατά την ύστερη Κλασική και την Ελληνιστική περίοδο.

Για το αντι-τυρραννικό αίσθημα του Εξηκία, βλ. John Boardman, "Exekias," *American Journal of Archaeology* 82 (1978) σελ. 11-25.
Για την αντίθετη ερμηνεία, βλ. Antoine Hermary, "Images de l'apothéose des Dioscures," *Bulletin de correspondance hellénique* 102 (1978) σελ. 51-76.
Για μια πιο πρόσφατη συζήτηση, βλ. H. Alan Shapiro, *Art and Cult under the Tyrants in Athens*. (Mainz 1989) σελ. 149-154.
Για τη λατρεία των Διόσκουρων ως Άνακες στην Αττική, βλ. Bengt Hemberg, *Αναξ, άνασσα und άνακες als Götternamen unter besonderer Berücksichtigung der attischen Kulte* (Uppsala 1955).
Για την εικονογραφία των Διόσκουρων στην Αθήνα, βλ. Eckhart Köhne, *Die Dioskuren in der griechischen Kunst von der Archaik bis zum Ende des 5. Jahrhunderts v. Chr.* (Hamburg 1998).
Η πιο διεξοδική ανάλυση των μύθων των Διόσκουρων στην Αττική είναι του Aaron Hershowitz, "Getting Carried Away with Theseus: The Evolution and Partisan Use of The Athenian Abduction of Spartan Helen," in *Myth, Text, and History at Sparta* επιμ. T. Figueira (Piscataway 2016) σελ. 169-324.
Για επιγραφές από το Ανάκειο, βλ. R.E. Wycherly, *The Athenian Agora. Literary and Epigraphical Testimonia,* Agora vol. 3 (Princeton 1957) σελ. 61-65.

Did horses perform in Athenian theater?

Rush Rehm

At the Lenaean festival in 424 BC, the chorus of Aristophanes' *Knights* (*Hippeis*, "Horsemen") addressed Poseidon as "lord of horses" and then imagined their steeds speaking and acting like stalwart rowers in the Athenian navy. At the City Dionysia in 415, the chorus of Euripides' *Trojan Women* recalled the night that Trojans brought in the wooden horse, thinking the war had ended. A horse-drawn cart then drove into the orchestra with Andromache, Astyanax, and other spoils headed for Greece, and Hector's widow spoke: "Not even a mare separated from its companion bears the new yoke easily."

Horses play a surprisingly important role in ancient Greek drama. Sophocles' *Oedipus* tells how an aristocrat riding in a wagon tried to drive him off the road with a horse goad, in a place where three roads meet. In Euripides' *Alcestis*, Admetus commands his subjects to cut their horses' manes in mourning for his wife. Herakles restores Alcestis to life, then leaves to capture the flesh-eating horses of Diomedes. Aeschylus defeats Euripides by tossing "chariot on chariot" into the poetry-weighing scales in Aristophanes' *Frogs*. The Athenian cavalry secure Theseus' victory over Thebes in both Euripides' *Suppliant Women* and Sophocles' *Oedipus at Colonus*.

Sophocles' *Electra* includes a vivid (albeit false) account of a chariot race at the Pythian Games, where Orestes' horses drag him to his death. In Euripides' *Hippolytus* ("Un-fastener of horses"), the prince has his servants rub down his team before he yokes and exercises them. But the horses trap Hippolytus in the reins when they panic at a bull rising from the sea, sent by Poseidon. The chorus in *Oedipus at Colonus* invokes the cults of both Poseidon *Hippios* and Athena *Hippia*, but they praise the sea god for inventing the bridle.

Tyrants in tragedy frequently use the image of bridles and goads to threaten those who resist. In Aeschylus' *Agamemnon*, Clytemnestra assails Cassandra "for not taking the bit," and Aegisthus vows to torture any subjects "who kick against the goad." Creon in Sophocles' *Antigone* warns the heroine that "a small bridle can tame the most spirited horse," and he insists that his son Haimon has "other furrows to plow." Creon's abuse of equine imagery contrasts with the chorus in "Ode to Man," where harnessing horses represents a stage in human progress.

Audiences at the theater of Dionysus even saw live horses onstage. During the production of Aeschylus's *Persians* in 472 BC, the Queen entered on a regal carriage, the horses remaining in the orchestra for almost 400 lines. Their presence gave visual life to the many references to yoking in the play—the Persians' horse-drawn chariots, Xerxes' yoking of Asia and Europe, married couples unyoked by the war, the possible subjugation of Greece. In Aeschylus' *Agamemnon*, the conqueror of Troy enters in a horse-drawn wagon, along with his war-bride Cassandra. Their entrance recalls wedding scenes on Attic vases depicting bride and groom together on a chariot or cart. "Step down from the wagon," Clytemnestra tells her husband, and he treads the tapestries to his death.

In Euripides' *Electra*, Aegisthus sacrifices to the nymphs "in the horse pastures near his fields." On her way to join him, Clytemnestra visits the cottage where her daughter claims (falsely) to have borne a son. Entering the orchestra in a carriage, the Queen instructs her driver to take the horses out to graze and return after she helps Electra with the birth ritual. The rural setting and care for animals underline the unnaturalness of the impending matricide in the cottage, where Orestes awaits.

In Euripides' *Iphigenia in Aulis*, Clytemnestra and her daughter arrive in a horse-drawn carriage at the Greek camp, where (she believes) Iphigenia will marry Achilles. Before dismounting, Clytemnestra addresses the soldiers: "Stand in front of the horses: if you don't comfort a horse / you can see panic in its eyes." Her concern for the yoked team helps us imagine them whinnying, stamping their hooves, shaking their manes. Euripides reminds us that these animals relied on wranglers, groomers, and stable hands behind the *skênê* building, humans and horses working together to bring these plays to life.

Εμφανίζονταν άλογα στο αθηναϊκό θέατρο;

Rush Rehm

Το 424 π.Χ., στα Λήναια, ο χορός των *Ιππέων* του Αριστοφάνη απευθύνεται στον Ποσειδώνα ως «άρχοντα των αλόγων» και έπειτα φαντάζεται τα άλογά του να μιλούν και να ενεργούν σαν γενναίοι κωπηλάτες του αθηναϊκού ναυτικού. Στα Μεγάλα Διονύσια, το 415 π.Χ., ο χορός των *Τρωάδων* του Ευριπίδη θυμάται τη νύχτα που οι Τρώες έφεραν μέσα στα τείχη τον Δούρειο Ίππο, πιστεύοντας ότι ο πόλεμος είχε τελειώσει. Έπειτα μπήκε στην ορχήστρα μια ιππήλατη άμαξα, η οποία μετέφερε την Ανδρομάχη, τον Αστυάνακτα και διάφορα λάφυρα προς την Ελλάδα, και η χήρα του Έκτορα είπε: «Ούτε μια φοράδα που θα χωριστεί από τον σύντροφό της δεν μπορεί να αντέξει εύκολα τον καινούργιο ζυγό».

Τα άλογα παίζουν εξαιρετικά σημαντικό ρόλο στο αρχαίο ελληνικό δράμα. Ο *Οιδίποδας* του Σοφοκλή μας λέει πώς ένας αριστοκράτης πάνω σε μία άμαξα προσπάθησε να τον βγάλει από το δρόμο χρησιμοποιώντας βουκέντρα, σε ένα σημείο όπου συναντιούνται τρεις δρόμοι. Στην *Άλκηστη* του Ευριπίδη, ο Άδμητος διατάζει τους υπηκόους του να κουρέψουν τις χαίτες των αλόγων τους σε ένδειξη πένθους για τον χαμό της συζύγου του. Ο Ηρακλής επαναφέρει την Άλκηστη στη ζωή και μετά πηγαίνει να αιχμαλωτίσει τα ανθρωποφάγα άλογα του Διομήδη. Στους *Βάτραχους* του Αριστοφάνη, ο Αισχύλος νικά τον Ευριπίδη ρίχνοντας «άρμα πάνω σε άρμα» στη ζυγαριά της ποίησης. Τέλος, το αθηναϊκό ιππικό εξασφαλίζει τη νίκη του Θησέα εναντίον της Θήβας, τόσο στις *Ικέτιδες* του Ευριπίδη, όσο και στον *Οιδίποδα επί Κολωνώ* του Σοφοκλή.

Η *Ηλέκτρα* του Σοφοκλή περιλαμβάνει μια ζωντανή -αν και ψευδή- περιγραφή αρματοδρομίας στα Πύθια, όπου τα άλογα του Ορέστη τον έσυραν μέχρι θανάτου. Στον *Ιππόλυτο* (αυτός που λύνει τους ίππους) του Ευριπίδη, ο πρίγκηπας διατάζει τους υπηρέτες του να βουρτσίσουν τα άλογα της ομάδας του πριν τους βάλει ζυγό και τα προπονήσει. Αλλά πιάνεται στα γκέμια τους όταν εκείνα πανικοβάλλονται στη θέα ενός ταύρου που βγαίνει από τη θάλασσα, τον οποίο έχει στείλει ο Ποσειδώνας. Ο χορός στον *Οιδίποδα επί Κολωνώ* αναφέρει τη λατρεία του Ίππιου Ποσειδώνα και της Αθηνάς Ιππίας, αλλά επαινεί τον θεό της θάλασσας για την εφεύρεση του χαλινού.

Συχνά, οι τύραννοι στις τραγωδίες χρησιμοποιούν την εικόνα του χαλινού και της βουκέντρας για να απειλήσουν όσους αντιστέκονται. Στον *Αγαμέμνονα* του Αισχύλου, η Κλυταιμνήστρα επιτίθεται στην Κασσάνδρα γιατί "δε δέχεται το χαλινάρι" ενώ ο Αίγισθος ορκίζεται να βασανίσει όσους υπηκόους «κλωτσούν τη βουκέντρα». Ο Κρέοντας, στην *Αντιγόνη* του Σοφοκλή προειδοποιεί την ηρωίδα ότι «ένα μικρό χαλινάρι μπορεί να τιθασεύσει το πιο ζωηρό άλογο» και επιμένει ότι ο γιος του Αίμονας έχει «άλλα αυλάκια να οργώσει». Η κατάχρηση του συμβολισμού των αλόγων από τον Κρέοντα έρχεται σε αντίθεση με τα λόγια του χορού στον «Ύμνο στον Άνθρωπο», όπου η τοποθέτηση χαλιναριού σε άλογο αντιπροσωπεύει ένα στάδιο της ανθρώπινης εξέλιξης.

Το κοινό στο Θέατρο του Διονύσου είδε ακόμα και ζωντανά άλογα στη σκηνή. Όταν ανέβηκαν οι *Πέρσες* του Αισχύλου το 472 π.Χ., η βασίλισσα εμφανίστηκε σε βασιλική άμαξα και τα άλογα παρέμειναν στην *ορχήστρα* για περίπου 400 στίχους. Η παρουσία τους έδωσε πνοή σε πολλές αναφορές της παράστασης στον ζυγό: τα περσικά ιππήλατα άρματα, ο ζυγός του Ξέρξη στην Ασία και στην Ευρώπη, παντρεμένα ζευγάρια που χωρίστηκαν λόγω του πολέμου, η πιθανή υποδούλωση της Ελλάδας. Στον *Αγαμέμνονα* του Αισχύλου, ο κατακτητής της Τροίας εμφανίζεται με ιππήλατη άμαξα μαζί με την Κασσάνδρα, τη νύφη που έφερε από τον πόλεμο. Η είσοδός τους θυμίζει νυφικές σκηνές σε αττικά αγγεία που απεικονίζουν τον γαμπρό και τη νύφη πάνω σε άρμα ή άμαξα. «Κατέβα από την άμαξα» είπε η Κλυταιμνήστρα στον σύζυγό της· και εκείνος βάδισε στο μονοπάτι του θανάτου του.

Στην *Ηλέκτρα* του Ευριπίδη, ο Αίγισθος κάνει θυσία στις νύμφες «στα βοσκοτόπια των αλόγων, κοντά στα χωράφια του». Πηγαίνοντας να τον συναντήσει, η Κλυταιμνήστρα επισκέπτεται το σπίτι της κόρης της, όπου η τελευταία ισχυρίζεται -ψευδώς- ότι έχει γεννήσει ένα γιο. Μπαίνοντας στην ορχήστρα του θεάτρου με άμαξα, η βασίλισσα δίνει εντολή στον οδηγό της να πάει τα άλογα να βοσκήσουν και να επιστρέψει αφού εκείνη βοηθήσει την Ηλέκτρα που γέννησε. Η εικόνα της υπαίθρου και η φροντίδα των ζώων υπογραμμίζει την αφύσικη επικείμενη μητροκτονία στο σπίτι όπου περιμένει ο Ορέστης.

Στην *Ιφιγένεια εν Αυλίδι* του Ευριπίδη, η Κλυταιμνήστρα και η κόρη της φτάνουν με ιππήλατη άμαξα στο στρατόπεδο των Ελλήνων, όπου -η Κλυταιμνήστρα πιστεύει ότι- η Ιφιγένεια θα παντρευτεί τον Αχιλλέα. Πριν κατέβει από την άμαξα, η Κλυταιμνήστρα λέει στους στρατιώτες: «Σταθείτε μπροστά από τα άλογα. Αν δεν ηρεμήσετε ένα άλογο / μπορείτε να δείτε τον πανικό στα μάτια του». Το ενδιαφέρον της για τα άλογα της άμαξας της μας βοηθά να τα φανταστούμε να χλιμιντρίζουν, να χτυπούν τις οπλές τους, να κουνούν τις χαίτες τους. Ο Ευριπίδης μας θυμίζει ότι τα ζώα αυτά βασίζονταν στη βοήθεια σταβλιτών και ιπποκόμων πίσω από το κτήριο της σκηνής, όπου άνθρωποι και άλογα δούλεψαν μαζί για να ανεβάσουν αυτές τις παραστάσεις.

Votive Hero Relief. Marble, last quarter of the 4th century BC. Found in Makriyanni, 1940. Athens National Archaeological Museum Γ 3873.

Αναθηματικό ανάγλυφο ήρωα. Μάρμαρο, τελευταίο τέταρτο του 4ου π.Χ. αιώνα.
Βρέθηκε στην περιοχή του Μακρυγιάννη, 1940. Εθνικό Αρχαιολογικό Μουσείο Γ 3873.

Why are horse heads featured on hero reliefs?

Rebecca Levitan

The so-called hero relief was a common type of sculpture popular in the Late Classical and Hellenistic periods which usually featured a horse head. They were carved for dedications in shrines to honor (likely local) heroes who might have received divine status after their death for a notable life. Initially thought to be funeral reliefs, this group of sculptures is still often referred to by this misleading name of "Totenmahl" or "Funeral Banquet" reliefs. Although some later Hellenistic examples of this format do seem to have been used in funerary contexts, the majority beginning in the second half of the 4th century were votive. Unfortunately, very few of the banquet reliefs feature an inscription naming the reclining figure, leaving their identities unknown, and creating iconographical confusion. The origin of the motif of the banquet motif derives from eastern representations of Persian satraps, which were filtered into the Greek visual vocabulary through the coastal cities of Asia Minor and the islands. The earliest examples in Attica date to the middle of the 4th century.

Although small details might vary, all hero reliefs depict a crowded banqueting scene. Normally, at the center, a bearded man reclines on a *kline* (couch), drapery around his waist. He carries a horn-shaped drinking vessel known as a *rhyton* and wears a hat called a *polos*, which indicates his special status as a divine figure or hero. The central hero shares his couch with a female companion, another full-scale figure sometimes referred to in scholarship as the "wife" or "heroine." The pair are not portraits, but rather generalized types. These reliefs sometimes include depictions of worshippers bringing offerings, and can include servants and enslaved people. In many instances, animals are also present, including livestock presented to the hero as gifts, and symbolic animals such as a slithering snake. The snake was associated with heroes, and chthonic (Underworld) connotations with snakes would be appropriate after the death and deification of a local hero. In some of the reliefs, the snake even eats some of the food offerings on the table or drinks out of a phiale held by the reclining hero. This motif of the drinking snake seems to have derived from Laconian predecessors in the 5th century BC, and similarly came to serve as a heroic symbol.

Another important animal is the horse, represented by a head carved in low relief. It often appears in the upper left corner as if appearing in a window. Here, the animal is meant to signify the elite status of the patron. As *pars pro toto*, the head of the horse stands in for the larger practice of horse ownership, signaling the wealth and status of the central hero. In some examples of these reliefs the entire horse even stands in front of the banquet couch. Although these reliefs usually include only one horse head, there are examples with as many as four horses. In at least one example from the Asklepion at Piraeus, the lone horse's head is substituted by a complete horse and rider, further drawing connections between the themes of the hero-horseman and the banquet.

The question arises as to whether the reliefs intend to show an actual horse looking in on the scene. In the case of the Piraeus relief, the image of the rider should likely be understood as a decorated *pinax*, or votive plaque, rather than a window. In many of the banquet reliefs, this connection was reinforced by the carving of a piece of armor and a shield next to the horse head in the background of the composition. Unlike the symbolic horse and snake, many of the represented objects were actually included in real shrines to heroes. A 4th-century BC inscription excavated in the Athenian Agora in 1974 (I 7475) includes a list of tomb contents including a couch, cushions, drinking cups, and a phiale.

The vast majority of these banqueting hero votives were created in Attica. Although they became less popular around the end of the 4th century in Athens, the genre nevertheless spread. Examples can now be found in the North (Thessaloniki and Thasos), East (Boeotia, the islands of Lesvos, Kos and Rhodes, and the cities of Asia Minor including Ephesus, Pergamon, and Smyrna), South in the Cyclades, and West in Taranto, among many other locations. Although most of the reliefs feature a reclining male hero, six known examples also feature reclining women, perhaps influenced by the Phrygian motif of the reclining fertility goddess Cybele, or the more privileged status of women in Lesbos.

For an overview of the origins of the sculpture, see Jean-Marie Dentzer "Le motif du banquet couché dans le Proche-Orient et le monde grec du VIIe au IVe siècle avant J.-C." *Bibliothèque des Écoles françaises d'Athènes et de Rome* 246 (1982).
For more on the significance of the horse on hero reliefs, see Elpis Mitropoulou, *Horses' Heads and Snake in Banquet Reliefs and Their Meaning* (Athens 1976).
For the example from Piraeus, see Martin Schäfer, "Von Pferdegräben und 'Reiterheroen'," in *Atenische Mitteilungen* 114 (1999) pp. 49–60.

Γιατί απεικονίζονται κεφαλές αλόγων σε ηρωικά ανάγλυφα;
Rebecca Levitan

Το λεγόμενο ηρωικό ανάγλυφο ήταν ένας συνηθισμένος τύπος γλυπτού που διαδόθηκε σε μεγάλο βαθμό κατά την ύστερη κλασική και ελληνιστική περίοδο, στο οποίο, συνήθως, εικονίζεται κεφαλή αλόγου. Τα ανάγλυφα αυτά λαξεύονταν ως αναθήματα για χώρους λατρείας, προκειμένου να τιμήσουν -πιθανόν τοπικούς- ήρωες στους οποίους ίσως να είχε αποδοθεί θεϊκή υπόσταση μετά θάνατον, λόγω του ένδοξου βίου τους. Αρχικά, θεωρήθηκαν ταφικά ανάγλυφα, ενώ σήμερα αναφερόμαστε ακόμη σε αυτά με τον παραπλανητικό όρο «Totenmahl» ή ανάγλυφα με παράσταση Νεκρόδειπνων. Παρόλο που ορισμένα παραδείγματα αυτού του τύπου που ανάγονται στην ύστερη ελληνιστική περίοδο φαίνεται να είχαν χρησιμοποιηθεί σε ταφικά περιβάλλοντα, στην πλειονότητά τους, στις αρχές του β' μισού του 4ου αιώνα, ήταν αναθηματικά. Δυστυχώς, πολύ λίγα από αυτά φέρουν επιγραφή με το όνομα της ανακεκλιμένης μορφής, μην αποκαλύπτοντας την ταυτότητά της και προκαλώντας εικονογραφική σύγχυση. Το μοτίβο του συμποσίου προέρχεται από αναπαραστάσεις της Ανατολής που απεικόνιζαν Πέρσες Σατράπες, οι οποίες ζυμώθηκαν με το ελληνικό εικονογραφικό λεξιλόγιο στις παραθαλάσσιες πόλεις της Μικράς Ασίας και των νησιών. Τα πρωιμότερα παραδείγματα που βρέθηκαν στην Αττική χρονολογούνται στα μέσα του 4ου αιώνα π.Χ.

Παρά τις μικρές διαφοροποιήσεις, όλα τα ηρωικά ανάγλυφα απεικονίζουν μια σκηνή συμποσίου με πολλά πρόσωπα. Συνήθως, στο κέντρο αποδίδεται ανδρική ανακεκλιμένη γενειοφόρος μορφή, με ένδυμα γύρω από τους γοφούς. Κρατά *ρυτό*, ένα κερατόμορφο αγγείο πόσης, και φορά καπέλο που ονομάζεται *πόλος*, το οποίο υποδηλώνει την ιδιαίτερη θέση του ως ηρωική ή θεϊκή μορφή. Μοιράζεται την *κλίνη* (ανάκλιντρο) με άλλη ολόκληρη μορφή, γυναικεία, που ορισμένες φορές αναφέρεται ως «σύζυγος» ή «ηρωίδα». Δεν αποτελούν συγκεκριμένα πορτραίτα, αλλά περισσότερο τύπους μορφών. Κάποιες φορές περιλαμβάνονται επίσης απεικονίσεις πιστών που φέρουν προσφορές ή και υπηρέτες και δούλοι. Σε πολλές περιπτώσεις αναπαρίστανται και ζώα που προσφέρονται στον ήρωα ως δώρα, αλλά και συμβολικά ζώα, όπως ένα ελισσόμενο φίδι. Το φίδι συνδέεται με τους ήρωες και ο συσχετισμός του με το χθόνιο στοιχείο ήταν κατάλληλος μετά τον θάνατο και τη θεοποίηση ενός τοπικού ήρωα. Σε ορισμένα από τα ανάγλυφα αυτά, το φίδι εμφανίζεται να τρώει από το φαγητό που βρίσκεται στο τραπέζι ή να πίνει από τη *φιάλη* που κρατά ο ανακεκλιμένος ήρωας. Το μοτίβο με το φίδι που πίνει φαίνεται να προέρχεται από τη Λακωνία του 5ου αιώνα π.Χ. όπου, ομοίως, χρησιμοποιήθηκε ως ηρωικό σύμβολο.

Ένα άλλο σημαντικό ζώο που αναπαρίσταται στα ηρωικά ανάγλυφα είναι το άλογο, από το οποίο παρουσιάζεται μόνο η κεφαλή σε χαμηλό ανάγλυφο, συχνά, στην άνω αριστερή γωνία, σαν να προβάλει από ένα παράθυρο. Εδώ, το ζώο συμβολίζει την υψηλή κοινωνική θέση του πάτρωνα. Ως *pars pro toto*, το κεφάλι του αλόγου αντιπροσωπεύει την ευρύτερη πρακτική της ιδιοκτησίας και συντήρησης ενός αλόγου, καταδεικνύοντας τον πλούτο και την υψηλή κοινωνική τάξη του κεντρικού ήρωα. Σε ορισμένα τέτοια ανάγλυφα, ολόκληρο το άλογο βρίσκεται μπροστά από τη συμποσιακή *κλίνη*. Παρόλο που, συνήθως, τα ανάγλυφα αυτά περιλαμβάνουν μόνο μια κεφαλή αλόγου, υπάρχουν και παραδείγματα όπου απεικονίζονται έως και 4 άλογα. Τουλάχιστον σε ένα ανάγλυφο από το Ασκληπιείο του Πειραιά, η κεφαλή αλόγου αντικαθίσταται από ένα ολόκληρο άλογο και έναν αναβάτη, δημιουργώντας επιπλέον συσχετισμούς μεταξύ των θεμάτων του ήρωα/ιδιοκτήτη του αλόγου και του συμποσίου.

Το ερώτημα που προκύπτει είναι εάν τα ανάγλυφα είχαν σκοπό να απεικονίσουν ένα άλογο να κοιτάζει τη σκηνή του συμποσίου. Στην περίπτωση του ανάγλυφου του Πειραιά, η εικόνα του αναβάτη πρέπει να γίνει κατανοητή ως διακοσμητικός *πίνακας* ή αναθηματική πλάκα, αντί για παράθυρο. Σε πολλά από τα ανάγλυφα που απεικονίζουν συμπόσιο, ο συσχετισμός αυτός ενισχύεται από τη λάξευση τμήματος πανοπλίας και ασπίδας δίπλα στην κεφαλή αλόγου, στο πίσω μέρος της σκηνής. Σε αντίθεση με το συμβολικό άλογο ή φίδι, πολλά από τα αντικείμενα που απεικονίζονται βρέθηκαν σε πραγματικούς χώρους λατρείας ηρώων, ενώ σε επιγραφή του 4ου αιώνα π.Χ. που αποκαλύφθηκε στην Αρχαία Αγορά το 1974 (I 7475) αναγράφεται λίστα με ταφικά κτερίσματα, όπως κλίνη, προσκέφαλα, κύπελλα και μία *φιάλη*.

Η μεγάλη πλειονότητα των αναθημάτων με παραστάσεις συμποσίων που ήταν αφιερωμένα σε ήρωες λαξεύτηκαν στην Αττική. Παρόλο που η δημοτικότητά τους μειώθηκε προς το τέλος του 4ου αιώνα π.Χ. στην Αθήνα, το είδος διαδόθηκε. Παραδείγματα έχουν βρεθεί στα βόρεια (Θεσσαλονίκη και Θάσος), ανατολικά (Βοιωτία, Λέσβος, Κως, Ρόδος, και σε πόλεις της Μικράς Ασίας όπως η Έφεσος, η Πέργαμος και η Σμύρνη), νότια στις Κυκλάδες, και δυτικά στον Τάραντα, μεταξύ πολλών άλλων. Παρόλο που στα περισσότερα ηρωικά ανάγλυφα απεικονίζεται ανακεκλιμένη ανδρική μορφή, έξι γνωστά παραδείγματα περιλαμβάνουν επίσης γυναικείες μορφές, ίσως επηρεασμένα από το φρυγικό μοτίβο της ανακεκλιμένης θεάς της γονιμότητας, Κυβέλης, ή από την πιο προνομιούχα θέση των γυναικών της Λέσβου.

Για επισκόπηση της προέλευσης των γλυπτών, βλ. Jean-Marie Dentzer, "Le motif du banquet couché dans le Proche-Orient et le monde grec du VIIe au IVe siècle avant J.-C." *Bibliothèque des Écoles françaises d'Athènes et de Rome* 246 (1982).
Για περισσότερες πληροφορίες σχετικά με τη σημασία του αλόγου στα Ηρωικά ανάγλυφα, βλ. Elpis Mitropoulou, *Horses' Heads and Snake in Banquet Reliefs and Their Meaning* (Αθήνα 1976).
Για το ανάγλυφο του Πειραιά, βλ. Martin Schäfer, "Von Pferdegräben und 'Reiterheroen'," στο *Athenische Mitteilungen* 114 (1999) σελ. 49-60.

Were horses sacrificed in ancient Greece?

Jeffrey Banks

The ritual killing of animals as a sacrifice to the gods was pervasive among ancient cultures. In ancient Greece, animal sacrifice (*thusia*) was the primary form of communion with the gods. Individuals, particular groups, and entire communities frequently sacrificed animals to venerate their gods and heroes or to earn divine favor, protection, or appeasement against some plight. The most common sacrificial victims were domesticated livestock, namely cattle, pigs, sheep, and goats. Such animals provided large portions of meat which were consumed by the human participants at a communal feast following the sacrificial killing, while select portions of the slain animal were burnt on an altar for the gods.

Horses were sacrificed by some Greeks, but far less frequently. The particularly high value and status of horses in ancient Greek culture, their necessity for an aristocratic cavalry force, and the rarity of the practice, meant that horse-sacrifices inherently were exceptional and ostentatious, a possibility for only the wealthiest of individuals or for communal groups.

When horses were sacrificed, it was not in the same manner as the more standard type of sacrificial ritual described above. Ancient Greeks did consume horseflesh, but it was a marginal food, at times and in certain places even a cultural taboo, consumed when other alimentary sources were not readily available, or for perceived medicinal purposes. In the 2nd century AD, there was a place in the Athenian agora, the Memnoneia (Pollux 9.48), which sold donkey-flesh, another marginal meat that, like horse, might have been a cheaper source of protein for the lower classes.

Zooarchaeological evidence recovered by relatively recent excavations (older excavation tended to not retain any, or most, types of osteological remains) at some Greek sanctuaries (the Herakleion on Thasos, the Artemision at Ephesus, the Athenaion at Troy, the sanctuary of Demeter and the Dioscuri at Messene, and the sanctuary of Artemis and Apollo at Kalapodi) indicate that horses (and other equids) were sometimes consumed by Greeks during sacrificial feasts: rib bones chopped into portions, defleshing marks on bones. This directly contradicts the testimonies of Galen (*De alimentorum facultatibus* 3.1.9) who disparages those who consume horse meat as "asinine and like camels in body and mind" and Porphyry (*De abstinentia ab esu animalium* 1.14) who claimed that the Greeks, in the 3rd century AD at least, did not consume horseflesh. The same faunal data from these sanctuaries, however, lack evidence that horsemeat was burnt as a sacrifice to the gods and are quantitatively rare compared to the bones of other sacrificial animals at these sites. Horseflesh seems to have served at sacrificial feasts as it was in regular Greek cuisine: a rare supplement to the sacrificial meat that allowed for more individuals to participate in the ritual and to consume more meat than was otherwise possible. The same is true for other animals that were not normally consumed such as dogs and donkeys. The fact that horses are much leaner compared to the standard victims of sacrifice may have contributed, in part, to the inappropriateness of a horse serving as the main component of a sacrificial feast, or as a staple source of meat for that matter.

When horses were actually sacrificed, they were either drowned or cast into a body of water, or completely consumed by fire as a burnt offering (*holocaust*). The Spartans sacrificed a horse in a holocaust to Helios (the Sun) and/or the Anemoi (the Winds) on Mt. Taygetus at least in the Hellenistic-Roman period (Pausanias 3.20.4; Festus *Glossaria Latina* s.v. October equus). The horse may have been an appropriate animal for a sacrifice to the Sun or the Winds because of these deities' relationship with the animal. The Winds were often depicted in Greek art as horses, an association likely derived from the swiftness of the animal; Boreas (North Wind) and Zephyrus (West Wind) were both said to have fathered horses. Helios' attributes included the chariot and horse team he used to fly across the sky. Philip V sacrificed a fully armed horse to the river Xanthus (Polybius 23.10.17); like the Anemoi, river deities were often associated with and depicted as horses.

The most appropriate deity to receive horse-sacrifice, however, was Poseidon, the god most closely associated with the horse: as the progenitor of the species, as father of the divine horses Arion and Pegasus, and in his guise as Lord of Horses. One of his mortal-born children was aptly named Hippothoon. The Argives had a regular ritual which involved casting a horse into a whirlpool in the sea as a sacrifice to Poseidon Hippios (Pausanias 8.7.2). Other city-states that worshipped this aspect of Poseidon may have practiced horse-sacrifice as well, particularly in Arcadia where horse-sacrifice is said to have first been instituted (Tzetzes *ad Lycophron* 48). Alexander the Great sacrificed a *quadriga* to Poseidon before the Battle of Issus, although it is unspecified if this was to Poseidon Hippios (Oxyrhynchus Papyri 15.1798).

At Athens, a Scythian man named Toxaris was honored as a hero—"The Foreign Physician"—with the sacrifice of a white horse at his grave for perceived services his ghost rendered to help end the Thucydidean plague (Lucian *Skytha* 1-2). Abundant literary and archaeological evidence demonstrates that the Scythians sacrificed or ritually killed horses to include in burials (Herodotus 4.71). It is thus possible that this instance of horse-sacrifice represents an adoption of foreign practices that were suitable for a heroized Scythian.

A less formal, ad hoc implementation of horse-sacrifice divorced from an established cult is attested before the Battle of Leuctra (371 BC): the Thebans sacrificed a horse at the grave of the Leuctradae (two women that had been raped and murdered by Spartan ambassadors), fulfilling a prophecy to ensure success over the Spartans (Plutarch *Pelopidas* 22.2, *Amatoriae narrationes* 3). Horse-sacrifice prior to a battle was something not normally practiced by the Greeks but was prevalent in the ancient world in cultures other than Greek and Roman (Polybius 12.4b).

Literary and archaeological evidence show that horses were included in some of the most high-status burials. Archaeological excavations have recovered horse burials dated from the Middle Bronze Age through the Early Iron Age in Greece, demonstrating that horses and other equids served as conspicuous grave goods among early Greeks (the Dendra and Marathon *tholos tombs*, Lefkandi heroön). In the Archaic period, the Athenian Kimon Koalemos was buried alongside the four mares that won him three consecutive Olympics in chariot racing (Herodotus 6.103.3; Plutarch *Cato*

Maior 5.3). It is not certain that any of these horses functioned as a sacrifice to a deity or were only ritually murdered to serve as a part of the burial assemblage.

Recent excavations in the Phaleron cemetery have recovered at least fourteen horse burials. These make up a small portion of the excavated graves (only 1% of all graves are animals—equids and canids), again marking out the exceptional nature of any form of horse-sacrifice or burial. Although we cannot be certain about the conditions that resulted in these horses dying and being buried, the circumstances suggest that the horses were intentionally put to death in some form of sacrifice or ritual slaughter and intentionally posed in the graves in a conspicuous funerary display. As Poseidon played an important role in foundation myths at Athens and as Phaleron is a seaport, it is tempting to see these horse burials connected to a possible local Athenian cult to Poseidon Hippios, but it is just as likely that they were sacrificed and interred as part of aristocratic funerary practice.

Horses were sacrificed by some ancient Greeks but only in particular instances. The high value and utility of the animal limited the sacrifice of horses more than the sacrifice of bulls, pigs, sheep, or goats. Consequently, horse sacrifices were inherently exceptional and ostentatious, an ornate form of deity worship or aristocratic extravagance.

For more on horse sacrifice in ancient Greece, see Stella Georgoudi, "Sacrifice et mise à mort: aperçus sur le statut du cheval dans les pratiques rituelles grecques," in *Les équidés dans le monde méditerranéen antique. Actes du colloque organisé par l'École française d'Athènes, le Centre Camille Jullian et l'UMR 5140 du CNRS. Athènes, 26-28 novembre 2003, 2005*, edited by Armelle Gardeisen (Lattes, 2005), pp. 137–142; and Paul Stengel, "Die Pferdeopfer der Griechen," *Philologus* 39 (1880) pp. 182–185.
For the archaeological evidence of animal sacrifice in general, see Gunnel Ekroth, particularly "Meat in Ancient Greece: Sacrifice, Sacred, or Secular, Sacred, or Secular," *Food and History* 5 (2007), pp. 249–272; and "Bare Bones: Zooarchaeology and Greek Sacrifice," in *Animal Sacrifice in the Ancient Greek World*, edited by S. Hitch and I. Rutherford (Cambridge 2017) pp. 15–47.

Θυσίαζαν άλογα στην αρχαία Ελλάδα;
Jeffrey Banks

Ο τελετουργικός σφαγιασμός ζώων ως θυσία στους θεούς ήταν πολύ διαδεδομένος στους αρχαίους πολιτισμούς. Στην αρχαία Ελλάδα, η θυσία ζώων ήταν η βασική μορφή επικοινωνίας με τους θεούς. Μεμονωμένα άτομα, ομάδες και ολόκληρες κοινότητες θυσίαζαν συχνά ζώα σε ένδειξη λατρείας των θεών και των ηρώων τους ή προκειμένου να κερδίσουν προστασία, θεϊκή εύνοια, ή το τέλος των δεινών τους. Τα πιο συνηθισμένα θύματα θυσιών ήταν τα οικόσιτα ζώα, όπως βοοειδή, χοίροι και αιγοπρόβατα που παρείχαν μεγάλες ποσότητες κρέατος, οι οποίες καταναλώνονταν από τους συμμετέχοντες στα γεύματα μετά τη θυσία, ενώ επίλεκτες μερίδες καίγονταν σε βωμό για τους θεούς.

Άλογα θυσιάζονταν από μερικούς Έλληνες, αλλά όχι πολύ συχνά. Η ιδιαίτερα μεγάλη αξία και το κύρος των αλόγων στον αρχαίο ελληνικό πολιτισμό, η αναγκαιότητά τους για το αριστοκρατικό ιππικό και η σπανιότητα των θυσιών τους σημαίνει ότι οι τελευταίες λάμβαναν χώρα, παραδοσιακά, κατ' εξαίρεση και για λόγους επίδειξης, επομένως, μόνο από τους πιο εύπορους ή από κοινοτικές ομάδες.

Οι θυσίες αλόγων δεν πραγματοποιούνταν με τον καθιερωμένο τρόπο που περιγράφεται παραπάνω. Οι αρχαίοι Έλληνες κατανάλωναν κρέας αλόγου -αν και περιστασιακά, ενώ σε ορισμένα μέρη θεωρούνταν ακόμα και πολιτισμικό ταμπού- όταν άλλες πηγές τροφής δεν ήταν διαθέσιμες ή για ιατρικούς λόγους. Τον 2ο αιώνα μ.Χ., υπήρχε ένα σημείο στην Αρχαία Αγορά της Αθήνας, η Μεμνόνεια (Πολυδεύκης 9.48) που πουλούσε κρέας γαϊδουριού, το οποίο επίσης καταναλωνόταν περιστασιακά και, όπως το άλογο, ίσως να αποτελούσε φθηνότερη πηγή πρωτεϊνών για τις κατώτερες τάξεις.

Τα ζωοαρχαιολογικά κατάλοιπα που έχουν έρθει στο φως από σχετικά πρόσφατες ανασκαφές (οι παλαιότερες ανασκαφές διατηρούσαν ελάχιστα ή καθόλου τα οστεολογικά κατάλοιπα) σε ορισμένα ελληνικά ιερά (το Ηράκλειο στη Θάσο, το Αρτεμίσιο στην Έφεσο, το Αθήναιο στην Τροία, το ιερό της Δήμητρας και των Διόσκουρων στη Μεσσήνη και το ιερό της Άρτεμης και του Απόλλωνα στο Καλαπόδι) υποδεικνύουν ότι τα άλογα (και άλλα ιπποειδή) καταναλώνονταν ορισμένες φορές από Έλληνες σε θυσιαστήρια γεύματα, επειδή έχουν ανακαλυφθεί πλευρά κομμένα σε μερίδες και σημάδια αφαίρεσης κρέατος από τα οστά. Τα στοιχεία αυτά αντικρούουν ευθέως τις μαρτυρίες του Γαληνού (*De alimentorum facultatibus* 3.1.9), ο οποίος κατηγορεί όσους καταναλώνουν κρέας αλόγου ως «γάιδαρους και καμήλες σε μυαλό και σώμα» και τον Πορφύριο (*De abstinentia ab esu animalium* 1.14), ο οποίος ισχυρίζεται ότι οι Έλληνες τον 3ο αιώνα μ.Χ., τουλάχιστον, δεν κατανάλωναν κρέας αλόγου. Στα ίδια ζωολογικά κατάλοιπα από τα παραπάνω ιερά, ωστόσο, δεν υπάρχουν αρκετά στοιχεία για την καύση κρέατος αλόγου ως θυσία στους θεούς, ενώ όσα βρέθηκαν ήταν ελάχιστα σε σχέση με τα οστά άλλων ζώων που θυσιάστηκαν σε αυτούς τους αρχαιολογικούς χώρους. Το κρέας αλόγου φαίνεται να προσφερόταν σε θυσιαστήρια γεύματα όπως καταναλωνόταν και στην ελληνική κουζίνα: ως σπάνιο συμπλήρωμα στο κρέας της θυσίας που επέτρεπε σε περισσότερα άτομα να συμμετάσχουν στο τελετουργικό και να γευματίσουν με περισσότερο κρέας. Το ίδιο ίσχυε και για άλλα ζώα που κανονικά δεν τρώγονταν, όπως σκύλοι και γάιδαροι. Το γεγονός ότι το κρέας αλόγου είναι πολύ πιο άπαχο σε σύγκριση με τα συνήθη θύματα των θυσιών, πιθανόν να συνέβαλλε στην ακαταλληλότητα προσφοράς του ως κυρίως φαγητό ενός θυσιαστήριου γεύματος ή ως βασική πηγή κρέατος.

Στις περιπτώσεις που τα άλογα θυσιάζονταν, είτε πνίγονταν, ή ρίχνονταν σε νερό, είτε αφήνονταν να καούν ολοκληρωτικά στη φωτιά (*ολοκαύτωμα*). Οι Σπαρτιάτες θυσίασαν ένα άλογο ως ολοκαύτωμα στον Ήλιο και/ή στους Ανέμους στον Ταΰγετο τουλάχιστον κατά την ελληνιστική-ρωμαϊκή περίοδο (Παυσανίας 3.20.4, Festus *Glossaria Latina* s.v. October equus). Το άλογο πιθανότατα ήταν κατάλληλο ζώο για θυσία στον Ήλιο ή στους Ανέμους λόγω της σχέσης του με τις θεότητες αυτές. Οι Άνεμοι απεικονίζονται συχνά στην ελληνική τέχνη ως άλογα, ένας συσχετισμός που πιθανόν να προέκυψε από την ταχύτητα του ζώου. Ο Βορέας (βόρειος άνεμος) και ο Ζέφυρος (δυτικός άνεμος) λέγεται ότι είχαν για παιδιά τους άλογα. Χαρακτηριστικό του Ήλιου είναι η ομάδα των αλόγων και το άρμα που χρησιμοποιούσε για να πετάει στον ουρανό. Ο Φίλιππος Ε' θυσίασε ένα άλογο με πλήρη εξάρτυση στον ποταμό Ξάνθο (Πολύβιος 23.10.17), ενώ ποτάμιες θεότητες, όπως και οι Άνεμοι, συχνά συνδέονταν με άλογα και απεικονίζονταν ως τέτοια.

Η πιο κατάλληλη θεότητα για την οποία θυσιάζονταν άλογα, ωστόσο, ήταν ο Ποσειδώνας, ο θεός που ήταν πιο στενά συνδεδεμένος με αυτά ως πρόγονος του είδους, πατέρας των θεϊκών αλόγων Αρίωνα και Πήγασου και με την ιδιότητα του Άρχοντα των Αλόγων. Ένα από τα θνητά παιδιά του ονομάστηκε εύστοχα Ιπποθόων. Κατά τη διάρκεια ενός τελετουργικού, οι Αργείοι πετούσαν ένα άλογο μέσα σε θαλάσσια δίνη ως θυσία προς τον Ίππιο Ποσειδώνα (Παυσανίας 8.7.2). Ίσως και άλλες πόλεις-κράτη όπου λατρευόταν αυτή η πτυχή του Ποσειδώνα να έκαναν θυσίες αλόγων, ιδιαίτερα στην Αρκαδία όπου λέγεται ότι ξεκίνησαν (Τζέτζης *Σχόλια εις Λυκόφρονα* 48). Ο Μέγας Αλέξανδρος θυσίασε τέθριππο στον Ποσειδώνα πριν από τη μάχη της Ισσού, παρόλο που δεν είναι σαφές αν η θυσία έγινε στον Ίππιο Ποσειδώνα (Πάπυροι της Οξυρρύγχου 15.1798).

Στην Αθήνα, ένας Σκύθης με το όνομα Τόξαρις τιμούνταν ως ήρωας -«ο ξένος ιατρός»- με τη θυσία λευκού αλόγου στον τάφο του, για τις υπηρεσίες που προσέφερε το πνεύμα του βοηθώντας να τελειώσει ο λοιμός που αναφέρει ο Θουκυδίδης (Λουκιανός *Σκύθης* 1-2). Άφθονες γραπτές πηγές και αρχαιολογικά ευρήματα υποδεικνύουν ότι οι Σκύθες θυσίαζαν άλογα ή τα σκότωναν σε τελετουργίες για να τα τοποθετήσουν σε ταφές (Ηρόδοτος 4.71). Είναι λοιπόν πιθανό να πρόκειται για θυσία αλόγου που αντιπροσωπεύει υιοθέτηση ξένων πρακτικών, κατάλληλων για έναν ηρωποιημένο Σκύθη.

Μια λιγότερο επίσημη, *ad hoc* πραγματοποίηση θυσίας αλόγου εκτός καθιερωμένης λατρείας μαρτυρείται πριν τη μάχη των Λεύκτρων (371 π.Χ.): οι Θηβαίοι θυσίασαν ένα άλογο στον τάφο των Λευκτράδων (δύο γυναικών που είχαν βιαστεί και δολοφονηθεί από Σπαρτιάτες πρεσβευτές), εκπληρώνοντας μια προφητεία που έλεγε ότι έτσι θα νικούσαν τους Σπαρτιάτες (Πλούταρχος *Πελοπίδας* 22.2, *Ερωτικαί διηγήσεις* 3). Η θυσία αλόγου πριν από μάχη δεν ήταν συνήθης πρακτική των Ελλήνων, αλλά κυριαρχούσε στον αρχαίο κόσμο, σε άλλους πολιτισμούς πέραν του ελληνικού και του ρωμαϊκού (Πολύβιος 12.4β).

Γραπτές και αρχαιολογικές μαρτυρίες δείχνουν ότι άλογα περιλαμβάνονταν σε μερικές ταφές υψηλού κύρους. Οι ανασκαφείς έχουν φέρει στο φως ταφές αλόγων από τη Μέση Εποχή του Χαλκού έως την Πρώιμη Εποχή του Σιδήρου στην Ελλάδα αποδεικνύοντας ότι τα άλογα και άλλα ιπποειδή χρησίμευαν ως περίβλεπτα κτερίσματα των Ελλήνων σε αυτές τις πρώιμες περιόδους (θολωτοί τάφοι Δενδρών και Μαραθώνα, ηρώο στο Λευκαντί). Κατά την αρχαϊκή περίοδο, ο Αθηναίος Κίμων ο Κοάλεμος θάφτηκε μαζί με τις τέσσερις φοράδες με τις οποίες είχε κερδίσει τρεις διαδοχικούς Ολυμπιακούς αγώνες στην αρματοδρομία (Ηρόδοτος 6.103.3, Πλούταρχος *Βίοι Παράλληλοι-Μάρκος Κάτων* 5.3). Δεν είναι βέβαιο εάν κάποιο από τα άλογα αυτά θυσιάστηκε σε κάποιον θεό ή σκοτώθηκε με τελετουργικό τρόπο στο πλαίσιο της ταφής.

Πρόσφατες ανασκαφές στο νεκροταφείο του Φαλήρου έχουν αποκαλύψει τουλάχιστον δεκατέσσερις ταφές αλόγων, οι οποίες αποτελούν μικρό τμήμα των ανεσκαμμένων τάφων (μόνο το 1% όλων των τάφων περιέχουν ζώα -ιπποειδή και κυνίδες), επισημαίνοντας και πάλι τη σπανιότητα οποιασδήποτε μορφής θυσίας ή ταφής αλόγου. Παρόλο που δεν μπορούμε να είμαστε σίγουροι για τις συνθήκες κάτω από τις οποίες τα άλογα αυτά πέθαναν και θάφτηκαν, τα στοιχεία που έχουμε στη διάθεσή μας υποδηλώνουν ότι θανατώθηκαν σκόπιμα με τη μορφή θυσίας ή τελετουργικής σφαγής και τοποθετήθηκαν σε συγκεκριμένες στάσεις στους τάφους με εμφανή τρόπο. Δεδομένου ότι ο Ποσειδώνας διαδραμάτισε σημαίνοντα ρόλο στους μύθους ίδρυσης της Αθήνας και ότι το Φάληρο είναι λιμάνι, τείνουμε να υποθέσουμε ότι αυτές οι ταφές αλόγων συνδέονται με πιθανή τοπική αθηναϊκή λατρεία του Ίππιου Ποσειδώνα, ωστόσο, είναι εξίσου πιθανό να θυσιάστηκαν και να θάφτηκαν στο πλαίσιο ταφικής πρακτικής της αριστοκρατίας.

Τα άλογα θυσιάζονταν από ορισμένους αρχαίους Έλληνες, αλλά μόνο σε εξαιρετικές περιπτώσεις. Η μεγάλη αξία και χρησιμότητά τους περιόριζε τη θυσία τους περισσότερο από τη θυσία των ταύρων, των χοίρων και των αιγοπροβάτων. Επομένως, οι θυσίες αλόγων λάμβαναν χώρα, παραδοσιακά, κατ'αξαίρεση και για λόγους επίδειξης, ως περίτεχνη μορφή θεϊκής λατρείας ή αριστοκρατικής υπερβολής.

Για περισσότερα σχετικά με τη θυσία αλόγων στην αρχαία Ελλάδα, βλ. Stella Georgoudi, "Sacrifice et mise à mort: aperçus sur le statut du cheval dans les pratiques rituelles grecques," στο *Les équidés dans le monde méditerranéen antique. Actes du colloque organisé par l'École française d'Athènes, le Centre Camille Jullian et l'UMR 5140 du CNRS. Athènes, 26-28 novembre 2003, 2005*, επιμ. Armelle Gardeisen (Lattes, 2005), σελ. 137-142· Paul Stengel, "Die pferdeopfer der Griechen," *Philologus* 39 (1880), σελ. 182-185.
Για αρχαιολογικά ευρήματα θυσιών ζώων γενικά, βλ. Gunnel Ekroth, ιδιαίτερα "Meat in Ancient Greece: Sacrifice, Sacred, or Secular, Sacred, or Secular," *Food and History* 5 (2007), σελ. 249-272· "Bare Bones: Zooarchaeology and Greek Sacrifice," στο *Animal Sacrifice in the Ancient Greek World*, επιμ. Sarah Hitch, Ian Rutherford (Cambridge 2017), σελ. 15-47.

Why do so many horses decorate the Parthenon?

Jenifer Neils

As anyone who has seen the Parthenon marbles knows, there is a multitude of horses, mainly parading or racing on the Ionic frieze inside the colonnade. But exactly how many horses are carved in Pentelic marble on this temple of Athena? The total is an astounding 257, and if the centaurs and the donkey of Selene are included the final count is 281 equids. This more than anything demonstrates the Athenians' obsession with horses and their admiration for their physical beauty, powerful physiques, and dynamic energy.

Each pediment contains two horse-drawn chariots: in the west those of Athena and Poseidon that flank the central deities, and in the east the chariots of Helios rising in the south corner, and that of Selene or Nyx (Night) setting in the north. This latter pair of celestial deities is also presumed to have decorated the base of the Athena Parthenos inside the cella. Helios again drives his chariot in north metope 14, coming to the rescue of lame Hephaistos fighting a giant in the adjacent metope. Three goddesses, also in 'taxi' chariots, appear in the east metopes: Hera with winged horses, Artemis, and Amphitrite. Athena herself drives a chariot in the easternmost metope on the north in the series that depicts the fall of Troy. Mortals drive ten racing chariots each on the north and south friezes in the Panathenaic competition known as the *apobates*.

Horses bearing riders are the most numerous. The fearsome Amazons are shown riding horses in several of the west metopes, and just inside the west colonnade the viewer could see on the frieze 23 horses in various stages of preparation for the Panathenaic festival. At the beginning (south) the horses are riderless and restive, with their knights or grooms trying to calm them down. On metope 12 we see the *dokimasia* or cavalry inspection. The south and north friezes both depict 60 overlapping riders in procession. They are splayed out in such a way that the heads of the horses are all visible. On the south they are arrayed in ten groups of six riders, each group differently dressed to represent the ten Attic tribes. On the north side it is much more complicated, with considerable overlapping. The two cavalry commanders known as *hipparchs* are distinguished from the young *hippeis* by their beards. The one on west frieze block VIII is masterfully reining in his excited stallion.

The question remains as to why there are so many horsemen, especially since we have no written record of their participation in the Panathenaic procession. John Boardman made the novel suggestion that the knights represent the 192 heroized warriors who fought and died at Marathon and counted that number of horsemen on the frieze. Not only has the count proven inaccurate, but there was no cavalry action on the part of the Athenians at Marathon. Ross Holloway believed that the knights on horseback represented a replacement for the equestrian statues from the Archaic Acropolis destroyed by the Persians in 480 BC. Ian Jenkins argued persuasively that

Hipparch restraining his stallion. Cast of Parthenon west frieze 8, marble original in Acropolis Museum, ca. 430 BC. Photo: American School of Classical Studies at Athens.

Ίππαρχος που συγκρατεί το άλογό του. Εκμαγείο του Λίθου 8 της δυτικής ζωφόρου του Παρθενώνα, το μαρμάρινο πρωτότυπο βρίσκεται στο Μουσείο της Ακρόπολης, περ. 430 π.Χ. Φωτογραφία: Αμερικανική Σχολή Κλασικών Σπουδών στην Αθήνα

the large cavalcade documents the increase in the cavalry from 300 to 1,000 instituted by Perikles. This seems the most plausible explanation, a subtle homage to the general and possible friend of the sculptor Phidias.

However, we know from Xenophon that a ride of the cavalry around the Agora was one of the great sights of Classical Athens. It no doubt inspired the sculptors of the frieze as the chariot races in the hippodrome influenced the depictions of galloping chariots on the metopes and in the pediments. With manes flying, tails extended, nostrils flaring, and muscles bulging, these once-painted stone horses represent the epitome of equestrian art.

For the Parthenon sculptures, see Jenifer Neils, *The Parthenon Frieze* (Cambridge 2001) esp. pp. 115-116, 126-141; and *The Parthenon from Antiquity to the Present* (Cambridge 2005). For Athena driving a chariot, see Katherine Schwab, "The Charioteer in North Metope I," *Archaeological News* 19 (1994) pp. 7-10.
For other views on the Parthenon frieze, see John Boardman, "The Parthenon Frieze – Another View," in *Festschrift für Frank Brommer* edited by U. Höckmann and A. Krug (Mainz 1977) pp. 39-49; R. Ross Holloway, "The Archaic Acropolis and the Parthenon Frieze," *Art Bulletin* 48 (1996) pp. 223-226; and Ian Jenkins, "The Parthenon Frieze and Pericles' Cavalry of a Thousand," in *Periklean Athens and its Legacy: Problems and Perspectives,* edited by J. Barringer and J. Hurwit (Austin 2005) pp. 147-161.

Γιατί τόσα πολλά άλογα διακοσμούν τον Παρθενώνα;

Jenifer Neils

Όπως γνωρίζει όποιος έχει δει τα μάρμαρα του Παρθενώνα, υπάρχει πλειάδα αλόγων που απεικονίζονται να παρελαύνουν ή να συμμετέχουν σε αγώνες στην ιωνική ζωφόρο, στο εσωτερικό της κιονοστοιχίας. Αλλά πόσα άλογα, ακριβώς, έχουν λαξευτεί στο πεντελικό μάρμαρο αυτού του ναού της θεάς Αθηνάς; Ο αριθμός τους προκαλεί εντύπωση: πρόκειται για 257 άλογα και αν μετρήσουμε και τους Κενταύρους και τον όνο της Σελήνης, το σύνολο φτάνει τα 281 ιπποειδή. Το γεγονός αυτό, περισσότερο από οτιδήποτε άλλο, καταδεικνύει την εμμονή των Αθηναίων με τα άλογα και τον θαυμασμό τους για τη σωματική ομορφιά, την εύρωστη διάπλαση και τη δυναμική ενέργεια των ζώων αυτών.

Κάθε αέτωμα περιλαμβάνει δύο ιππήλατα άρματα: στο δυτικό απεικονίζονται τα άρματα της Αθηνάς και του Ποσειδώνα, τα οποία πλαισιώνουν τους θεούς που βρίσκονται στο κέντρο, ενώ στο ανατολικό, το άρμα του Ήλιου που αναδύεται από τη νότια γωνία και εκείνο της Σελήνης ή της Νύχτας που δύει προς τα βόρεια. Οι δύο τελευταίες ουράνιες θεότητες, πιθανότατα, κοσμούσαν και τη βάση του αγάλματος της Αθηνάς Παρθένου μέσα στον σηκό του ναού. Ο Ήλιος, επίσης, οδηγεί το άρμα του στη βόρεια μετόπη 14, όπου πηγαίνει να σώσει τον χωλό Ήφαιστο που πολεμά με έναν Γίγαντα στην παρακείμενη μετόπη. Στις ανατολικές μετόπες εμφανίζονται τρεις θεές, οι οποίες βρίσκονται επίσης σε άρματα: Η Ήρα (με φτερωτά άλογα), η Άρτεμη και η Αμφιτρίτη. Η ίδια η Αθηνά οδηγεί ένα άρμα στην ανατολικότερη μετόπη, προς τα βόρεια, στη σειρά που απεικονίζει την πτώση της Τροίας. Στη βόρεια και στη νότια ζωφόρο, θνητοί οδηγούν δέκα άρματα σε αρματοδρομίες, γνωστές ως αποβάτες δρόμοι, στο πλαίσιο της γιορτής των Παναθηναίων.

Τα άλογα που φέρουν αναβάτες είναι τα πιο πολυάριθμα. Οι τρομερές Αμαζόνες εικονίζονται να ιππεύουν άλογα σε αρκετές από τις δυτικές μετόπες, ενώ ακριβώς μέσα από τη δυτική κιονοστοιχία, στη ζωφόρο, ο θεατής μπορούσε να δει είκοσι τρία άλογα σε διάφορα στάδια προετοιμασίας για τα Παναθήναια: στην αρχή (νότια) τα άλογα δεν έχουν αναβάτη και είναι ανήσυχα, με τους Ιππείς ή τους ιπποκόμους τους να προσπαθούν να τα ηρεμήσουν. Στη μετόπη 12 βλέπουμε τη *δοκιμασία*, δηλαδή την επιθεώρηση του ιππικού. Η νότια και η βόρεια ζωφόρος απεικονίζουν εξήντα αναβάτες που αλληλοεπικαλύπτονται, σε πομπή. Είναι λαξευμένοι με τέτοιο τρόπο που όλα τα κεφάλια των αλόγων είναι ορατά. Στα νότια είναι παραταγμένες δέκα ομάδες με έξι αναβάτες, κάθε μία από τις οποίες είναι ντυμένη διαφορετικά ώστε να αντιπροσωπεύει τις δέκα αττικές φυλές. Η βόρεια πλευρά είναι πολύ πιο περίπλοκη, με πολλή αλληλοεπικάλυψη. Οι δύο ίππαρχοι ξεχωρίζουν από τους νεαρούς ιππείς από τις γενειάδες τους. Εκείνος που διακρίνεται στο Λίθο 8 της νότιας ζωφόρου απεικονίζεται αριστοτεχνικά να χαλιναγωγεί τον ενθουσιασμένο επιβήτορά του.

Το ερώτημα γιατί υπάρχουν τόσοι πολλοί ιππείς παραμένει αναπάντητο, ιδιαίτερα εφόσον δεν υπάρχει καταγεγραμμένη η συμμετοχή τους στην πομπή των Παναθηναίων. Ο John Boardman πρότεινε ότι οι ιππείς αντιπροσωπεύουν τους 192 ηρωποιημένους πολεμιστές που σκοτώθηκαν στον Μαραθώνα. Έτσι, προχώρησε στην καταμέτρηση των ιππέων στη ζωφόρο: όχι μόνο ο αριθμός τους ήταν ανακριβής, αλλά επιπλέον, δεν υπήρξε συμμετοχή του αθηναϊκού ιππικού στον Μαραθώνα. Ο Ross Holloway πίστευε ότι οι ιππείς είχαν αντικαταστήσει τα αγάλματα της αρχαϊκής Ακρόπολης που καταστράφηκαν από τους Πέρσες το 480 π.Χ. Ο Ian Jenkins υποστήριξε, πειστικά, ότι η μεγάλη πομπή των ιππέων τεκμηριώνει την αύξηση των ιππέων από 300 σε 1.000, η οποία θεσμοθετήθηκε από τον Περικλή. Αυτή ίσως να είναι η πιο αληθοφανής εξήγηση: ένας διακριτικός φόρος τιμής στον στρατηγό και π θανό φίλο του γλύπτη Φειδία.

Ωστόσο, γνωρίζουμε από τον Ξενοφώντα ότι μια βόλτα του ιππικού στην Αρχαία Αγορά ήταν ένα από τα ωραιότερα θεάματα της κλασικής Αθήνας. Αναμφισβήτητα, ενέπνευσε τους γλύπτες της ζωφόρου, όπως οι αρματοδρομίες στον ιππόδρομο επηρέασαν τις απεικονίσεις αρμάτων με άλογα που κάλπαζαν στις μετόπες και στα αετώματα. Με τις κυματιστές τους χαίτες, τις τεντωμένες ουρές, τα ανοιγμένα ρουθούνια και τους φουσκωμένους μύες, αυτά τα άλλοτε βαμμένα λίθινα άλογα αντιπροσωπεύουν την επιτομή της ιππικής τέχνης.

Για τα γλυπτά του Παρθενώνα, βλ. Jenifer Neils, *The Parthenon Frieze* (Cambridge 2001) ιδ. σελ. 115-116, 126-141 και *The Parthenon from Antiquity to the Present* (Cambridge 2005).
Για την Αθηνά που οδηγεί άρμα, βλ. Katherine Schwab, "The Charioteer in North Metope I," *Archaeological News* 19 (1994) σελ. 7-10.
Jchn Boardman, "The Parthenon Frieze – Another View," στο *Festschrift für Frank Brommer* επιμ. U. Höckmann και A. Krug (Mainz 1977) σελ. 39-49.
R. Ross Holloway, "The Archaic Acropolis and the Parthenon Frieze," *Art Bulletin* 48 (1996) σελ. 223-226.
Ian Jenkins, "Pericles Cavalry of a Thousand and the Parthenon Frieze," στο *New Perspectives on Periklean Athens,* επιμ. J. Barringer and J. Hurwit (Austin 2005) σελ.

Monkey Business?

Tyler Jo Smith

We end this book on horses with a strange Greek vase which has been identified as Attic, although it has much in common with contemporary Boeotian black-figure vase painting. The equine subject however is rather bizarre. Why might a Greek artist depict an animal riding on the back of another animal? Specifically, why show a monkey riding a horse?

A 6th-century black-figure *lekanis* (Athens, National Archaeological Museum 1054) may in fact show just that. The shallow bowl is decorated on its interior with a small hairy creature astride a large horse. The figure is clearly not human yet is somewhat difficult to define. Sometimes identified as a monkey or ape, it grabs onto the horse's mane with one hand, while its other hand rests by its side or touches its own behind. The horse, which is clearly meant to be on-the-move, is also portrayed in a most intriguing manner. As an abbreviated figure with only the head and front half of its body shown, the large equine gallops directly through the round space. The viewer is left to imagine what the rest of this nicely drawn horse would have looked like as it advanced methodically across the frame. In shape, style, and composition, the lekanis appears to have been produced in nearby Boeotia. In particular, it recalls the work of the Protome Painter who regularly illustrated the foreparts of animals as a decorative motif.

Although the image on the black-figure lekanis is thus far unique in the history of vase painting, other examples of apes riding equines or on the backs of other animals are found in ancient Greek art. Terracotta figurines made in various locations (Corinth, Boeotia, East Greece), from Archaic through Hellenistic times, provide our best evidence for riding monkeys who choose the donkey, ram, tortoise or pig as their mount. The riding monkeys, like those engaged in other familiar human activities (grinding, acrobatics, wearing garments, holding objects), reveal their natural affinity with humans as well as the tendency of Greek artists to anthropomorphize them. Bronze figurines of monkeys offered as votives at sanctuaries, starting in the Geometric period, even show these animals drinking from flasks and playing musical instruments. The riding monkey figurines frequently served as grave offerings, leading to the suggestion that the primate was an apotropaic device. When their mount was a horse, as on the black-figure lekanis, a chthonic aspect to the animal pair was perhaps the intended meaning.

In order, however, to explore this equine/ape pairing further, it is necessary to consider the place of the monkey in ancient Greek culture. While the horse is well-attested in art, archaeology, and literature, and its connotations and importance well-understood, the monkey is not as well served by the ancient evidence. That being said, there are enough references extant to indicate the wide-range of possible ancient attitudes towards simians. Aristotle (*History of Animals* 502a 16-b27) distinguishes between monkeys with tails and those without, and comments on their physical similarities to humans. Such animals may always have been considered by the ancients to be exotics, such as the tailless *pithēkos* variety (Barbary macaque) that were imported

Ape (?) riding the forepart of a horse. Attic black-figure lekanis (bowl), ca.550 BC. From Athens. Athens National Archaeological Museum 1054.

Μπροστινό μέρος αλόγου με αναβάτη πίθηκο (;). Αττική μελανόμορφη λεκανίδα, περ. 550 π.Χ. Από την Αθήνα. Εθνικό Αρχαιολογικό Μουσείο Α 1054.

from North Africa as pets (cf. Theophrastus, *Man of Petty Ambition*). Indeed, on Greek vases such creatures are shown in domestic situations and sometimes even wearing collars and leads. The association of monkeys with children in antiquity, which took many forms, may have been the result of their shared playful and imitative, yet mischievous and greedy behaviour (Pindar, *Pythian* 2.72-73). Plutarch (*Moralia* 64e) connects the monkey with laughter, while Athenaeus (*Deipnosophists* 14.613d) tells of a talented ape that provided entertainment during a *symposion*, where its favorite beverage (wine) was no doubt being served (cf. Pliny, *Natural History* 23.44). To be sure, references to monkeys in classical literature are not always positive, and unlike the Egyptians, the Greeks did not revere the creatures. Because monkeys did not measure up to the Greek 'ideal', even being described as 'ugly' (e.g. Aristophanes, *Acharnians* 120), they were invariably seen as Other through ancient eyes.

What then is the meaning of an ape astride an equine in artistic representations? It is generally believed that when a monkey (or related creature) was inserted into a vase scene or featured as part of a terracotta group, such images were intended to invoke laughter. The monkeys in these situations parody the human world and become a type of amusement, be it real or imagined. Using both literary and artistic evidence, connections can be made with fables, comic drama, animal choruses, and dance. Because of their behaviour and their appearance, monkeys in ancient art have also been likened to human revelers (komasts), dwarfs, Pan, and satyrs (cf. Sophocles, *Trackers* 121-122). The last of these - the half-human, half-equine satyrs - makes the most compelling comparison because satyrs are themselves shown in Greek art riding on the backs of donkeys. Satyrs on donkeys are no doubt a direct reference to the return of Hephaistos to Olympos, a myth in which Dionysos unleashes the intoxicating effects of wine to 'persuade' the disabled god of the forge to leave the island of Lemnos and rejoin the gods. The monkey's love of wine and its amusing antics allied it naturally to the world of Dionysos and his followers.

Monkeys, like satyrs, have also been viewed as caricatures of the human experience and their images an inversion of societal norms. To be sure, the hybrid satyr and the simian can look quite similar in art, and it is possible that the figure straddling the horse on the black-figure lekanis is not a monkey at all but a satyr, or a human dressed up in an animal costume. Regardless, by placing the hairy impish figure on the back of an elegant horse, a symbol of ancient wealth and status, the artist (arguably a non-Athenian) is juxtaposing the real and the ideal, perhaps even poking fun at the *hippeis* and other Athenian horse-lovers!

For more on ancient animals see Louis Calder, *Cruelty and Sentimentality: Greek Attitudes to Animals, 600-300 BC.* (Oxford 2011); Sian Lewis and Lloyd Llewellyn-Jones, *The Culture of Animals in Antiquity: A Sourcebook with Commentaries* (London and New York 2018) esp. pp. 462-472.

On monkeys see Cybelle Greenlaw, *The Representation of Monkeys in the Art and Thought of Mediterranean Cultures: A New Perspective on Ancient Primates* (Oxford 2011).

For satyrs on Greek vases see Tyler Jo Smith, "Heads or Tails? Satyrs, Komasts, and Dance in Black-Figure Vase-Painting", *Reconstructing Satyr Drama*, edited by A. Andreas, P. Antonopoulos et al. (Berlin 2021) pp. 637-667.

For humor in Greek vase panting see David Walsh, David, *Distorted Ideals in Greek Vase-Painting: The World of Mythological Burlesque* (Cambridge 2009).

Σκανταλιάρικη μαϊμού;

Tyler Jo Smith

Ολοκληρώνοντας το παρόν βιβλίο σχετικά με τα άλογα, θα αναφερθούμε σε ένα παράξενο ελληνικό αγγείο, το οποίο δεν είναι αττικό, αλλά σίγουρα επηρεάστηκε από την αθηναϊκή ζωγραφική σε ό,τι αφορά την τεχνοτροπία του και την τεχνική κατασκευής του. Το ιππικό θέμα του, ωστόσο, είναι κάπως αλλόκοτο. Γιατί να απεικονίσει ένας Έλληνας αγγειογράφος ένα ζώο να ιππεύει ένα άλλο; Και συγκεκριμένα, μια μαϊμού να ιππεύει ένα άλογο;

Μια μελανόμορφη *λεκανίδα* του 6ου αιώνα π.Χ. (Αθήνα, Εθνικό Αρχαιολογικό Μουσείο 1054) απεικονίζει ακριβώς αυτό. Το ρηχό αγγείο είναι διακοσμημένο στο εσωτερικό του με ένα μικρό μαλλιαρό πλάσμα πάνω σε ένα μεγάλο άλογο. Σίγουρα δεν πρόκειται για άνθρωπο, ωστόσο, είναι δύσκολο να προσδιοριστεί τι ακριβώς είναι. Έχει ταυτιστεί με μαϊμού ή πίθηκο που κρατά τη χαίτη του αλόγου με το ένα χέρι, ενώ το άλλο βρίσκεται στο πλάι ή ακουμπά τα δικά του οπίσθια. Το άλογο, το οποίο σίγουρα είναι εν κινήσει, επίσης, εικονίζεται με περίεργο τρόπο. Σαν συντετμημένη μορφή, με ορατό μόνο το κεφάλι και το μπροστινό μισό του σώματός του, το μεγάλο άλογο καλπάζει στο εσωτερικό του αγγείου. Ο θεατής αφήνεται να φανταστεί πώς θα φαινόταν το υπόλοιπο σώμα αυτού του όμορφα ζωγραφισμένου αλόγου καθώς προχωρά προς την άκρη του πλαισίου. Σε ό,τι αφορά το σχήμα, την τεχνοτροπία και τη σύνθεση, η λεκανίδα φαίνεται να κατασκευάστηκε στην κοντινή Βοιωτία και συγκεκριμένα, θυμίζει έργο του Ζωγράφου της Προτομής, ο οποίος συχνά χρησιμοποιούσε το μπροστινό μέρος ζώων ως διακοσμητικό μοτίβο.

Παρόλο που η διακοσμητική εικόνα της μελανόμορφης λεκανίδας είναι, μέχρι σήμερα, μοναδική στην ιστορία της αγγειογραφίας, έχουν ανακαλυφθεί και άλλα παραδείγματα απεικόνισης πιθηκοειδών που ιππεύουν ή βρίσκονται στην πλάτη άλλων ζώων, στην αρχαία ελληνική τέχνη. Πήλινα ειδώλια που κατασκευάστηκαν σε διάφορες περιοχές (Κόρινθος, Βοιωτία, Ανατολική Ελλάδα), από την αρχαϊκή έως την ελληνιστική περίοδο, αποτελούν τις καλύτερες ενδείξεις που έχουμε σχετικά με μαϊμούδες που ιππεύουν γάιδαρους, κριάρια, χελώνες ή χοίρους. Οι μαϊμούδες αυτές, όπως εκείνες που ασχολούνται με άλλες οικείες ανθρώπινες δραστηριότητες (φορούν ρούχα, κρατούν αντικείμενα, αλέθουν, κάνουν ακροβατικά), αποκαλύπτουν τη φυσική τους εγγύτητα με τους ανθρώπους, καθώς και την τάση των Ελλήνων καλλιτεχνών να τους δίνουν ανθρώπινη μορφή. Χάλκινα ειδώλια μαϊμούδων που προσφέρονταν ως αναθήματα σε ιερά, ήδη από την γεωμετρική περίοδο, τις απεικονίζουν να πίνουν από φλασκιά και να παίζουν μουσικά όργανα. Τα ειδώλια μαϊμούδων που ιππεύουν χρησίμευαν συχνά ως κτερίσματα, γεγονός που υποδηλώνει ότι τα ζώα αυτά είχαν αποτροπαϊκό χαρακτήρα. Στην περίπτωση ιππευσης αλόγου, όπως στη μελανόμορφη λεκανίδα, πιθανόν η έννοια των δύο ζώων μαζί να δημιουργούσε έναν χθόνιο συσχετισμό.

Προκειμένου, όμως, να διερευνήσουμε περαιτέρω αυτό το ζεύγος ιπποειδούς-πιθηκοειδούς, είναι απαραίτητο να εξετάσουμε τη θέση της μαϊμούς στον αρχαίο ελληνικό πολιτισμό. Ενώ τα άλογα εμφανίζονται συχνά στην τέχνη, στην αρχαιολογία και στη λογοτεχνία και οι συσχετισμοί και η σημασία τους είναι κατανοητά, οι μαϊμούδες δεν εμφανίζονται στον ίδιο βαθμό στις αρχαίες μαρτυρίες. Παρόλα αυτά, υπάρχουν αρκετές αναφορές που δείχνουν ένα εύρος απόψεων απέναντι στα πιθηκοειδή. Ο Αριστοτέλης (Περί τα ζώα Ιστορίαι 502a 16-b27) διακρίνει τις μαϊμούδες σε εκείνες που έχουν ουρά και σε εκείνες που δεν έχουν και σχολιάζει τις σωματικές τους ομοιότητες με τους ανθρώπους. Τέτοια ζώα θεωρούνταν από τους αρχαίους ως εξωτικά, όπως το είδος του πίθηκου χωρίς ουρά (Μακάκος ρέζους Μπαρμπάρι) που έφερναν από τη βόρεια Αφρική ως κατοικίδιο (πρβλ. Θεόφραστος, Κενόδοξος). Πράγματι, τέτοια πλάσματα απεικονίζονται σε ελληνικά αγγεία σε σκηνές εντός σπιτιού, ορισμένες φορές φορώντας κολάρο και λουρί. Ο συσχετισμός των μαϊμούδων με τα παιδιά στην αρχαιότητα, με πολλές μορφές, ίσως ήταν το αποτέλεσμα της κοινής τους παιχνιδιάρικης, μιμητικής, σκανταλιάρικης, αλλά και άπληστης συμπεριφοράς (Πίνδαρος, Πυθιόνικος 2.72-73). Ο Πλούταρχος (Ηθικά 64e) συνδέει τη μαϊμού με το γέλιο, ενώ ο Αθήναιος (Δειπνοσοφιστές 14.613d) μας μιλά για έναν ταλαντούχο πίθηκο που διασκέδασε τους συνδαιτημόνες ενός συμποσίου, όπου αναμφίβολα σέρβιραν το αγαπημένο του ρόφημα (κρασί) (πρβλ. Πλίνιος, Φυσική Ιστορία 23.44). Σίγουρα, οι αναφορές στις μαϊμούδες στην κλασική λογοτεχνία δεν είναι πάντα θετικές και -σε αντίθεση με τους Αιγύπτιους- οι αρχαίοι Έλληνες δεν τις λάτρευαν. Επειδή δεν ανταποκρίνονταν στο «ελληνικό ιδεώδες» και μάλιστα περιγράφονταν ως «άσχημες» (π.χ. Αριστοφάνης, Αχαρνείς 120), αντιπροσώπευαν πάντα τον Άλλο στα μάτια των αρχαίων.

Ποιο είναι λοιπόν το νόημα μιας καλλιτεχνικής αναπαράστασης ενός πιθηκοειδούς πάνω σε άλογο; Γενικά, πιστεύεται ότι μια μαϊμού (ή παρεμφερές πλάσμα) εικονίζεται σε αγγειογραφία ή αποτελεί τμήμα ομάδας πήλινων ειδωλίων με σκοπό να προκαλέσει γέλιο. Σε τέτοιες καταστάσεις, οι μαϊμούδες διακωμοδούν τον κόσμο των ανθρώπων και αποτελούν ένα είδος διασκέδασης, είτε πραγματικό, είτε φανταστικό. Με βάση τόσο τις γραπτές πηγές όσο και τις καλλιτεχνικές απεικονίσεις, τα πιθηκοειδή συνδέονται με μύθους, κωμωδίες, χορωδίες ζώων και χορό. Λόγω της συμπεριφοράς και της εμφάνισής τους, οι μαϊμούδες στην αρχαία τέχνη έχουν επίσης παρομοιαστεί με γλεντζέδες (κωμαστές), νάνους, τον Πάνα και τους σάτυρους (πρβλ. Σοφοκλής, Ιχνευταί 121-122). Οι τελευταίοι -μισοί άνθρωποι και μισοί ιπποειδή- αποτελούν την πιο επιτυχημένη παρομοίωση, γιατί εικονίζονται στην ελληνική τέχνη να ιππεύουν γάιδαρους, σκηνή η οποία αναμφισβήτητα παραπέμπει στην επιστροφή του Ηφαίστου στο Όλυμπο. Στον μύθο αυτό ο Διόνυσος απελευθερώνει τις μεθυστικές ιδιότητες του κρασιού προκειμένου να «πείσει» τον χωλό θεό της μεταλλοτεχνίας να αφήσει τη Λήμνο και να επιστρέψει στους θεούς. Η αγάπη της μαϊμούς για το κρασί και οι διασκεδαστικές της αστειότητες, φυσικά, τη συνέδεσαν με τον κόσμο του Διονύσου και τους ακολούθους του.

Οι μαϊμούδες, όπως και οι σάτυροι, έχουν θεωρηθεί καρικατούρες της ανθρώπινης εμπειρίας και οι εικόνες τους ως μια αντιστροφή των κοινωνικών κανόνων. Σίγουρα, ο υβριδικός σάτυρος και τα πιθηκοειδή φαίνονται παρόμοια στην τέχνη, ενώ είναι πιθανό, η μορφή που ιππεύει το άλογο στη μελανόμορφη λεκανίδα να μην είναι μαϊμού, αλλά σάτυρος ή ένας άνθρωπος που έχει ντυθεί ζώο. Ανεξάρτητα από αυτό, όμως, τοποθετώντας τη μαλλιαρή, σκανταλιάρικη μορφή στη ράχη ενός κομψού αλόγου, αρχαίου συμβόλου πλούτου και υψηλής κοινωνικής τάξης, ο καλλιτέχνης

(πιθανότατα μη-Αθηναίος) αντιπαραθέτει το πραγματικό με το ιδανικό· ίσως ακόμα και να περιπαίζει τους *ιππείς* και άλλους Αθηναίους λάτρεις των αλόγων!

Για περισσότερα σχετικά με αρχαία ζώα, βλ. Louis Calder, *Cruelty and Sentimentality: Greek Attitudes to Animals, 600-300 BC.* (Oxford 2011) · Sian Lewis and Lloyd Llewellyn-Jones, *The Culture of Animals in Antiquity: A Sourcebook with Commentaries* (London and New York 2018) ιδ. σελ. 462-472.
Σχετικά με μαϊμούδες, βλ. Cybelle Greenlaw, *The Representation of Monkeys in the Art and Thought of Mediterranean Cultures: A New Perspective on Ancient Primates* (Oxford 2011).
Για σάτυρους σε ελληνικά αγγεία, βλ. Tyler Jo Smith, "Heads or Tails? Satyrs, Komasts, and Dance in Black-Figure Vase-Painting", *Reconstructing Satyr Drama*, επιμ. A. Andreas, P. Antonopoulos et al. (Berlin: 2021) σελ. 637-667.
Για το χιούμορ στην ελληνική αγγειογραφία, βλ. David Walsh, David, *Distorted Ideals in Greek Vase-Painting: The World of Mythological Burlesque* (Cambridge 2009).

Glossary

agon	(pl. *agones*): a contest or competition, whether athletic or artistic
chiton	long linen or wool garment for women and men, usually belted at the waist and fastened at the shoulders, with regional styles determining style and manner of sleeves
chlamys	cloak worn by men, usually wool, secured at the shoulder; both long and short styles
demosion sema	the public cemetery, mostly for Athenian war dead, located in the Kerameikos
dokimasia	the vetting of candidates for political office to ensure fitness/eligibility; in the context of this volume, also the inspection of horses before their use in the military
exomis	short, simple tunic fastened at one shoulder, leaving one arm free
himation	mantle, a long wool or linen outer garment fastened at the left shoulder, leaving the right arm free
hipparchos	cavalry commander
hippeis	cavalry, but also an aristocratic citizen class at Athens—those wealthy enough to own a horse
hippobateis	warriors who rode horses to the battlefield but dismounted to fight
hippodromos	the oval track for horse racing
hippokomos	groom
hippotrophos	squire
hippotoxotai	mounted archers
hippotrophia	"horse-keeping," the raising and maintenance of horses
hoplites	from "hoplon" or armor, heavily armed foot soldiers who provided their own set of armor and weaponry, which included a round shield, short sword, long spear, breastplate, helmet, and greaves
katastasis	government loan or subsidy to help newly enlisted cavalrymen purchase a horse for military service
keles	a race for a full-grown horse with rider, added to the Olympic games in 648 BC
kline	dining couch
periodonikēs	title bestowed on a winner at all four panhellenic festivals in one cycle (Olympic, Pythian, Nemean, and Isthmian Games)
petasos	broad-brimmed hat, often worn for travel
philotimia	literally "love of honor," the ambition for distinction, whether for solely personal recognition or for contribution to the community
phylarch	brigade commander
psephismata	"decisions"; particular or temporary decrees (in contrast to *nomoi*, permanent laws)
quadriga	a four-horse chariot
skênê	the stage and background structure (which could serve as scenery) in the theatre
stephanitic	from the Greek word *stephanos*, or crown, referring to athletic festivals where the prize was a vegetal garland (an olive wreath at Olympia, laurel at Delphi, wild celery at Nemea, and pine at Isthmia).
synoris	race for two-horse chariots, added to the Olympic games in 408 BC
tethrippon	race for four-horse chariots, added to the Olympic games in 680 BC
thusia	the most 'standard' type animal sacrifice, in which part of the animal was burnt as an offering for the gods (such as thigh bones wrapped in fat, tailbones which were sometimes also observed as divination) and other parts of the animal were distributed to temple employees and worshippers, sometimes cooked on site (usually boiled)

Γλωσσάριο

αγών (πλ. αγώνες)	αθλητικός ή καλλιτεχνικός αγώνας
χιτών	ανδρικό και γυναικείο μακρύ ένδυμα από λινό ή μάλλινο ύφασμα, συνήθως ζωσμένο στη μέση και στερεωμένο στους ώμους, με τοπικές παραλλαγές που καθόριζαν το στυλ των μανικιών
χλαμύς	κοντός ή μακρύς μανδύας που φορούσαν οι άνδρες, συνήθως μάλλινος, στερεωμένος στον ένα ώμο
δημόσιον σήμα	το δημόσιο νεκροταφείο της Αθήνας στον Κεραμεικό, όπου κυρίως θάβονταν οι νεκροί πολέμου
δοκιμασία	η αξιολόγηση των υποψηφίων για τα πολιτικά αξιώματα προκειμένου να διασφαλιστεί η καταλληλότητά τους. Στο παρόν βιβλίο χρησιμοποιείται για την επιθεώρηση των αλόγων πριν την ένταξή τους στο ιππικό σώμα.
εξωμίς	απλό κοντό ένδυμα στερεωμένο στον ένα ώμο, που άφηνε το ένα χέρι ακάλυπτο.
ιμάτιον	μακρύ εξωτερικό ένδυμα από μάλλινο ή λινό ύφασμα στερεωμένο στον αριστερό ώμο που άφηνε το δεξί χέρι ακάλυπτο
ίππαρχος	διοικητής του ιππικού
ιππείς	το ιππικό σώμα, αλλά και μία από τις αριστοκρατικές κοινωνικές τάξεις της Αθήνας, στην οποία ανήκαν αρκετά εύποροι πολίτες ώστε να κατέχουν άλογα
ιπποβάτες	πολεμιστές που ίππευαν άλογα στο πεδίο μάχης αλλά ξεπέζευαν για να πολεμήσουν
ιππόδρομος	στίβος για τη διεξαγωγή ιπποδρομιών
ιπποκόμος	ιπποκόμος ή φροντιστής αλόγων
ιπποτρόφος	αυτός που εκτρέφει άλογα
ιπποτοξόται	έφιπποι τοξότες
ιπποτροφία	εκτροφή αλόγων
οπλίτες	από τη λέξη «όπλον», βαριά οπλισμένοι στρατιώτες του πεζικού οι οποίοι έφεραν τη δική τους πανοπλία και οπλοσκευή που περιλάμβανε στρογγυλή ασπίδα, κοντό ξίφος, μακρύ δόρυ, θώρακα, περικεφαλαία και περικνημίδες.
κατάστασις	κρατικό δάνειο ή επίδομα που δινόταν για να βοηθήσει τα νεοεισερχόμενα μέλη του ιππικού σώματος να αγοράσουν άλογο για στρατιωτική υπηρεσία
κέλης	αγώνας με ενήλικο άλογο και αναβάτη που προστέθηκε στους Ολυμπιακούς Αγώνες το 648 π.Χ.
κλίνη	ανάκλιντρο ή ντιβάνι για φαγητό
περιοδονίκης	τίτλος που απονεμόταν στον νικητή που κατόρθωνε να κερδίσει και στις τέσσερις πανελλήνιες διοργανώσεις μιας περιόδου (Ολυμπιακοί, Πύθια, Νέμεα και Ίσθμια)
πέτασος	πλατύγυρο καπέλο που φορούσαν συχνά οι ταξιδιώτες
φιλοτιμία	κυριολεκτικά "αγάπη για την τιμή", η φιλοδοξία για διάκριση, είτε για λόγους προσωπικής αναγνώρισης είναι για προσφορά στο κοινωνικό σύνολο
φύλαρχος	αρχηγός φυλής· ο διοικητής του ιππικού, ένας από κάθε φυλή
ψηφίσματα	ειδικά ή προσωρινά διατάγματα (σε αντίθεση με τους νόμους που ήταν μόνιμοι)
quadriga	τέθριππο, άρμα με τέσσερα άλογα
σκηνή	οικοδόμημα πίσω από την ορχήστρα του θεάτρου που χρησίμευε και για τα σκηνικά
στεφανίτης	από τη λέξη *στέφανος*, αθλητικός αγώνας του οποίου το έπαθλο ήταν ένα στεφάνι (από ελιά στην Ολυμπία, δάφνη στους Δελφούς, αγριοσέλινο στη Νεμέα και πεύκο στα Ίσθμια)
συνωρίς	αγώνας με άρματα που έσερναν δύο άλογα, προστέθηκε στους Ολυμπιακούς Αγώνες το 408 π.Χ.
τέθριππο	αγώνας με άρματα που έσερναν τέσσερα άλογα, προστέθηκε στους Ολυμπιακούς αγώνες το 680 π.Χ.
θυσία	θυσία ζώου, κατά την οποία μέρος του ζώου καιγόταν ως προσφορά στους θεούς (όπως μηριαία οστά τυλιγμένα σε λίπος, κόκκαλα ουράς που μερικές φορές εξετάζονταν για μαντεία), ενώ άλλα μέρη του ζώου μοιράζονταν στο προσωπικό του ιερού και στους πιστούς και συχνά μαγειρεύονταν επί τόπου (συνήθως βράζονταν)

General Bibliography - Γενική Βιβλιογραφία

See individual essays for specific recommendations for further reading

Anderson, John Kinlich. *Ancient Greek Horsemanship*. Berkeley, 1961.
Anthony, David W. *The Horse, the Wheel, and Language*. Princeton, 2007.
Barclay, Harold B. *The Role of the Horse in Man's Culture*. London, 1980.
Benson, Jack L. *Horse, Bird and Man: The Origins of Greek Painting*. Amherst, 1970.
Bugh, Glenn R. *Horsemen of Athens*. Princeton, 1988.
Camp, John. *Horses and Horsemanship in the Athenian Agora*. Agora Picture Book no. 24. Princeton, 1998.
Campbell, Gordon Lindsay. *The Oxford Handbook of Animals in Classical Thought and Life*. Oxford, 2014.
Canali De Rossi, Filippo. *Hippiká : corse di cavalli di carri in Grecia, Etruria e Roma : le radici classiche della moderna competizione sportiva*. Volume 1: *La gara delle quadrighe nel mondo greco*; Volume 2: *Le corse al galoppo montato nell'antica Grecia*. Nikephoros. Beihefte 18, 22. Hildesheim, 2011, 2016.
Clutton-Brock, Juliet. *Horse Power: A History of the Horse and the Donkey in Human Societies*. Cambridge MA, 1992.
Crouwel, J.H. *Chariots and Other Means of Land Transport in Bronze Age Greece*. Amsterdam, 1981.
_____. *Chariots and Other Wheeled Vehicles in Iron Age Greece*. Amsterdam, 1992.
Donaghy, Thomas. *Horse Breeds and Breeding in the Greco-Persian World: 1st and 2nd Millenium BC*. Cambridge, 2014.
Dossenbach, Monique, and Hans D. Dossenbach. *The Noble Horse*. Boston, 1983.
Eaverly, Mary Ann. *Archaic Greek Equestrian Sculpture*. Ann Arbor, 1995.
Gaebel, Robert E. *Cavalry Operations in the Ancient Greek World*. Norman, OK, 2002.
Greenhalgh, P.A.L. *Early Greek Warfare: Horsemen and Chariots in the Homeric and Archaic Ages*. London, 1973.
Griffith, Mark. "Horsepower and Donkeywork: Equids and the Ancient Greek Imagination." Part One: *Classical Philology* 101.3 (2006) pp. 185-246, Part Two: *Classical Philology* 101.4 (2006) pp. 307-358.
Hemingway, Seán. *The Horse and Jockey from Artemision*. Berkeley, 2004.
Hyland, Ann. *The Horse in the Ancient World*. Westport CT, 2003.
Johns, Catherine. *Horses: History, Myth, Art*. Cambridge MA, 2006.
Kalof, Linda (ed.). *A Cultural History of Animal in Antiquity*. Oxford, 2011.
Kaltsas, Nikolaos. *Sculpture in the National Archaeological Museum, Athens*. Malibu, 2002.
Klecel, Weronika, and Elżbieta Martyniuk. "From the Eurasian Steppes to the Roman Circuses: A Review of Early Development of Horse Breeding and Management." *Animals* 11.7 (2021) 1859.
Kroll, J.K. "An Archive of the Athenian Cavalry." *Hesperia* 46 (1977) pp. 83-140.
Kyle, Donald G. *Athletics in Ancient Athens*. Leiden, 1993.
Langdon, Susan. "The Return of the Horse-Leader." *American Journal of Archaeology* 93.2 (1989) pp. 185-201.
Lefkowitz, Mary R. "The 'Wooden' Horse on the Athenian Acropolis." *Hesperia* 89.3 (2020) pp. 581-591.
Lonsdale, Steven. "Attitudes towards Animals in Ancient Greece." *Greece and Rome* 26 (1979) pp. 146-159.
Markman, Sidney David. *The Horse in Greek Art*. Baltimore, 1943.
McCabe, Anne. *A Byzantine Encyclopaedia of Horse Medicine. The Sources, Compilation, and Transmission of the Hippiatrica*. Oxford, 2007.
Miller, Stephen G. *Ancient Greek Athletics*. New Haven, 2004.
Moore, Mary B. *Horses on Black-Figured Greek Vases of the Archaic Period, Ca. 620-480 B.C.* New York, 1981.
_____. "Horse Care as Depicted on Greek Vases before 400 B.C." *Metropolitan Museum Journal* 39, 2004.
Neils, Jenifer (ed.). *The Panathenaic Festival in Ancient Athens*. Hanover, 1992: pp. 77-101.
Paolucci, F., and Lorenza Camin. *A cavallo del tempo. L'arte di cavalcare dall'antichità al medioevo. Catalogo della mostra (Firenze, 26 giugno-14 ottobre 2018)*. Livorno, 2018.
Parke, Herbert W. *Festivals of the Athenians*. Ithaca NY, 1977.
Pickeral, Tamsin. *The Horse: 30,000 Years of the Horse in Art*. New York, 2006.
Schertz, Peter, and Nicole Stribling (eds.). *The Horse in Ancient Greek Art*, Middleburg VA, 2017.
Seth-Smith, Michael. *The Horse in Art and History*. New York, 1978.
Simon, Erika. *Pferde in Mythos und Kunst der Antike*. Mainz, 2006.
Spence, I.G. *The Cavalry of Classical Greece: A Social and Military History with Particular Reference to Athens*. Oxford, 1993.
Travlos, J. *Pictorial Dictionary of Ancient Athens*. London, 1971.
Willekes, Carolyn. *The Horse in the Ancient World: From Bucephalus to the Hippodrome*. London, 2016.
Worley, L.J. *Hippeis: The Cavalry of Ancient Greece*. Boulder CO, 1994.
Zimmermann, Jean-Louis. *Les Chevaux de Bronze dans l'Art Géométrique Grec*. Mainz, 1989.
Walker, Henry John. "Horse Riders and Chariot Drivers." In *Animals in Greek and Roman Religion and Myth* (2016) pp. 309-333. Cambridge.
_____. *The Twin Horse Gods: The Dioskouroi in Mythologies of the Ancient World*. New York, 2015.

Contributors

Unless otherwise noted, all PhD candidates are fellows at the American School of Classical Studies at Athens (ASCSA).

EMMANUEL APRILAKIS is a PhD candidate in Classics at Rutgers University. He currently holds a Bulgaria-Greece Fulbright. His research interests lie in theater spaces, performance, athletics, and diet in antiquity. He is writing his dissertation on the figure of the *koryphaios* in ancient drama.

WILL AUSTIN is a PhD candidate in Art and Archaeology at Princeton University and is writing a dissertation which examines the function of ornament in Classical Greek art and architecture. He has excavated at several sites in Greece, including the Athenian Agora, Karabournaki, and Molyvoti, and has held fellowships from the ASCSA and the National Italian American Foundation. He has coauthored with Michael Padgett the first *Corpus Vasorum Antiquorum* fascicle for the Princeton University Art Museum (in press).

AMANDA CATES BALL is a PhD candidate in the Department of Classics at the University of North Carolina, Chapel Hill. Her dissertation focuses on material evidence of culture contact and community identity formation in Greek sanctuaries of the northern Aegean and Aegean Thrace. She was the Archaeological Institute of America's Olivia James Traveling Fellow for the 2020–2021 academic year. She is currently a member of the American Excavations Samothrace.

JEFFREY BANKS is a PhD candidate in the Classics Department at the University of Cincinnati and is based at the ASCSA. He is writing a dissertation on Corinth during the Greek Early Bronze Age and the changes in its settlement pattern through the prehistoric periods. He has excavated extensively throughout Greece and is currently associated with the Small Cycladic Islands Project, the Corinth Excavations, and the Mazi Archaeological Project.

ANNA BELZA is a PhD candidate in the Department of Classics at the University of Cincinnati. Her research focuses on the prehistoric Cyclades, and her dissertation examines the Late Bronze Age II-III periods at Ayia Irini, Kea. She has excavated and surveyed throughout Greece and in Bulgaria.

JOHN CAMP is the Director of the Athenian Agora Excavations and former Mellon Professor at the American School of Classical Studies. He is the author of *Horses and Horsemanship in the Athenian Agora* (Princeton 1998), as well as *The Archaeology of Athens* (Yale 2001). He is currently the Stavros Niarchos Foundation Professor of Classics at Randolph-Macon College.

STELLA CHRYSOULAKI has been the Director of the Ephorate of Piraeus and Islands, directing big scale excavations in Attica, including the Phaleron cemetery since 2012. She has worked in the Ministry of Culture since 1981, both in the Directorate of Prehistoric and Classical Antiquities and the Directorate of Museums, mainly in the development, implementation and institutionalization of educational programs, of permanent and temporary exhibitions of public museums, as well as the representation of the Ministry of Culture in European and international organizations. At the same time, she specialized in archaeological fieldwork, Minoan archaeology and the architecture of prehistoric Aegean. She earned her PhD in 1981 from the University of Sorbonne – Paris IV, and was a researcher at Columbia University and the Institute of Fine Arts of New York University from 1989 to 1992.

FLINT DIBBLE is a Marie Skłodowska-Curie Research Fellow in the School of History, Archaeology, and Religion at Cardiff University. His research focuses on animals in ancient Greece from the landscape to the altar to the plate, and his current ZOOCRETE project is applying cutting edge scientific methods to the study of ancient Cretan herding and feasting practices. In addition to studying the horses from Phaleron, Dibble has studied animal remains from over a dozen sites across the Greek world.

SHANNON M. DUNN is a PhD candidate in the Department of Classical and Near Eastern Archaeology at Bryn Mawr College. Her dissertation research focuses on religious sites along territorial boundaries in the Peloponnese and their relationship to the landscape and local communities. She has excavated and surveyed in Greece, Scotland, and the Levant, and is currently a member of the Bays of East Attica Regional Survey project.

PAUL G. JOHNSTON is a PhD candidate in classical philology and comparative literature at Harvard University. His dissertation project studies the Greek and Latin literature of the Roman Mediterranean as a product of a bilingual literary culture that was shaped by and implicated in the operations of Rome as an imperial power.

ERIN LAWRENCE-ROSEMAN is a PhD candidate at the University of California, Berkeley in the Graduate Group of Ancient History and Mediterranean Archaeology, writing a dissertation on the iconography of costume in fifth and fourth century BC

Greek art, focusing on the intervention of the artist, style, and medium as the driving forces in composition. She also currently works on projects studying Classical and Archaic sculpture at the Athenian Agora and the Acropolis Museum.

KEVIN S. LEE is a PhD candidate in Classical Archaeology at the University of Texas at Austin. His research focuses on urbanism and urbanization in southern Italy. He has excavated in Italy at Poggio Civitate and at Caere, at Kalavassos-Ayios Dhimitrios on Cyprus, and will excavate at Corinth and Pompeii in spring and summer of 2022. He has published articles on cityscapes in Roman painting in *New Classicists* (2020) and Samnite urbanism in the *Journal of Urban Archaeology* (2022).

REBECCA LEVITAN is a PhD candidate at the University of California, Berkeley. She has held fellowships at the ASCSA and the American Academy in Rome. Her research centers around Greek and Roman sculpture, as well as the reception of classical antiquity in Europe and the United States. She has worked on field projects in Greece (Small Cycladic Islands Project, Agora Excavations, Samothrace) and Italy (Gabii, Pompeii), where she has excavated, drafted, and surveyed.

LUKE MADSON is a PhD candidate at Rutgers University in the Interdisciplinary Classics and Ancient History Track. He is currently writing his dissertation on Laconism in fifth and fourth century Athens.

CAROL C. MATTUSCH has ridden and owned horses since she was six years old. She has been on a horseback safari in Kenya, pony-trekked in England, and ridden trails in northern Virginia and Montana. Having written mostly about ancient bronzes, she published her first essay on horses in 2017: "Περὶ Ἱππικῆς: On Ancient Greek Horsemanship," in *The Horse in Ancient Greek Art*, (Middleburg, VA: National Sporting Library and Museum) pp. 53-63.

ANNE MCCABE is a Research Associate at the Centre for the Study of Ancient Documents, Oxford. She has a doctorate in Classics from Oxford, an AB in History and Science from Harvard (where she was captain of the women's polo team), and worked for over a decade at the ASCSA's Athenian Agora Excavations, as well as at the Al-Andarin Excavations in Syria. Author of *A Byzantine Encyclopaedia of Horse Medicine: the Sources, Compilation, and Transmission of the Hippiatrica* (Oxford, 2007), "The Horses of the Hippodrome", in B. Pitarakis (ed.), *Hippodrome/ Atmeydanı: A Stage for Istanbul's History, Pera Museum Publications 39 (Istanbul, 2010), 69-81;* "Horses and Horse-Doctors on the Road" in R. Macrides (ed), Travel in the Byzantine World, Proceedings of the 34th SPBS Spring Symposium of Byzantine Studies, Birmingham, 2000 (Aldershot, 2002), 91-97; "Greek Horse Medicine in Arabic", in A. Al-Helabi, D. Letsios, M. Al-Moraekhi, and A. Al-Abduljabbar (eds), *Arabia, Greece, and Byzantium: Cultural Contacts in Ancient and Medieval TImes* (Riyadh, 2012), II, 381-87; "Polo in Byzantium: Sport or Spectacle", *Byzantinische Zeitschrift,* in press.

MARA MCNIFF is a PhD candidate in Ancient Mediterranean Art and Archaeology at the University of Texas at Austin. Her research focuses on the cultural interactions between Greeks and Phoenicians in the central Mediterranean between the Iron Age and Classical period. Mara has excavated and surveyed in Syracuse, Sicily and at Mt. Lykaion in the Peloponnese, and has participated in archaeological survey in the Marsala hinterland in Sicily.

ALESSANDRA MIGLIARA is completing a PhD in Classical Philology at the Graduate Center of the City University of New York, writing a dissertation on fantastic narratives in Greek literature. Her research interests also include modern reception of ancient drama and Greek palaeography. She has published articles on Aristophanes and Lucian.

JOE MILLER is a PhD candidate in classics at the University at Buffalo (SUNY). He is writing a dissertation on the internal prehistory of the ancient Greek dialects, examining how the data from the dialects can corroborate or problematize alternative historical reconstructions obtained from archaeology and the Greek historiographical tradition.

JENIFER NEILS is the Director of the American School of Classical Studies at Athens, and curator of the *HIPPOS* exhibition. Previous exhibitions with catalogues include *Goddess and Polis: The Panathenaic Festival in Ancient Athens* (Princeton 1992) and *Coming of Age in Ancient Greece: Childhood in the Classical Past* (Yale 2003). She is Elsie B. Smith Professor of Classics, Emerita, at Case Western Reserve University, and served on the curatorial staff of the Cleveland Museum of Art. Her interest in horses in Greek art arose from her lifetime of riding and her extensive research on the sculptural program of the Parthenon.

SARAH M. NORVELL is completing a PhD in the Department of Classics at Princeton University. Her dissertation focuses on the relationships between material culture and social practice in central Crete and Lakonia between the Early Iron Age and Classical periods. Her research has been supported by awards from the ASCSA and the Marshall Aid Commemoration Commission. She is currently involved in archaeological projects in Thrace (Molyvoti) and on Crete (Lyktos).

OLGA PALAGIA is Professor of Classical Archaeology, Emerita, National and Kapodistrian University of Athens. She has published widely on Greek sculpture and Macedonian painting. Her publications include "The impact of *Ares Macedon*" on Athenian sculpture," in O. Palagia and S. V. Tracy (eds.), *The Macedonians in Athens 322-229 B.C.* (Oxford 2003) pp. 140-151 (on the horse stele, Athens National Museum 4464). Recent publications are O. Palagia (ed.), *Handbook of Greek Sculpture* (Berlin 2019); J. Neils and O. Palagia (eds.), *From Kallias to Kritias: Art in Athens in the Second Half of the Fifth Century B.C.* (Berlin 2022).

IOANNIS PAPPAS is a PhD candidate in Prehistoric Archaeology in the Department of History and Archaeology at the University of Crete where he completed his undergraduate and postgraduate studies. He has been employed by the Ministry of Culture as a contract archaeologist since 2007, at various excavations in Attica. Lakonia and Crete. Since 2017, he has been working as an archaeologist at the Ephorate of Antiquities of Piraeus and Islands in the excavation of the Archaic cemetery at the Phaleron Delta. His research activity focuses on the field of the archaeology of death during the Archaic period as well as ceramic firing technology in the Bronze Age.

RUSH REHM teaches theater and classics at Stanford University, and is Artistic Director of Stanford Repertory Theater. He is the author of several books on Greek tragedy, including *The Play of Space: Spatial Transformation in Greek Tragedy* (Princeton 2002)*, Greek Tragic Theatre* (Routledge 1994), and the Bloomsbury Companion to *Euripides: Electra* (2021).

REBECCA SALEM is a PhD candidate at the Institute of Fine Arts, NYU. Her dissertation adds a temporal element to the study of Greek architecture of the Archaic and Classical periods examining how temples are modified both during construction and their afterlives. Rebecca has previously worked on archaeological excavation and survey projects in Spain, the United Kingdom, Italy, and Greece. She currently works on architecture and digital documentation at the ongoing excavations at Selinunte, Italy and Samothrace, Greece.

ALAN SHAPIRO is W. H. Collins Vickers Professor of Archaeology, Emeritus, at Johns Hopkins University and Dietrich von Bothmer Research Scholar in the Greek and Roman Department of the Metropolitan Museum of Art. He is the author of *Art and Cult under the Tyrants in Athens* (Mainz 1989, Supplement 1995) among other publications. His study of the so-called Persian Rider from the Acropolis, "A Non-Greek Rider on the Athenian Acropolis and Representations of Scythians in Attic Vase-Painting," was published in *An Archaeology of Representations: Ancient Greek Vase-Paintings and Contemporary Methodologies*, edited by D. Yatromanolakis (Athens 2010) pp. 325-40.

TYLER JO SMITH, Professor of Classical Art and Archaeology at the University of Virginia, is a specialist in ancient Greek art and performance. The author of *Religion in the Art of Archaic and Classical Greece* (University of Pennsylvania Press, 2021), she has published widely on the iconography of dance and cultic rituals. Aspects of her recent research on animals, including pets and sacrificial victims, appear in her 2021 contribution on "Animals in Athenian Life" in *The Cambridge Companion to Ancient Athens* (edited by J. Neils and D.K. Rogers, pp. 199-214).

PETER ANTHONY THOMPSON is a PhD candidate at the Institute of Fine Arts, NYU. His dissertation investigates the phenomenon of archaism in Greek art and architecture of the seventh–fifth centuries BC and examines the reciprocal constitution of the past and the present in ancient society and modern scholarship. He has worked on archaeological and museum projects in England, Spain, Turkey, Greece, and the USA, and since 2019 has participated in the NYU-UniMi excavations at Selinunte, Sicily.

ELENA WALTER-KARYDI studied archaeology, history, and literature at the Kapodistrian University in Athens and the University in Munich. She took part in the German excavations in the Athenian Kerameikos, the Samian Heraion, the Apollo Sanctuary in Naxos, and the Apollo Sanctuary in Aegina, and published books and articles on finds from these sites. Currently a faculty member of the University of Saarbrücken, she has also taught at the Universities of Salzburg and Cyprus. Her many publications include *Die Athener und ihre Gräber (1000-300 v. Chr.)* (de Gruyter 2015) and *The Greek House: The Rise of Noble Houses in Late Classical Times* (Athens Archaeological Society 1998).

Συντελεστές

Όλοι οι υποψήφιοι διδάκτορες είναι υπότροφοι της Αμερικανικής Σχολής Κλασικών Σπουδών στην Αθήνα, εκτός και αν αναφέρεται διαφορετικά

Ο **ΕΜΜΑΝΟΥΗΛ ΑΠΡΙΛΑΚΗΣ** είναι υποψήφιος διδάκτορας Κλασικών Σπουδών στο Rutgers University. Έχει την υποτροφία Bulgaria-Greece από το Ίδρυμα Fulbright. Το ερευνητικό του ενδιαφέρον εστιάζεται στους θεατρικούς χώρους, τις παραστάσεις, τον αθλητισμό και τη διατροφή στην αρχαιότητα. Η διατριβή του έχει θέμα τη μορφή του *κορυφαίου* στο αρχαίο δράμα.

Ο **WILL AUSTIN** είναι υποψήφιος διδάκτορας Τέχνης και Αρχαιολογίας στο Princeton University και γράφει τη διατριβή του πάνω στη λειτουργία του διακοσμητικού στοιχείου στην τέχνη και αρχιτεκτονική της Κλασικής Ελλάδας. Έχει συμμετάσχει σε αρκετές ανασκαφές στην Ελλάδα, όπως στην Αρχαία Αγορά της Αθήνας, το Καραμπουρνάκι και τη Μολυβωτή. Έχει λάβει υποτροφίες από την Αμερικανική Σχολή και από το National Italian American Foundation. Έχει συγγράψει με τον Michael Padget τον πρώτο τόμο του *Corpus Vasorum Antiquorum* για το Princeton University Art Museum (υπό έκδοση).

Η **AMANDA CATES BALL** είναι υποψήφια διδάκτορας στο Τμήμα Κλασικών Σπουδών του University of North Carolina στο Chapel Hill. Η διατριβή της εστιάζεται στις υλικές μαρτυρίες της πολιτιστικής επαφής και της διαμόρφωσης κοινωνικής ταυτότητας στα ελληνικά ιερά του βόρειου Αιγαίου και της Θράκης. Το ακαδημαϊκό έτος 2020-2021 είχε λάβει την υποτροφία Olivia James Traveling Fellowship από το Archaeological Institute of America. Τώρα είναι μέλος των αμερικανικών ανασκαφών στη Σαμοθράκη.

Ο **JEFFREY BANKS** είναι υποψήφιος διδάκτορας στο Τμήμα Κλασικών Σπουδών του University of Cincinnati και έχει σαν έδρα του την Αθήνα. Γράφει τη διατριβή του για την Κόρινθο κατά την Πρώιμη Εποχή του Χαλκού και τις αλλαγές στα μοτίβα κατοίκησης κατά τη διάρκεια των προϊστορικών περιόδων. Έχει ανασκάψει σε πολλές αρχαιολογικές θέσεις στην Ελλάδα, ενώ τώρα συμμετέχει στο πρόγραμμα Small Cycladic Islands Project, στις ανασκαφές της Αρχαίας Κορίνθου και στο Mazi Archaeological Project.

Ο **JOHN CAMP** είναι Διευθυντής των ανασκαφών στην Αρχαία Αγορά και πρώην καθηγητής Mellon στην Αμερικανική Σχολή Κλασικών Σπουδών. Είναι συγγραφέας των βιβλίων *Horses and Horsemanship in the Athenian Agora* (Princeton 1998) και *The Archaeology of Athens* (Yale 2001). Κατέχει την έδρα Stavros Niarchos Foundation Professor of Classics στο Randolph-Macon College.

Ο **FLINT DIBBLE** κατέχει την υποτροφία Marie Skłodowska-Curie στη Σχολή Ιστορίας, Αρχαιολογίας και Θρησκείας στο Πανεπιστήμιο του Cardiff. Η έρευνά του επικεντρώνεται στα ζώα στην αρχαία Ελλάδα από το τοπίο στο βωμό στο πιάτο, και το ερευνητικό του πρόγραμμα ZOOCRETE εφαρμόζει σύγχρονες επιστημονικές μεθόδους στη μελέτη των κοπαδιών και των γευματικών συνηθειών στην αρχαία Κρήτη. Επιπλέον, μελετά τους σκελετούς αλόγων από το Φάληρο, ενώ έχει ήδη μελετήσει ζωικά κατάλοιπα από αρκετές αρχαιολογικές θέσεις σε όλη την Ελλάδα.

Η **SHANNON M. DUNN** είναι υποψήφια διδάκτορας στο Τμήμα Κλασικών Σπουδών και Αρχαιολογίας της Εγγύς Ανατολής στο Bryn Mawr College. Η διατριβή της εστιάζεται σε θρησκευτικούς χώρους σε συνοριακές περιοχές της Πελοποννήσου και τη σχέση τους με το τοπίο και τις τοπικές κοινωνίες. Έχει συμμετάσχει σε ανασκαφές και επιφανειακές έρευνες στην Ελλάδα, τη Σκωτία και τη Μέση Ανατολή, ενώ τώρα είναι μέλος του προγράμματος Bays of East Attica Regional Survey.

Ο **PAUL G. JOHNSTON** είναι υποψήφιος διδάκτορας κλασικής φιλολογίας και συγκριτικής λογοτεχνείας στο Πανεπιστήμιο Harvard. Η διατριβή του επικεντρώνεται στην ελληνική και λατινική λογοτεχνία της Μεσογείου κατά τη Ρωμαϊκή εποχή ως προϊόν μίας δίγλωσσης λογοτεχνικής κουλτούρας η οποία διαμορφώθηκε και ενεπλάκη στις λειτουργίες της Ρώμης ως αυτοκρατορικής δύναμης.

Η **ERIN LAWRENCE-ROSEMAN** είναι υποψήφια διδάκτορας στο Graduate Group of Ancient History and Mediterrranean Archaeology του Πανεπιστημίου της California στο Berkeley. Γράφει τη διατριβή της στην εικονογραφία της ενδυμασίας κατά τον 4ο και 5ο π.Χ. αιώνα, με ιδιαίτερη έμφαση στην παρέμβαση του καλλιτέχνη, της τεχνοτροπίας και του μέσου ως κινητήριες δυνάμεις της καλλιτεχνικής σύνθεσης. Επίσης εργάζεται σε προγράμματα μελέτης της Κλασικής και Αρχαϊκής γλυπτικής στην Αρχαία Αγορά και το Μουσείο της Ακρόπολης.

Ο **KEVIN S. LEE** είναι υποψήφιος διδάκτορας Κλασικής αρχαιολογίας στο Πανεπιστήμιο του Texas στο Austin. Η έρευνά του εστιάζει στην αστυφιλία και την αστικοποίηση στη νότια Ιταλία. Έχει ανασκάψει στο Poggio Civitate και στο Caere στην Ιταλία και στη θέση Καλαβασός- Άγιος Δημήτριος στην Κύπρο. Την άνοιξη και το καλοκαίρι του 2022 θα συμμετάσχει στις ανασκαφές της Κορίνθου και της Πομπηίας. Έχει δημοσιεύσει ένα άρθρο με θέμα τα αστικά τοπία στη Ρωμαϊκή ζωγραφική στο επιστημονικό περιοδικό New Classicists (2020) και άλλο με θέμα την αστυφιλία των Σαμνιτών στο Journal of Urban Archaeology (2022).

Η **REBECCA LEVITAN** είναι υποψήφια διδάκτορας στο Πανεπιστήμιο της California στο Berkeley. Έχει λάβει υποτροφίες από την Αμερικανική Σχολή και την Αμερικάνικη Ακαδημία της Ρώμης. Η έρευνά της επικεντρώνεται στην Ελληνική και Ρωμαϊκή γλυπτική, καθώς και στην υποδοχή της κλασικής αρχαιότητας στην Ευρώπη και της Ηνωμένες Πολιτείες. Έχει συμμετάσχει σε έρευνες πεδίου στην Ελλάδα (Small Cycladic Islands Project, Αρχαία Αγορά, Σαμοθράκη) και στην Ιταλία (Gabii, Pompeii) όπου εργάστηκε σε ανασκαφή, σχέδιο και επιφανειακή έρευνα.

Ο **LUKE MADSON** είναι υποψήφιος διδάκτορας στις διεπιστημονικές Κλασικές σπουδές και την αρχαία ιστορία στο Πανεπιστήμιο Rutgers. Η διατριβή του έχει θέμα το Λακωνισμό στην Αθήνα του 5ου και 4ου αιώνα π.Χ.

Η **CAROL C. MATTUSCH** έχει άλογα και ιππεύει από την ηλικία των έξι ετών. Συμμετείχε σε σαφάρι με άλογα στην Κένυα, έχει ταξιδέψει με πόνυ στην Αγγλία και έχει διασχίσει με άλογο μονοπάτια στην Virginia και τη Montana. Έχει γράψει κυρίως για αρχαία χάλκινα γλυπτά, όμως το 2017 έγραψε το πρώτο της δοκίμιο για άλογα: "Περί Ιππικής: On Ancient Greek Horsemanship," στο *The Horse in Ancient Greek Art*, (Middleburg, VA: National Sporting Library and Museum) σελ. 53-63.

Η **ANNE MCCABE** είναι συνεργάτις ερευνήτρια στο Centre for the Study of Ancient Documents της Οξφόρδης. Έχει διδακτορικό στις Κλασικές Σπουδές από το Πανεπισιτήμιο της Οξφόρδης και πτυχίο στην ιστορία και την επιστήμη από το Πανεπιστήμιο Harvard (όπου ήταν αρχηγός της γυναικείας ομάδας πόλο), ενώ έχει εργαστεί για πάνω από μία δεκαετία στις ανασκαφές της Αμερικανικής Σχολής στην Αρχαία Αγορά και στις ανασκαφές στο Al-Andarin της Συρίας. Είναι συγγραφέας των εξής έργων: *A Byzantine Encyclopaedia of Horse Medicine: the Sources, Compilation, and Transmission of the Hippiatrica* (Oxford, 2007), "The Horses of the Hippodrome", στο B. Pitarakis (ed.), *Hippodrome/Atmeydanı: A Stage for Istanbul's History, Pera Museum Publications 39* (Istanbul, 2010), 69-81· "Horses and Horse-Doctors on the Road" στο R. Macrides (ed), Travel in the Byzantine World, Proceedings of the 34th SPBS Spring Symposium of Byzantine Studies, Birmingham, 2000 (Aldershot, 2002), 91-97· "Greek Horse Medicine in Arabic", στο A. Al-Helabi, D. Letsios, M. Al-Moraekhi, και A. Al-Abduljabbar (eds), *Arabia, Greece, and Byzantium: Cultural Contacts in Ancient and Medieval TImes* (Riyadh, 2012), II, 381-87· "Polo in Byzantium: Sport or Spectacle", *Byzantinische Zeitschrift,* υπό έκδοση.

Η **MARA MCNIFF** είναι υποψήφια διδάκτορας στην τέχνη και την αρχαιολογία της αρχαίας Μεσογείου στο Πανεπιστήμιο του Texas στο Austin. Η έρευνά της επικεντρώνεται στην πολιτιστική αλληλεπίδραση μεταξύ Ελλήνων και Φοινίκων στην κεντρική Μεσόγειο ανάμεσα στην Εποχή του Σιδήρου και την Κλασική Εποχή. Έχει συμμετάσχει σε ανασκαφές και επιφανειακές έρευνες στις Συρακούσες, τη Σικελία, το Λύκαιο Όρος στην Πελοπόννησο καθώς και στην αρχαιολογική έρευνα στην ενδοχώρα της Marsala στη Σικελία.

Η **ALESSANDRA MIGLIARA** ολοκληρώνει το διδακτορικό της στην Κλασική Φιλολογία στο Graduate Center του City University της Νέας Υόρκης, γράφοντας τη διατριβή της πάνω στις φανταστικές αφηγήσεις της αρχαίας ελληνικής λογοτεχνίας. Το ερευνητικά της ενδιαφέροντα περιλαμβάνουν επίσης τη σύγχρονη αντίληψη για το αρχαίο δράμα και την ελληνική παλαιογραφία. Έχει δημοσιεύσει άρθρα σχετικά με τον Αριστοφάνη και το Λουκιανό.

Ο **JOE MILLER** είναι υποψήφιος διδάκτορας Κλασικών Σπουδών στο Πανεπιστήμιο του Buffalo (SUNY). Η διατριβή του έχει θέμα την εσωτερική προϊστορία των αρχαίων ελληνικών διαλέκτων και εξετάζει πώς τα δεδομένα από τις διαλέκτους αυτές μπορούν να επιβεβαιώσουν ή να περιπλέξουν εναλλακτικές ιστορικές ανακατασκευές που βασίζονται στην αρχαιολογία και την ελληνική ιστοριογραφική παράδοση.

Η **JENIFER NEILS** είναι Διευθύντρια της Αμερικανικής Σχολής Κλασικών Σπουδών στην Αθήνα και επιμελήτρια της έκθεσης ΙΠΠΟΣ. Έχει επιμεληθεί και άλλες εκθέσεις στο παρελθόν, όπως την *Goddess and Polis: The Panathenaic Festival in Ancient Athens* (Princeton 1992) και την *Coming of Age in Ancient Greece: Childhood in the Classical Past* (Yale 2003) για τις οποίες εξέδωσε και τον αντίστοιχο κατάλογο. Κατέχει την έδρα Elsie B. Smith Professor of Classics, Emerita, στο Πανεπιστήμιο Case Western Reserve και εργάστηκε ως επιμελήτρια στο Cleveland Museum of Art. Το ενδιαφέρον της για τα άλογα στην ελληνική τέχνη προέκυψε από την ιππασία με την οποία ασχολείται όλη της τη ζωή και την εκτενή έρευνά της για το γλυπτό διάκοσμο του Παρθενώνα.

Η **SARAH M. NORVELL** ολοκληρώνει το διδακτορικό της στο Τμήμα Κλασικών Σπουδών του Princeton University. Η διατριβή της επικεντρώνεται στις σχέσεις ανάμεσα στον υλικό πολιτισμό και τις κοινωνικές πρακτικές στην κεντρική Κρήτη και τη Λακωνία ανάμεσα στην Πρώιμη Εποχή του Σιδήρου και την Κλασική Εποχή. Η έρευνά της υποστηρίζεται από υποτροφίες από την Αμερικανική Σχολή και από το Marshall Aid Commemoration Commission, Συμμετέχει σε αρχαιολογικά προγράμματα στη Θράκη (Μολυβωτή) και την Κρήτη (Λυκτός).

Η **ΟΛΓΑ ΠΑΛΑΓΓΙΑ** είναι επίτιμη καθηγήτρια Κλασικής Αρχαιολογίας στο Εθνικό και Καποδιστριακό Πανεπιστήμιο Αθηνών. Έχει δημοσιεύσει εκτενώς πάνω στην αρχαία ελληνική γλυπτική και τη Μακεδονική ζωγραφική. Οι δημοσιεύσεις της περιλαμβάνουν το "The impact of *Ares Macedon* on Athenian sculpture," στο O. Palagia και S. V. Tracy (επιμ.), *The Macedonians in Athens 322-229 B.C.* (Oxford 2003) σελ. 140-151 (σχετικά με τη στήλη από το Εθνικό Αρχαιολογικό Μουσείο, αριθ. ευρετ. 4464). Πιο πρόσφατες δημοσιεύσεις της είναι οι εξής: O. Palagia (επιμ.), *Handbook of Greek Sculpture* (Berlin 2019) · J. Neils και O. Palagia (επιμ.), *From Kallias to Kritias: Art in Athens in the Second Half of the Fifth Century B.C.* (Berlin 2022).

Ο **ΙΩΑΝΝΗΣ ΠΑΠΠΑΣ** είναι υποψήφιος διδάκτορας Προϊστορικής Αρχαιολογίας στο Τμήμα Ιστορίας και Αρχαιολογίας του Πανεπιστημίου Κρήτης. Στο ίδιο πανεπιστήμιο πραγματοποίησε τόσο τις προπτυχιακές όσο και τις μεταπτυχιακές του σπουδές. Έχει λάβει μέρος σε διάφορα ερευνητικά προγράμματα ενώ από το 2007 εργάζεται στο ΥΠΠΟ ως συμβασιούχος αρχαιολόγος σε διάφορες ανασκαφές στην Αττική, την Λακωνία και την Κρήτη. Από το 2017 μέχρι σήμερα εργάζεται ως αρχαιολόγος στην Εφορεία Αρχαιοτήτων Πειραιώς και Νήσων στην ανασκαφή του αρχαϊκού νεκροταφείου στο Δέλτα Φαλήρου. Οι ερευνητικές του δραστηριότητες αφορούν κυρίως τα πεδία της αρχαιολογίας του θανάτου κατά την αρχαϊκή περίοδο και την κεραμική πυροτεχνολογία της Εποχής του Χαλκού.

Ο **RUSH REHM** διδάσκει θέατρο και κλασικές σπουδές στο Πανεπιστήμιο του Stanford, και είναι Καλλιτεχνικός Διευθυντής του Stanford Repertory Theater. Είναι συγγραφέας αρκετών βιβλίων με θέμα την αρχαία ελληνική τραγωδία, συμπεριλαμβανομένων των *The Play of Space: Spatial Transformation in Greek Tragedy* (Princeton 2002), *Greek Tragic Theatre* (Routledge 1994), και του *Euripides: Electra* (2021) της σειράς Bloomsbury Companions.

Η **REBECCA SALEM** είναι υποψήφια διδάκτορας στο Institute of Fine Arts, του Πανεπιστημίου της Νέας Υόρκης. Η διατριβή της εξετάζει τον τρόπο με τον οποίο οι αρχαίοι ναοί τροποποιούνταν τόσο κατά την της κατασκευή τους όσο και τη μετέπειτα ιστορία τους, προσθέτοντας έτσι το στοιχείο του χρόνου στη μελέτη της ελληνικής αρχιτεκτονικής της Αρχαϊκής και της Κλασικής περιόδου. Έχει συμμετάσχει σε ανασκαφές και επιφανειακές έρευνες στην Ισπανία, το Ηνωμένο Βασίλειο, την Ιταλία και την Ελλάδα. Αυτόν τον καιρό εργάζεται πάνω στην αρχιτεκτονική μελέτη και την ψηφιακή τεκμηρίωση στις ανασκαφές στο Σελινούντα της Ιταλίας και στη Σαμοθράκη.

Ο **ALAN SHAPIRO** κατέχει την έδρα W. H. Collins Vickers Professor of Archaeology, Emeritus, στο Πανεπιστήμιο Johns Hopkins και Dietrich von Bothmer Research Scholar στο Τμήμα Ελληνικών και Ρωμαϊκών Αρχαιοτήτων του Metropolitan Museum of Art. Ανάμεσα σε άλλα βιβλία, έχει εκδόσει και το *Art and Cult under the Tyrants in Athens* (Mainz 1989, Supplement 1995). Η μελέτη του για τον αποκαλούμενο Πέρση Ιππέα από την Ακρόπολη, "A Non-Greek Rider on the Athenian Acropolis and Representations of Scythians in Attic Vase-Painting," δημοσιεύτηκε στο βιβλίο *An Archaeology of Representations: Ancient Greek Vase-Paintings and Contemporary Methodologies*, που επιμελήθηκε ο Δ. Γιατρομανωλάκης (Αθήνα 2010) σελ. 325-40.

Η **TYLER JO SMITH**, Καθηγήτρια Κλασικής Τέχνης και Αρχαιολογίας στο Πανεπιστήμιο της Virginia, είναι ειδικός στην αρχαία ελληνική τέχνη και τις παραστάσεις. Είναι συγγραφέας του βιβλίου *Religion in the Art of Archaic and Classical Greece* (University of Pennsylvania Press, 2021), ενώ έχει δημοσιεύσει εκτενώς για την εικονογραφία του χορού και των λατρευτικών τελετουργιών. Στοιχεία από την πρόσφατη έρευνά της για τα ζώα, συμπεριλαμβανομένων των κατοικιδίων και των θυσιασμένων ζώων, περιλαμβάνονται στο κεφάλαιο "Animals in Athenian Life" του συλλογικού τόμου *The Cambridge Companion to Ancient Athens* (επιμ. J. Neils και D.K. Rogers, σελ. 199-214).

Ο **PETER ANTHONY THOMPSON** είναι υποψήφιος διδάκτορας στο Institute of Fine Arts, του Πανεπιστημίου της Νέας Υόρκης. Η διατριβή του ερευνά το φαινόμενο του αρχαϊσμού στην ελληνική τέχνη των 7ου – 5ου αιώνων π.Χ. και εξετάζει την αμοιβαία συγκρότηση του παρελθόντος και του παρόντος στην αρχαία κοινωνία και τη σύγχρονη επιστήμη. Έχει εργαστεί σε αρχαιολογικά προγράμματα και μουσεία στην Αγγλία, την Ισπανία, την Τουρκία, την Ελλάδα και τις Ηνωμένες Πολιτείες, ενώ από το 2019 συμμετέχει στις ανασκαφές των Πανεπιστημίων Νέας Υόρκης και Μιλάνου στο Σελινούντα της Σικελίας.

Η **ΕΛΕΝΑ WALTER-ΚΑΡΥΔΗ** σπούδασε αρχαιολογία, ιστορία και λογοτεχνία στο Εθνικό Καποδιστριακό Πανεπιστήμιο της Αθήνας και στο Πανεπιστήμιο του Μονάχου. Συμμετείχε στις γερμανικές ανασκαφές στον Κεραμεικό, στο Ηραίο της Σάμου, στο Ιερό του Απόλλωνα στη Νάξο και στο Ιερό του Απόλλωνα στην Αίγινα, ενώ έχει δημοσιεύσει βιβλία και άρθρα για ευρήματα από αυτούς τους αρχαιολογικούς χώρους. Είναι μέλος του διδακτικού προσωπικού του Πανεπιστημίου του Saarbrücken, ενώ έχει διδάξει στα Πανεπιστήμια του Salzburg και της Κύπρου. Οι δημοσιεύσεις της περιλαμβάνουν το *Die Athener und ihre Gräber (1000-300 v. Chr.)* (de Gruyter 2015) και το *The Greek House: The Rise of Noble Houses in Late Classical Times* (Athens Archaeological Society 1998).

Η **ΣΤΕΛΛΑ ΧΡΥΣΟΥΛΑΚΗ** σπούδασε αρχαιολογία στη Φιλοσοφική Σχολή του Πανεπιστημίου Αθηνών και φιλολογία στο Πανεπιστήμιο της Grenoble στη Γαλλία. Τον τίτλο του διδάκτορα απέκτησε το 1981 από το Πανεπιστήμιο της Σορβόννης - Paris IV. Ως ερευνήτρια φιλοξενήθηκε από το Columbia University και το Institute of Fine Arts του New York University από το 1989 ως το 1992. Στο Υπουργείο Πολιτισμού εργάζεται από το 1984, υπηρετώντας επί σειρά ετών στη Διεύθυνση Προϊστορικών και Κλασικών Αρχαιοτήτων και στη Διεύθυνση Μουσείων με κύρια ενασχόληση τη δημιουργία, λειτουργία και θεσμοθέτηση των εκπαιδευτικών προγραμμάτων της Αρχαιολογικής Υπηρεσίας, τις μόνιμες και περιοδικές εκθέσεις των δημόσιων μουσείων, καθώς και την εκπροσώπηση του ΥΠΠΟΑ σε ευρωπαϊκούς και διεθνείς οργανισμούς. Παράλληλα, εξειδικεύτηκε στην έρευνα πεδίου, τη μινωική αρχαιολογία και την αρχιτεκτονική του προϊστορικού Αιγαίου. Από το 2012 υπηρετεί ως Έφορος Αρχαιοτήτων στην Εφορεία Αρχαιοτήτων Πειραιώς και Νήσων, διευθύνοντας ανασκαφές μεγάλης κλίμακας στην Αττική.